2019
中国保税区出口加工区年鉴

CHINA FREE TRADE ZONE AND EXPORT PROCESSING ZONE YEARBOOK

中国保税区出口加工区协会◎编

中国海关出版社有限公司·北京

图书在版编目（CIP）数据

中国保税区出口加工区年鉴．2019／中国保税区出口加工区协会编．—北京：中国海关出版社有限公司，2019. 12
ISBN 978-7-5175-0404-7

Ⅰ．①中…　Ⅱ．①中…　Ⅲ．①保税区—中国—2019—年鉴 ②出口加工区—中国—2019—年鉴　Ⅳ．①F752-54

中国版本图书馆 CIP 数据核字（2019）第 258558 号

中国保税区出口加工区年鉴（2019）

ZHONGGUO BAOSHUIQU CHUKOU JIAGONGQU NIANJIAN（2019）

作　　者：中国保税区出口加工区协会
责任编辑：左桂月
出版发行：中国海关出版社有限公司
社　　址：北京市朝阳区东四环南路甲 1 号　　邮政编码：100023
网　　址：www. hgcbs. com. cn
编 辑 部：01065194242-7527（电话）　　01065194231（传真）
发 行 部：01065194221/4238/4246（电话）　　01065194233（传真）
社办书店：01065195616（电话）　　01065195127（传真）
www. customskb. com/book（网址）
印　　刷：北京工商事务印刷有限公司　　经　　销：新华书店
开　　本：787mm×1092mm　1/16
印　　张：34. 75　　字　　数：930 千字
版　　次：2019 年 12 月第 1 版
印　　次：2019 年 12 月第 1 次印刷
书　　号：ISBN 978-7-5175-0404-7
定　　价：280. 00 元

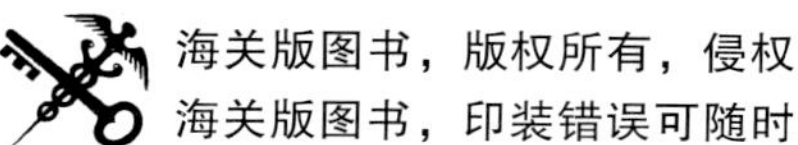

《中国保税区出口加工区年鉴（2019）》编委会

编写人员名单

（以姓氏笔画为序）

编辑部成员

CFEA

广州保税区

GUANGZHOU BAOSHUIQU

广州保税区于1992年5月经批准成立，面积1.4平方公里，位于黄埔区、广州开发区南端，处于珠江、东江交汇的三角地带，地理位置优越。广州保税区设立以来，依托海关特殊监管区域特殊的政策、功能，培育了加工、物流、商贸、展示销售四个产业集群。

2018年，广州保税区新增包括京东、苏宁等跨境电商龙头企业在内的6家跨境电商企业，进口包裹数共509万件，同比增长617%，广州开发区还出台有关跨境电子商务产业发展的实施意见，大力扶持跨境电商产业发展。目前，广州保税区正积极进行产业转型升级，通过核减保税区面积、对接粤港澳大湾区建设，重点发展跨境电商、冷链物流、检测维修和进口红酒等产业。

广州出口加工区

广州出口加工区是2000年4月经批准成立的15个出口加工区之一，规划面积为3平方公里，2017年12月经批准核减后面积为0.9474平方公里。区内有唯一一家企业——本田汽车（中国）有限公司，该公司累计实现工业总产值406亿元，进出口额72亿美元，汽车销售约33万辆。

单位名称：广州开发区西区产业园管理委员会

（广州开发区保税业务管理局）

业务咨询电话：020-82118380

上海松江出口加工区

上海松江出口加工区由A区和B区组成，分别于2000年4月和2003年3月经批准设立，总规划面积5.96平方公里。A区实际封关验收面积2.88平方公里，B区实际封关验收面积1.22平方公里，A、B区合计封关面积4.1平方公里。目前加工区内共计落户企业126家，吸引外商总投资24.5亿美元。2018年园区进出口总额达287亿美元，完成工业总产值1467亿元，在全国出口加工区中名列前茅。园区拥有广达集团、国基电子、豪威半导体等一批优质骨干企业。

2007年，上海松江出口加工区经批准，在原先的保税加工功能基础上，拓展了保税物流功能，开展了研发、测试和维修等新业务。2014年，松江出口加工区作为复制上海自贸试验区政策的区域之一，引进跨境电商、保税展示两项新业务。2016年，松江出口加工区被批准为“企业增值税一般纳税人资格”和“仓储货物按状态分类监管”试点单位。

2018年9月4日，上海松江出口加工区经批复整合优化为松江综合保税区。整合优化后的松江综合保税区，将结合上海自贸试验区、科创中心建设相关制度的创新复制推广，同时依托松江地区现有的产业平台和资源优势，充分利用综合保税区功能，发挥政策叠加和整合效应，进一步扩大开放，探索高质量发展。

松江综合保税区设立后，在保持原有业务的基础上，确立新的发展目标，对区域经济发展功能进行“再定位”。一是先进制造业中心。积极推动区内制造业产能扩充和产业转型，推广增值税一般纳税人资格试点，促进内销便利，充分释放“国内、国外两个市场”潜能。二是物流分拨中心，依托现有物流企业资源，在引进优质“新鲜血液”的同时，加大推广“分类监管”试点，引导物流企业往智能化、多元化发展。三是销售服务中心。鼓励区内企业开展跨境电商进出口业务以促进跨境服务贸易，加大贸易型企业总部引进力度以丰富园区产业类型，其中包括药品、酒类、化妆品、食品等。四是研发设计中心。综合运用综合保税区政策功能优势，鼓励企业开展技术革新、申请专利、申报“高新技术企业”，并大力引进研发中心、技术创新中心、产业创新中心等。

目前，已有31家知名企业提前落户松江综合保税区，业务范围涵盖化妆品、酒类、食品、平行汽车、机器人等产业。

功能升级和产业转型后的松江综合保税区，必将迎来新一轮的发展高潮。面对机遇与挑战，园区定会抓住时机，成为拉动区域经济发展的强劲引擎。

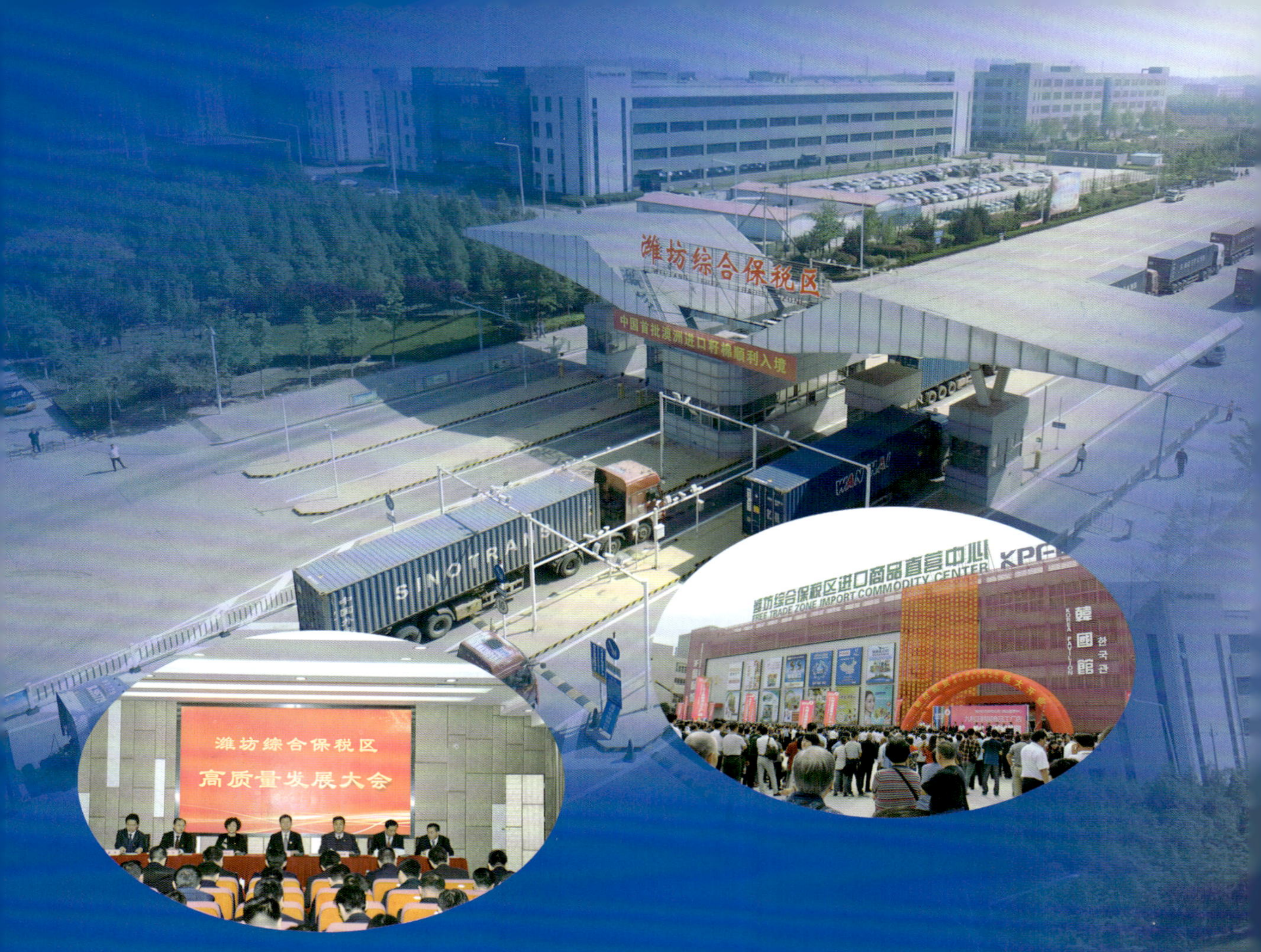

潍坊综合保税区

潍坊综合保税区分为南区、北区运营。南区位于潍坊中心城区东部，交通和配套服务优势明显；北区紧靠国家一类开放口岸——潍坊港，纳入潍坊国家农业综试区核心区。2018年，全区实现进出口额64.8亿元，一般公共预算收入2.38亿元；新增注册企业2311家。

2019年，潍坊综合保税区发挥济青烟自贸区+潍坊综试区的“3+1”优势，坚持“开放立区、服务兴区、产业强区”三个导向，壮大电子信息、新能源动力、大宗商品贸易、高端食品加工四个优势产业，培育融资租赁、跨境电商、临港经济、贸易服务等新兴产业，搭建“一中心、七平台”（企业服务中心，贸易服务、双招双引、金融服务、总部经济、人力资源、创新创业、北区物流聚集区服务平台）服务开放发展，心无旁骛攻主业，打造对外开放新高地，建成山东省扩外贸、引外资、促升级的重要开放功能平台。

潍坊综合保税区进口商品直营中心
KPF
潍坊综合保税区
WEIFANG STATE FREE TRADE ZONE
潍坊综合保税区北区
NORTH ZONE OF WEIFANG FREE TRADE ZONE
潍坊综合保税区

北海综合保税区

BeiHai Integrated Freed Trade

北海综合保税区前身为北海出口加工区，由位于广西北海市海城区的A区和铁山港区的B区组成，总规划面积2.28平方公里，是广西首批CEPA先行先试示范基地，广西首个获批企业增值税一般纳税人资格试点的海关特殊监管区域，也是继上海、深圳之后第三个入境维修再制造示范区。

北海综合保税区重点发展电子信息、高新技术产品检测维修再制造、机电一体化、新材料、保税仓储、保税物流、保税商品展示、中转贸易等产业。近年来，通过不断优化产业结构，加速产业集聚，园区已形成以电子信息加工制造为主导的产业集群，发展成为北海乃至广西重要的进出口加工贸易基地。

电话（Tel）：86-779-3928068

传真（Fax）：86-779-3928000

地址：北海市海城区北海大道西段北海综合保税区管理委员会

北海综合保税区已完成“七通一平”基础设施建设。A区拥有标准厂房近65万平方米，生活配套区已发展成为能容纳2.5万多人的多功能社区，配套区周边商业、餐饮、房地产等第三产业氛围浓厚；B区已建成标准厂房近9万平方米，拥有超过5万平方米的综合服务楼及员工宿舍。北海综合保税区管委会协同监管部门建立“两位一体”监管服务模式，提升通关效率；设立的“一厅两中心”，可为企业提供免费招工、免费代办企业入园和立项手续，致力于打造便利高效的环境。

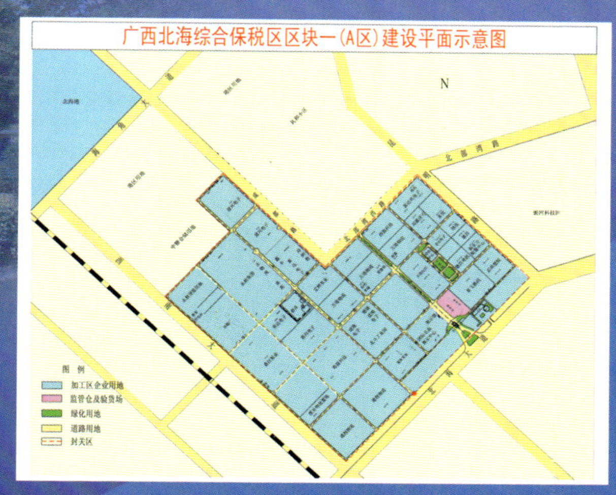

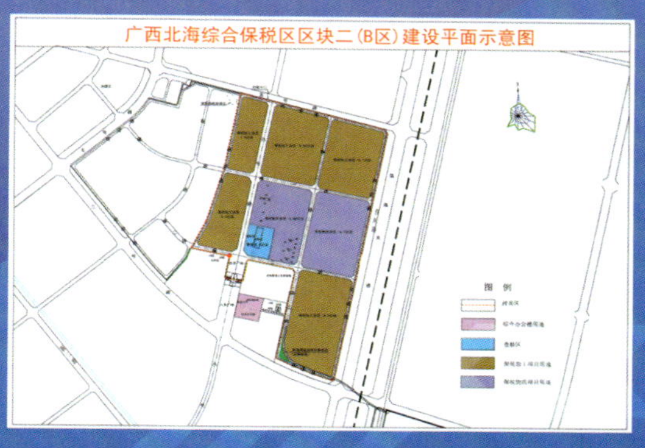

继往开来，北海综合保税区将依托北海市“产业树”培育成“产业林”的规划，结合北海综合保税区独特政策和资源优势，以电子信息、保税物流、保税维修再制造、国际贸易、研发中心及配套产业为突破口，精准定位，加快项目引进，优化产业结构。

郴州综合保税区于 2016 年 12 月经批准由原出口加工区升级而来，规划面积 1.06 平方公里，2017 年 12 月成功验收，2018 年 8 月 21 日正式封关运行。近年来，郴州综合保税区已成为承接沿海产业转移，主动参与珠三角区域产业分工，发展对外贸易的新窗口，不沿边、不靠海、不临江的郴州，以开放促发展，借着这一黄金口岸，服务内陆，连通世界。

招商引资成效显著突出

拓宽合作渠道，围绕基础设施建设抓招商。积极完善园区基础设施建设和配套建设。自设立以来，完成海关特殊监管区域系统的软、硬件升级改造和省保税业务综合服务平台信息化系统、增值税一般纳税人信息化系统的开发与实施；利用已建有的 4 万平方米保税仓库、8 万平方米标准厂房和 4000 平方米的查验仓库，为招引项目提供设施齐全、功能齐备的项目发展平台，提升产业聚集的承载能力。

发挥园区作用，突出重点产业抓招商。郴州综合保税区按照“一强、两稳、三突破”的总要求，在已规划布局的四大主导产业基础上，重点围绕“加工贸易、进口分拨、跨境电商”三大产业开展招商工作，力促区内投资项目数量、质量实现“双提升”。成功引入正威集团、中远海运、万纳百汇等优秀企业入区，为实现在园区打造“加工制造中心、物流分拨中心、销售服务中心”三大中心的发展目标奠定坚实基础。

盘活存量资产，推动现有企业扩能升级抓招商。郴州综保区始终遵循“以存量吸引增量，以增量激活存量”的思路，做优做强现有企业。一是全力推动台达电子扩大产能；二是推进装备制造产业扩产提效。目前区内装备制造产业中主要以湘晨通航的飞机制造为重点，园区积极引导和支持湘晨公司做大做强做特，鼓励其加快量产，力争抢占国内自转旋翼机市场，打造成全省通用机场基础设施及通航产业的示范基地。

业务功能模式不断创新

一是增值税一般纳税人资格试点成功启动。2018 年 1 月，郴州综合保税区成功获批海关特殊监管区企业增值税一般纳税人资格试点，该项试点的实施推进有力带动了区内企业积极拓展国外国内两个市场，助力园区转型升级，真正实现政企双赢。二是海外产品保税维修业务顺利开展。2019 年 1 月，磐石电子获得批准可在郴州综合保税区内开展保税维修业务。

郴州综合保税区将始终坚持以质量效益为核心，以转型发展、创新驱动为主线，大力推行招商引资、产业建设，助力郴州开放型经济高水平开放高质量发展。

郴州综合保税区

CHENZHOU ZONGHE BAOSHUIQU

郴州综合保税区管理局

招商热线：0735-2659663

办公室：0735-2659728

地址：湖南省郴州市苏仙区白露塘镇临邑大道 88 号

海口综合保税区

HaiKou ZongHe BaoShuiQu

海口综合保税区是经批准设立的海关特殊监管区域，是海南开放层次高、外向经济集聚度较强的园区，也是海南省建设全岛自由贸易试验区和中国特色自由贸易港的生力军。

海口综合保税区位于澄迈县老城经济开发区，面积1.93平方公里，属于海口市的“飞地”园区。其主要功能为保税物流、保税加工和保税服务，主要开展国际贸易、保税仓储物流、分销配送、售后服务、商品展示、研发、加工制造等业务，是海南省高新技术产业和现代服务业集聚发展的重要园区。2018年以获批中国（海口）跨境电子商务综合试验区为契机，完成跨境电商产业园建设，满足开展保税备货模式B2B2C和跨境直购模式业务需求，已有福建陆地港集团、唯品会、E码头、高培、坤牧等50多家电商企业入驻跨境电商产业园，并创新试点开展跨境电商线上（平台）线下（展示）交易融合发展。

整车口岸

保税仓

保税汽车广场

联系地址：海南省澄迈县老城经济开发区南一环路69号
招商电话：0898-67204902、67204907、67204908
传真：0898—67204908
邮箱：hkzbqzsb@163.com
网址：http://www.hkftz.gov.cn/

海口综合保税区新业态蓬勃发展，推出了建设自贸试验区首批10项任务清单，已开拓5项制度创新和正在探索的5项制度创新。园区依托自身政策功能优势．积极探索实行高水平的贸易和投资自由化便利化措施，在原有保税物流、保税加工和保税服务产业的基础上，借助海口综合保税区中国（海口）跨境电子商务综合试验区的功能优势，进一步推进跨境电商、平行车进口、融资租赁、保税文化等新业态，探索发展大宗商品保税交割等新兴业态，已成为辐射带动周边区域开放型经济发展的重要引擎。

在做大产业的同时，海口综合保税区大力引进总部企业。中国旅游集团、中免集团(海南)运营总部等总部企业迁址园区，国机集团、国投集团、国铁投资公司等6家央企在区内注册10家公司。

海口综合保税区作为海南省自由贸易试验区和中国特色自由贸易港的前沿主阵地，今后将承担更加丰富的政策内涵，释放更具特色的功能优势，一定会迎来新的发展机遇。

健康产业园

海口综合保税区竭诚欢迎全国乃至国外投资者来园区投资，让我们共同携手前行，共同发展。

跨境电商

汽车小镇

免税商店

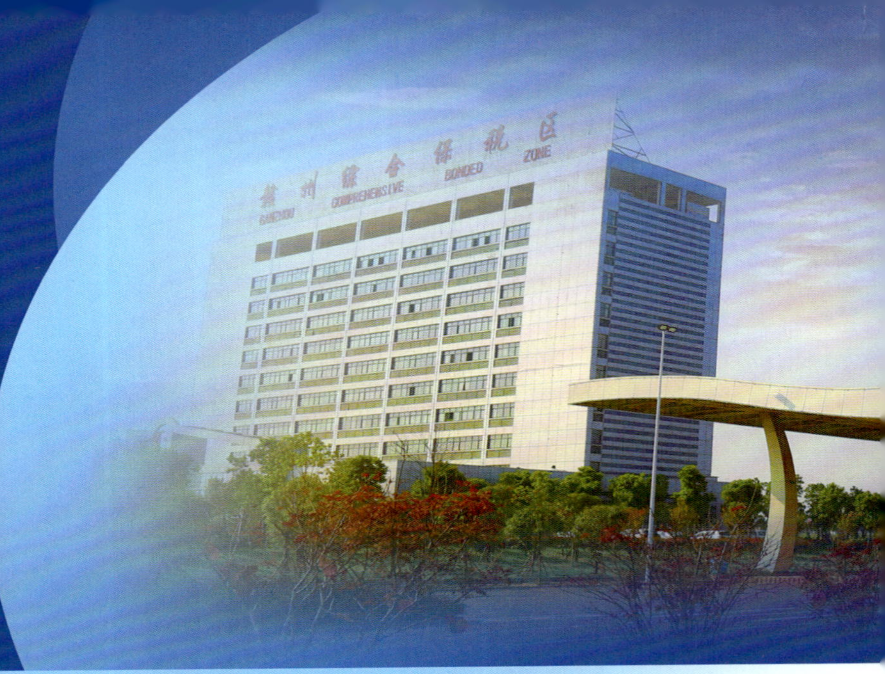

赣州综合保税区选址赣粤闽湘四省交界处，是距珠三角、闽三角最近的内陆保税区，位于赣州经济技术开发区，距赣州市中心仅5公里，处于赣州综合交通枢纽的龙头地段，紧临赣州黄金机场、赣州高速西出口和高铁赣州西站，航空口岸、公路口岸、铁路口岸在园区周边，交通物流条件非常优越。全区规划面积4平方公里，分两期进行建设，一期建设1.895平方公里，围网面积1.787平方公里，建成和收购厂房28.75万平方米，在建和启动厂房、配套宿舍、展示研发中心建设等44.28万平方米。

赣州综合保税区作为全省开放升级、创新试点的重要阵地，也是承载赣州临空、临港、高铁经济的重要载体。园区重点发展电子信息和新能源汽车两大产业，主要开展四大业务：一是保税加工，形成进出口型高附加值产品和其他消费品的深加工区域；二是保税物流，包括钨和稀土深加工、铜铝精深加工、新能源汽车与先进机械、轻纺工业、进口酒类、食品等商品的仓储、配送、展示、交易，打造高端进口商品交易及展示平台；三是跨境电商，开展跨境贸易电子商务通关服务，为企业提供产品直销平台；四是跨境金融等跨境服务，开展融资租赁、国际结算等服务业务。

目前，多达93项自贸试验区政策已在赣州综合保税区落地。比如，仓储货物按状态分类监管，非保税货物也可进区开展业务；入境维修政策，境内外待维修货物可以保税方式入区开展维修业务；委内加工政策，保税区内企业可以将货物委托区外企业加工；俣税展示交易货物分线监管、预检验和登记核销管理等。

赣州综合保税区为入区企业提供现代化的保税仓库、标准厂房和员工宿舍等生产和生活设施，以及“一对一”“点对点”精准服务，为企业全程提供办理选址、签约、注册、报建、开工、投产等“一条龙”全方位服务。

武汉东湖综合保税区

武汉东湖综合保税区于2011年8月29日获批复设立，是湖北省首家综合保税区，也是集自主创新示范区、自贸试验区和跨境电商综试区等于一体的聚焦区。

园区规划面积5.41平方公里，地处“中国光谷”腹地，依托区域交通便利、人才聚集、政策叠加优势，围绕东湖高新区光电子信息、生物医药、高端装备制造等“5+2”产业体系和“芯—屏—端—网”价值链，搭建了移动终端、生物医药、大宗交易、跨境电商、保税展示等九大业务平台，产业形态不断丰富，外贸产业竞相发展。园区完成扩大开放及贸易便利化改革复制工作80余项，出台了“自贸十条”“跨境十条”“货贸十条”专项支持政策，法治化、国际化、便利化的营商环境不断提升。

中国（湖北）自由贸易试验区 武汉片区
CHINA (HUBEI) PILOT FREE TRADE ZONE WUHAN AREA

经过建设发展和创新实践，园区累计工商注册企业逾千家，税收接近40亿元，进出口总货值累计突破500亿美元，其中出口突破200亿美元，以东湖高新区1%的土地面积创造了高新区进出口总额的60%，正逐步成为引领湖北省开放型经济的重要标杆。

下一步，武汉东湖综合保税区将聚焦高水平开放，聚力高质量发展，努力建设具有全球影响力和竞争力的加工制造、研发设计、物流分拨、检测维修、销售服务“五大中心”，实现综合实力、开放水平、改革成效、服务水平和发展环境的综合提升，加快构建湖北开放型经济新高地。

联系电话：027-86639389

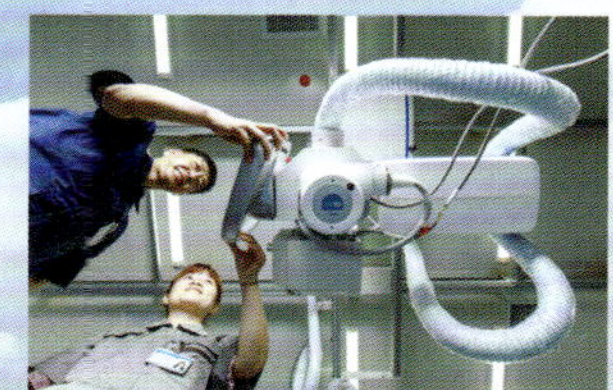

安全、绿色、创新、智能
创造价值，为客户成长做贡献

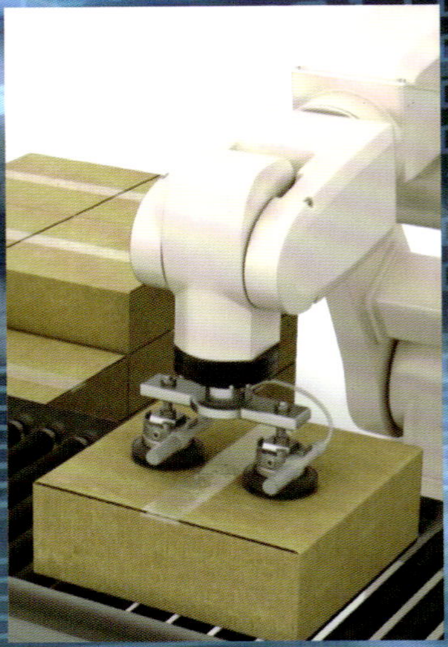

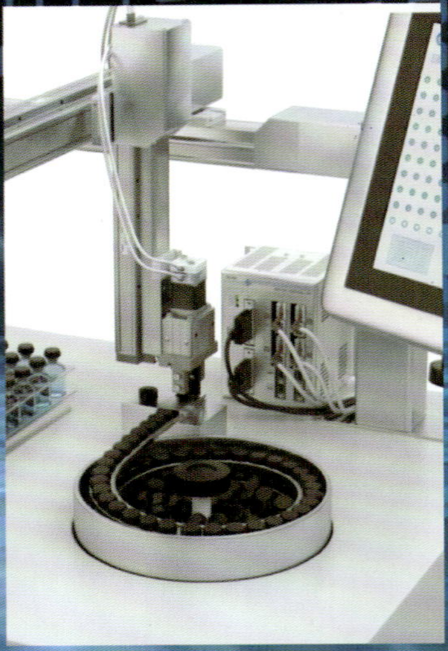

SMC在中国开展经营活动可以追溯到1985年。在34年的时间里，SMC一直活跃在中国市场，涉及许多工业领域，如汽车、机床、半导体、太阳能电池、二次电池、食品、医药、医疗、石油、化工、轨道交通等。

SMC将其前沿的气动、液压、电动控制技术与创新解决方案全面投入到与中国的合作中，彰显了其致力于帮助中国实现可持续发展的坚定决心。

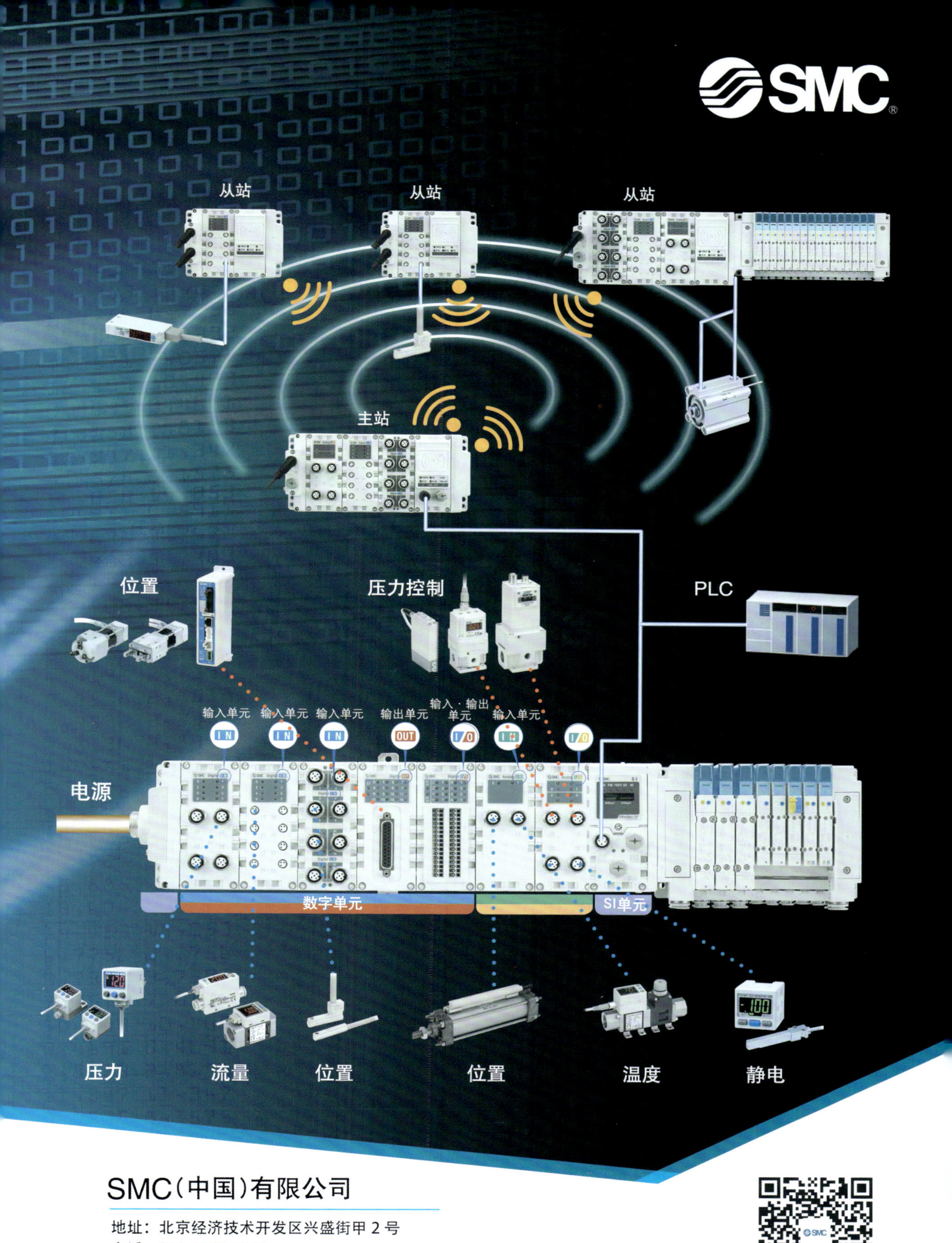

SMC（中国）有限公司

地址：北京经济技术开发区兴盛街甲 2 号
电话：010-6788 5566
传真：010-6788 2335
网址： www.smc.com.cn

官方微信

昆明综合保税区

KUNMING ZONGHE BAOSHUIQU

昆明综合保税区是云南省昆明市主动服务和融入“一带一路”倡议，建设面向南亚、东南亚辐射中心的重要平台，是全省发展开放型经济的核心功能区。昆明综合保税区自2016年2月3日获批设立以来，经过高效、高标准建设，于2017年5月12日顺利通过联合验收。

自封关运营以来，昆明综合保税区秉持高质量招商、项目高效率推进的原则，立足航空服务、保税物流、保税加工、跨境电商等优势产业，大力开展招商引资和提高园区服务功能。目前，区内开展的保税仓储、保税加工、国内货物分类监管、跨境电商进出口等业务已取得显著成效。

为加快推进园区高水平开放高质量发展，昆明综合保税区将抢抓国家全面开放新格局的历史机遇，以高水平开放高质量发展为目标，立足自身实际，以物流、贸易、服务和创新为核心，努力打造“国际物流功能平台，国际贸易功能平台、创新服务功能平台”三大平台，重点引进“航空保税服务业、国际物流服务业、国际贸易服务业、新型生产性服务业、创新型服务业”五大产业，最终将昆明综合保税区建设成为昆明市面向世界的综合开放平台、云南省开放型经济新引擎，西部地区临空特色的自由贸易园区和我国面向南亚、东南亚的重要经贸口岸。

中国（湖北）自由贸易试验区

宜昌综合保税区

CHINA(HUBEI)PILOT FREE TRADE ZONE
YICHANG AREA

宜昌综合保税区位于中国（湖北）自由贸易试验区宜昌片区内，面积1.39平方公里。宜昌综合保税区距三峡机场25公里，距白洋港45公里，距沪渝、三峡高速公路收费站5公里，距宜昌东站2公里，辐射鄂西渝东区域，“水铁公空管”现代物流通道体系完善，是长江经济带对接“一带一路”的较优节点。

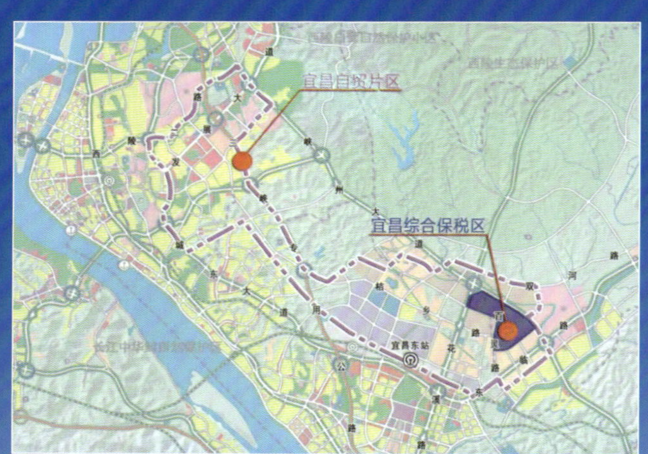

宜昌综合保税区主要打造五大中心，即加工制造中心、研发设计中心、物流分拨中心、检测维修中心、销售服务中心；依托综合保税区功能重点发展生物医药、高端装备制造、电子信息等制造业，培育跨境电商和外贸综合服务等新业态。

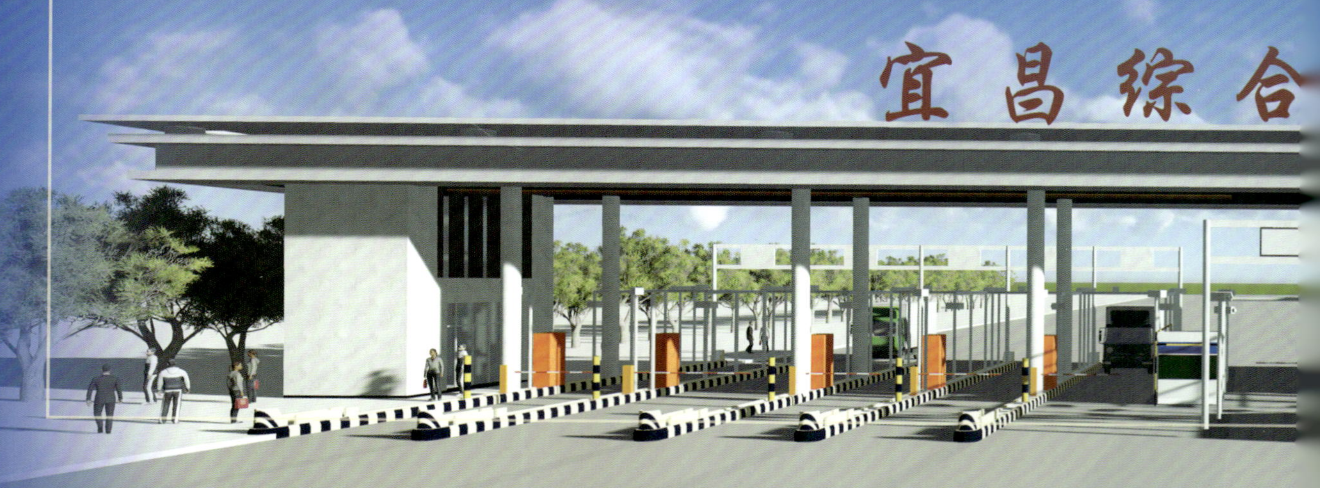

宜昌对接“一带一路”国际陆海贸易通道示意图

宜昌综合保税区分为保税加工区、物流仓储区、监管查验区、综合配套区4个功能区块，是宜昌开放层次高、优惠政策多、功能齐全、手续便捷的海关特殊监管区域，是宜昌开放型经济的重要引擎，对宜昌市乃至鄂西渝东区域对接国际投资贸易体系、构建开放发展新格局、推动经济高质量发展具有十分重要的意义。

保税区

招商电话：15072529666，文斌武；　18995069979，罗义祥

太原武宿综合保税区 ZONGHEBAOSHUIQU

太原武宿综合保税区于2012年8月经批准设立，于2013年9月通过验收，并于2013年12月正式封关运营。园区总规划面积2.94平方公里，首期验收面积1.75平方公里，是山西转型综合改革示范区中部产业整合区的一部分，重点布局跨境电商、保税物流、保税仓储、保税服务、加工贸易、服务贸易（航空产业、检测维修、融资租赁、服务外包等）等产业。

武宿综合保税区投资环境优越，是山西省对外开放、通关便利、外贸政策优惠、行政审批高效的区域。在区域位置方面，园区毗邻太原武宿国际机场、太原火车南站和中鼎物流园，具有很好的区域优势、交通优势和物流优势；在政策扶持方面，加快出台制定相关产业政策，进一步释放政策红利；在平台搭建方面，拥有省级跨境电商示范园区等特色产业园和跨境电商公共服务平台等。在对外合作方面，积极对接和融入“一带一路”，与马来西亚、泰国、新西兰、日本、法国等国家开展国际交流和项目合作；依托跨境电商平台，推动国外优质产品“引进来”和名优特产品“走出去”。

目前，武宿综合保税区正在加快建设进境货物指定口岸等，进一步拓展园区平台功能，加快园区基础设施建设，健全园区物流体系，完善园区产业政策，加大招商引资力度，加强与国内外先进地区合作，大力推动园区高水平开放、高质量发展，把园区建设成为山西省进出口商品集散地、内陆地区综合性口岸、高水平对外开放新平台和内陆地区对外开放新高地。

遵义综合保税区于2014年2月启动申建，2017年7月1日经批准设立，2018年4月通过验收，2018年5月封关运行，实现一年内通过验收、封关运行、开展正常业务的目标，是促进投资贸易自由化便利化、促进外向型经济发展的开放平台。

产业定位：一平台四中心

遵义综合保税区明确发挥对外开放平台和功能区的作用，以“致力于发展开放型经济和服务于投资贸易便利化”为核心，在产业发展布局上着力构建“一平台四中心”。“一平台”，即打造黔川渝结合部开放型经济发展平台；“四中心”，即保税加工制造中心、保税研发转化中心、保税检测维修中心、外贸综合服务中心。保税加工制造中心重点围绕特色轻工精深加工、电子信息等产业，培育保税加工产业链。保税研发转化中心重点引进具有竞争力的高新技术企业和研发机构，打造中医药等研发转化基地。保税检测维修中心重点围绕检验认证服务、高端医疗送检、航空航天再制造基地及检测维修等开展服务。外贸综合服务中心重点围绕外贸综合配套服务，积极构建保税物流、保税仓储、供应链及金融、辣椒等保税交割、跨境电商集散基地等服务体系。

探索创新：提升投资贸易便利化水平

遵义综合保税区积极推广复制上海自贸试验区等先进经验，与海关、税务部门密切合作，积极推动“入区退税”“四自一简”“核定征收”等政策落地综合保税区，为项目落地和企业经营提供便利；联合贵州省农业产业化龙头企业、省扶贫龙头企业共同探索政策路径，做大做强主营业务；推行单一窗口服务制，从项目落地签约、工商注册、银行开户、政策兑现等实现“一站式”协办代办，积极构建促进贸易供应链体系，千方百计降低融资成本。遵义综合保税区运营企业——贵州保税投资集团有限责任公司、融资租赁公司在园区重点开展金融供应链服务。贵州陆海新通道供应链管理有限公司、贵州黔义达公司重点做物流供应链服务。与进出口银行贵州省分行等协商开展相关合作，利用国家政策性银行和综合保税区平台等组合优势，降低各方面融资成本。

优势集聚：打造西部内陆开放新高地

遵义综合保税区位于遵义市政治经济科教文化中心——新蒲新区，南距省会贵阳143公里，北距重庆248公里，“南下两广通沿海、北经川渝进中原”。向北，借道黔渝新欧国际大通道融入“丝绸之路经济带”；向南，参与国际陆海贸易新通道构建直通东南亚；向东，依托长江黄金水道、乌江航道借船出海驶入“海上丝绸之路”；向西，经过杭瑞高速公路和贵昆高铁进入印度洋。

遵义综合保税区以贵州省建设西部内陆开放试验区，遵义打造西部内陆开放新高地和建设黔川渝结合部中心城市为契机，深化与黔川渝结合部城市对接沟通力度，进一步结合实际，积极探索，因地制宜地复制和推广自贸试验区制度经验，依托机场、铁路等口岸，延伸综合保税区平台服务功能，深化与遵铁物流等企业合作，开展跨境物流服务，参与国际陆海贸易新通道建设，实现北上南下互联互通，最终构建黔川渝结合部开放型经济发展的重要集聚区，全力打造西部内陆开放新高地。

下一步，遵义综合保税区将以“一平台四中心”为载体，加快构建开放型经济产业体系，根据区域资源禀赋、产业基础，结合自身功能优势，奋力打造国际产业体系，深度融入国家产业链、价值链、供应链，培育和提升国际竞争新优势，努力在发展跨境股权投资、跨境结算、离岸结算、外资融资租赁等方面进行探索实践和先行先试，进一步突出国际化、法治化、市场化、专业化，加快构建国际贸易综合服务体系，为助推开放型经济高质量发展提供坚强支撑与优质服务。

石家庄综合保税区

石家庄综合保税区位于河北省会石家庄北部，地处晋冀鲁豫核心交汇的关键位置，紧邻石家庄正定国际机场，交通畅达便利。规划面积5平方公里，已批准面积2.86平方公里，其中围网验收面积2.49平方公里，海关特殊监管区域外围配套临空经济区30平方公里。园区分为口岸物流区、保税物流区、保税加工区、保税服务区、贸易功能区五大功能区。

2018年石家庄综合保税区以深入开展“创新创业、服务发展、服务民生”为契机，进一步加大了招商引资和项目建设力度。入区先进制造业、现代物流业、国际贸易、融资租赁业等重点发展产业享受专项扶持政策。区内新合纤维纺纱与棉花国际贸易、东洋电子科技保税电子加工2个项目已正式投产运营，国际邮件互换局（兼交换站）、标准化保税仓库、口岸医药物流中心等7个项目正在全力推进。

石家庄综合保税区将积极复制推广自贸试验区的创新制度，推进投资贸易便利化措施的落实，充分落实国家税收、贸易、外汇、保税等各方面优惠政策，为周边区域特别是京津地区的商贸物流业、制造业和服务业发展提供配套服务，努力打造成为京津冀地区对外开放的新高地。欢迎国内外企业到石家庄综合保税区投资发展。

中国（上海）自由贸易试验区保税区域

中国（上海）自由贸易试验区保税区域（以下简称“保税区域”）涵盖上海外高桥保税区、上海外高桥保税物流园区、洋山保税港区和上海浦东机场综合保税区4个海关特殊监管区域，规划面积28.78平方公里。

2018年，保税区域认真贯彻新发展理念，紧紧围绕建设高标准、高水平自由贸易园区目标，深入推进制度创新和功能拓展，扎实营造更高水平的对外开放营商环境，加速推进产业转型升级和动能转换，经济运行总体平稳，呈现出“稳中有进、结构优化、后劲增强、质效提升、贡献突出”的发展态势。

据统计，2018年保税区域投资企业经营总收入突破2万亿元，达到21 959亿元，比2017年增长10.3%；完成商品销售额19 003亿元，同比增长11.1%；完成航运物流服务收入1 628亿元，同比增长11.8%；完成工业产值537亿元，同比增长0.3%。新兴产业中技术服务业和租赁业快速发展，完成技术服务收入251亿元，同比增长15.9%，完成租赁服务收入230亿元，同比增长20.0%。实现进出口总额9 817亿元，同比增长6.5%；实现利润总额991亿元，同比增长8.6%；完成税务部门税收793亿元，同比增长19.0%；投资企业年末从业人员32.9万人，同比增长3.9%。

泰州综合保税区

泰州综合保税区前身为泰州出口加工区，成立于2010年4月，2015年5月整合优化为综合保税区，总规划面积1.76平方公里，一期1.08平方公里、二期0.5平方公里分别于2015年12月1日和2017年12月7日通过省联合验收组验收，目前，泰州综合保税区封关验收面积1.58平方公里。

区内主要发展电子信息、高端装备制造、保税物流等主导产业，同时发展保税研发、展示交易、全球维修等新型业态。全区已建成标准厂房23万平方米，保税展示交易中心3万平方米，保税仓库8.8万平方米。截至目前累计引进各类企业41家，累计注册资本54 000万美元，累计总投资80 040万美元，实际利用外资22 980万美元。

泰州综合保税区立足保税加工、保税物流、保税服务三大方向，全面做大做强“五大中心”，即加工制造中心、物流分拨中心、研发设计中心、检测维修中心、销售服务中心，推进泰州综合保税区高水平开放、高质量发展。

苏州工业园综合保税区

苏州工业园综合保税区规划总面积 5.28 平方公里，分为东、西两个围网区，其中东区面积 3.88 平方公里，西区面积 1.4 平方公里。综合保税区内可以从事的业务包括：存储进出口货物和其他未办结海关手续的货物，国际转口贸易，国际采购、分销和配送，国际中转，检测和售后维修服务，商品展示，研发、加工、制造，港口作业，经海关批准的其他业务。

苏州园区港项目

中国外运苏州物流中心有限公司成立于 2012 年，专注于“ 苏州园区港 ”项目的开发、建设及经营管理。苏州园区港设计年吞吐量 25 万标箱，通过“ 江海联运 ”多式联运方式实现与一线海港的一体化运作，目前已开通园区港至上海宜东码头、外高桥码头、宁波港区、太仓港区 4 条集装箱内外贸水运航线，2018 年完成集装箱吞吐量 54 874 标箱。2019 年年底园区港将完成海关水路监管点改造工程，监管点的设立将服务于园区企业海运集装箱进出口通关，充分发挥口岸对区域外向型经济的平台支撑效应。

苏州工业园区空运直通港项目

苏州工业园区航港物流有限公司作为综合保税区场站经营人，以搭建虚拟海陆空港一体化、载体功能完善、运作规范高效的物流平台为目的，通过强化与苏州周边港口、机场的合作，致力于打造长三角货物进出口的“ 绿色通道 ”。

苏州工业园区空运直通港项目颠覆传统的国际空港物流模式，通过苏州虚拟空港与上海机场的联动，将上海机场货站服务前移至苏州工业园高端制造与国际贸易区，代替现有上海货代监管仓库功能，航班落地后货物直接在机场货站完成全部理货和舱单确认动作，报关放行后立即通过卡车航班转至园区空运直通港进行分拨。该模式较原有模式在物流时效上至少压缩 6 小时。

黄骅港综合保税区

HUANGHUAGONGZONGHEBAOSHUIQU

黄骅港综合保税区坐落于河北省沧州渤海新区内，规划面积为3.63平方公里，具备保税物流、保税加工、保税服务三大功能。首期围网面积1.57平方公里，二期2.06平方公里，已完成投资16.6亿元，首期围网面积内基础设施建设完成，完全具备封关运营条件。黄骅港综合保税区属于较高水平海关特殊监管区域，采取封闭性管理，集保税区、出口加工区、保税物流园区、保税港区功能于一身，适于开展国际中转、配送、采购及转口贸易和出口加工等业务。

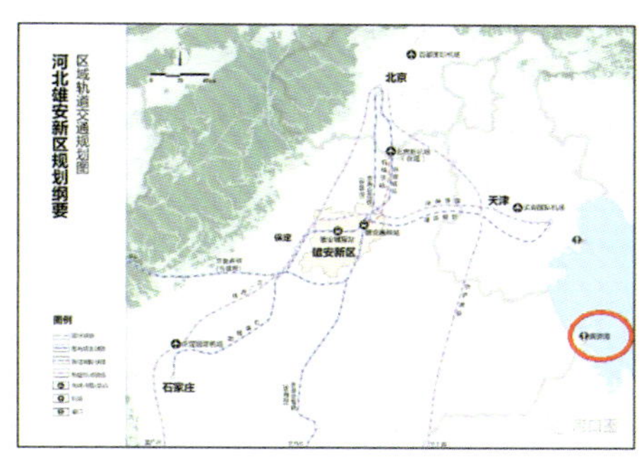

雄安新区出海口

黄骅港综合保税区地处环京津、环渤海地区中心地带，是京津冀一体化和环渤海经济圈重要节点。园区毗邻黄骅港港口，距北京220公里，距天津110公里，区位、腹地、港口、交通、产业、战略六大优势明显，吸引了大量国内外知名企业投资建厂。黄骅港综合保税区全力打造“重商、亲商、近商、安商、富商”营商环境，大力优化产业结构，成为名企集聚、产业完善、服务一流的投资黄金宝地。黄骅港综合保税区全体人员必将竭诚为您服务，欢迎您的到来！

新区区位图

保税区区位图

南昌综合保税区

NANCHANG ZONGHE BAOSHUIQU

南昌综合保税区于2016年2月经批复成立，总规划面积2平方公里，按照“一区两片”的新模式运行。一片区位于南昌高新技术产业开发区内，由原出口加工区升级而成；二片区地处赣江新区腹地，紧邻南昌昌北国际机场，连接福银高速及龙头岗国际集装箱码头，形成水陆空立体交通枢纽，区位和交通优势明显。园区近期着重打造加工制造中心、物流分拨中心，远期适时打造研发设计中心、检测维修中心及销售服务中心，最终建成江西省开放性经济重要的辐射带动引擎。

2018年7月，南昌正式获批中国跨境电子商务综合试验区，南昌综合保税区将通过制度、管理、服务创新探索跨境电子商务自由化、便利化、规范化发展。

招商热线：0791-86726628

网址：http://zbq.nc.gov.cn/

河北秦皇岛出口加工区

河北秦皇岛出口加工区坐落在秦皇岛市的东部沿海。2002年6月21日经批准设立，2003年9月15日通过验收，总规划面积2.5平方公里，一期封关面积0.67平方公里。目前正在积极筹备二期封关建设，待二期封关验收后，将全面整合升级为综合保税区。

秦皇岛出口加工区基础设施配套完备，已完成水、电、路、暖、通信等配套设施的“九通一平”。累计建设标准厂房88 832平方米，单层厂房11幢，多层厂房5幢；建设物流仓库2座，建筑面积25 697平方米；建设冷库2座，冷藏能力为4 000吨，建筑面积4 267.4平方米；建设恒温库1座，存储能力为2 000吨，建筑面积2 798平方米。

秦皇岛出口加工区认真执行国家对外开放政策，借鉴国际成功运作的出口加工区先进管理经验，努力优化投资环境，为投资者提供全面、优质、高效的服务，将出口加工区建成一个与国际市场接轨、按国际惯例运作的对外开放新区。

浙江嘉兴综合保税区B区

浙江嘉兴综合保税区B区位于嘉善县西塘镇，地理位置优越，依托沪杭甬高速、申嘉湖高速、苏通高速、沪杭高铁等，实现与上海、杭州、宁波、苏州1小时经济圈，具备接轨上海、辐射长三角的优越区位和交通条件。

2016年9月，嘉兴综合保税区B区首期围网0.6634平方公里通过验收封关运作，成为浙江省海关特殊监管区成功转型综合保税区的范例。园区完成二期封关面积扩容工程，封关面积从0.6634平方公里扩展到1.013平方公里；完成三期围网、巡逻通道工程初步设计。富士康科技集团、富通集团、大连东方科脉等一批优质项目先后落户园区。

嘉兴综合保税区B区作为上海自贸区项目协作区，复制并实施上海自贸试验区海关监管创新制度4项，分别是企业协调员制度、AEO管理制度、企业自律管理制度、中介机构辅助制度。区内有相关部门设立专门机构现场办公，实行24小时、7天制通关运作。

吴江综合保税区

吴江综合保税区位于苏州市吴江经济技术开发区，规划面积1平方公里，于2015年1月31日经批复同意在原吴江出口加工区的四至范围设立，于2015年12月31日通过验收。

2018年，综合保税区管理局紧扣高质量发展要求，围绕吴江经济技术开发区“立足南苏州、再造千亿级”战略目标，聚力招商引资，优化服务保障，推进载体升级，推动一般纳税人等新政落实，促进跨境电商业务发展，各项工作稳步推进。

2018年，吴江综合保税区完成进出口监管货值约160.07亿美元，其中一线进出口40.81亿美元，二线进出口119.27亿美元；完成工业销售19.25亿元。

哈尔滨综合保税区于2016年3月获批准设立，2017年7月正式封关运营，总规划面积3.29平方公里，其中一期占地1.38平方公里，是黑龙江省开放层次高、优惠政策多、功能齐全、通关便利的特殊开放区域。园区区位优势明显，位于哈尔滨市东部、哈东物流产业带内，毗邻哈尔滨国际铁路集装箱中心站，距离哈尔滨太平国际机场44公里，能够同时辐射25个贸易口岸，是“一带一路”中蒙俄经济走廊的关键节点。园区承载功能较强，达到“七通一平”标准，建设有5.7万平方米标准化仓库、3.12万平方米高端制造业标准化厂房和1万平方米重工业厂房，企业可通过租赁厂房、仓库或拿地建设等方式入区运营。综合保税区政策优惠，具备保税加工、保税物流、保税服务和口岸通关四个核心功能，实行“境内关外”运作模式，区内企业可以享受保税、退税、免税、免证等一系列海关、贸易、外汇优惠政策。园区产业方向突出，重点发展国际贸易、现代仓储物流、高端进出口加工制造、新型服务贸易及研发产业。截至2018年年底，已有90户企业完成签约注册或入区运营，实现年进出口总值2 847万美元。

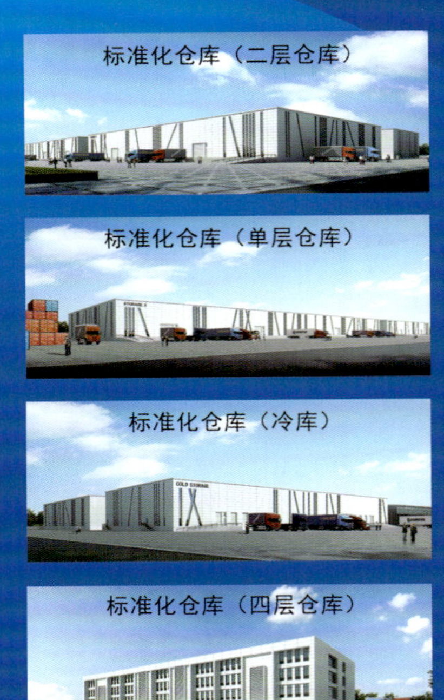

标准化厂房

地址：哈尔滨市香坊区华茂大道9号

招商负责人：马知贤

联系电话：0451-51059188、51059168

15045623905

电子邮箱：mazx_leon@163.com

重工业厂房

宁波保税区、宁波出口加工区（2002年设立）由宁波保税区管理委员会统一管理。两区享有“保税、免税、免证”特殊政策和国际贸易、保税物流、加工制造、保税展示等功能，是进口贸易促进创新示范区、跨境电子商务综合试验区、浙江省十佳开放平台，目前已形成国际贸易、先进制造、现代物流及数字经济四大产业发展格局。此外，保税区还与象山县合作共建象保合作区，携手中国航天科工集团，建设宁波航天智慧科技城，规划面积28平方公里。

2018年全区实现生产总值192亿元，同比增长10%；财政收入60.5亿元，同比增长23.2%；外贸进出口890亿元，同比增长19.2%（其中进口590亿元，同比增长21.9%；出口300亿元，同比增长14.2%）；工业总产值327亿元，同比增长2.8%；跨境进口销售额100亿元，同比增长82%；各类进口市场销售额2 050亿元，同比增长5%。

宁波保税区

NINGBO BAOSHUIQU

临沂综合保税区

临沂综合保税区位于临沂经济技术开发区东部，距临沂机场仅10公里，距市中心15公里，邻近327国道，处在长深高速和京沪高速的中间连接线上。于2014年8月经批准设立，规划面积10.6平方公里，其中批准围网面积3.7平方公里（一期围网面积2.57平方公里）、配套区面积6.9平方公里，于2016年3月正式运营，实行网内网外一体化发展。重点培植发展新材料产业、智能制造产业、生物技术（医药）产业；着力打造外贸综合服务、特定进口商品指定口岸、跨境电商服务、大宗商品交易、金融创新“五大平台”；逐步形成区域性国际贸易服务集聚、国际采购及分拨、国内外企业销售及结算、进口商品保税展示展销、保税维修及研发、智能制造及物联网技术集聚“六大中心”。

电话：0539-8870010

传真：0539-8870012

地址：山东省临沂市临工路100号

http://www.lyftz.gov.cn/

邮编：276000

宁波梅山国际物流产业集聚区

（国际海洋生态科技城、梅山保税港区）

宁波梅山国际物流产业集聚区位于北仑区东南部，于2010年获批准设立，目前总规划面积约333平方公里（其中陆域面积约240平方公里），规划范围涵盖北仑区梅山、春晓、白峰、郭巨四个街道。产业集聚区的核心区域——宁波梅山保税港区于2008年2月24日经批准设立。2015年9月，为积极参与“一带一路”和长江经济带建设，以产业集聚区为基础，设立宁波国际海洋生态科技城，作为打造“港口经济圈”的核心载体。2017年9月，设立宁波“一带一路”建设综合试验区，明确以梅山为核心载体。

梅山国际物流产业集聚区建设发展8年来（2011至2018年），区域年度地区生产总值增长8.7倍，固定资产投资增长4.7倍，财政收入增长15.7倍，“限上”（限额以上）服务业营业收入增长6.7倍，增长速度和发展效益在全省各产业集聚区中处于领先地位。2018年，各项主要经济指标继续保持快速增长。

网址：www.msd.gov.cn　　招商电话：0574-89284337．89284351

浙江杭州出口加工区于2000年4月获批准设立，规划面积2.92平方公里，2001年5月封关验收，一期封关面积2.007平方公里。2018年2月13日，浙江杭州出口加工区获批升级为杭州综合保税区。园区以升级为综合保税区为契机，紧盯目标、真抓实干，加快推进“产业国际化、建设现代化、管理智慧化”的国际一流复合型综合保税区建设。2018年3月，杭州进口肉类指定查验场全面开工建设，填补了杭州没有进口肉类指定口岸的空白。

目前，杭州综合保税区累计落户企业147家，其中工业企业19家、物流企业5家、跨境电商企业123家，已形成加工制造、保税物流、跨境电商的产业格局。

2014年5月7日，下沙跨境电子商务产业园开园启动；2015年3月7日，中国（杭州）跨境电子商务综试区获批准。通过积极探索试点模式、优化服务机制、对接重点项目，实现了3个月实单测试成功，100天开园运作，5个月直邮进口业务启动，6个月园区跨境O2O业务启动，成为全国首个进口业务全覆盖园区，并在试点业务覆盖、交易规模、模式创新、产业集聚等方面取得明显成效，走在全国前列。同时持续优化整合区内资源，从最初的2.1万平方米保税仓库，只有天猫国际、汉达、邮政3家企业试点跨境零售进口业务，发展到2018年园区投入保税仓库使用面积达32.5万平方米，平台电商和仓储物流服务企业150余家，成为杭州跨境电子商务综试区的标杆产业园。

园区全力推动综合保税区建设及验收工作，狠抓杭州进口肉类指定查验场、生物医药检验监管等平台建设，优化区域投资环境、推动产业转型升级、增强区域综合竞争力，大力发展服务于杭州经济技术开发区及周边地区的对外贸易，国际采购、分销、配送，国际中转，商品展示等现代化贸易、物流服务体系，探索物流合作新模式，加大跨境贸易、物流产业链的培育，为区域经济发展提供各项服务保障。

浙江杭州出口加工区

ZHEJIANG HANGZHOU CHUKOU JIAGONGQU

嘉兴综合保税区

嘉兴综合保税区的前身为嘉兴出口加工区，面积1.33平方公里，位于浙江嘉兴港区（浙江乍浦经济开发区）内，2003年3月10日经批准设立，2005年4月26日通过验收，2006年2月28日正式封关运作；2015年1月31日经批准整合优化为嘉兴综合保税区，2016年9月顺利通过联合验收组的验收，12月正式获批开关运作。嘉兴综合保税区是嘉兴市对接上海自贸试验区建设、提升对内对外开放合作水平、带动区域经济发展的载体平台和战略支点。

嘉兴综合保税区着力培育三大重点发展领域：

重点发展保税仓储物流业。做特做强大宗工业基础原料进口保税仓储物流服务；通过加快冷链物流发展，重点发展果蔬及肉类冷链，积极拓展第三方冷链业务，主动承接跨境电商冷链业务；积极培育区域特色产品出口仓储物流服务；联动发展物流供应链管理服务。

提升发展保税加工制造业。重点突破汽车零配件等高端装备制造、高档羊毛纺织加工等产业领域为主攻方向，提升发展保税加工制造产业；延伸拓展保税研发设计、检测、维修产业链。

加快培育新兴保税服务业。加快发展进口商品展示交易服务，积极培育金融、商贸、科技、咨询中介等新型保税服务业，培育发展跨境电子商务和高端保税服务领域。

常 州 综 合 保 税 区

常州综合保税区规划面积 1.66 平方公里，首期围网面积 1.329 平方公里。已建成标准厂房 16.3 万平方米，区内外仓储 2.1 万平方米，货物堆场 2.1 万平方米，综合服务大楼 1 万平方米。

园区位于常州市北部，交通便捷，沪宁高速公路沿区而过；距上海、南京机场分别为 160 公里和 120 公里，距国家一类开放口岸常州长江港 8 公里，距常州民航机场 15 公里，距京沪铁路常州站 8 公里，客货运输便捷。

园区利用综合保税区特殊功能政策，重点引进保税加工、保税物流和保税服务企业，累计吸引外商总投资 8.92 亿美元，注册外资 3.89 亿美元，已形成新能源材料、动力装备、精密医疗器械、通信器材四大主导产业。

常州跨境电商产业园于 2015 年 9 月开始规划，2016 年 5 月正式揭牌，同年 9 月获批成为省级跨境电商试点园区。

跨境商品保税展示交易中心于 2016 年 9 月正式对外亮相。一期面积 700 余平方米，目前已成为常州市跨境商品保税展示、静态陈列、O2O 企业线下大宗洽谈等多种模式相结合的商贸集聚地。

进口食品（化妆品）指定监管库总面积 13 000 平方米，设有恒温库区、感观观察室、无菌取样室等功能区域，配置了风险预警、分批核销、溯源管理等信息化系统。

泉州综合保税区

泉州综合保税区前身为泉州出口加工区，于2005年经批准设立，2016年年初获批升格为综合保税区，是福建省发展对外贸易的政策洼地及复制自贸试验区政策的主要载体，也是落实“一带一路”倡议及“海丝”先行区战略的重要平台。

泉州综合保税区区位优势明显，海陆空交通网络发达，毗邻沈海高速公路入口，距离泉州国际机场、福厦高铁晋江站、泉州港后渚港区均在15公路辐射范围内，与石狮石湖港、晋江深沪港和围头港、厦门机场均在1小时车程内。

近年泉州综合保税区全力打造“两个基地”（保税加工制造基地、维修研发检测基地），建设“三个中心”（“海丝”国际物流中心、跨境电子商务运营中心、进口商品展示交易中心），入驻产业涉及航材修造、高端印刷、光电电子、陶瓷喷墨机械、检测研发、酒类食品、保税仓储、电子商务及进出口贸易等，区内产业连续多年保持较快增长态势。

泉州综合保税区诚挚欢迎海内外客商共谋发展！

招商热线：0595—85931031

德阳综合保税区

DEYANGZONGHEBAOSHUIQU

德阳综合保税区位于德阳高新区内，属成德绵经济带的中心区域，毗邻中欧班列蓉欧线始发站，多条高速、高铁、快速通道穿境而过，交通条件优越。

德阳综合保税区规划面积1.71平方公里，规划范围全部符合城市总体规划、土地利用总体规划，规划范围土地已全部取得年度用地指标。一期建设面积0.72平方公里，一期围网面积0.61平方公里，符合验收要求。

德阳综合保税区将围绕“以功能促产业、以平台聚产业”的发展思路，围绕“推动装备制造业延伸产业链”“促进电子信息与制造业融合发展”“探索开展跨境电商、供应链管理、融资租赁等新型业态”三大主线，努力构建“具有德阳特色”的“五个中心”，打造国家重装产业开放引领区、四川省全域自贸示范区、“成德同城化”产业对接新平台、德阳改革开放先行区。

招商电话:0838—5103877

河南郑州出口加工区

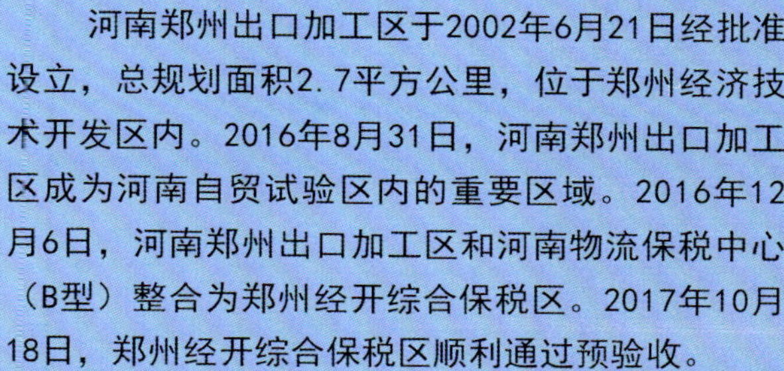

河南郑州出口加工区于2002年6月21日经批准设立，总规划面积2.7平方公里，位于郑州经济技术开发区内。2016年8月31日，河南郑州出口加工区成为河南自贸试验区内的重要区域。2016年12月6日，河南郑州出口加工区和河南物流保税中心（B型）整合为郑州经开综合保税区。2017年10月18日，郑州经开综合保税区顺利通过预验收。

截至2018年12月底，河南郑州出口加工区累计引进项目53个，其中工业企业20个，仓储物流企业27个，电商及其他配套企业6个。

园区引进的重点项目有：富士康科技集团投资的手机零组件制造项目及配套产业项目，华晶精密股份公司投资的纳米级金刚石微粉项目和微米钻石线项目，科隆新能源投资的锂电池正极材料生产项目等。同时，引入了知名电商企业唯品会项目，开展进口食品分销业务的润嘉食品项目，以及为富士康提供物流配套的瞻航物流，为唯品会提供报关服务的品速供应链等项目。全区初步形成电子信息、超硬材料精细加工、物流服务三大产业格局。

招商局：0371-66866120　0371-66866130

地址：河南省郑州市经开区经北二路160号

淮安综合保税区于2012年7月19日经批准设立，规划面积4.92平方公里，为“一区两片”格局，即原出口加工区周边的南片区（3.35平方公里）和空港北片区（1.57平方公里）。南片区紧邻京沪高速出入口及淮安高铁站，着力发展以电子信息制造业、保税物流及进口展示展销等为主的现代服务业；北片区紧邻机场，是江苏省的“空港保税区”，将紧紧围绕“打造淮河生态经济带航空货运枢纽”的要求，着力发展空港物流业、航空服务配套业及加工制造业，鼓励设立研发、营销总部，鼓励发展有自主品牌研发能力的高端加工制造业进驻。

目前，淮安综合保税区区内功能日趋完善，增值税一般纳税人试点成功获批启动，自贸试验区相关政策复制落地，跨境电商监管中心成功运营，已引进富士康、新国纺织、宏恒胜、淮澳融创等164家企业，全市及周边近400余家相关企业利用综合保税区平台开展业务，成为“江苏省新型电子元器件高技术特色产业基地”“江苏省新型工业化产业示范基地”“江苏省电子信息产业链国际合作示范区”。

淮安综合保税区

HUAIAN ZONGHE BAOSHUIQU

贵安综合保税区位于贵安新区，于2015年1月12日获批复设立，2015年12月通过验收，2016年3月封关运行，实现“当年获批、当年建成、当年验收、次年封关”的目标。贵安综合保税区规划面积2.2平方公里，围网面积1.86平方公里（围网内规划为保税加工、保税仓储、保税物流、保税研发、口岸功能区五大功能板块，围网外规划为贸易金融、内外贸融合两大功能创新区和行政管理功能区）。

园区先后获批省级外贸转型升级示范基地、省级现代服务业集聚区、省级低碳产业示范园区、省级绿色示范园区、国家新型工业化产业示范基地、国家双创升级开发区（大中小企业融通型）、泛珠三角区域制造业创新发展合作示范试点园区和贵安新区就业扶贫示范产业园，承载着贵安新区扩大开放的“桥头堡”、提速发展的“新引擎”和深化改革的“排头兵”的职责。

贵安综合保税区围绕强配套、保落地、促产能，积极推进园区基础建设，进口商品直销中心、综合保税区酒窖、外包服务大楼、贵安云谷综合体等项目已建成投入使用或投产，累计建成厂房、写字楼和配套公寓100多万平方米，在建项目60万平方米。

贵安综合保税区

GUIAN ZONGHE BAOSHUIQU

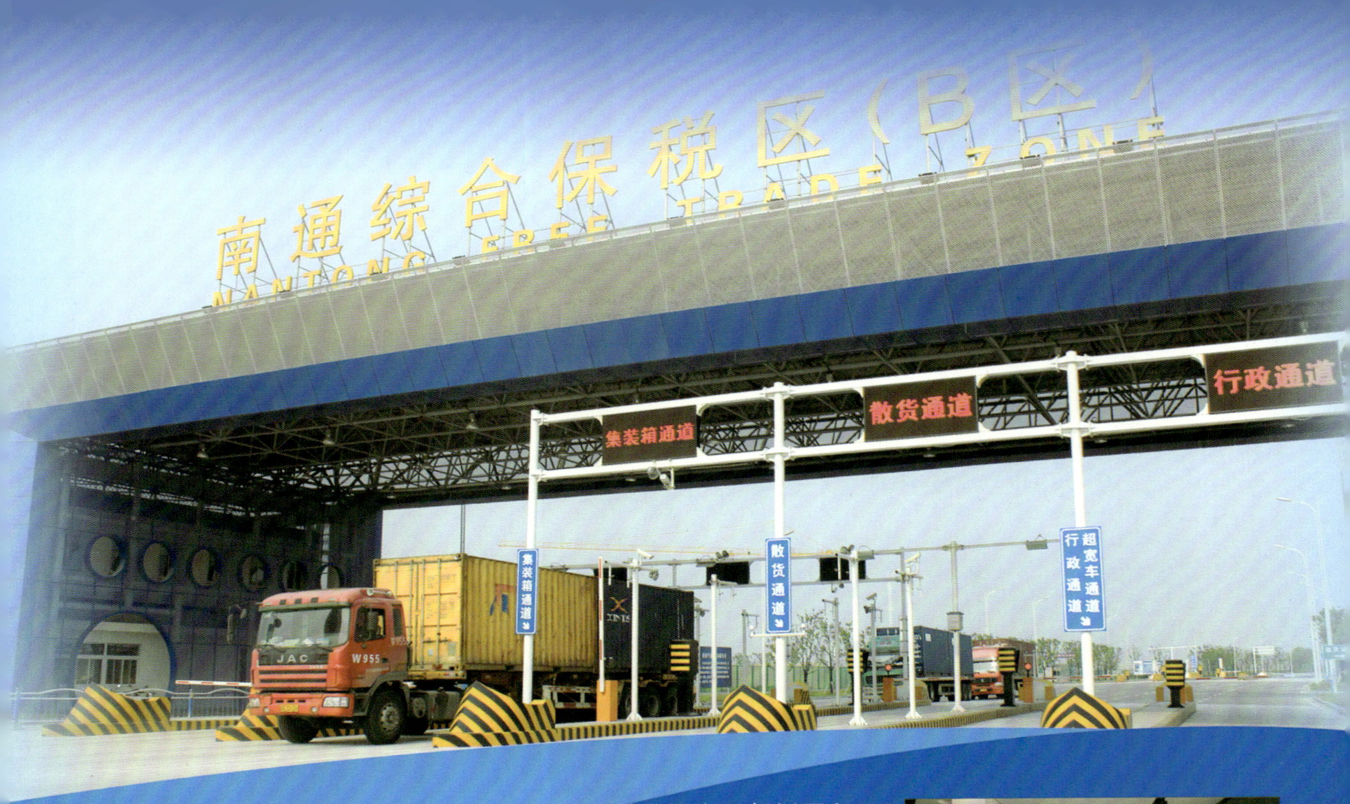

南通综合保税区于2013年1月3日经批准设立，规划面积5.29平方公里，实行“一区两片”的发展格局。其中，A区规划面积1.5平方公里，地处南通经济技术开发区中心区域；B区规划面积3.79平方公里，紧邻通海港区集装箱码头。

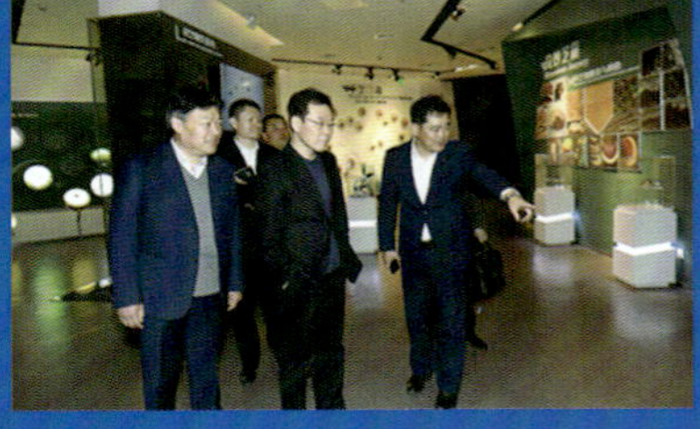

南通综合保税区重点发展以南通中远海运物流供应链有限公司、中仓（南通）保税物流中心有限公司、南通中农物流有限公司为龙头的现代智慧物流产业；以阿里巴巴信息港（江苏）有限公司、南通国动全奕数据技术有限公司、钛基数据科技（南通）有限公司为龙头的大数据产业；以南通延峰安道拓座椅面套有限公司、南通联亚药业有限公司、南通吉凯光电科技有限公司为代表的保税加工产业；以飞昂微电子科技南通有限公司、阿斯克勒庇俄斯医学（南通）有限公司为代表的检测研发等其他类型的服务产业。已建成现代智慧物流园和国际数据中心产业园，正在逐步构建以集聚品牌产业和新型业态为区域特色的跨境电商全产业链平台。

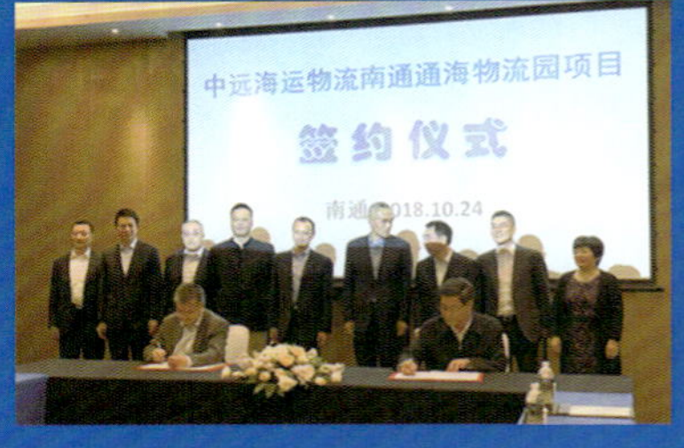

园区立足南通，依托江苏，融入上海，服务长三角，走向全世界。将围绕保税加工、保税物流、口岸作业、保税服务四大产业，着力建设加工制造中心、研发设计中心、物流分拨中心、检测维修中心、销售服务中心五大中心，目前已集聚形成大数据、现代智慧物流、龙头型保税加工等支柱产业，未来将不断探索跨境电商、保税展示交易、期货交割等新业态，对标国际先进水平促进南通综合保税区升级，积极打造长三角高水平开放的新平台。

南通综合保税区

NANTONG FREE TRADE ZONE

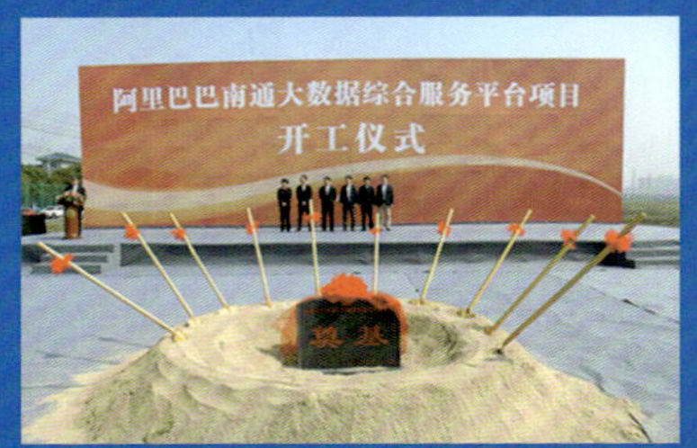

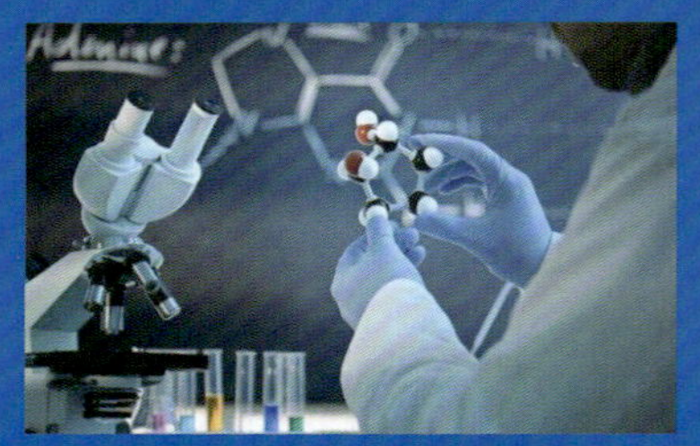

武进综合保税区

武进综合保税区坚持以“高起点规划、高标准管理、高水平服务”为建设目的，引进先进的开发和管理模式，按照“一体两翼”总体规划，区内总体规划面积1.15平方公里，西侧国际商贸区总体规划面积3.2平方公里，东侧青洋路物流园总体规划面积1.1平方公里。

2018年，园区全年完成工业总产值133.85亿元、进出区货值72.11亿美元，完成实际进出口额9.16亿美元，完成保税物流实际进出口额2.64亿美元、进出区（不含进出境）34.12亿美元。

武进综合保税区位于武进高新技术产业开发区，东至凤林路，南至武进大道，西至淹城路，北至阳湖路。紧邻沿江高逗和常泰高速，距上海虹桥、浦东机场，上海港口及南京禄口机场均在1～2小时车程范围内。

联系人：干泽幸
联系电话：0519-86221203
传真：0519-86221200

上海金桥综合保税区

SHANGHAI JINQIAO ZHONGHE BAOSHUIQU

2018年11月19日，上海金桥出口加工区（南区）经批准整合优化为金桥综合保税区，批复面积为1.5246平方公里，上海金桥综合保税区是上海金桥经济技术开发区的重要组成部分，距虹桥机场40公里，距浦东机场20公里，位于外高桥港、洋山港两大港区中间和浦东南北中心线，地理位置优越。

目前园区内主导产业为半导体装备、工业自动化、电子信息、精密仪器等。2019年1月31日，金桥综合保税区纳入增值税一般纳税人资格试点，新政落地进一步增强了区内发展优势。

金桥综合保税区下一步发展目标：对标国际，确立主导产业类型，积极发展保税展示、保税检测和维修、保税研发等功能，创建环境良好、用地合理、功能齐全、高水平开放、高质量发展、现代化的综合保税区。

联系电话：021-58584690

上海青浦综合保税区前身上海青浦出口加工区于2003年3月经批准设立，同年11月封关运作。2018年9月4日，上海青浦出口加工区经批准整合优化为上海青浦综合保税区，2018年9月27日通过验收，批准面积1.58平方公里。

上海青浦综合保税区现有出口加工制造、飞机发动机维修、保税物流和跨境电商等各类型企业48家，形成航空维修、保税加工、保税物流、跨境电子商务等特色产业，引进一批包括东航、普惠飞机发动机维修、斯伦贝谢油田设备、日立汽车系统、巴斯夫电子材料等企业在内的技术含量高、经济效益好的优质项目。

园区地处上海、江苏、浙江的交汇点，位于虹桥商务中心虹桥交通枢纽正西8公里，周边6条高速公路直达长三角各地市，轨道交通17号线直通市中心，“九通一平”的完善基础设施及园区优质高效的服务、充足的人才资源、合理的规划、优美的自然环境和人文环境是落户企业在这里成功发展的保证。

上海青浦综合保税区通过进一步扩展区域功能，充分把握青浦区服务中国国际进口博览会和“长三角一体化”的历史性机遇，发挥区位优势和政策优势，体现综合保税区在区域、资产、信息、业务等方面的联动发展，实现“政策叠加、优势互补、资源整合、功能集成”。

一是大力发展保税展示交易，主动对接首届中国国际进口博览会，开展保税仓储、物流配送和展示交易等业务。二是大力培育跨境电商平台，吸引更多的企业入驻，形成规模效应。三是扩大民用航空产业园品牌效应，稳步推动航空专业维修与再制造维修，打造具有国际水平的现代化民用航空基地。四是大力发展保税物流，推进建设国家农产品指定口岸。五是配套发展国际快递产业，积极服务青浦区以14家快递企业总部为核心的快递总部经济。六是试点开展仓储货物按状态分类监管，构建全球一体化物流配送中心。七是开展企业增值税一般纳税人资格试点。

SHANGHAI QINGPU ZONGHE BAOSHUIQU

上海青浦综合保税区

上海青浦综合保税区
Shanghai Qingpu Comprehensive Bonded Zone

2000年4月昆山出口加工区经批准设立，一期规划面积2.86平方公里。2009年12月，经批准升级为昆山综合保税区，规划面积5.86平方公里。2012年12月，昆山综合保税区二期3平方公里通过验收并封关运作。

昆山综合保税区位于昆山经济技术开发区内，紧邻沪宁高速公路，东接上海、西邻苏州，交通便利，地理位置优越。园区主动适应和引领经济发展新常态，探索更高水平的对外开放和更深层次的改革创新。通过积极培育区域发展新动能、促进区内产业转型升级，现已成为昆山市开放型经济发展的新高地。截至2018年年底，全区已投产企业120家，其中工业企业68家、物流企业44家、其他贸易服务企业8家，从业人员15万余人。2018年实现工业产值2865.6亿元，进出口总额为512.6亿美元。

自2016年11月昆山综合保税区成为全国海关特殊监管区域第一批增值税一般纳税人试点区以来，在充分挖掘区内产能、提升企业竞争力、推进供给侧结构性改革等方面取得显著成效。2018年实现国税增值税发票开票金额35.01亿元，税额5.62亿元，在全国第一批试点区域中名列前茅。

昆山综合保税区将致力打造“五个中心”，实现从保税加工到保税物流、到保税服务的转型提升，全力推进昆山综合保税区高水平开放高质量发展。

一是统筹两个市场，打造加工制造中心；

二是推动创新创业，打造研发设计中心；

三是推进贸易便利，打造物流分拨中心；

四是延伸产业链条，打造检测维修中心；

五是培育全新动能，打造销售服务中心。

昆山综合保税区

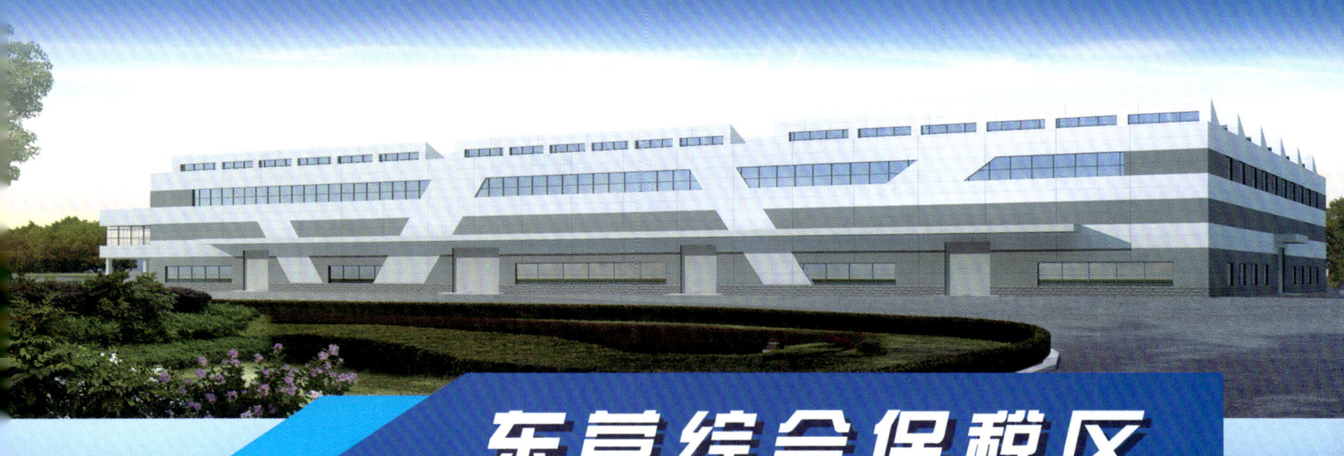

东营综合保税区

东营综合保税区于2015年5月6日经批准设立，一期规划面积1.56平方公里，已于2016年年底实现封关运营。

东营综合保税区紧紧围绕主导产业发展布局和转型升级趋势，培育发展保税仓储物流、保税加工制造（智能制造及高端装备制造、纺织服装、食品加工）、保税服务（供应链金融及融资租赁）等产业，努力打造成为区域性加工制造中心、研发设计中心、物流分拨中心、检测维修中心和销售服务中心。

园区配套出台了一系列企业发展扶持政策，促进企业快速发展。目前，一期6万平方米的保税仓库已投入使用，多家企业的保税货物实现入区仓储；7.2万平方米的6栋标准化厂房项目已建成，高端气流纺、毒品检测设备制造、黄金来料加工、白兰地葡萄酒分装等7个保税加工项目已入区建设，计划年底全面投产。东营综合保税区呈现出良好发展态势，欢迎海内外宾朋前来参观考察、投资兴业。

喀什综合保税区

喀什综合保税区于2014年9月经批准设立，2015年4月正式封关运营，是国家向西开放的窗口门户，“一带一路”沿线重要的加工制造中心、物流分拨中心，同时叠加国家西部大开发政策、喀什经济开发区的特殊政策、海关特殊监管区域政策及援疆扶持政策。

园区规划面积3.56平方公里，规划有综合配套区、生产加工区、仓储物流区、口岸操作区和航空货运区等功能区，具有加工制造、物流分拨、检测维修、销售服务、科技研发等功能。

喀什综合保税区拥有铁路、公路、航空立体交通网络优势。先后推动开通了义乌、保定、深圳、兰州经喀什至中亚和南亚多式联运班列，中吉乌国际公路已实现运输常态化，中欧班列延伸至喀什，进一步畅通喀什与内地及周边国家的物流通道。

按照供给侧结构性改革要求，喀什综合保税区通过创新监管理念，优化通关模式，全力推动海关集中查验作业中心建设，升级改造智能化卡口管理系统，实现与各陆路口岸的互联互通，有效降低企业通关成本，提升口岸通关效率。

喀什综合保税区将充分发挥区位优势、政策优势和比较优势，加强与周边国家的互联互通和产能合作，努力打造成为面向中亚南亚的加工制造中心、物流分拨中心，建设成为我国向西开放的新高地。

联系地址：新疆喀什地区喀什经济开发区欧亚大道33号

联系方式：0998-5818539

长春兴隆综合保税区致力于打造成为吉林省内陆开放高地的制高点，目前已建成跨境电商运营中心、国际快件中心、多式联运中心、进出口商品展示交易中心、双创中心、孵化基地等。园区产业定位于现代物流、保税展示和国际贸易、高端制造、特色产品加工，突出发展生物医药产业、新材料产业、光电信息产业、高端制造产业、大数据产业、国际贸易六大战略性新兴产业。

目前，园区已获批一类铁路口岸、进口肉类指定查验场、冰鲜水产品口岸、整车进口口岸和跨境电商综合试验区。整车进口口岸于2019年5月6日正式通过验收，正在积极推进进境食用水生动物、进境水果、进口药品等口岸资质，努力打造全品类进口口岸。打通了四大对外通道：长春至莫斯科、塔林的国际航空货运通道，至德国施瓦茨海德的中欧班列铁路运输通道，至大连、营口的海铁联运通道，至俄罗斯海参崴的跨境公路运输通道。

2019年7月，长春兴隆国际陆港成为天津“无水港”，至天津港海铁联运班列正式发车，“长春—珲春—欧洲”铁路运输线路已完成进出口测试，形成由国际陆港、虚拟空港、智慧公路港、综合保税区、多式联运中心构成的“三港一区一中心”开放格局。

截至2018年年末，园区登记在册企业164户，吸引了包括中外运、阿里巴巴、唯品会、顺丰、吴太医药、万丰机器人等项目入驻。

地址：中国吉林省长春市机场大路7299号
邮编：130102
网址：http://www.ccftz.gov.cn
微信公众平台：CCXLFTZ
联系电话：0431-81880283

海南洋浦保税港区

海南洋浦保税港区位于海南西北部的洋浦半岛，是我国最南端的保税港区，2007年9月经批准在洋浦经济开发区内设立，一期2.3平方公里于2008年10月正式封关运作。

洋浦经济开发区作为海南自贸港建设的先行区、示范区和海南高质量发展的增长极，定位于建设“西部陆海新通道航运枢纽、大宗商品集散交易基地、先进制造业基地、新型贸易试验区”。洋浦保税港区作为海南目前两个海关特殊监管区域之一，将在海南自贸港建设中发挥排头兵作用，积极发展粮食、椰子等大宗商品集散交易和跨境电商、保税展示、保税维修等新业态，逐步探索、稳步推进以“一线放开、二线高效管住”为主的制度创新。

地址：海南省洋浦经济开发区盐田路8号保税港区综合楼2楼

联系电话：0898－28810972　　传真：0898－28819353

努力将洋浦打造成为海南自由贸易港建设的先行区、示范区，成为全省高质量发展的增长极。

扬州综合保税区主要企业有峻茂光电、荣德新能源、逸洁科技、日新意旺、顺风光电等，初步形成电子信息、太阳能光伏、装备制造和LED芯片封装检测等特色产业。2018年，扬州综合保税区完成进出口总额17.9亿美元，其中完成一线进出境额8.8亿美元。

园区将紧扣“十三五”发展规划，科学合理布局，通过保税加工、保税物流、保税服务“三轮驱动”，加快引进制造业重点项目，以产业集聚带动保税物流和保税服务业的发展。充分挖掘综合保税区政策，立足现有制造企业，做优保税加工；加强与港口、机场的联动，做强保税物流；充分运用上海自贸试验区可复制、可推广政策，积极主动与海关等部门对接，做新保税服务。

招商部门：扬州综合保税区招商局　电话：0514－82982696　传真：0514－87529080　邮箱：yzckjgq@126.com

1991年5月28日，深圳福田保税区经批准设立，1993年2月正式封关运作。福田保税区东接福田、皇岗两大一类口岸，南邻香港新界，西抵红树林保护区，北靠福田中心区，围网内面积1.35平方公里。凭借陆路直通香港的独特区位优势和保税政策优势，福田保税区已发展成为全国对外开放的示范窗口和外向型经济高产田。目前，福田保税区共有企业4 600余家，其中规模以上企业300余家，国家高新技术企业98家，已上市及拟上市企业42家，涌现了联想、赛意法、昱科环球、汇顶科技、综合信兴、嘉泓永业等一大批优质企业。福田保税区已明确为深港科技创新合作区的核心区、先导区，园区将在深港科技创新合作重大战略机遇和先行先试体制优势下，在发展现有保税产业的基础上，重点布局基础科学研究、生命健康与生物医药、人工智能、金融科技、新材料等领域的研发创新，全面提升产业层次。

SHENZHEN FUTIAN BAOSHUIQU

深圳福田保税区

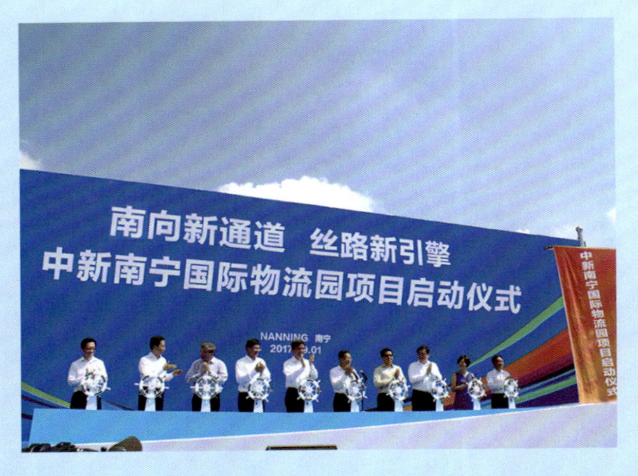

南宁综合保税区于2015年9月获批复设立，规划面积约8平方公里，一期围网面积0.897平方公里，2017年4月正式封关运营。

园区重点发展加工贸易、保税物流、跨境电商等产业，已累计入驻80家企业。2018年南宁综合保税区实现进出口总额23.09亿美元，比2017年增长591%，其中加工贸易进出口额为20.79亿美元。

南宁综合保税区

NANNING COMPREHENSIVE FREE TRADE ZONE

区内已完成基础设施建设，并建成约37万平方米标准厂房，配套区已建成并交付使用2.3万平方米的公租房，正在加速推进公租房二期、商务中心、商品展示中心、学校等配套设施建设，为企业入驻提供良好的服务保障。

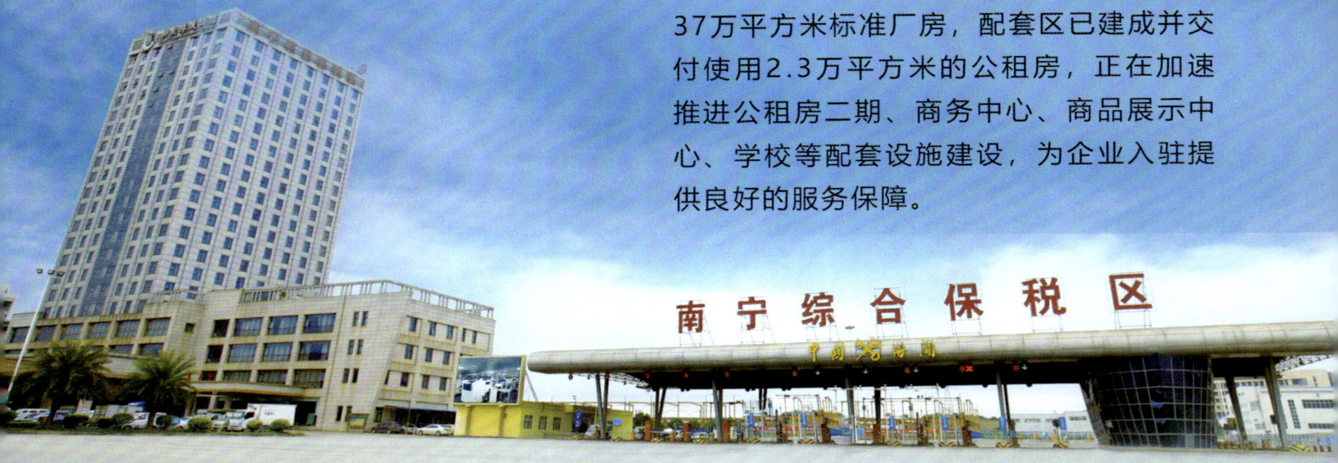

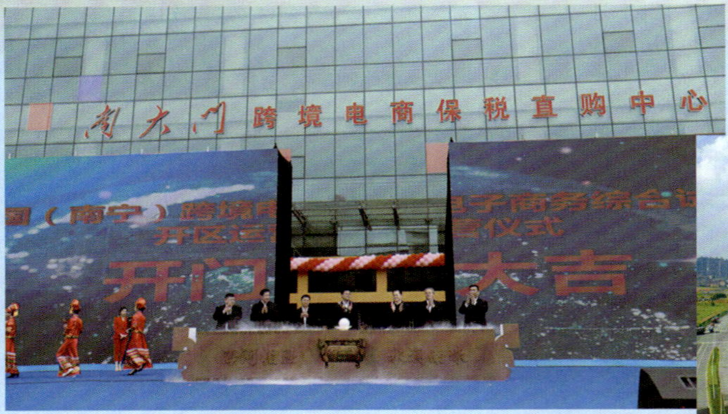

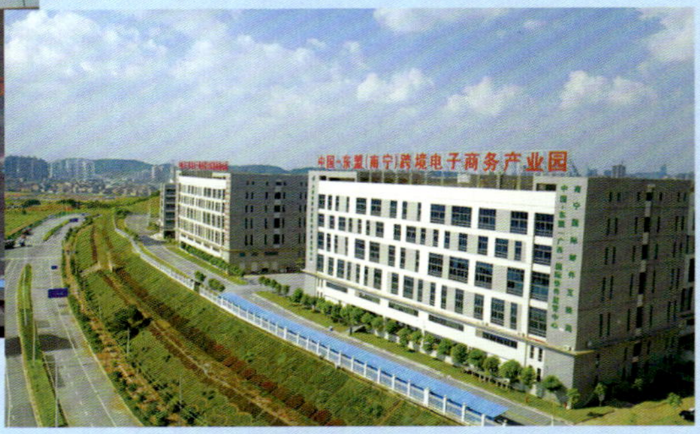

招商联系电话：0771-4898296

浙江慈溪出口加工区于 2005 年 6 月经批准设立，按国际自由贸易区惯例运作，具有“免税、保税、免征”的特殊政策。区域开发面积 0.7 平方公里，配套设施完善，地理位置优越。园区位于上海、杭州、宁波三大城市的“金三角”腹地，一个半小时的交通圈中，同时拥有上海浦东、上海虹桥、杭州萧山和宁波栎社四大空港，宁波、上海两大东方大港口，开展商务活动交通非常便捷。

区内基础设施完善，按照“七通一平”标准配套建设道路、电力、供水、供热、供气、通信、绿化等设施。截至 2019 年 9 月底，区内厂房和仓库总面积超过 30 万平方米。

截至 2019 年 9 月，园区内共有企业 8 家，其中 5 家为生产型企业，3 家跨境电商企业，形成以电解铜、黄铜带、轴承及木材等国外工业原料为主的保税仓储进口分拨和以永宏户外休闲用品、节能灯具等国产成品为主的出口集拼业务构架。跨境电商进口业务也发展迅猛，区内跨境电商进口额从 2016 年的 5 000 万元增至 2018 年的 30 亿元。

浙江慈溪出口加工区

青岛前湾保税港区于2008年9月7日经批准设立，由保税区、保税物流园区整合临近港口转型升级而成，规划面积9.72平方公里，建设码头泊位21个，享有“保税、免税、免证”和“境内关外”等特殊政策。2018年全区实现各项收入49.1亿元，实现外贸进出口总值126亿美元。

近年来，青岛保税港区加快实施区域转型升级。恢复青岛汽车整车进口口岸，目前已发展成为全国第五大汽车进口口岸，平行进口车数量位居全国第二；建成进口商品总部基地，率先在山东省开通保税备货业务，被评为全国电子商务示范基地；加快新旧动能转换，倾力打造国际冷链中心、国际自贸中心、国际物流中心和国际商品市场交易中心，推动区域创新发展、持续发展；优化空间布局，将当前全球自动化程度高、装卸效率快的集装箱自动化码头纳入围网范围，实现优势政策拓展延伸；积极融入“一带一路”建设，探索出“省内功能区＋省外经济合作区＋‘一带一路’自贸驿站”的发展模式，通过“飞地经济”，打造共享平台，加强地区合作，促进区域协同发展。

青岛前湾保税港区

QINGDAO QIANWAN BAOSHUIGANGQU

青岛西海岸综合保税区于2018年11月19日经批复同意，由青岛西海岸出口加工区转型升级而成，规划面积2.01平方公里，是目前我国开放层次高、优惠政策多、功能齐全、手续简化的海关特殊监管区域。

青岛西海岸综合保税区位于青岛胶州湾西岸，距流亭国际机场40公里、胶东国际机场25公里、青岛前湾港14公里、青岛多式联运中心20公里、胶州湾高速公路1.5公里、沈海高速公路5公里，地理位置优越，交通便利。园区拥有商务大厦2.15万平方米，可供企业前期办公使用；建设公共租赁房一期6万平方米、二期11万平方米，目前一期已投入使用，全部建成后可容纳1.5万～2万人；周边热源厂、110千伏龙泉变电站、污水处理厂等配套齐全。

截至2018年年底，园区已吸引来自日本、韩国、美国、中国香港等国家和地区的131个项目落户，累计投资总额超过100亿元，累计实现进出口总值324.58亿元。园区已形成四大主导产业，分别是以三美电子为代表的“精密电子”产业，以裕龙为主导的“保税物流”产业，以北海石油装备为代表的“机械装备”产业和以圣美尔纤维科技为代表的“高端棉纺织”产业。同时，进口商品、跨境电商、航空产业等新兴产业正在起步。

青岛西海岸综合保税区将积极对标国外国内先进园区，进一步创新制度、拓展功能、优化管理，牢牢把握建设“五大中心”要求，充分发挥要素集聚和辐射带动作用，加快发展电子信息、高端装备、新材料等高端制造产业，冷链物流、第四方物流、供应链管理等现代物流产业，跨境电商、融资租赁、检测维修、期货保税交割等国际贸易服务产业，打造青岛市扩大对外开放的新高地、海关特殊监管区域整合优化科学发展的示范区。

山东青岛出口加工区位于青岛环胶州湾产业带中间位置，是2003年3月10日获批准设立的第三批出口加工区之一，功能区规划面积2.8平方公里，实行“境内关外、免税保税”政策。园区北邻青岛新机场，南邻胶州湾，西至大沽河，东接青岛高新区。

2018年，青岛出口加工区完成到账外资1 718.8万美元，同比增长8.4%；完成市外实际利用内资2.023亿元，同比增长102%；完成一般公共预算收入9 394万元，同比增长10.8%；完成固定资产投资14 116万元，同比增长24.8%；完成规模以上工业总产值54亿元，同比增长10%；完成外贸进出口9.3亿美元，同比增长3.8%。

山东青岛出口加工区

中国廊坊综合保税区

LANGFANG COMPREHENSIVE BONDED ZONE, CHINA

中国海关

廊坊综合保税区

LANGFANG COMPREHENSIVE BONDED ZONE

廊坊综合保税区于2018年1月25日经批准设立，2019年6月18日通过验收。园区位于廊坊经济技术开发区内，规划面积0.5平方公里，是由出口加工区整合优化为综合保税区的海关特殊监管区域，是距北京大兴国际机场较近的海关特殊监管区域。

廊坊综合保税区凭借独特的区位优势、完善的基础设施环境、配套的产业发展环境、优惠的政策支持、丰富的人力资源、快捷的通关环境、优质的商务运行环境、与国际惯例接轨的政策体制环境，以建设保税物流与加工贸易等多功能于一体的现代化园区为目标，积极推进功能拓展，创新服务发展模式，成为现代服务业和加工贸易类企业的理想投资之地。

廊坊综合保税区占天时、据地利、得人和，愿与各位企业家叙友情、商协作、创未来！

招商热线：0316-6078292

成都高新综合保税区

成都高新综合保税区于2010年10月18日经批准设立，2011年2月25日通过验收，2011年5月25日正式封关运行。园区由原成都出口加工区、成都保税物流中心整合扩展而成，位于四川省成都高新技术产业开发区西部园区，规划面积4.68平方公里，分为A、B、C三个区域。2012年1月4日，经批准，成都高新综合保税区扩区设立双流园区，2012年7月3日双流园区通过联合验收组验收。成都高新综合保税区入驻企业36家，批准投资总额超过47亿美元，从业人员近10万人。园区吸引聚集了英特尔、德州仪器、戴尔、富士康、莫仕连接器等高端制造企业。

陕西西安出口加工区A区于2002年6月21日经批准设立，规划面积为0.75平方公里，2004年4月5日封关运行，2006年12月被批准为全国7个拓展保税物流等功能试点的出口加工区之一。

西安出口加工区A区引进了英国罗尔斯罗易斯、法国赛峰、德国蒂森克虏伯、美国联合技术和GE等国外企业，以及国内行业龙头企业中航工业西飞集团、西航集团、庆安集团，世纪互联，康龙化成等76个项目入区，初步形成以高端航空制造为主，新能源、珠宝加工、服务贸易为辅的产业格局。

西安出口加工区A区各类项目总投资超过65亿元，历年累计实现进出口总额150亿美元，各项主要经济指标连续多年保持高速增长，保税物流业务量位居西安关区前列。

园区将依托陕西及西安地区的产业优势，着力发展以航空产业为代表的拥有高附加值与自有知识产权的高端装备制造业，形成航空产业链完善、具有航空特色的出口加工区，形成上下游配套完善的新能源产业链，形成投入产出比高的珠宝加工产业集群，不断提升极具内陆特色和规模的服务贸易产业水平。与此同时，积极进行产业结构调整升级、转型，提高加工贸易整体水平，提高附加值，延长产业链，实现加工制造与服务贸易并重发展，加工贸易由规模速度型向质量效益型转变。

汕头保税区

汕头保税区位于广东省汕头市中心城区南区，隔离设施内面积3.34平方公里，1993年1月经批准设立，同年12月监管设施通过验收开关运作，其功能主要是发展国际贸易、仓储物流和出口加工。保税区毗邻广澳深水港、疏港大道、深汕高速公路，以及正在规划建设中的350公里时速沿海高铁、疏港铁路等，交通区位优势明显。

汕头保税区下辖的汕头保税物流中心，是粤东地区享有“入中心退税”的海关特殊监管场所。中心紧靠汕头保税区，占地面积约8.47万平方米，建有面积超过10万平方米的综合办公楼、大型仓库、堆场、查验装卸平台等配套设施，已于2017年11月全面建成并通过验收，2018年5月正式封关运营，具备“境内货物进入中心即可享受退税”的政策功能。

园区始终坚持“重商、亲商、安商、富商”的理念，为企业提供简便、快捷、优质、高效的一站式服务，全力打造法治化、国际化、便利化营商环境。目前，全区已初步形成以跨国企业为龙头的仓储物流业，以功能膜、生物医药及新材料研发为代表的高新技术产业。

面对新的发展机遇，汕头保税区将进一步突出保税功能，加快打造保税物流、保税产业孵化、保税商务三大平台，以及跨境电商服务中心、塑料流通加工中心、农产品进出口交易中心、医药物流配送中心、国际商品采购中心和进口汽车展销中心六大中心，不断做大保税贸易物流主业，并积极推动向综合保税区转型升级，努力发展成为汕头乃至全粤东外向型经济聚集区、改革创新试验区和开放型经济的新高地。

漳州市龙池港务发展有限公司

LONGCHI

漳州市龙池港务发展有限公司依托厦门港务控股集团、厦门港务发展股份有限公司在港口、港口配套产业、保税物流、仓储物流等方面的资源优势，以及漳州市经济发展集团有限公司作为地产开发优质平台企业的地缘优势，双方优势互补、效能叠加，充分利用当地所给予的政策和扶持，投资建设了漳州台商投资区保税物流中心（B型）。中心致力于竭诚为广大客户提供优质、高效、专业的保税物流、仓储物流等服务。

一、保税物流中心简介

漳州台商投资区保税物流中心（B型）项目是福建省漳州市、漳州台商投资区重点项目，其成立得到了有关单位的大力支持，为促进漳州市外向型经济转型升级，带动厦门港务集团成员企业在漳州地区港口保税、仓储物流等主营业务的拓展延伸起到重要作用，将成为海峡西岸经济区临港物流产业协同发展的重要载体。

二、保税物流中心（B型）功能

国际物流保税仓储 → 进出口生产制造企业

简单加工和增值服务 → 贸易加工生产企业

国际采购、分拨和配送 → 国际性第三方物流企业

国际中转 → 国际货运承运人

转口贸易 → 国际贸易企业

退税功能 → 出口型生产制造企业

地址：福建省漳州台商投资区角美镇鸿渐路9号

联系电话：0596-6070878

广东深圳出口加工区是2000年4月27日经批准成立的首批15家出口加工区之一，规划面积3平方公里，位于深圳市坪山区内，2001年3月31日通过联合验收并一次性封关运作。

深圳出口加工区是深圳高新区坪山园区重要组成部分，位于“广深科技创新走廊”的重要节点之一。区内储备用地较多，产业发展空间大。区内加工贸易以集成电路及第三代半导体等先进制造产业为主；保税贸易以保税物流分拨、检测维修为主，重点布局入境检测维修、保税研发、保税展示等生产服务型“保税+”新业态。

园区区位比较优势突出，进出境陆运、海运和空运便利快捷。距深圳宝安国际机场仅60公里，车行100分钟内可抵达香港国际机场；距盐田国际集装箱码头仅25公里，坪盐通道即将通车，15分钟可到盐田港；东部过境高速等高快速路正加快建设，未来20分钟可到莲塘口岸；距文锦渡、罗湖、皇岗等陆路口岸仅40公里。此外，坪山高铁可直达香港，搭乘高铁15分钟可达惠州，30余分钟可达东莞、广州和汕尾等地。地铁14、16号线正加快建设。未来几年，随着方便快捷立体交通体系的建成，区位优势将进一步凸显。

深圳出口加工区实行了一系列通关提效改革措施，不断提升通关便利化水平。2018年，园区进行了智能卡口、监管场站等基础设施的全面升级改造，并成功切换“金关二期”系统，成为深圳海关关区首个实现全智能化卡口验放、切换“金关二期”系统的海关特殊监管区域，为实现7×24小时通关及发展“保税+”新业态奠定了良好基础。

目前，深圳出口加工区正加快推动转型升级为综合保税区。将通过整合资源要素，完善产业配套，围绕主导产业规划布局，强化区内外产业联动发展，充分发挥综合保税区政策及其联系国内国际两个市场、两种资源的优势，更好地为发展开放型经济及粤港澳大湾区建设等贡献力量。

九江综合保税区

九江综合保税区位于九江经济技术开发区，于2019年8月29日通过联合验收组验收，是江西省通港型综合保税区。九江综合保税区交通区位优势显著，距离九江港5.7公里（目前已获批进口肉类指定口岸、进境粮食指定口岸及进境木材指定口岸），距赛城湖高速收费站10公里，距高铁新区15公里，距庐山机场28公里，距昌北国际机场90公里，设有综合保税区货运编组站的城西港区铁路专用线已开工建设，可实现陆、空、铁、水多式联运。

九江综合保税区总规划面积1.81平方公里，区内已实现“七通一平”，标准厂房、保税仓库、监管仓库、验货场地等设施一应俱全，政务服务大楼内物流供应链、金融、商业保理、知识产权等服务类企业均已入驻，企业可足不出区“一站式”办结通关手续。园区周边配套设施完善，东侧的综合配套区为九江综合保税区配套一流的商务区、生活区、生产配套区，附近学校、大型市场、商业等社会设施完善，周边TCL、艾美特、生益科技等一大批现代企业林立。

按照“境内关外，高度放开，区港联动，协调发展”的模式，九江综合保税区重点支持电子电器、高端装备制造、新能源新材料、节能环保及新能源汽车等加工制造业和跨境电商、仓储物流等现代服务业。九江综合保税区热情欢迎海内外客商垂询，共谋发展！

联系地址：江西省九江市经开区港城大道200号九江综合保税区

联系人：江繁平　联系电话：18870235076　办公电话：0792-8980221

盐城综合保税区是中韩（盐城）产业园核心区，于2012年6月16日经批准设立，2013年9月正式封关运作。园区规划面积26.6平方公里，封关区域面积2.28平方公里。

盐城综合保税区地理位置优越，位于以上海为中心的长三角城市群，是电子信息、智能制造和现代服务业集聚区，已成为高水平开放高质量发展的强劲引擎。

盐城综合保税区现有“四上”企业（规模以上工业企业、资质等级建筑业企业、限额以上批零住餐企业、国家重点服务业企业）71家，其中规模以上工业定报企业41家、物流仓储企业24家，另有贸易服务业企业近100家，初步形成以电子信息、新材料等先进制造业为主导，国际贸易、国际检测维修、仓储物流、跨境电商等现代服务业竞相发展的良好态势。

盐城综合保税区

盐城综合保税区基础设施完备，建有83万平方米厂（库）房和2.4万平方米办公用房，另有17万平方米厂（库）房正在建设中。已建成的83万平方米厂（库）房中，包括61万平方米高标准多层电子厂房、20万平方米保税仓库和2万平方米冷链仓库。

盐城综合保税区将持续营造一流营商环境，全方位提供政策支撑，立体化完善产业配套，打造高水平开放高质量发展综合竞争新优势。

在国家扩大进口、加快消费提质转型升级等机遇下，作为绿地集团旗下的核心产业集团，绿地商贸集团充分发挥海外资源配置优势，围绕进口产业链深耕商贸流通领域，积极开拓保税仓储与供应链服务，成功试点上海青浦运营中心，在武汉、嘉兴先后获取保税区内用地，并将于2020年建成高标仓库投入使用。未来绿地商贸将进一步承接进口博览会带来的产业溢出效应，在全国更多城市落地并推进国际商贸供应链服务。

绿地商贸集团
Greenland Business And Trade Group

绿地全球商品贸易青浦运营中心

项目位于上海青浦出口加工区内，是绿地集团重点打造的进口商品常年展示交易平台——绿地全球商品贸易港的核心配套供应链服务及保税仓储中心，也是较具规模的跨境电商进口供应链平台之一，具有食品仓储、保税批发、海关分类监督等资质功能。中心同时提供企业及商品备案、报关报检、仓储管理、订单处理、配送管理等一站式供应链服务。

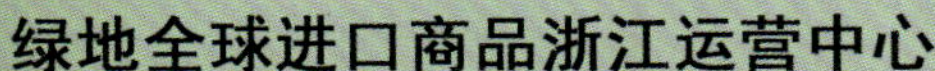

绿地全球进口商品浙江运营中心

项目位于嘉兴综合保税区兴业路东侧，总建筑面积约3.2万平方米。以绿地G-Super区域运营中心及进口贸易基地为产业题材，致力于打造辐射华东部分地区的具有产业链发展效应和产业规模的国际贸易产业基地。可实现冷链仓储、生鲜配送中心、中央厨房、跨境电商、贸易结算等功能需求。

绿地武汉进口产品深加工中心

项目位于武汉东湖新技术开发区台山溪小路以东，总建筑面积约5.5万平方米。一期为一栋近1万平方米的单层库；二期为两栋多层库，面积约4.5万平方米。建成后将成为生鲜食品、有机高端农产品加工基地，产品预包装加工、检测平台，多功能配送中心。依靠对进口食品的直采、低温切割加工（肉类）、国外高端包装技术、直销等一体化进程，来实现国外高档进口食品向国内的产业转移。

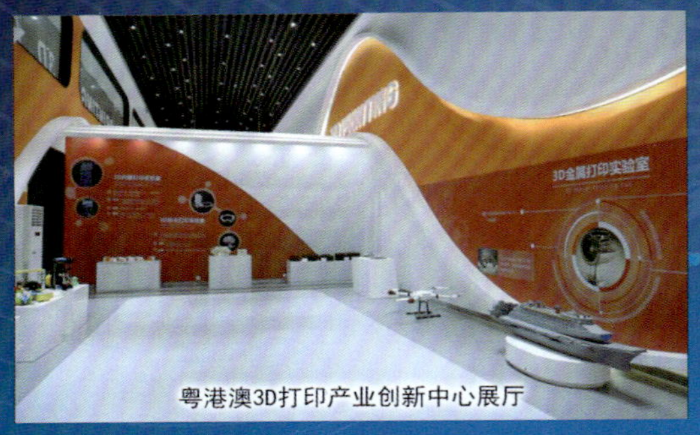

粤港澳3D打印产业创新中心展厅

跨境电商网购保税（1210）监管场所为园区跨境电商保税备货企业提供1.28万件/天包裹查验服务

珠海保税区位于珠海市主城区南部，紧靠湾仔口岸，东与澳门隔水相望，毗邻横琴新区和十字门中央商务区，随着港珠澳大桥开通，从香港机场到保税区仅需40分钟车程。园区面积3平方公里，预留发展用地2.89平方公里，是珠江口西岸的保税区，在保税加工、仓储物流、国际贸易等主要功能方面享有优惠政策。珠澳跨境工业区总占地面积0.4平方公里，其中珠海园区0.29平方公里，是全国首个跨境工业区，实行“保税区＋出口加工区出口退税政策＋24小时通关专用口岸”优惠政策。

电子信息 / 航空配套 / 生物医药 / 商贸服务

珠海保税区摩天宇航空发动机维修有限公司维修车间一角

珠海保税区坚持实体经济的主导地位，已形成电子信息、航空配套、生物医药、商贸服务四大产业体系。随着横琴新区、珠海保税区、洪湾片区一体化发展的加速推进，珠海保税区将深化推动与港澳深度合作，在开放中链接全球创新资源，打造聚集高端产业、荟萃高端人才、实现高品质城市生活的城市新中心、大桥经济区，成为粤港澳深度合作新引擎和大湾区城市客厅。热忱欢迎社会各界人士与珠海保税区共谋发展、共创未来。

珠海保税区

电话：0756-8686266 8687313

网址：http://www.zhftz.gov.cn/

广州南沙保税港区加工区

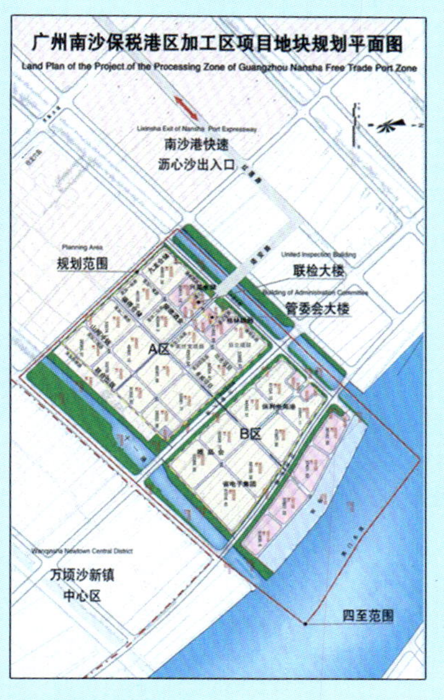

广州南沙保税港区加工区原名为广东南沙出口加工区，于2005年6月3日经批准设立，地处广州南沙经济技术开发区［中国（广东）自贸试验区南沙片区］万顷沙镇10涌与11涌之间，凤凰大道以东，蕉门水道以西。加工区分两期建设，用地面积约1.36平方公里，已于2008年7月9日通过联合验收。2009年7月通过保税港区联合验收后，加工区一期更名为“广州南沙保税港区加工区”，成为南沙保税港区的分区之一（另外两个为港口区、物流区），目前已有15家企业进驻加工区。加工区二期于2018年8月10日通过验收。

优惠政策：

进口免税：进口生产所需的机器、设备、模具、维修用零配件及进口基础设施建设所需的机器、设备、建设用基础物资均免征海关关税和进口环节税。

出口免税：区内企业加工后出口的产品免征增值税、消费税。

进料保税：区内企业加工出口产品所需进境的原材料、零部件、元器件、包装物料及消耗材料全额保税。

入区退税：在中国境内由区外进入加工区的国产机器、设备、原材料、零部件及国产合理数量的建筑材料可享受增值税出口退税。

水电气退税：区内企业生产出口货物耗用的水、电、气等可按规定退还所含的增值税。

外资企业享受经济技术开发区的各项税收优惠政策。

目前，已有15家企业进驻加工区。其中有广州保利电商港有限公司、唯品会（中国）有限公司、广州骏德商业发展有限公司、广州联合文化发展有限公司、广州卓威脚轮有限公司、出光复合工程塑料（广州）有限公司等。

上海漕河泾综合保税区

上海漕河泾综合保税区是由原上海漕河泾出口加工区转型升级而来。漕河泾出口加工区于2003年3月经批准设立，2004年3月正式封关运作。自成立以来，加工区曾连续四次获得“上海品牌园区”荣誉称号，成为上海较早自贸试验区创新制度复制推广的海关特殊监管区域，是开展跨境电商业务的试点单位和上海市跨境电子商务示范园区。2018年4月，漕河泾出口加工区经批准升级为综合保税区，成为上海较早转型升级为综合保税区的出口加工区。2018年11月，漕河泾综合保税区通过联合验收组的验收。2019年1月2日，漕河泾综合保税区正式通过验收。

综合保税区是我国开放层次高、优惠政策多、功能齐全、手续简化的海关特殊监管区域，将会使园区的品质得到极大提升。漕河泾综合保税区将在原来以加工贸易为主的基础上进一步拓展，在政策上更加便利，在形式上更加多样，在业态上更加丰富，实现统筹国外和国内两个市场、保税和非保税两种资源，向保税加工、保税物流、保税服务等多元化方向发展。

地址：上海市闵行区浦星公路789号管委会大楼105室

电话：021-54315183

2018年12月5日，济南综合保税区经批复同意调整规划

直抵前线打赢封关验收“攻坚战”

对照封关验收要求，“决胜三大战役、百日会战攻坚”活动已经拉开序幕。封关验收基础和监管设施、海关信息化平台在一季度开工，太古飞机等11个世界产业项目总投资127.3亿元，总用地面积约230.33万平方米，总建筑面积278万平方米。

以迁建为契机，做大做强综保区

按照“既要做到综保区南北区平稳迁建，又要实现跨越式发展”的工作原则，切实发挥临空优势，确保各项指标大幅提升。

美好前景，催人奋进。济南综合保税区临空腾飞正出发！

济南综合保税区

JiNan ZongHe BaoShuiQu

友谊关口岸启用全信息化智能通关系统后，司机无须下车，录入指纹面相信息，系统比对成功即可抬杠放行，过卡口时间节约75%

广西凭祥综合保税区建有面积共8万多平方米的标准厂房

广西凭祥综合保税区在第15届东博会投资商机恳谈会上签约6个投资项目

广西凭祥综合保税区

广西凭祥综合保税区于2008年12月19日经批准设立，位于广西凭祥市友谊关，是我国与境外实现“直接相连”的具有跨境合作背景的综合保税区。

2018年，广西凭祥综合保税区积极融入全面开放新格局。一是大力推进通关便利化工作。5月31日，率先在广西实现外籍车辆合法合规进入凭祥市区过驳。自6月1日起，实行周末及节假日正常通关制。二是加快推进口岸扩容提量，二期（筹）项目全面完成“三通一平”，中越“两国一检”项目及智慧园区项目建设稳中推进。三是积极融入西部陆海新通道建设，近两年以凭祥为重要通道节点开通国际班列专线及3条国际物流线路。四是优化营商环境。开展口岸提效降费工作，通过口岸降费、集装箱退费、免吊装移位仓储费等，共为企业减少成本612万元；完善园区配套基础设施建设，已竣工建筑面积为3.5万平方米的2栋标准厂房。五是不断优化园区产业结构。加强招商引资，签约并落地7个加工贸易项目。

烟台保税港区西区

YANTAIBAOSHUIGONGQUXIQU

烟台保税港区西区坐落于烟台经济技术开发区内，规划面积2.26平方公里，现已全部封关通过验收。

区内注册各类企业56家，建成厂房面积130余万平方米。园区现已形成以电子信息为主，保税物流、跨境电商为辅的产业结构。重点企业有富士康集团、近畿包装、朗越物流、近铁国际等。区内重点发展出口加工，保税仓储分拨，国际中转，商品展示，研发、检测和售后服务维修，国际采购分销，跨境电商等功能性业务。

2018年，园区实现主营业务收入460亿元、进出口708亿元，保税物流进出区货值70亿美元。建区累计实际利用外资3.26亿美元，累计合同外资4.7亿美元。

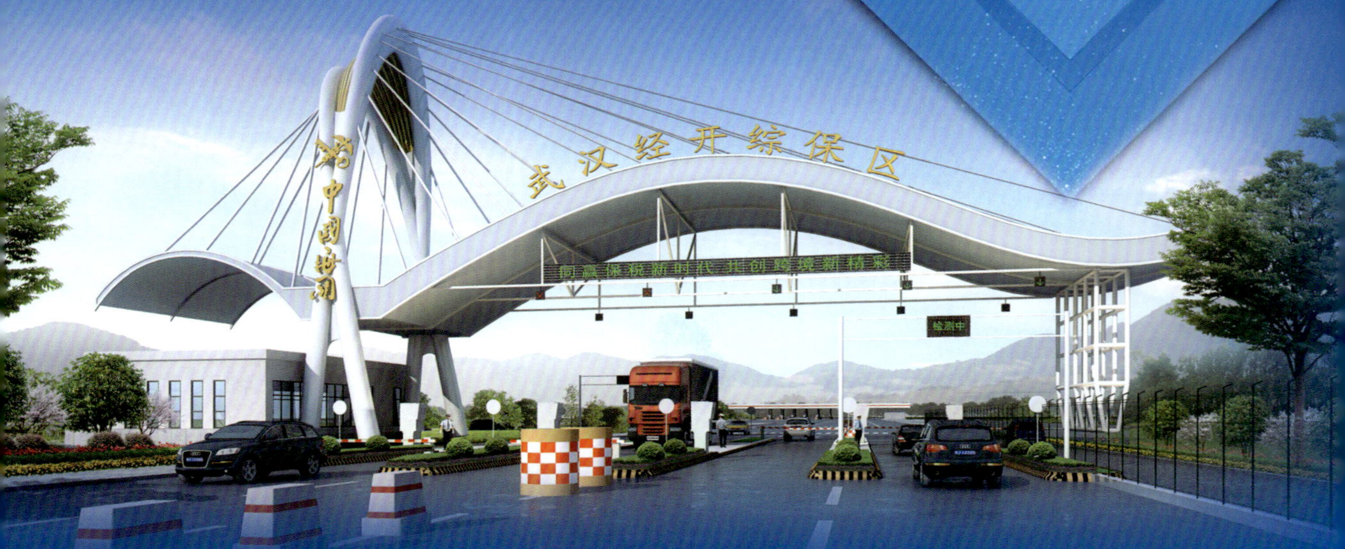

武汉经开综合保税区

武汉经开综合保税区前身是湖北武汉出口加工区，于2000年4月经批准成立，2001年6月正式封关运行，是全国首批15家试点出口加工区之一。2018年11月，经批复，湖北武汉出口加工区转型升级为武汉经开综合保税区。

武汉经开综合保税区位于东风大道和车城南路交汇处，地处武汉经济技术开发区中心，由东风高架串联三环、四环和外环线等多条全城快速通道，有多条轨道交通经过，距离天河机场、中铁联运、阳逻港等口岸车程均小于1小时，是开发区对内对外开放的重要通道。

武汉经开综合保税区享有“保税、免税、免证”等特殊政策，具有国际贸易、保税仓储、保税物流、保税展示交易、转口贸易、进出口加工等功能。园区将对标高质量发展要求，完善政策，拓展功能，创新监管，加快创新升级，力争发展成为“高端制造中心+研发设计中心+物流分拨中心+检测维修中心+销售服务中心”五大中心。目前，园区内开展有生物医疗、保税加工、保税物流、跨境电商等业务，布局有保税加工区、保税物流区、商品展示区、海关查验区、一般贸易金融区、综合服务区等区块。

天津港保税区

天津港保税区是天津滨海新区的重要经济功能区。1991年5月12日，经批准在天津港港区盐碱荒滩上围网立区，经过多年发展，规划面积已达287.4平方公里，呈现“三区两港”空间布局，即辖空港、临港和海港三片区域，坐拥天津港、天津滨海国际机场口岸资源。园区具备三类四处海关特殊监管区域，享有天津自贸试验区和天津滨海新区先行先试政策优势。

天津港保税区以保税为特色，以港口为依托，在空中客车、卡特彼勒、中船重工等龙头项目的带动下，民用航空、高端装备与智能制造、海洋经济、生物医药和健康、人工智能与信息技术、大众消费品、现代服务业等产业快速聚集，市场主体达到3万余家，成为天津市对外开放的重要窗口和经济支撑点，在环渤海区域乃至中国北方经济发展中发挥着重要的服务、辐射和带动作用。

经过多年的发展，民用航空、海洋经济、高端装备制造、快速消费品四大产业集聚效应明显；新一代信息技术、生命医药与健康、新能源等战略新兴产业链条不断延展，发展势头良好；以现代物流、现代商贸、金融保险等为代表的生产性服务业稳步增长，初步实现规模化发展。

烟台嘉鸿国际物流有限公司

烟台嘉鸿国际物流有限公司成立于2011年，专业从事现代物流供应链环节综合业务和保税物流仓储等业务。公司主要经营范围涉及货物保税仓储、物流分拨、转口运输、装运搬卸、保税区一日游、入区退税、国内国际海陆空货物运输代理、租船订舱、报关报验、手册办理及核销、货物的包装加工及增值服务、货物拆装箱及内陆运输、进出口贸易代理、物流咨询服务及租赁业务、海关政策咨询等相关配套服务。公司保税仓库面积约为1万平方米，可为广大客户提供酒水、奶粉、橄榄油、预包装食品、化妆品、化工品、机械设备及配件等产品的专业仓储服务。

公司自营贸易公司：烟台鸿奥进出口有限公司，拥有奶粉、食用油、化妆品等产品的进出口资质，且现已完成进口肉类产品收货人备案，由此获得鲜活肉类/海鲜、冷冻肉类/海鲜等进口资质。自此公司对进口肉类/海鲜已形成贸易、国际物流、国内报关报验、保税仓储物流等完整的冷链物流供应链体系，可为客户提供相关产品的全套物流服务。

公司自营货代公司：烟台鸿诚船务代理有限公司，为AEO海关高级认证企业，可为客户提供租船订舱、国际国内陆海空运输代理等配套服务，主要运营航线包括日本韩国航线，欧洲直达航线，非洲航线及东南亚、中东、地中海航线，中国香港及台湾航线，中南美航线，美国及加拿大航线等。

公司拥有科学的管理制度和众多具有高度敬业精神的青年人才，始终坚持把客户的利益放在第一位，把质量和信誉放在第一位，经过长期努力，公司已在货运物流服务行业积累了丰富的经验和良好的口碑。在百家争鸣、百舸争流的物流业大潮中，公司愿以优质的服务为广大客户创造更加辉煌的明天！

大连保税区位于中国（辽宁）自由贸易试验区大连片区内，是全国集保税区、保税港区、出口加工区管理于一身的特殊经济区。

2018年，大连保税区以自贸试验区建设为核心，加快实施“两区、一城、一港”战略，持续推动高质量发展，积极推进政策探索、体制创新、事权承接等自贸片区建设任务，为东北振兴和辽宁开放破解新问题、探索新路径、创造新经验。

截至2018年年底，全区市场主体为25 530户，注册资本2 231.58亿元，同比分别增长26.61%和45.58%。其中，实有企业17 182户，同比增长36.45%，含内资企业16 305户，外商投资企业877户；全区个体工商户为8 348户，同比增长10.83%。全年新登记市场主体6 224户，同比增长39.02%，其中企业5 090户，同比增长55.8%。

2019年，大连保税区积极推进园区向综合保税区转型升级，更好发挥辐射带动作用。同时，还以制度创新为核心，以问题为导向，大胆闯、大胆试、自主改，加快形成更多可复制、可推广制度创新成果，推动区域整体竞争力和对外开放水平再上新台阶。

中国（辽宁）自由贸易试验区

Dalian Area of China (Liaoning) Pilot Free Trade Zone

大连保税区

大连保税区经贸合作局　　地址：大连市保税区综合服务楼15A05室

传真：0411-87317579　　网址：www.dlftz.gov.cn

烟台保税港区

烟台保税港区于2009年9月经批准设立，是以出口加工区和临近港口整合转型升级而成的保税港区，规划控制面积6.21平方公里，现已全部实现封关运作。园区分为东、西两个区块，其中西区是中国（山东）自贸试验区烟台片区的重要功能区。

目前东西两区注册企业400多家，依托烟台港和富士康工业园，培育形成以手机、游戏机、笔记本电脑等为代表的电子产品制造，以金属配件、仪表、内饰为代表的汽车零部件加工，以保税展示、供应链物流、外贸综合服务为代表的保税服务三大主导产业。近年来，增值税一般纳税人资格、跨境电商综试区、期货保税交割等试点政策加紧争取，冷链、电商等查验平台加紧建设，推动海工、物流、电商、展示交易、研发、检测、维修等新业态多元化发展。

烟台保税港区作为国家特殊政策功能区，位处“一带一路”重要节点、欧亚铁路班列始发点，在中韩、中日韩自贸区建设中扮演着重要角色。正在建设的中韩（烟台）产业园、国家新旧动能转换综合试验区及山东自贸试验区，将为烟台保税港区带来无限发展机遇。

招商热线：0535-6877612　0535-6877611　0535-6877633

衡阳综合保税区

HENGYANGZONGHEBAOSHUIQU

衡阳综合保税区总规划面积2.57平方公里。其中一期围网面积0.66平方公里，已建成标准厂房19栋，总建筑面积约43万平方米，已建成保税仓库2栋，总建筑面积2.1万平方米。现有注册企业33家，其中加工贸易企业15家，贸易供应链企业15家，物流企业1家，电商企业2家。

区内企业产业主要以加工贸易和供应链为主。加工贸易方面：湖南新融创科技有限公司在原有一期6条生产线的基础上实现扩能升级，二期新增6条智能SMT贴片生产线，生产产品类别在原有功能机主板上新增升级智能机主板生产，2018年完成加工贸易进出口额3 605万美元；湖南顺万伦电子科技有限公司于2018年3月实现破零，从事无线Wi-Fi拓展设备生产销售，2018年完成加工贸易进出口额3 133万美元；湖南宽洋科技有限公司现有12条手机成品组装线，于2018年8月份实现破零，完成加工贸易额1 456万美元；湖南中易顺电子科技有限公司SMT贴片和手机整机制造生产项目投资2亿元，于2018年11月开始试投产，现已完成1万台功能机组装出口。供应链项目方面：以政府平台公司为主导的供应链企业发展态势较好，现有业务主要为企业进行进口端的原材料代采、一般贸易进口垫税、物流运输、代理关务等服务，2018年已完成进出口贸易额4.61亿美元，未来将继续开辟出口垫税、金融结汇、融资租赁等多种金融服务，以更好地服务区内企业，帮助区内企业做大做强。

贵港直通车从贵阳综合保税区卡口驶出

贵阳综合保税区

GUIYANG ZONGHE BAOSHUIQU

贵阳综合保税区于2013年9月14日经批准设立，2014年9月顺利通过验收，同年12月27日封关运行，是贵州省“1+8”开放创新平台之一，也是贵阳市“四轮驱动”重要一极。园区总规划面积10.83平方公里，其中海关特殊监管区域面积3.01平方公里，一期已建成1.003平方公里，二期正在建设2.007平方公里。

当前，贵阳综合保税区正按照“高标准要求、高水平开放、高质量发展”要求，紧紧围绕“一品一业、百业富贵”发展愿景及建设中高端消费品制造之城和贸易之城的目标，在围网区内重点发展跨境电商、保税检测维修、保税仓储等产业，探索“跨境电商+旅游+大数据”“跨境电商+中高端市场+线下自提”模式，着力打造进出口中高端商品集散中心、保税检测维修中心和进口商品保税展示交易中心；围网区外重点发展现代物流、新能源、中高端制造业，打造西部陆海新通道上的综保型陆港、中高端新能源装备制造业中心，奋力把贵阳综合保税区建设成为具有保税特色的现代服务业集聚区。

贵阳综合保税区产业大厦

舟山港综合保税区规划总面积5.85平方公里，按照一区三片模式（本岛分区、衢山分区和空港分区）建设，于2014年1月8日正式封关运作，是浙江自贸试验区的核心区域。依托“免证、免税、保税、进区退税”功能，舟山港综合保税区重点打造保税仓储加工、进口化妆品、冷链物流、油品贸易、现代商贸五大产业集聚地。

本岛分区重点发展进口非特化妆品、日用消费品、进口水产品与冷链、航空配件、国际船舶及成套设备、基础原材料等保税仓储、加工、物流及配送业务；衢山分区以打造东北亚地区铁矿石定价中心为目标，重点发展铁矿石的仓储、混配、中转、配送及分销等业务；空港分区重点发展干线、支线及通用飞机保税加工，航空零部件保税仓储、物流及飞机融资租赁等产业。

舟山港综合保税区

全面建设东北亚保税船用燃料油供应中心

园区始终秉承“深化改革谋发展，扩大开放求突破”的理念，全面对标国际先进水平，在开拓供油市场、改善基础设施、优化口岸监管、健全制度规范、推动政策创新等方面精准发力、综合施策，不断完善保税油供应体系。

2018年，舟山保税燃料油年供应量达359.3万吨，舟山现已发展成为我国保税燃料油供应体量大、增速快、竞争活跃、通关效率高的区域，并跻身世界十大供油港。

WUHAN XINGANG KONGGANG ZONGHE BAOSHUIQU

武汉新港空港综合保税区

武汉新港空港综合保税区坐落于拥有“九省通衢”之称的湖北武汉，是“一带一路”和“长江经济带”的交汇点，是湖北省和武汉市对外开放的重要“支点”，也是武汉长江中游航运中心的对外开放平台。

武汉新港空港综合保税区于2016年3月11日经批准设立，2017年8月9日正式封关运行，规划面积4.05平方公里。园区采取“一区两园”创新模式，其中阳逻港园区规划面积1平方公里，毗邻长江中上游集装箱枢纽港武汉新港阳逻港，东西湖园区规划面积3.05平方公里，紧邻华中地区武汉天河国际机场和吴家山铁路集装箱场站。武汉新港空港综合保税区集聚进口粮食、肉类、水果、汽车四大口岸和区港联动、铁水联运示范工程功能于一体，水、铁、公、空国际性综合交通枢纽优势彰显。

武汉新港空港综合保税区积极拓展保税加工、保税物流、保税服务三大业务形式，着力构建中部国际物流分拨中心、国际进口商品展销和分拨中心、进口大宗商品交易中心及国际加工制造中心，进出口业务已拓展至美国、德国、日本等29个国家。园区除拥有保税加工、保税物流、保税服务功能和税收、贸易、服务、外汇等优惠政策外，湖北武汉还对园区高水平开放高质量发展给予专项产业支持和扶持。武汉新港空港综合保税区将进一步着力推进产业升级，打造中部对外开放试验示范窗口，构建高水平外向型经济高地。

投资服务热线：027-85669927

福州保税港区

FUZHOUBAOSHUIGONGQU

福州保税港区于2010年5月18日经批准设立，规划面积2.64平方公里，包含国际物流园区、港口集散区两个区块。福州保税港区是自贸试验区、“21世纪海上丝绸之路”核心区、生态文明先行示范区、自主创新示范区等“五区”叠加之地，政策红利密集释放。福州保税港区围绕打造物流分拨、销售服务两大中心，充分发挥江阴整车口岸、临港资源、海铁联运等独特优势，紧扣产业抓招商、引项目、建平台、铸链条，已初步形成整车进口产业、航运物流产业、保税仓储及保税展示交易产业等临港特色支柱产业。

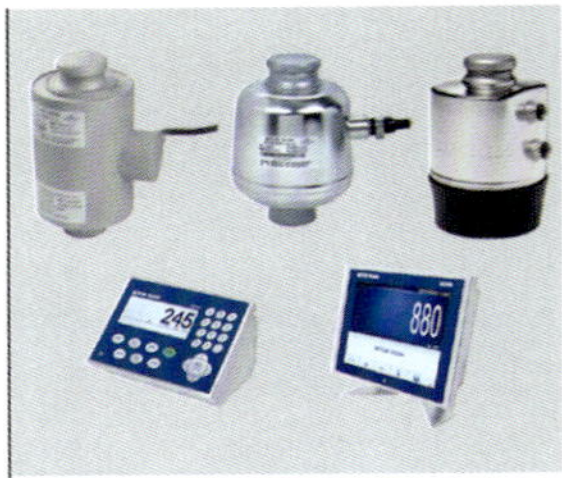

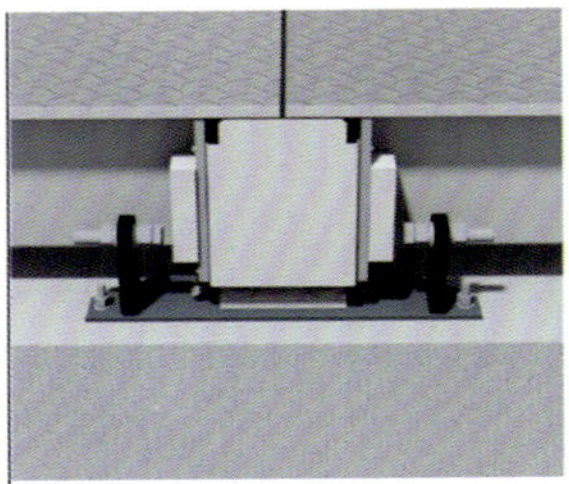

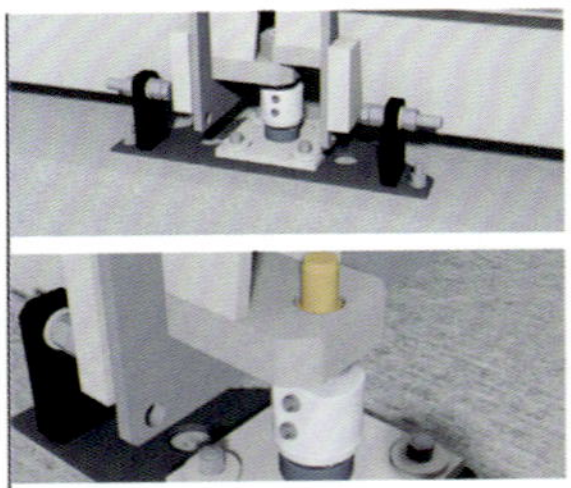

合肥格泉智能科技有限公司成立于2015年，位于合肥市经济技术开发区莲花科技创新产业园，是一家专业（跨境/国际快件）信息服务平台和海关监管系统整体解决方案供应商，在保税区、保税港区、机场国际快件、邮政国际快件、国际邮件、跨境电商等领域构筑了整体规划、设计、实施的综合解决方案能力，为企业客户和监管部门、消费者提供有竞争力的整体及分项解决方案、产品和服务。公司专注于海关综合（跨境/国际快件）服务平台及查验分拣系统、视频监控、仓储系统等子系统的深度研发、整合、提升，并致力于大数据云计算和人工智能技术在物流行业的推广及应用，用互联网、物联网构建智慧监管及智慧物流。公司是新型的海关信息化及智能化系统工程技术公司，产品的研发、生产、制造、安装、调试、售后服务等均配备专业的人员，满足客户控制及信息系统的需求，将先进技术和产品应用于生产实践，将先进研究成果产业化。公司形成以自主知识产权为核心完善科学的技术体系，保持同行业国际先进水平，为公司可持续发展奠定强大的技术基础。

公司自主研发并申请知识产权的核心技术超过40项，具有极强的跨行业的市场开拓能力、整体方案综合设计能力、软件开发及实施能力、完善科学的服务培训体系和即时响应能力，始终把追求高质量和完善周到的服务作为主线，精确把握每一个环节，建立科学、完整的管理体系，实现用户与企业的双赢。

阿拉山口综合保税区

阿拉山口综合保税区于2011年5月经批准设立，2014年6月正式封关运营，规划面积10.9平方公里，是实现货物宽准轨换装的综合保税区、中国铁路总公司二级物流基地、多式联运国际物流园，是新疆率先实现综合保税区仓单质押融资、率先推广复制上海自贸试验区创新制度、率先实施通关一体化试点的区域。现已建成21条铁路宽准轨专用线，20万平方米的标准化厂房和仓库设施，25万平方米的露天堆场，2万立方米的油品储罐。

园区充分发挥承接“一带一路”沿线产业平台优势，培育了一批“一带一路”经济合作示范项目，中信建设、中国林业、浙江振德、顺丰控股、武汉港航、金沙河面业等龙头型、产业链型企业落地。目前，园区已累计吸引500余家企业入驻，涉及仓储物流、粮油加工、纺织加工、原油仓储加工、国际贸易等行业。

今后，阿拉山口综合保税区将秉承“畅通、开放”的发展理念，坚持“贸易先行，以贸促工”，充分发挥连接国内外两个市场、两种资源的作用，打造农牧、木材、纺织全产业链、装备制造、跨境电商五大产业板块，进一步加强在政策、商贸、物流、产业等方面的合作，在更大范围集聚要素资源，努力构建全方位开放新格局。

阿拉山口综合保税区充满了无限商机，已经具备承接大投资、促进大开发、实现大发展的基础和条件。开放的阿拉山口将以敞开的胸襟、优越的环境、优惠的政策、优质的服务迎接您的到来！

广州白云机场综合保税区

GUANGZHOU BAIYUN JICHANGZONGHEBAOSHUIQU

广州白云机场综合保税区位于广州空港经济区内，规划面积 2.943 平方公里，包括中区和南区，其中的中区规划面积 2.296 平方公里，南区规划面积 0.647 平方公里，是全国少有的包含机场口岸操作区的空港型综合保税区，并实现“区港一体化”运作，也是广州跨境电商综合试验区的核心功能区，区内已全面复制自贸试验区的相关特殊监管区先行先试政策，并实现“南沙海港与空港”一体化监管。

目前，南区已引进宝能（广州）空港保税物流中心、唯品会广州空港跨境电商总部、广州香雪空港跨境物联中心等大型跨境电商综合项目，预计 2020 年下半年将陆续建成投入运营。

2019 年 6 月 25 日，广州白云机场综合保税区二期围网建设通过联合验收，验收后，中区释放出近千亩的境内“海外仓”及跨境电商配套建设用地，将重点打造粤港澳大湾区跨境电商国际枢纽港、广州飞机维修基地、华南医药分拨中心、广州航空产业价值新园四大板块。现经纬集团粤港澳大湾区 IMX 全球臻品集散中心、苏宁跨境电商全国枢纽、CAE 亚太航空培训基地等龙头项目已签约落户。

现在与未来，广州白云机场综合保税区都是跨境电商枢纽港建设的优秀载体。

乌鲁木齐综合保税区

乌鲁木齐综合保税区于2015年7月20日经批准设立，由原乌鲁木齐出口加工区转型升级而成，规划面积2.41平方公里，2018年6月22日正式封关运营，实现预约24小时通关服务。

乌鲁木齐综合保税区完成保税仓、查验监管仓和标准厂房等40万平方米基础和监管设施建设，围网内实现“七通一平”，具备承载项目入驻条件；国际贸易服务区一期主体已经完工，总建筑面积25.28万平方米，功能包括国际装备制造展销中心、会展中心、中外优势产能易货贸易平台、公共配套服务中心等。已有71家企业工商注册在综合保税区。

乌鲁木齐综合保税区毗邻全国18个铁路集装箱中心站之一的乌鲁木齐铁路集装箱中心站，东邻乌鲁木齐国际机场、列车编组站、货物储运站及乌鲁木齐高铁综合交通枢纽，连霍国道主干线的重要路段乌奎高速贯区而过，交通便利。

园区紧紧围绕新疆丝绸之路经济带核心区建设，充分发挥“一带一路”核心枢纽优势，围绕“集货、建园、聚产业”总体发展思路，努力将综合保税区打造成集保税加工、保税物流、口岸作业和综合服务等功能为一体，推进向西开放特色鲜明、运转高效、辐射带动强的创新型新区等。

联系人：龚韩林

联系方式：0991-5267557　13565950531

太仓港综合保税区

TAICANGGANG ZONGHE BAOSHUIQU

太仓港综合保税区于2013年5月获批成立，2014年9月正式封关运作，规划面积2.07平方公里，首期封关面积0.85平方公里，是太仓重要的功能载体。目前太仓港综合保税区已建成投入运营15万平方米仓库和3万平方米堆场。

太仓港综合保税区地处太仓港经济技术开发区内，紧临太仓港，南沿上海，是一家既临江又沿沪的综合保税区。太仓港综合保税区在功能定位上着力打造对接上海自贸试验区的配套区，服务太仓港的功能区和发展港口经济的先导区，以国际服务贸易的保税物流为核心业务，突出建设四大功能中心：以国际采购、保税仓储、分拨配送为重点的国际物流中心；以跨境电商、国际贸易、机械装备及高端消费品为特色的贸易服务中心；以保税加工、研发设计、检测维修为核心的研发制造中心；以发挥枢纽作用、强化服务功能，对接上海自贸试验区为特色的功能创新中心。

太仓港综合保税区依托区内13家保税物流企业，带动200多家贸易、运输等产业链上的配套企业落户，日立物流、欧莱雅等全球知名品牌先后入区开展业务，形成以食品化妆品、生活消费品为特色的分拨配送中心和以日本高端服装为特色的国际物流中心。

常熟综合保税区

常熟综合保税区前身为常熟出口加工区，于2005年6月3日经批准设立，分成A、B两个区域。园区针对所在开发区的产业结构情况和地理位置，积极强化招商选资，围绕汽车零部件、精密机械、服务外包、跨境电商等产业进行全方位招商。区内现有生产加工企业13家、保税物流企业10家、保税贸易企业6家。园区在做大做强保税加工和保税物流的同时，积极拓展新型业态。2019年，成功签约了万国常熟数据中心项目。近年来，园区在配合常熟服装城开展市场采购业务的同时，一直探索开展跨境电商业务。2018年6月，常熟跨境电商综合服务平台在区内正式启动运营，先期开展跨境出口业务，后续将开展网购保税进口业务，为常熟拓展地区对外贸易、培育贸易新业态新模式发挥积极示范作用。

招商热线：0512-52292757　52690181
服务热线：0512-52297631
邮　　箱：35441067@qq.com
s.wang@cedz.org
传　　真：0512-52650065
网　　址：http://tax.cedz.org/

广西钦州保税港区于2008年5月经批准设立，是西部陆海新通道海铁联运枢纽港，为广西“面向东盟国际大通道的关键通道，面向西南中南地区开放发展新战略支点的核心支点，‘一带一路’有机衔接重要门户的一线门户”。

广西钦州保税港区

港区拥有10万吨级集装箱泊位8个，7万吨级滚装泊位1个，5万吨级泊位2个。获批建成运营整车进口口岸、粮食进口口岸、肉类进口口岸、进境水果口岸、汽车平行进口试点口岸及全国进口酒类综合服务产业知名品牌示范区、广西首批示范物流园区、现代服务业集聚区、CEPA先行先试示范基地，形成航运物流、大宗商品贸易、整车进口、酒类进口、国际商品直销、冷链物流、加工贸易等特色产业，初步建成面向东盟、服务西南和中南地区的重要开放平台和商品集散中心。

广西钦州保税港区正积极融入“一带一路”建设，紧紧围绕广西被赋予的“三大定位”新使命，着力打造成为西部陆海新通道门户港、服务西南中南西北国际陆海联运基地和开放型经济集聚区。

招商电话：0777-5880052/5881098　　　网址：http://qzbsgq.gxzf.gov.cn/

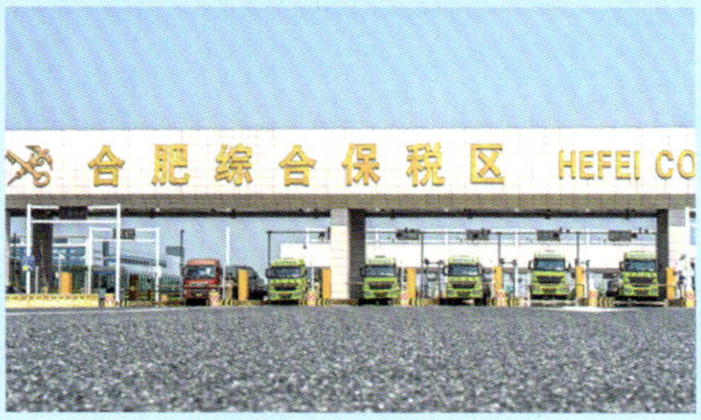

合肥综合保税区

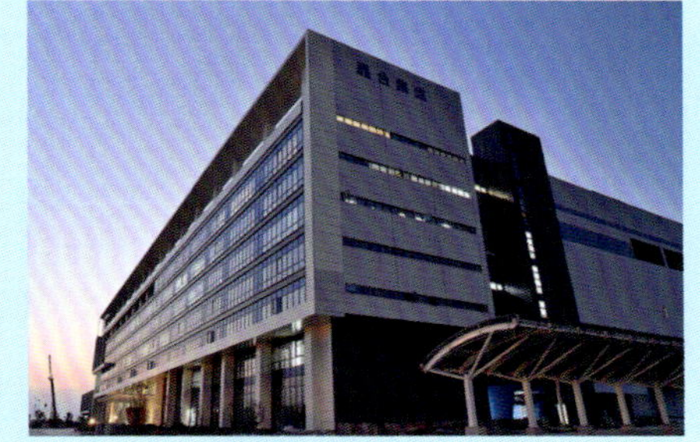

合肥综合保税区于2015年6月29日正式封关运行。封关运行4年来，区内共有49家注册企业，总投资超过250亿元人民币。2018年，合肥综合保税区充分释放改革红利，实现进出口贸易值累计8.03亿美元，同比上升10.88%；受理报关单38 764份，同比增长33.51%。

作为合肥对外开放的重要平台，合肥综合保税区围绕中长期发展规划，以集成电路、新型显示等产业为支撑，不断优化营商环境，积极引入核心大项目，聚焦产业链延伸发展，努力实现产业集群发展。同时，深耕保税物流、保税服务及保税贸易项目，不断扩展园区业态功能；融资租赁、委托加工、跨境贸易等开放平台特色项目不断取得突破，为合肥综合保税区实现“高水平开放、高质量发展”奠定坚实的基础。

地址：安徽省合肥市东方大道1888号　　联系电话：0551-62979397　62979332

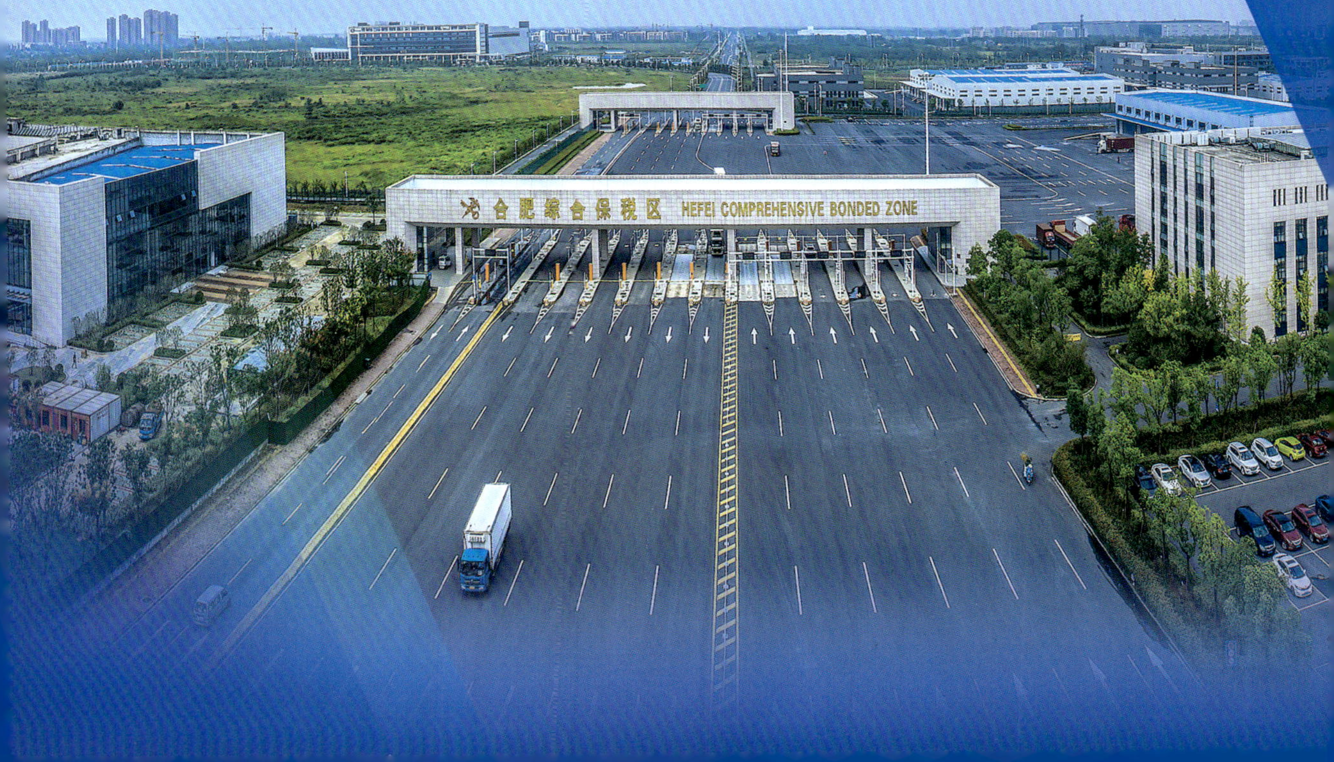

威海综合保税区

威海综合保税区于2016年5月31日经批准设立，2018年9月20日通过验收运行。园区分为南北两区，北区为原出口加工区，封关区面积0.88平方公里；南区位于威海国际机场附近，处于全市地理几何中心位置，封关区面积1.37平方公里，产业配套区面积2.05平方公里。2018年，园区外贸进出口实现71.7亿元，保税物流货值实现4.9亿美元。

威海综合保税区立足资源禀赋和产业基础，提出了“4211”发展战略，积极培育“国际贸易、现代物流、跨境电商、先进制造”四大业态，全力搭建“外贸综合服务、金融服务”两大平台，打造辐射胶东、面向全国的国际商品集散交易中心，建设以电子信息产业为主导的先进制造业基地。

招商电话：0631-8643222

奉贤综合保税区

FENGXIAN ZONGHE BAOSHUIQU

奉贤综合保税区于2018年4月18日经批准设立，核准面积为1.88平方公里，四至范围：东至环城西路，南至奉浦大道，西至南竹港，北至肖南港。2019年1月14日，奉贤综合保税区通过联合验收组正式验收，1月25日正式封关运行。

奉贤综保区将以美丽健康为主导产业，以“一平台三中心”为重点产业载体，建设“东方美谷”国际服务贸易集成平台、保税研发设计中心、保税展示交易中心和保税检测维修中心，打造长三角国际服务贸易的美丽集聚地和上海自由贸易新片区的奉贤主阵地。“东方美谷”国际服务贸易集成平台以贸易为主要功能，涵盖专业跨境电商平台、支付结算服务平台、商品分拨平台、跨境集采平台等多个子平台，同时结合物流仓储、信息技术、金融服务等配套功能，构建美丽健康产业集群优势。保税研发设计中心对新设的研发企业直接赋予最高信用等级，对企业用于研发进口货物、用于研发和展示的医疗器械给予简化办理手续的便利。保税展示交易中心利用系统对接“前店”与“后库”，实现线上线下同步运作。保税检测维修中心以高技术、高附加值，符合环保要求的保税检测和全球维修业务为主，围绕“美丽健康”产业，拓展进口美容、医疗器械等的保税检测维修和第三方进出口检验认证服务。

合肥经济技术开发区综合保税区

合肥经济技术开发区综合保税区位于合肥市西南，前身为安徽合肥出口加工区，2010年7月5日经批准设立，2012年8月21日正式封关运行。2019年4月，国务院正式批复同意合肥出口加工区整合优化为合肥经济技术开发区综合保税区，规划面积1.40平方公里。合肥经济技术开发区综合保税区是中国（合肥）跨境电子商务综合试验区首批试点园区。区内龙头企业——联宝科技，主要生产联想笔记本电脑和一体台式机产品，是联想集团PC机研发生产基地。

合肥空港保税物流中心（B型）于2016年6月经批准设立，是安徽省首个空港型保税物流中心，2018年9月正式封关运行。中心位于合肥空港经济示范区(合肥经济技术开发区北区)，紧邻新桥国际机场货运区和空港进境指定口岸，占地面积约11.67万平方米，总建筑面积约8.6万平方米。

中心依托新桥机场口岸、物流、通关等优势，大力开展航空保税物流、集成电路仓储保税物流、跨境电商、全球采购及国际分发配送、流通性简单加工和增值服务、保税商品展示等业务，建设国内一流空港型保税物流中心。

合肥空港保税物流中心（B型）

重庆江津综合保税区

重庆江津综合保税区于2017年1月17日经批准设立，2018年4月23日通过联合验收，6月28日首批货物通关，7月5日封关运行。批准面积2.21平方公里，重点发展保税加工、保税物流和保税服务；围网外配套区面积27.9平方公里，发展智能装备、医疗器械、消费电子、现代物流等产业，以实现网内网外联动发展。

江津综合保税区处于“一带一路”和长江经济带的联结点。随着“水公铁”立体交通网的加快完善，其区位优势更加明显。向西通过中欧班列（重庆）国际大通道连接中亚及欧洲地区；向东沿长江黄金水道出海，实现江海联运；向南通过西部陆海新通道，辐射东南亚各国。

芜湖综合保税区

芜湖综合保税区于2015年9月1日经批准设立，2015年12月18日通过正式验收。其前身是2003年封关运行的安徽芜湖出口加工区，封关面积2.17平方公里。

芜湖综合保税区通关便捷，水、电、气等生产要素供应充裕，道路、绿化及物业环境良好，劳动力资源丰富，周边300米范围内有66万平方米的生活、商务配套区。区内外已经形成电子电器、汽车零部件、光电新材料等产业集群，是投资者兴业的福地。芜湖综合保税区具有港口优势，芜湖港是长江溯江而上最后一个深水良港，为园区实施区港一体化，发展国际加工、保税物流业务提供可靠的保障。芜湖综合保税区更是皖江地区复制、推广上海自贸试验区先行经验及发展跨境电子商务等新型业态的重要平台。

电话：0553-5772018

编辑说明

一、中国保税区出口加工区年鉴（以下简称《年鉴》）是由中国保税区出口加工区协会主编，中国海关出版社有限公司编辑出版的大型资料性实用工具书，公开向国内外发行。

二、《年鉴》的宗旨是面向海内外政府官员、投资商、研究机构、科技界及其他各界人士，用翔实的统计数据和文字全面、系统、准确地介绍中国保税区、出口加工区、保税港区（综合保税区）的开发建设历程和成就，介绍其基础条件、投资环境及有关法规和优惠政策等，为各有关机构与单位提供媒介服务，以推动中国保税区、出口加工区、保税港区（综合保税区）经济的协调发展。

三、《年鉴》中的数据已经上海市外高桥保税区统计调查所审核，《年鉴》部分区域经济发展分析中的数据，由于统计口径不同，方法不一，可能出现不一致，应以统计资料篇中的数据为准。此外，2019年版“统计资料篇”中，全国综合保税区进出口贸易额统计表仅统计各区进出口贸易额，不再细分贸易方式。

四、《年鉴》中的数据表格“比上年增长（%）”显示为“—”或“-100”的，表示上年同期数据没有或不可比。

五、《年鉴》中的数据表格如“历年招商引资情况表”“历年外商投资情况表”中的“历年”数据截至2018年年底。

六、《年鉴》中深圳保税区包括福田、盐田港和沙头角3家保税区。

七、《年鉴》在编撰过程中，得到了海关总署领导及各保税区、出口加工区、保税港区（综合保税区）领导和有关人员的关心和支持，在此深表谢意。

八、由于我们水平有限，经验不足，请社会各界对《年鉴》提出宝贵意见。今后我们将充分汇集保税区、出口加工区、保税港区（综合保税区）的信息资料，逐步充实《年鉴》内容，使其发挥更大的作用。

《中国保税区出口加工区年鉴》编辑部

2019年8月

目　录

文献法规篇

文字资料篇

保税港区（综合保税区）

统计资料篇

保税区（保税物流园区）

出口加工区

保税港区（综合保税区）

工作与研究篇

文献法规篇

中华人民共和国海关总署公告

2018 年第 4 号

（关于公布保税监管场所相关规章所涉及法律文书及清单样式的公告）

现将海关总署令第 235 号修改后的《中华人民共和国海关对保税仓库及所存货物的管理规定》《中华人民共和国海关对保税物流中心（A 型）的暂行管理办法》《中华人民共和国海关对保税物流中心（B 型）的暂行管理办法》《中华人民共和国海关对出口监管仓库及所存货物的管理办法》等规章所涉及的法律文书及清单格式予以公布，自 2018 年 2 月 1 日起施行，海关总署 2004 年第 14 号公告第三条及附件同时停止执行。

特此公告。

附件 1　保税仓库申请书
附件 2　保税仓库注册登记证书
附件 3　保税物流中心(A 型)申请书
附件 4　保税物流中心（A 型）注册登记证书
附件 5　保税物流中心（B 型）注册登记证书
附件 6　保税物流中心（B 型）企业设立申请书
附件 7　保税物流中心（B 型）企业注册登记证书
附件 8　出口监管仓库申请书
附件 9　出口监管仓库注册登记证书
附件 10　出口监管仓库货物入仓清单
附件 11　出口监管仓库货物出仓清单

海关总署

2018 年 1 月 9 日

附件 1

保税仓库申请书

________________海关：

我单位拟设立________________保税仓库，愿遵守《中华人民共和国海关法》和《中华人民共和国海关对保税仓库及所存货物的管理规定》，接受海关监管，承担保税仓库经营企业的法定责任和义务，按照规定向海关办理相关手续。

请予审查批准。

附：保税仓库申请事项表

申请单位（印章）：

申请单位法定代表人（签名）：

年　　月　　日

（申请书样式说明：A4 大小，标题字为方正小标宋—GBK 二号，内容字体为方正仿宋—GBK 三号）

附表

保税仓库申请事项表

保税仓库名称			
保税仓库地址			
保税仓库面积/容积			
保税仓库类型			
保税仓库负责人		联系电话	
主管业务员		联系电话	
经营企业名称			
统一社会信用代码			
开户银行及账号			
申请设立保税仓库事由			

（申请事项表说明：A4 大小，标题字为方正小标宋—GBK 二号，内容字体为方正仿宋—GBK 三号）

附件 2

保税仓库注册登记证书

海关编号：（　　）关保库字第　号

________________：

你单位向我关申请设立________________保税仓库，根据《中华人民共和国海关法》和《中华人民共和国海关对保税仓库及所存货物的管理规定》的规定，经审查验收合格，准予注册登记。

在保税仓库开展依法应当经过批准的业务的，应当按照相关主管部门的要求开展有关业务。

中华人民共和国　海关（印章）

年　　月　　日

（证书样式说明：A4 大小，正反两面；正面标题字为方正小标宋—GBK 二号，内容字体为方正仿宋—GBK 三号；反面内容字体为方正仿宋—GBK 四号）

证书类型：□设立核发　□延期换证　□补发证书　□其他________

有效期：本证书自核发之日起每次有效期为 3 年，请于每次有效期满 30 日前按规定向海关办理延期。（首次有效期至________年________月________日）

延期签注	
1. 有效期延至　　年　　月　　日	2. 有效期延至　　年　　月　　日
3. 有效期延至　　年　　月　　日	4. 有效期延至　　年　　月　　日
5. 有效期延至　　年　　月　　日	6. 有效期延至　　年　　月　　日
7. 有效期延至　　年　　月　　日	8. 有效期延至　　年　　月　　日

注：延期签注由海关填写盖章

附件 3

保税物流中心（A 型）申请书

________________海关：

我单位拟设立________________保税物流中心（A 型），愿遵守《中华人民共和国海关法》和《中华人民共和国海关对保税物流中心（A 型）的暂行管理办法》，接受海关监管，承担保税物流中心（A 型）经营企业的法定责任和义务，按照规定向海关办理相关手续。

请予审查批准。

附：保税物流中心（A 型）申请事项表

申请单位（印章）：

申请单位法定代表人（签名）：

年　月　日

（申请书样式说明：A4 大小，标题字为方正小标宋—GBK 二号，内容字体为方正仿宋—GBK 三号）

附表

保税物流中心（A 型）申请事项表

物流中心名称			
物流中心地址			
物流中心类型			
仓储面积/容积			
物流中心负责人		联系电话	
主管业务员		联系电话	
经营企业名称			
统一社会信用代码			
开户银行及账号			
申请设立物流中心事由			

（申请事项表说明：A4 大小，标题字为方正小标宋—GBK 二号，内容字体为方正仿宋—GBK 三号）

附件 4

保税物流中心（A 型）注册登记证书

海关编号：（　　）关中心 A 册字第　号

________：

你单位向我关申请设立________保税物流中心（A 型），根据《中华人民共和国海关法》和《中华人民共和国海关对保税物流中心（A 型）的暂行管理办法》的规定，经审查验收合格，准予注册登记。

在保税物流中心（A 型）开展依法应当经过批准的业务的，应当按照相关主管部门的要求开展有关业务。

中华人民共和国　海关（印章）

年　月　日

（证书样式说明：A4 大小，正反两面，正面标题字为方正小标宋—GBK 二号，内容字体为方正仿宋—GBK 三号；反面内容字体为方正仿宋—GBK 四号）

证书类型：□设立核发　□延期换证　□补发证书　□其他________

有效期：本证书自核发之日起每次有效期为 3 年，请于每次有效期满 30 日前按规定向海关办理延期。（首次有效期至________年________月________日）

延期签注	
1. 有效期延至　年　月　日	2. 有效期延至　年　月　日
3. 有效期延至　年　月　日	4. 有效期延至　年　月　日
5. 有效期延至　年　月　日	6. 有效期延至　年　月　日
7. 有效期延至　年　月　日	8. 有效期延至　年　月　日

注：延期签注由海关填写盖章

附件 5

保税物流中心（B 型）注册登记证书

海关编号：(　　) 中心 B 册字第　号

＿＿＿＿＿＿＿＿：

你单位申请设立＿＿＿＿＿＿＿＿保税物流中心（B 型），根据《中华人民共和国海关法》和《中华人民共和国海关对保税物流中心（B 型）的暂行管理办法》的规定，经审查验收合格，准予注册登记。

在保税物流中心（B 型）开展依法应当经过批准的业务的，应当按照相关主管部门的要求开展有关业务。

中华人民共和国　海关（印章）

年　月　日

（证书样式说明：A4 大小，正反两面，正面标题字为方正小标宋—GBK 二号，内容字体为方正仿宋—GBK 三号；反面内容字体为方正仿宋—GBK 四号）

证书类型：□设立核发　□延期换证　□补发证书　□其他＿＿＿＿

有效期：本证书自核发之日起每次有效期为 3 年，请于每次有效期满 30 日前按规定向海关办理延期。（首次有效期至＿＿＿＿年＿＿＿＿月＿＿＿＿日）

延期签注	
1. 有效期延至　年　月　日	2. 有效期延至　年　月　日
3. 有效期延至　年　月　日	4. 有效期延至　年　月　日
5. 有效期延至　年　月　日	6. 有效期延至　年　月　日
7. 有效期延至　年　月　日	8. 有效期延至　年　月　日

注：延期签注由海关填写盖章

附件 6

保税物流中心（B 型）企业设立申请书

__________________海关：

我单位拟在__________________保税物流中心（B 型）内设立物流企业，愿遵守《中华人民共和国海关法》和《中华人民共和国海关对保税物流中心（B 型）的暂行管理办法》，接受海关监管，承担保税物流中心（B 型）内企业的法定责任和义务，按照规定向海关办理相关手续。

请予审查批准。

附：保税物流中心（B 型）企业设立申请事项表

申请单位（印章）：

申请单位法定代表人（签名）：

年　月　日

（申请书样式说明：A4 大小，标题字为方正小标宋—GBK 二号，内容字体为方正仿宋—GBK 三号）

附表

保税物流中心（B 型）企业设立申请事项表

物流中心内企业名称			
物流中心内企业地址			
仓储面积/容积			
企业负责人		联系电话	
主管业务员		联系电话	
申请企业名称			
统一社会信用代码			
开户银行及账号			
申请设立物流中心内企业事由			

（申请事项表说明：A4 大小，标题字为方正小标宋—GBK 二号，内容字体为方正仿宋—GBK 三号）

附件 7

保税物流中心（B 型）企业注册登记证书

海关编号：(　　）关中心 B 企册字第　号

________：

你单位申请在________保税物流中心（B 型）内设立企业，根据《中华人民共和国海关法》和《中华人民共和国海关对保税物流中心（B 型）的暂行管理办法》的规定，经审查，准予注册登记。

在保税物流中心（B 型）开展依法应当经过批准的业务的，应当按照相关主管部门的要求开展有关业务。

中华人民共和国　海关（印章）

年　　月　　日

（证书样式说明：A4 大小，标题字为方正小标宋—GBK 二号，内容字体为方正仿宋—GBK 三号）

附件 8

出口监管仓库申请书

________________海关：

我单位拟设立________________出口监管仓库，愿遵守《中华人民共和国海关法》和《中华人民共和国海关对出口监管仓库及所存货物的管理办法》，接受海关监管，承担出口监管仓库经营企业的法定责任和义务，按照规定向海关办理相关手续。

请予审查批准。

附：出口监管仓库申请事项表

申请单位（印章）：

申请单位法定代表人（签名）：

年　月　日

（申请书样式说明：A4 大小，标题字为方正小标宋—GBK 二号，内容字体为方正仿宋—GBK 三号）

附表

出口监管仓库申请事项表

出口监管仓库名称			
出口监管仓库地址			
出口监管仓库面积/容积			
出口监管仓库类型			
出口监管仓库负责人		联系电话	
主管业务员		联系电话	
经营企业名称			
统一社会信用代码			
开户银行及账号			
申请设立出口监管仓库事由			

（申请事项表说明：A4 大小，标题字为方正小标宋—GBK 二号，内容字体为方正仿宋—GBK 三号）

附件 9

出口监管仓库注册登记证书

海关编号：（　　）关出库字第　号

________：

你单位向我关申请设立________出口监管仓库，根据《中华人民共和国海关法》和《中华人民共和国海关对出口监管仓库及所存货物的管理办法》的规定，经审查验收合格，准予注册登记。

在出口监管仓库开展依法应当经过批准的业务的，应当按照相关主管部门的要求开展有关业务。

中华人民共和国　海关（印章）

年　　月　　日

（证书样式说明：A4 大小，正反两面，正面标题字为方正小标宋—GBK 二号，内容字体为方正仿宋—GBK 三号；反面内容字体为方正仿宋—GBK 四号）

证书类型：□设立核发　□延期换证　□补发证书　□其他________

有效期：本证书自核发之日起每次有效期为 3 年，请于每次有效期满 30 日前按规定向海关办理延期。（首次有效期至________年________月________日）

延期签注	
1. 有效期延至　　年　　月　　日	2. 有效期延至　　年　　月　　日
3. 有效期延至　　年　　月　　日	4. 有效期延至　　年　　月　　日
5. 有效期延至　　年　　月　　日	6. 有效期延至　　年　　月　　日
7. 有效期延至　　年　　月　　日	8. 有效期延至　　年　　月　　日

注：延期签注由海关填写盖章

附件 10

出口监管仓库货物入仓清单

仓库编号：　　　　　　　　　　　　　　　　　　　　　　　　　入仓单编号：

仓库名称						报关单号		
序号	商品编码	货物名称、规格型号	数量	单位	毛重/净重	币制	单价	总价
发货单位			合计重量：				合计总价	
存放地点		出口国别	是否退税		贸易方式		入仓方式	
上述货物存入我仓，申报无误。 致________海关　　报关员________货主________仓管员________申报日期　　仓库（盖章）：								
转关条形码								
备注							海关审核	
							海关查验	

出口监管仓库货物入仓清单　（续页）

序号	商品编码	货物名称、规格型号	数量	单位	毛重/净重	币制	单价	总价
上述货物存入我仓，申报无误。 致________海关　　报关员：________货主：________仓管员：________申报日期　　仓库（盖章）：								
备注								

第　　续页

附件 11

出口监管仓库货物出仓清单

仓库编号： 出仓单编号：

<table>
<tr><td colspan="2">仓库名称</td><td colspan="4"></td><td>报关单号</td><td colspan="2"></td><td>装船单号</td><td></td></tr>
<tr><td colspan="2">收货单位</td><td colspan="4"></td><td>出口口岸</td><td colspan="2"></td><td>封志号</td><td></td></tr>
<tr><td>原入仓单号</td><td>入仓单序号</td><td>出仓序号</td><td>商品编码</td><td>货物名称、规格型号</td><td>数量</td><td>单位</td><td>毛重/净重</td><td>币制</td><td>单价</td><td>总价</td></tr>
<tr><td></td><td></td><td></td><td></td><td></td><td></td><td></td><td></td><td></td><td></td><td></td></tr>
<tr><td></td><td></td><td></td><td></td><td></td><td></td><td></td><td></td><td></td><td></td><td></td></tr>
<tr><td></td><td></td><td></td><td></td><td></td><td></td><td></td><td></td><td></td><td></td><td></td></tr>
<tr><td></td><td></td><td></td><td></td><td></td><td></td><td></td><td></td><td></td><td></td><td></td></tr>
<tr><td>司机本海关编号</td><td colspan="3"></td><td>出口国别</td><td colspan="3" rowspan="2">合计重量</td><td rowspan="2"></td><td rowspan="2">合计总价</td><td rowspan="2"></td></tr>
<tr><td>车牌号</td><td colspan="3"></td><td>出仓方式</td></tr>
<tr><td colspan="11">以上货物申报无误。
致________海关 报关员________货主________仓管员________申报日期 仓库（盖章）：</td></tr>
<tr><td colspan="2">集装箱号</td><td colspan="9"></td></tr>
<tr><td colspan="2" rowspan="2">备注</td><td colspan="7" rowspan="2"></td><td>海关审核</td><td></td></tr>
<tr><td>海关查验</td><td></td></tr>
</table>

第 联：

出口监管仓库货物出仓清单（续页）

<table>
<tr><td>原入仓单号</td><td>入仓单序号</td><td>出仓序号</td><td>存放地点</td><td>商品编码</td><td>货物名称、规格型号</td><td>数量</td><td>单位</td><td>毛重/净重</td><td>币制</td><td>单价</td><td>总价</td></tr>
<tr><td></td><td></td><td></td><td></td><td></td><td></td><td></td><td></td><td></td><td></td><td></td><td></td></tr>
<tr><td></td><td></td><td></td><td></td><td></td><td></td><td></td><td></td><td></td><td></td><td></td><td></td></tr>
<tr><td></td><td></td><td></td><td></td><td></td><td></td><td></td><td></td><td></td><td></td><td></td><td></td></tr>
<tr><td colspan="12">上述货物申报无误。
致________海关 报关员________货主________仓管员________申报日期 仓库（盖章）：</td></tr>
<tr><td colspan="2">备注</td><td colspan="10"></td></tr>
</table>

第 续页

中华人民共和国海关总署公告

2018 年第 165 号

（关于实时获取跨境电子商务平台企业支付相关原始数据有关事宜的公告）

为进一步规范跨境电子商务零售进口业务的监管工作，根据《中华人民共和国电子商务法》有关规定，现将海关实时获取跨境电子商务平台企业支付相关原始数据有关事宜公告如下：

一、参与跨境电子商务零售进口业务的跨境电商平台企业应当向海关开放支付相关原始数据，供海关验核。

二、上述开放数据包括订单号、商品名称、交易金额、币制、收款人相关信息、商品展示链接地址、支付交易流水号、验核机构、交易成功时间以及海关认为必要的其他数据。

三、跨境电子商务零售进口统一版信息化系统原始数据实时获取方案详见附件。

本公告自 2019 年 1 月 1 日起执行。

特此公告。

附件：跨境电子商务零售进口统一版信息化系统原始数据实时获取方案（略）

海关总署

2018 年 11 月 8 日

中华人民共和国海关总署公告

2018年第179号

（关于实时获取跨境电子商务平台企业支付相关原始数据接入有关事宜的公告）

为做好海关总署2018年165号公告执行工作，现就海关实时获取跨境电子商务平台企业支付相关原始数据企业接入有关事宜公告如下：

一、支付相关原始数据的接口文档及接入方式参见《海关跨境电商进口统一版信息化系统平台数据实时获取接口（试行）》（详见附件）。有关接口如有变更将通过“互联网+海关”一体化网上办事服务平台“文档资料”栏目及时发布。

二、跨境电子商务平台使用数字签名技术向海关提供数据，并对所提数据承担法律责任。

本公告自2019年1月1日起施行。

特此公告。

附件：海关跨境电商进口统一版信息化系统平台数据实时获取接口（试行）（略）

海关总署

2018年12月3日

中华人民共和国海关总署公告

2018 年第 194 号

（关于跨境电子商务零售进出口商品有关监管事宜的公告）

为做好跨境电子商务零售进出口商品监管工作，促进跨境电子商务健康有序发展，根据《中华人民共和国海关法》《中华人民共和国进出境动植物检疫法》《中华人民共和国进出口商品检验法》《中华人民共和国电子商务法》等法律法规和《商务部 发展改革委 财政部 海关总署 税务总局 市场监管总局关于完善跨境电子商务零售进口监管有关工作的通知》（商财发〔2018〕486号）等国家有关跨境电子商务零售进出口相关政策规定，现就海关监管事宜公告如下：

一、适用范围

（一）跨境电子商务企业、消费者（订购人）通过跨境电子商务交易平台实现零售进出口商品交易，并根据海关要求传输相关交易电子数据的，按照本公告接受海关监管。

二、企业管理

（二）跨境电子商务平台企业、物流企业、支付企业等参与跨境电子商务零售进口业务的企业，应当依据海关报关单位注册登记管理相关规定，向所在地海关办理注册登记；境外跨境电子商务企业应委托境内代理人（以下称跨境电子商务企业境内代理人）向该代理人所在地海关办理注册登记。

跨境电子商务企业、物流企业等参与跨境电子商务零售出口业务的企业，应当向所在地海关办理信息登记；如需办理报关业务，向所在地海关办理注册登记。

物流企业应获得国家邮政管理部门颁发的“快递业务经营许可证”。直购进口模式下，物流企业应为邮政企业或者已向海关办理代理报关登记手续的进出境快件运营人。

支付企业为银行机构的，应具备银保监会或者原银监会颁发的“金融许可证”；支付企业为非银行支付机构的，应具备中国人民银行颁发的“支付业务许可证”，支付业务范围应当包括“互联网支付”。

（三）参与跨境电子商务零售进出口业务并在海关注册登记的企业，纳入海关信用管理，海关根据信用等级实施差异化的通关管理措施。

三、通关管理

（四）对跨境电子商务直购进口商品及适用“网购保税进口”（监管方式代码 1210）进口政策的商品，按照个人自用进境物品监管，不执行有关商品首次进口许可批件、注册或备案要求。但对相关部门明令暂停进口的疫区商品和对出现重大质量安全风险的商品启动风险应急处置时除外。

适用“网购保税进口 A”（监管方式代码 1239）进口政策的商品，按《跨境电子商务零售进口商品清单（2018版）》尾注中的监管要求执行。

（五）海关对跨境电子商务零售进出口商品及其装载容器、包装物按照相关法律法规实施检疫，并根据相关规定实施必要的监管措施。

（六）跨境电子商务零售进口商品申报前，跨境电子商务平台企业或跨境电子商务企业境内代理人、支付企业、物流企业应当分别通过国际贸易“单一窗口”或跨境电子商务通关服务平台向海关传输交易、支付、物流等电子信息，并对数据真实性承担相应责任。

直购进口模式下，邮政企业、进出境快件运营人可以接受跨境电子商务平台企业或跨境电子商务企业境内代理人、支付企业的委托，在承诺承担相应法律责任的前提下，向海关传输交易、支付等电子信息。

（七）跨境电子商务零售出口商品申报前，跨境电子商务企业或其代理人、物流企业应当分别通过国际贸易“单一窗口”或跨境电子商务通关服务平台向海关传输交易、收款、物流等电子信息，并对数据真实性承担相应法律责任。

（八）跨境电子商务零售商品进口时，跨境电子商务企业境内代理人或其委托的报关企业应提交《中华人民共和国海关跨境电子商务零售进出口商品申报清单》（以下简称《申报清单》），采取“清单核放”方式办理报关手续。

跨境电子商务零售商品出口时，跨境电子商务企业或其代理人应提交《申报清单》，采取“清单核放、汇总申报”方式办理报关手续；跨境电子商务综合试验区内符合条件的跨境电子商务零售商品出口，可采取“清单核放、汇总统计”方式办理报关手续。

《申报清单》与《中华人民共和国海关进（出）口货物报关单》具有同等法律效力。

按照上述第（六）至（八）条要求传输、提交的电子信息应施加电子签名。

（九）开展跨境电子商务零售进口业务的跨境电子商务平台企业、跨境电子商务企业境内代理人应对交易真实性和消费者（订购人）身份信息真实性进行审核，并承担相应责任；身份信息未经国家主管部门或其授权的机构认证的，订购人与支付人应当为同一人。

（十）跨境电子商务零售商品出口后，跨境电子商务企业或其代理人应当于每月15日前（当月15日是法定节假日或者法定休息日的，顺延至其后的第一个工作日），将上月结关的《申报清单》依据清单表头同一收发货人、同一运输方式、同一生产销售单位、同一运抵国、同一出境关别，以及清单表体同一最终目的国、同一10位海关商品编码、同一币制的规则进行归并，汇总形成《中华人民共和国海关出口货物报关单》向海关申报。

允许以“清单核放、汇总统计”方式办理报关手续的，不再汇总形成《中华人民共和国海关出口货物报关单》。

（十一）《申报清单》的修改或者撤销，参照海关《中华人民共和国海关进（出）口货物报关单》修改或者撤销有关规定办理。

除特殊情况外，《申报清单》《中华人民共和国海关进（出）口货物报关单》应当采取通关无纸化作业方式进行申报。

四、税收征管

（十二）对跨境电子商务零售进口商品，海关按照国家关于跨境电子商务零售进口税收政策征收关税和进口环节增值税、消费税，完税价格为实际交易价格，包括商品零售价格、运费和保险费。

（十三）跨境电子商务零售进口商品消费者（订购人）为纳税义务人。在海关注册登记的跨境电子商务平台企业、物流企业或申报企业作为税款的代收代缴义务人，代为履行纳税义务，并承担相应的补税义务及相关法律责任。

（十四）代收代缴义务人应当如实、准确向海关申报跨境电子商务零售进口商品的商品名称、规格型号、税则号列、实际交易价格及相关费用等税收征管要素。

跨境电子商务零售进口商品的申报币制为人民币。

（十五）为审核确定跨境电子商务零售进口商品的归类、完税价格等，海关可以要求代收代缴义务人按照有关规定进行补充申报。

（十六）海关对符合监管规定的跨境电子商务零售进口商品按时段汇总计征税款，代收代缴义务人应当依法向海关提交足额有效的税款担保。

海关放行后 30 日内未发生退货或修撤单的，代收代缴义务人在放行后第 31 日至第 45 日内向海关办理纳税手续。

五、场所管理

（十七）跨境电子商务零售进出口商品监管作业场所必须符合海关相关规定。跨境电子商务监管作业场所经营人、仓储企业应当建立符合海关监管要求的计算机管理系统，并按照海关要求交换电子数据。其中开展跨境电子商务直购进口或一般出口业务的监管作业场所应按照快递类或者邮递类海关监管作业场所规范设置。

（十八）跨境电子商务网购保税进口业务应当在海关特殊监管区域或保税物流中心（B 型）内开展。除另有规定外，参照本公告规定监管。

六、检疫、查验和物流管理

（十九）对需在进境口岸实施的检疫及检疫处理工作，应在完成后方可运至跨境电子商务监管作业场所。

（二十）网购保税进口业务：一线入区时以报关单方式进行申报，海关可以采取视频监控、联网核查、实地巡查、库存核对等方式加强对网购保税进口商品的实货监管。

（二十一）海关实施查验时，跨境电子商务企业或其代理人、跨境电子商务监管作业场所经营人、仓储企业应当按照有关规定提供便利，配合海关查验。

（二十二）跨境电子商务零售进出口商品可采用“跨境电商”模式进行转关。其中，跨境电子商务综合试验区所在地海关可将转关商品品名以总运单形式录入“跨境电子商务商品一批”，并需随附转关商品详细电子清单。

（二十三）网购保税进口商品可在海关特殊监管区域或保税物流中心（B 型）间流转，按有关规定办理流转手续。以“网购保税进口”（监管方式代码 1210）海关监管方式进境的商品，不得转入适用“网购保税进口 A”（监管方式代码 1239）的城市继续开展跨境电子商务零售进口业务。网购保税进口商品可在同一区域（中心）内的企业间进行流转。

七、退货管理

（二十四）在跨境电子商务零售进口模式下，允许跨境电子商务企业境内代理人或其委托的报关企业申请退货，退回的商品应当符合二次销售要求并在海关放行之日起 30 日内以原状运抵原监管作业场所，相应税款不予征收，并调整个人年度交易累计金额。

在跨境电子商务零售出口模式下，退回

的商品按照有关规定办理有关手续。

（二十五）对超过保质期或有效期、商品或包装损毁、不符合我国有关监管政策等不适合境内销售的跨境电子商务零售进口商品，以及海关责令退运的跨境电子商务零售进口商品，按照有关规定退运出境或销毁。

八、其他事项

（二十六）从事跨境电子商务零售进出口业务的企业应向海关实时传输真实的业务相关电子数据和电子信息，并开放物流实时跟踪等信息共享接口，加强对海关风险防控方面的信息和数据支持，配合海关进行有效管理。

跨境电子商务企业及其代理人、跨境电子商务平台企业应建立商品质量安全等风险防控机制，加强对商品质量安全以及虚假交易、二次销售等非正常交易行为的监控，并采取相应处置措施。

跨境电子商务企业不得进出口涉及危害口岸公共卫生安全、生物安全、进出口食品和商品安全、侵犯知识产权的商品以及其他禁限商品，同时应当建立健全商品溯源机制并承担质量安全主体责任。鼓励跨境电子商务平台企业建立并完善进出口商品安全自律监管体系。

消费者（订购人）对于已购买的跨境电子商务零售进口商品不得再次销售。

（二十七）海关对跨境电子商务零售进口商品实施质量安全风险监测，责令相关企业对不合格或存在质量安全问题的商品采取风险消减措施，对尚未销售的按货物实施监管，并依法追究相关经营主体责任；对监测发现的质量安全高风险商品发布风险警示并采取相应管控措施。海关对跨境电子商务零售进口商品在商品销售前按照法律法规实施必要的检疫，并视情发布风险警示。

（二十八）跨境电子商务平台企业、跨境电子商务企业或其代理人、物流企业、跨境电子商务监管作业场所经营人、仓储企业发现涉嫌违规或走私行为的，应当及时主动告知海关。

（二十九）涉嫌走私或违反海关监管规定的参与跨境电子商务业务的企业，应配合海关调查，开放交易生产数据或原始记录数据。

海关对违反本公告，参与制造或传输虚假交易、支付、物流“三单”信息，为二次销售提供便利，未尽责审核消费者（订购人）身份信息真实性等，导致出现个人身份信息或年度购买额度被盗用、进行二次销售及其他违反海关监管规定情况的企业依法进行处罚。对涉嫌走私或违规的，由海关依法处理；构成犯罪的，依法追究刑事责任。对利用其他公民身份信息非法从事跨境电子商务零售进口业务的，海关按走私违规处理，并按违法利用公民信息的有关法律规定移交相关部门处理。对不涉嫌走私违规、首次发现的，进行约谈或暂停业务责令整改；再次发现的，一定时期内不允许其从事跨境电子商务零售进口业务，并交由其他行业主管部门按规定实施查处。

（三十）在海关注册登记的跨境电子商务企业及其境内代理人、跨境电子商务平台企业、支付企业、物流企业等应当接受海关稽核查。

（三十一）本公告有关用语的含义：

“跨境电子商务企业”是指自境外向境内消费者销售跨境电子商务零售进口商品的境外注册企业（不包括在海关特殊监管区域或保税物流中心内注册的企业），或者境内向境外消费者销售跨境电子商务零售出口商品的企业，为商品的货权所有人。

“跨境电子商务企业境内代理人”是指开展跨境电子商务零售进口业务的境外注册企业所委托的境内代理企业，由其在海关办理注册登记，承担如实申报责任，依法接受相关部门监管，并承担民事责任。

“跨境电子商务平台企业”是指在境内办理工商登记，为交易双方（消费者和跨境电子商务企业）提供网页空间、虚拟经营场所、交易规则、信息发布等服务，设立供交易双方独立开展交易活动的信息网络系统的经营者。

“支付企业”是指在境内办理工商登记，接受跨境电子商务平台企业或跨境电子商务企业境内代理人委托为其提供跨境电子商务零售进口支付服务的银行、非银行支付机构以及银联等。

“物流企业”是指在境内办理工商登记，接受跨境电子商务平台企业、跨境电子商务企业或其代理人委托为其提供跨境电子商务零售进出口物流服务的企业。

“消费者（订购人）”是指跨境电子商务零售进口商品的境内购买人。

“国际贸易‘单一窗口’”是指由国务院口岸工作部际联席会议统筹推进，依托电子口岸公共平台建设的一站式贸易服务平台。申报人（包括参与跨境电子商务的企业）通过“单一窗口”向海关等口岸管理相关部门一次性申报，口岸管理相关部门通过电子口岸平台共享信息数据、实施职能管理，将执法结果通过“单一窗口”反馈申报人。

“跨境电子商务通关服务平台”是指由电子口岸搭建，实现企业、海关以及相关管理部门之间数据交换与信息共享的平台。

适用“网购保税进口”（监管方式代码1210）进口政策的城市：天津、上海、重庆、大连、杭州、宁波、青岛、广州、深圳、成都、苏州、合肥、福州、郑州、平潭、北京、呼和浩特、沈阳、长春、哈尔滨、南京、南昌、武汉、长沙、南宁、海口、贵阳、昆明、西安、兰州、厦门、唐山、无锡、威海、珠海、东莞、义乌等37个城市（地区）。

（三十二）本公告自2019年1月1日起施行，施行时间以海关接受《申报清单》申报时间为准，未尽事宜按海关有关规定办理。海关总署公告2016年第26号同时废止。

境内跨境电子商务企业已签订销售合同的，其跨境电子商务零售进口业务的开展可延长至2019年3月31日。

特此公告。

海关总署

2018年12月10日

中华人民共和国海关总署公告

2018年第196号

（关于推广加工贸易料件内销征税“自报自缴”的公告）

为推进税收征管改革，提升通关便利化水平，海关总署决定推广加工贸易料件内销征税自主申报、自行缴税。现将有关事项公告如下：

进出口企业、单位在办理加工贸易料件内销征税预录入时，选择“自报自缴”后，无须再录入“料件首次进口日期”，利用预录入系统的海关计税（费）服务工具计算应缴纳的相关税费，并对系统显示的税费计算结果进行确认，连同报关单预录入内容一并提交海关。

本公告自2019年1月1日起施行。

特此公告。

海关总署

2018年12月13日

中华人民共和国海关总署公告

2018 年第 197 号

（关于升级金关二期海关特殊监管区域管理系统有关事宜的公告）

为促进海关特殊监管区域（以下简称“特殊区域”）发展，海关总署近期对金关二期海关特殊监管区域管理系统（以下简称“金关二期区域系统”）进行了升级。现将有关事宜公告如下：

一、金关二期区域系统在保税区、出口加工区、保税物流园区、跨境工业区、保税港区、综合保税区等特殊区域适用。

二、升级后的金关二期区域系统支持特殊区域内保税维修、委内加工等业务。

三、更新后的业务数据交换接口规范可在中国电子口岸门户网站（www. chinaport. gov. cn）公告栏中下载。

本公告自发布之日起施行。

特此公告。

海关总署

2018 年 12 月 14 日

中华人民共和国海关总署公告

2018 年第 218 号

（关于全面推广加工贸易边角废料内销网上公开拍卖共管机制的公告）

为维护公平、公正、公开的加工贸易边角废料内销交易秩序，推进内销便利化，为企业减负增效，海关总署决定在前期试点的基础上全面推广加工贸易边角废料内销网上公开拍卖共管机制。根据《中华人民共和国海关法》及有关法律、行政法规的规定，现就相关事项公告如下：

一、加工贸易边角废料内销网上公开拍卖共管机制是指经海关允许，加工贸易企业通过与海关联网的拍卖平台，委托具有法定资质的拍卖机构依法公开拍卖加工贸易边角废料，海关和相关主管部门共同对该交易行为实施管理。

二、本公告所称边角废料，包括加工贸易边角料、副产品和按照规定需要以残留价值征税的受灾保税货物，以及海关特殊监管区域内企业保税加工过程中产生的边角料、废品、残次品和副产品等保税货物。

三、对以网上公开拍卖方式内销的边角废料，海关以拍卖价格为基础审查确定完税价格。

四、同一批边角废料流拍 3 次以上、每次拍卖公告期不少于 3 日，且其中 1 次为无保留价竞价的，加工贸易企业可凭不再销售的书面承诺及有关流拍材料等资料，按规定直接向海关申请办理核销手续。

五、上海、南京、郑州、黄埔、重庆关区企业，可继续按原试点模式开展相关工作。

本公告自发布之日起实施。

特此公告。

海关总署

2018 年 12 月 29 日

中华人民共和国海关总署公告

2018 年第 219 号

（关于跨境电子商务企业海关注册登记管理有关事宜的公告）

为进一步规范海关跨境电子商务监管工作，根据《中华人民共和国海关报关单位注册登记管理规定》《商务部 发展改革委 财政部 海关总署 税务总局 市场监管总局关于完善跨境电子商务零售进口监管有关工作的通知》（商财发〔2018〕486 号）等相关规定，现将参与跨境电子商务的企业海关注册登记管理有关事项公告如下：

一、跨境电子商务支付企业、物流企业应当按照海关总署 2018 年第 194 号公告的规定取得相关资质证书，并按照主管部门相关规定，在办理海关注册登记手续时提交相关资质证书。

二、在本公告实施之日前，已办理海关注册登记或信息登记的跨境电子商务物流企业，或仅办理海关信息登记的参与跨境电子商务进口业务的平台企业、支付企业，应当于 2019 年 3 月 31 日前按照规定办理海关注册登记或补充提交资质证书等手续。逾期未按规定办理的，其海关跨境电子商务企业信息不再有效。

本公告自 2019 年 1 月 1 日起施行，海关总署公告 2018 年第 27 号同时废止。

特此公告。

海关总署

2018 年 12 月 29 日

中华人民共和国海关总署公告

2019 年第 26 号

（关于实施综合保税区“四自一简”监管创新措施有关事项的公告）

为贯彻落实《国务院关于促进综合保税区高水平开放高质量发展的若干意见》（国发〔2019〕3 号）的要求，加快综合保税区（以下简称“综保区”）创新升级，提升贸易便利化水平，优化营商环境，海关总署在综保区实施“四自一简”监管改革，现将有关事项公告如下：

一、在综保区内实施“四自一简”监管制度，综保区内企业（以下简称“企业”）可自主备案、合理自定核销周期、自主核报、自主补缴税款，海关简化业务核准手续。

二、海关认定的企业信用状况为一般信用及以上的企业可适用“四自一简”模式。

三、企业设立电子账册时，可自主备案商品信息。除系统判别转由人工审核的，系统自动备案。

四、企业可根据实际经营情况，自主确定核销周期。核销周期原则上不超过一年，企业核销盘点前应当告知海关。

五、企业可自主核定保税货物耗用情况，并向海关如实申报，自主办理核销手续。企业对自主核报数据负责并承担相应法律责任。

六、企业可按照“自主申报、自行缴税（自报自缴）”方式对需要缴税的保税货物自主补缴税款。

七、简化业务核准手续，企业可一次性办理分送集报、设备检测、设备维修、模具外发等备案手续。需办理海关事务担保的业务，企业按照有关规定办理。

八、企业有下列情形之一的，海关可暂停其适用“四自一简”模式：

（一）不再符合本公告第二条所述业务开展条件的；

（二）涉嫌走私被立案调查、侦查的。

本公告自发布之日起施行。

特此公告。

海关总署

2019 年 1 月 29 日

中华人民共和国海关总署公告

2019年第27号

（关于支持综合保税区开展保税研发业务的公告）

为贯彻落实《国务院关于促进综合保税区高水平开放高质量发展的若干意见》（国发〔2019〕3号）的要求，加快综合保税区（以下简称“综保区”）创新升级，促进综保区保税研发业态发展，现就综保区开展保税研发业务有关事项公告如下：

一、综保区内企业（以下简称“区内企业”）以有形料件、试剂、耗材及样品（以下统称“研发料件”）等开展研发业务，适用本公告。

二、区内企业具备以下条件的，可开展保税研发业务：

（一）经国家有关部门或综保区行政管理机构批准开展保税研发业务；

（二）海关认定的企业信用状况为一般信用及以上；

（三）具备开展保税研发业务所需的场所和设备，能够对研发料件和研发成品实行专门管理。

三、除法律、行政法规、国务院的规定或国务院有关部门依据法律、行政法规授权作出的规定准许外，不得开展国家禁止进出口货物的保税研发业务。

区内企业开展保税研发业务不按照加工贸易禁止类目录执行。

四、区内企业开展保税研发业务，应当设立专门的保税研发电子账册，建立包含研发料件和研发成品等信息的电子底账。

五、研发料件、研发成品及研发料件产生的边角料、坏件、废品等保税研发货物（以下简称“保税研发货物”），区内企业按照以下方式申报：

（一）研发料件从境外入区，按照监管方式“特殊区域研发货物”（代码5010）申报，运输方式按照实际进出境运输方式申报；研发料件从境内（区外）入区，按照监管方式“料件进出区”（代码5000）申报，运输方式按照“其他”（代码9）申报。

（二）研发成品出境，按照监管方式“特殊区域研发货物”（代码5010）申报，运输方式按照实际进出境运输方式申报；研发成品进入境内（区外），按照监管方式“成品进出区”（代码5100）申报，运输方式按照“其他”（代码9）申报。

（三）研发料件进入境内（区外），按照监管方式“料件进出区”（代码5000）申报，运输方式按照“其他”（代码9）申报。

（四）研发料件产生的边角料、坏件、废品等，退运出境按照监管方式“进料边角料复出”（代码0864）或“来料边角料复出”（代码0865）申报，运输方式按照实际进出境运输方式申报；内销按照监管方式“进料边角料内销”（代码0844）或“来料边角料内销”（代码0845）申报，运输方式按照“其他”（代码9）申报。

六、保税研发货物销往境内（区外）

的，区外企业按照实际监管方式申报，运输方式按照“综合保税区”（代码 Y）申报。企业应当按照实际报验状态申报纳税，完税价格按照《中华人民共和国海关审定内销保税货物完税价格办法》（海关总署令第 211 号）第九条、第十条的规定确定。

七、研发料件产生的边角料、坏件、废品运往境内（区外）的，区内企业按照综保区关于边角料、废品、残次品的有关规定办理出区手续。属于固体废物的，区内企业应当按照《固体废物进口管理办法》（环境保护部、商务部、发展改革委、海关总署、质检总局联合令第 12 号）有关规定办理出区手续。

八、区内企业可将研发成品运往境内（区外）进行检测。研发成品出区检测期间不得挪作他用，不得改变物理、化学形态，并应当自运出之日起 60 日内运回综保区。因特殊情况不能如期运回的，区内企业应当在期限届满前 7 日内向海关申请延期，延长期限不得超过 30 日。

九、保税研发电子账册核销周期最长不超过一年，区内企业应当如实申报库存、研发耗用等海关需要的监管数据，并根据实际研发情况办理报核手续。

十、区内企业有下列情形之一的，海关可暂停其保税研发业务：

（一）不再符合本公告第二条、第三条所述业务开展条件的；

（二）未能将出区检测的研发成品按期运回综保区的；

（三）未能在规定期限内将保税研发货物按照有关规定处置的；

（四）涉嫌走私被立案调查、侦查的。

前款第（三）项所规定的“规定期限”由海关根据研发合同和实际情况予以确定。

十一、区内增值税一般纳税人资格企业，按照有关规定执行。

本公告自发布之日起施行。

特此公告。

海关总署

2019 年 1 月 29 日

中华人民共和国海关总署公告

2019 年第 28 号

［关于支持综合保税区内企业承接境内（区外）企业委托加工业务的公告］

为贯彻落实《国务院关于促进综合保税区高水平开放高质量发展的若干意见》（国发〔2019〕3 号）的要求，加快综合保税区（以下简称“综保区”）创新升级，支持在综保区内的企业（以下简称“区内企业”）承接境内（区外）企业（以下简称“区外企业”）委托加工业务，统筹利用国际国内两个市场、两种资源，现将有关事项公告如下：

一、本公告所称“委托加工”，是指区内企业利用监管期限内的免税设备接受区外企业委托，对区外企业提供的入区货物进行加工，加工后的产品全部运往境内（区外），收取加工费，并向海关缴纳税款的行为。

委托加工货物包括委托加工的料件（包括来自境内区外的非保税料件和区内企业保税料件）、成品、残次品、废品、副产品和边角料。

二、除法律、行政法规、国务院的规定或国务院有关部门依据法律、行政法规授权作出的规定准许外，区内企业不得开展国家禁止进出口货物的委托加工业务。

三、区内企业开展委托加工业务，应当具备以下条件：

（一）海关认定的企业信用状况为一般信用及以上；

（二）具备开展该项业务所需的场所和设备，对委托加工货物与其他保税货物分开管理、分别存放。

四、区内企业开展委托加工业务，应当设立专用的委托加工电子账册。

五、委托加工用料件原则上由区外企业提供，对需使用区内企业保税料件的，区内企业应当事先如实向海关报备。

六、委托加工用非保税料件由境内（区外）入区时，区外企业申报监管方式为“出料加工”(代码 1427)，运输方式为“综合保税区”（代码 Y）；区内企业申报监管方式为“料件进出区”（代码 5000），运输方式为“其他”(代码 9)。

七、境内（区外）入区的委托加工用料件属于征收出口关税商品的，区外企业应当按照海关规定办理税款担保事宜。

八、委托加工成品运往境内（区外）时，区外企业申报监管方式为“出料加工”(代码 1427)，运输方式为“综合保税区”(代码 Y)。委托加工成品和加工增值费用分列商品项，并按照以下要求填报：

（一）商品名称与商品编号栏目均按照委托加工成品的实际名称与编码填报；

（二）委托加工成品商品项数量为实际出区数量，征减免税方式为“全免”；

（三）加工增值费用商品项商品名称包含“加工增值费用”，法定数量为 0.1，征减免税方式为“照章征税”。

区内企业申报监管方式为“成品进出区”（代码5100），运输方式为“其他”（代码9），商品名称按照委托加工成品的实际名称填报。

加工增值费用完税价格应当以区内发生的加工费和保税料件费为基础确定。其中，保税料件费是指委托加工过程中所耗用全部保税料件的金额，包括成品、残次品、废品、副产品、边角料等。

九、由境内（区外）入区的委托加工剩余料件运回境内（区外）时，区外企业申报监管方式为“出料加工”（代码1427），运输方式为“综合保税区”（代码Y），区内企业申报监管方式为“料件进出区”（代码5000），运输方式为“其他”（代码9）。

十、委托加工产生的边角料、残次品、废品、副产品等应当运回境内（区外）。保税料件产生的边角料、残次品、废品、副产品属于固体废物的，应当按照《固体废物进口管理办法》（环境保护部、商务部、发展改革委、海关总署、质检总局联合令第12号）办理出区手续。

十一、委托加工电子账册核销周期最长不超过一年，区内企业应当按照海关监管要求，如实申报企业库存、加工耗用等数据，并根据实际加工情况办理报核手续。

十二、区内企业有下列情形之一的，海关可暂停其委托加工业务：

（一）不再符合本公告第二条、第三条所述业务开展条件的；

（二）未能在规定期限内将委托加工产生的边角料、残次品、废品、副产品等按照有关规定处置的；

（三）涉嫌走私被立案调查、侦查的。

前款第（二）项所规定的“规定期限”由海关根据委托加工合同和实际情况予以确定。

十三、区内增值税一般纳税人资格企业，按照有关规定执行。

本公告自发布之日起施行。

特此公告。

海关总署

2019年1月29日

中华人民共和国海关总署公告

2019 年第 29 号

（关于境外进入综合保税区食品检验放行有关事项的公告）

为贯彻落实《国务院关于促进综合保税区高水平开放高质量发展的若干意见》（国发〔2019〕3 号），对境外进入综合保税区的食品实施“抽样后即放行”监管。现就有关事项公告如下：

一、综合保税区内进口的食品，需要进入境内的，可在综合保税区进行合格评定，分批放行；凡需要进行实验室检测的，可在满足以下条件的基础上抽样后即予以放行：

（一）进口商承诺进口食品符合我国食品安全国家标准和相关检验要求（包括包装要求和储存、运输温度要求等）。

（二）进口商已建立完善的食品进口记录和销售记录制度并严格执行。

二、经实验室检测发现安全卫生项目不合格的，进口商应按照《食品安全法》的规定采取主动召回措施，并承担相应的法律责任。

本公告自发布之日起实施。

特此公告。

海关总署

2019 年 2 月 2 日

中华人民共和国海关总署公告

2019 年第 68 号

（关于发布《海关监管作业场所（场地）设置规范》的公告）

根据《中华人民共和国海关监管区管理暂行办法》（海关总署令第 232 号）有关规定，海关总署制定了《海关监管作业场所（场地）设置规范》，现予以发布。

本公告自发布之日起施行，《海关监管作业场所（场地）设置规范》（海关总署公告 2017 年第 52 号）同时废止。

特此公告。

海关总署

2019 年 4 月 19 日

海关监管作业场所（场地）设置规范

第一章　总　则

一、根据《中华人民共和国海关监管区管理暂行办法》的相关规定，制定本规范。

二、本规范的海关监管作业场所（场地）划分为：

（一）监管作业场所，包括水路运输类海关监管作业场所、公路运输类海关监管作业场所、航空运输类海关监管作业场所、铁路运输类海关监管作业场所、快递类海关监管作业场所等。

（二）集中作业场地，包括旅客通关作业场地、邮检作业场地、进境动物隔离检疫场等。

三、海关监管作业场所（场地）内的功能区划分为：

（一）口岸前置拦截作业区，包括车体及轮胎消毒场所、核生化监测处置场所、指定检疫车位、指定检疫廊桥或指定检疫机位、检疫锚地或泊位、指定检疫轨道等。具体设置要求详见《海关口岸前置拦截作业区设置规范》（附件 1）。

（二）查验作业区，该功能区以查验为主，配套设置必要的储存区、暂时存放区、扣检区、技术整改区等。海关监管作业场所（场地）涉及运营进口汽车、普通食品、进口冷链食品、进境食用水生动物、进境水果、进境木材、进境粮食、进境种苗、进口废物原料、供港澳鲜活产品、血液等特殊物品、集装箱/箱式货车承载货物等业务，以及有公路口岸客车进出境的，相应的查验作业区具体设置要求详见《海关监管作业场所（场地）查验作业区设置规范》（附件 2）。

（三）检疫处理区，该功能区以检疫处理和卫生处理为主，配套设置必要的查验区、存放区等。包括进境原木检疫处理区、进境大型苗木检疫处理场等，具体设置要求详见《海关监管作业场所（场地）检疫处理区设置规范》（附件3）。

四、海关监管作业场所（场地）设置规范的适用原则：

（一）以水路、航空、铁路、公路运输方式办理货物进出境的海关监管作业场所，应当适用本规范中对应的运输方式海关监管作业场所设置规范。

（二）以快递方式办理货物进出境业务的海关监管作业场所，应当优先适用本规范中快递类海关监管作业场所设置规范。

（三）旅客通关作业场地、邮检作业场地、进境动物隔离检疫场等集中作业场地，应当适用本规范中对应的海关集中作业场地设置规范。

（四）海关监管作业场所（场地）内的功能区，应在满足上述对应海关监管作业场所（场地）设置规范要求的基础上，同时满足对应功能区的设置规范的要求。

（五）开展跨境电子商务直购进口或跨境电子商务一般出口业务的监管作业场所应按照快递类海关监管作业场所或者邮检作业场地规范设置。

五、2个及以上海关监管作业场所（场地）设置在同一区域内的，在满足海关监管要求的前提下，可以设置统一的隔离围网（墙）和通道出入卡口；同一区域内各海关监管作业场所（场地）之间应当建立隔离设施以及设置区分标识。

六、设置在同一口岸监管区内的海关监管作业场所（场地），在满足开展海关监管作业要求的条件下，可根据实际情况共同使用有关的技术用房。

七、海关监管作业场所（场地）应建立满足海关监管要求的监控摄像头及相应系统，符合《海关监管作业场所（场地）监控摄像头设置规范》。

八、从事保税货物进出、装卸、储存、集拼、暂时存放等有关活动的作业场所，不适用本规范。

九、法律法规对有关场所、场地或区域的设置另有规定的，从其规定。

十、海关实施本规范的规定不妨碍其他部门依法履行其职责。

第二章 海关监管作业场所设置规范

第一节 水路运输类海关监管作业场所

一、封闭及卡口设置

（一）应当具有独立的封闭区域，设立高度不低于2.5米的隔离围网（墙）。

（二）凡需以公路运输方式载运货物出入海关监管作业场所的，应当建立通道出入卡口，配置符合海关监管要求的卡口控制系统和设备，并且与海关联网。

二、场地设置

（一）具有储存或者装卸、集拼、暂时存放海关监管货物的仓库或场地，配备相应设施，并且设置明显区分标识。

（二）如需实施海关查验，应当设置满足海关查验作业要求的场地，配备海关实施查验、安全防护的设备以及相应的专业操作人员。

（三）根据海关监管需要，预留大型集装箱/车辆检查设备、辐射探测设备等所需的场地和设施，自行安装且供海关使用的集装箱/车辆检查设备及辐射探测设备等应当与海关联网。

（四）具备存放海关暂不予放行货物的仓库或者场地。

（五）地面平整、硬化，无病媒生物孳

生地，场地及周围环境应具备有效的防控鼠类的设施，符合国家标准《病媒生物综合管理技术规范 环境治理 鼠类》(GB/T 31712)的相关要求。

（六）具有必要的病媒生物控制措施，具备完善的卫生管理制度（包括卫生保洁制度、货物堆放制度、病媒生物防控制度）与有效的卫生控制措施。

（七）根据海关监管需要，设置检疫处理区，用于对进出境货物、集装箱进行检疫处理。

（八）根据海关监管需要，对食品、动植物及其产品、废旧物品储存等，应设置专门区域。

三、场所用房

（一）根据海关监管需要，提供采样室、样品室、病媒生物和有害生物初筛鉴定室等技术用房，以及更衣室、工具室等配套设施，满足开展感官检验、取制样品、初筛鉴定及标本存放、留样存放、药品与器械存储等作业要求。

（二）根据海关卫生检疫工作需要，提供检疫查验、卫生监督、卫生处理技术用房及配套设施，满足开展医学排查、隔离留验、传染病快速监测、卫生监督采样检测、病媒生物监测与控制等作业要求。

（三）提供具备网络通讯、取暖降温、休息卫生等条件的海关备勤、办公场所。

四、信息化管理系统

（一）根据海关监管需要，配备与海关联网的信息化管理系统，能够接收海关相关指令信息，并按照海关要求实现货物进场、出场、存储状态等电子数据的传送、交换。

（二）根据海关监管需要，企业自用信息化管理系统应当向海关开放有关功能的授权。

（三）建立符合海关网络安全要求的机房或机柜，并且建立满足海关对运输工具登临检查、货物查验、场所（场地）巡查等工作要求的无线网络。

五、其他

（一）对因机械吊装、履带运输、水岸泊位、铁路轨道等因素无法实现完全封闭的海关监管作业场所，相应区域可以调整封闭设置。

（二）对不涉及货物储存及暂时存放的海关监管作业场所，在保证海关监管的条件下，可以对“二、场地设置”的要求进行相应调整。

第二节　公路运输类海关监管作业场所

一、封闭及卡口设置

（一）应当具有独立的封闭区域，设立高度不低于2.5米的隔离围网（墙）。

（二）建立通道出入卡口，配置符合海关监管要求的卡口控制系统和设备，并且与海关联网。

二、场地设置

（一）具有储存或者装卸、集拼、暂时存放海关监管货物的仓库或场地，配备相应设施，并且设置明显区分标识。

（二）设置符合海关要求的功能区域，设置区域标识牌，并且标识场内的通行、分流路线。

（三）如需实施海关查验，应当设置满足海关查验作业要求的场地，配备海关实施查验、安全防护的设备以及相应的专业操作人员。

（四）根据海关监管需要，预留大型集装箱/车辆检查设备、辐射探测设备等所需的场地和设施，自行安装且供海关使用的集装箱/车辆检查设备及辐射探测设备等应当与海关联网。

（五）提供存放海关暂不予放行货物的仓库或者场地。

（六）地面平整、硬化，无病媒生物孳生地，场地及周围环境应具备有效的防控鼠类的设施，符合国家标准《病媒生物综合管理技术规范 环境治理 鼠类》(GB/T 31712)的相关要求。

（七）具有必要的病媒生物控制措施，具备完善的卫生管理制度（包括卫生保洁制度、货物堆放制度、病媒生物防控制度）与有效的卫生控制措施。

（八）根据海关监管需要，设置检疫处理区，用于对进出境货物、集装箱进行检疫处理。

（九）根据海关监管需要，对食品、废动植物及其产品、废旧物品储存等，应设置专门区域。

三、场所用房

（一）根据海关监管需要，提供采样室、样品室、病媒生物及有害生物初筛鉴定室等技术用房，以及更衣室、工具室等配套设施，满足开展感官检验、取制样品、初筛鉴定及标本存放、留样存放、药品与器械存储等作业要求。

（二）根据海关卫生检疫工作需要，提供检疫查验、卫生监督、卫生处理技术用房及配套设施，满足开展医学排查、隔离留验、传染病快速监测、卫生监督采样检测、病媒生物监测与控制等作业要求。

（三）提供具备网络通讯、取暖降温、休息卫生等条件的海关备勤、办公场所。

四、信息化管理系统

（一）根据海关监管需要，配备与海关联网的信息化管理系统，能够接收海关相关指令信息，并按照海关要求实现货物进场、出场、存储状态等电子数据的传送、交换。

（二）根据海关监管需要，企业自用信息化管理系统应当向海关开放有关功能的授权。

（三）建立符合海关网络安全要求的机房或机柜，并且建立满足海关对运输工具登临检查、货物查验、场所巡查等工作要求的无线网络。

第三节　航空运输类海关监管作业场所

一、封闭及卡口设置

（一）应当具有独立的封闭区域，设立高度不低于2.5米的隔离围网（墙）。

（二）凡需以公路运输方式载运货物出入海关监管作业场所的，应当建立通道出入卡口，配置符合海关监管要求的卡口控制系统和设备，并且与海关联网。

二、场地设置

（一）具有储存或者装卸、集拼、暂时存放海关监管货物的仓库或场地配备相应设施；监管货物按照进口、出口、暂不予放行等进行分类存放并隔离，设置明显区分标识。

（二）根据海关监管需要，配置非侵入式检查设备、自动传输分拣设备，并与海关联网。预留安装大型集装箱/车辆检查设备和辐射探测设备等所需的场地，自行安装且供海关使用的大型集装箱/车辆检查设备、辐射探测设备等应当与海关联网。

（三）如需实施海关查验，应当设置满足海关查验作业要求的场地，配备海关实施查验、安全防护的设备以及相应的专业操作人员。

（四）提供存放海关暂不予放行货物的仓库或者场地。

（五）地面平整、硬化，无病媒生物孳生地，场地及周围环境应具备有效的防控鼠类的设施，符合国家标准《病媒生物综合管理技术规范 环境治理 鼠类》（GB/T 31712）的相关要求。

（六）具有必要的病媒生物控制措施，具备完善的卫生管理制度（包括卫生保洁制度、货物堆放制度、病媒生物防控制度）与有效的卫生控制措施。

（七）根据海关监管需要，设置检疫处理区，用于对进出境货物、集装箱进行检疫处理。

（八）根据海关监管需要，对食品、动植物及其产品、废旧物品储存等，应设置专门区域。

三、场所用房

（一）根据海关监管需要，提供采样室、样品室、病媒生物及有害生物初筛鉴定室等技术用房，以及更衣室、工具室等配套设施，满足开展感官检验、取制样品、初筛鉴定及标本存放、留样存放、药品与器械存储等作业要求。

（二）根据海关卫生检疫工作需要，提供检疫查验、卫生监督、卫生处理技术用房及配套设施，满足开展医学排查、隔离留验、传染病快速监测、卫生监督采样检测、病媒生物监测与控制等作业要求。

（三）提供具备网络通讯、取暖降温、休息卫生等条件的海关备勤、办公场所。

四、信息化管理系统

（一）根据海关监管需要，配备与海关联网的信息化管理系统，能够接收海关相关指令信息，并按照海关要求实现货物进场、出场、存储状态等电子数据的传送、交换。

（二）根据海关监管需要，企业自用信息化管理系统应当向海关开放有关功能的授权。

（三）建立符合海关网络安全要求的机房或机柜，并且建立满足海关对运输工具登临检查、货物查验、场所（场地）巡查等工作要求的无线网络。

第四节　铁路运输类海关监管作业场所

一、封闭及卡口设置

（一）应当具有独立的封闭区域，设立高度不低于2.5米的隔离围网（墙）。

对因铁路轨道因素导致隔离围网（墙）不能全封闭的，应当设置监控设施，满足海关监管要求。

（二）凡需以公路运输方式载运货物出入海关监管作业场所的，应当建立通道出入卡口，配置符合海关监管要求的卡口控制系统和设备，并且与海关联网。

二、场地设置

（一）具有储存或者装卸、集拼、暂时存放海关监管货物的仓库或场地，配备相应设施，并且设置明显区分标识。

（二）如需实施海关查验，应当设置满足海关查验作业要求的场地，配备海关实施查验、安全防护的设备以及相应的专业操作人员。

（三）根据海关监管需要，预留大型集装箱/车辆检查设备、辐射探测设备等所需的场地和设施，自行安装且供海关使用的集装箱/车辆检查设备及辐射探测设备等应当与海关联网。

（四）提供存放海关暂不予放行货物的仓库或者场地。

（五）地面平整、硬化，无病媒生物孳生地，场地及周围环境应具备有效的防控鼠类的设施，符合国家标准《病媒生物综合管理技术规范 环境治理 鼠类》（GB/T 31712）

的相关要求。

（六）具有必要的病媒生物控制措施，具备完善的卫生管理制度（包括卫生保洁制度、货物堆放制度、病媒生物防控制度）与有效的卫生控制措施。

（七）根据海关监管需要，设置检疫处理区，用于对进出境货物、集装箱进行检疫处理。

（八）根据海关监管需要，对食品、动植物及其产品、废旧物品储存等，应设置专门区域。

三、场所用房

（一）根据海关监管需要，提供采样室、样品室、病媒生物及有害生物初筛鉴定室等技术用房，以及更衣室、工具室等配套设施，满足开展感官检验、取制样品、初筛鉴定及标本存放、留样存放、药品与器械存储等作业要求。

（二）根据海关卫生检疫工作需要，提供检疫查验、卫生监督、卫生处理技术用房及配套设施，满足开展医学排查、隔离留验、传染病快速监测、卫生监督采样检测、病媒生物监测与控制等作业要求。

（三）提供具备网络通讯、取暖降温、休息卫生等条件的海关备勤、办公场所。

四、信息化管理系统

（一）根据海关监管需要，配备与海关联网的信息化管理系统，能够接收海关相关指令信息，并按照海关要求实现货物进场、出场、存储状态等电子数据的传送、交换。

（二）根据海关监管需要，企业自用信息化管理系统应当向海关开放有关功能的授权。

（三）建立符合海关网络安全要求的机房或机柜，并且建立满足海关对运输工具登临检查、货物查验、场所（场地）巡查等工作要求的无线网络。

第五节　快递类海关监管作业场所

一、封闭及卡口设置

（一）应当具有独立的封闭区域，设立高度不低于2.5米的隔离围网（墙）。

（二）凡需以公路运输方式载运货物出入海关监管作业场所的，应当建立通道出入卡口，配置符合海关监管要求的卡口控制系统和设备，并且与海关联网。

二、场地设置

（一）具有储存或者装卸、集拼、暂时存放海关监管货物的仓库，配备相应设施；海关监管货物按照进口、出口等进行分类存放并隔离，设置明显区分标识；放行区和未放行区应进行物理隔离。

（二）具备自动传输和分拣设备，配置可实现图像采集分析功能的检查设备，并且实现快件报关单与机检图像同屏对比功能。预留安装辐射探测等海关监管设备所需的场地，自行安装且供海关使用的设备等应当与海关联网。

（三）如需实施海关查验，应当设置满足海关查验作业要求的场地，配备海关实施查验、安全防护的设备以及相应的专业操作人员。

（四）提供存放海关暂不予放行货物的仓库或者场地。

（五）地面平整、硬化，无病媒生物孳生地，场地及周围环境应具备有效的防控鼠类的设施，符合国家标准《病媒生物综合管理技术规范 环境治理 鼠类》（GB/T 31712）的相关要求。

（六）具有必要的病媒生物控制措施，具备完善的卫生管理制度（包括卫生保洁制度、货物堆放制度、病媒生物防控制度）

与有效的卫生控制措施。

（七）根据海关监管需要，设置检疫处理区，用于对进出境货物、集装箱进行检疫处理。

（八）根据海关监管需要，对食品、动植物及其产品、废旧物品储存等，应设置专门区域。

三、场所用房

（一）根据海关监管需要，提供采样室、样品室、病媒生物及有害生物初筛鉴定室等技术用房，以及更衣室、工具室等配套设施，满足开展感官检验、取制样品、初筛鉴定及标本存放、留样存放、药品与器械存储等作业要求。

（二）提供具备网络通讯、取暖降温、休息卫生等条件的海关备勤、办公场所。

四、信息化管理系统

（一）根据海关监管需要，配备与海关联网的信息化管理系统，能够接收海关相关指令信息，并按照海关要求实现货物进场、出场、存储状态等电子数据的传送、交换。

（二）根据海关监管需要，企业自用信息化管理系统应当向海关开放有关功能的授权。

（三）建立符合海关网络安全要求的机房或机柜，并且建立满足海关对运输工具登临检查、货物查验、场所（场地）巡查等工作要求的无线网络。

第三章 海关集中作业场地设置规范

第一节 旅客通关作业场地

根据海关监管需要，旅客通关作业场地一般划分为现场作业区和现场办公区两个主要区域；航空口岸等旅客通关作业场地还应当根据海关监管需要设置行李先期机检区、旅客中转区和过境区。

一、现场作业区设置要求

（一）基本要求。

1. 办理旅客和行李物品监管通关手续的区域，应当相对封闭、独立，包括卫生检疫区（现场监测作业区、现场排查处置作业区）和行李物品监管区（申报区、旅客通道、查验区、处置区）。

2. 现场作业区各区域应当设置明显的标识。

3. 建立符合海关网络安全要求的机房或机柜，并且建立满足海关工作要求的无线网络。

（二）卫生检疫区设置要求。

卫生检疫区作为对进出境旅客和行李物品实施卫生检疫、核生化有害因子监测并进行相应处置的区域，应设置在口岸范围内旅客进境、出境区域的最前部。包括现场监测作业区、现场排查处置作业区和现场办公区。

1. 现场监测作业区。

（1）应当位于卫生检疫区前部，相对封闭、独立，设置划分为人员卫生检疫等候区和查验区。

（2）查验区分为红外测温区和医学巡查区，两个区域可以交叉或重叠。

（3）区内设置卫生检疫查验台、健康申报台、咨询台、进出境人员查验通道，配备体温监测设备、核生化有害因子监测设备等。

（4）各区域应当悬挂海关标识，设置明显标识。

现场监测作业区场地及业务用台、进出境人员查验通道设置具体要求详见《卫生检疫现场监测作业区场地及业务用台、人员查验通道设置规范》（附件4）。

2. 现场排查处置作业区。

（1）一般应当设置于卫生检疫区后部，

设置医学排查室、（负压）隔离室、传染病病原体快速检测实验室、旅行健康室、突发卫生事件应急处置室、洗消室、应急物资储备室、独立转诊通道、流行病学调查室等专业用房。

（2）应当在口岸内预留用于发生突发公共卫生事件时，大量受染人群的临时隔离处置区域。

现场排查处置作业区专业用房设置具体要求详见《卫生检疫现场排查处置作业区专业用房设置规范》（附件5）。

（三）行李物品监管区。

1. 申报区设置要求。

申报区为旅客向海关办理行李物品申报手续的区域。申报区设置申报台，配备主动放弃箱，音视频采集及办理监管业务必需的设施、设备。

2. 识别和拦截区设置要求。

（1）根据国际通用的“红绿通道”通关模式，识别和拦截区的旅客通道应当分别设置“申报通道”“无申报通道”“工作人员通道”。

（2）根据海关监管需要，可以单独设置“外交、礼遇通道”。

（3）各通道应当相对封闭、相互之间隔离，便于海关监管，设置总体要求应当保持狭长，通道内配备满足海关智能识别要求的设施、设备等。

3. 查验区设置要求。

（1）查验区为海关对旅客行李物品实施查验的区域。查验区划分为旅客候检区、人体机检区、行李机检区、人工开箱查验区等，并根据海关监管需要设置工作犬查检区。

（2）查验区应当设置查验台，配备满足海关查验工作需要的设施、设备等。

4. 处置区设置要求。

（1）处置区为对查验后的行李物品进行后续处置的区域，应当配备办理监管业务必需的设施、设备等。

（2）根据实际监管需要，现场作业区内应当配置执法调查室、毒品检测室、人身检查室、印刷品音像制品审查室、征税办理室、检疫初筛鉴定室、检疫处理室、宠物检疫室、宠物留观室、工作犬休息室、易腐败截留物的暂存库（冷库）、暂不予放行物品存放仓库、禁止进境物截留存放仓库、贵重物品保管仓库等业务用房。

5. 有旅客行李托运业务的口岸，核生化有害因子监测并进行相应处置的区域应设置在行李物品监管区，并预留相关辐射探测设备的安装场地。

二、现场办公区设置要求

（一）应当根据海关监管工作需要，设置办公室、会议室、更衣室、监控指挥室、设备间、备勤室、机房等。

（二）现场办公用房的面积和位置应当考虑监管业务的需求，满足通风、照明、卫生、网络通讯、取暖降温等需要，并具备防辐射、隔音等条件。

三、其他要求

（一）场地设置应当布局科学、大小适宜，便于旅客和行李物品通关，便于海关安装和使用监管设施、设备。因场地面积客观条件限制、卫生检疫区与行李物品监管区毗邻等情况，可根据海关监管要求适当进行区域整合。

（二）海关旅客通道与口岸边检通道之间应当预留纵深缓冲区，在缓冲区内悬挂统一设计的海关标识，设置法规公告栏或电子公告屏。

（三）航空口岸等旅客通关作业场地根据海关监管需要应当设置先期机检区，具备满足安装、使用先期机检设备的场地、电源、网络以及配套设施等条件，并设置集中审图室等先期机检业务用房。

（四）在出境实行开放式布局的航空口岸等旅客通关作业场地，根据海关监管需要，应配备具有远程审图和操控的行李系统和五级安检系统，并配备相应的网络、设备，实时、准确提供出境旅客托运行李电子信息。

（五）航空口岸等旅客通关作业场地根据海关监管需要应当设置旅客中转区、过境区的，应当参照本设置要求配置海关现场作业区和现场办公区。配备相应的网络、设备，实时、准确提供中转旅客航程信息及托运行李电子信息电子信息。

第二节 邮检作业场地

根据海关对邮递物品监管业务和作业流程的需要，邮检作业场地划分为海关现场作业区和海关现场办公区两个主要区域。邮政企业应当按照本规范建设满足海关监管需要的作业场地，并承担相应的安全管理职责。邮检作业场地的设置应当布局合理，流程顺畅，便于海关安装和使用监管设施、设备，并按口岸存储场地卫生监督相关要求设置。

一、现场作业区设置要求

（一）基本设置要求。

1. 现场作业区为海关对进出境邮递物品实施监管和办理相关手续的区域，包括邮件申报区、海关查验作业区、海关处置区等。

2. 现场作业区应当相对独立、封闭，设置明显的标识。如以围网（墙）隔离，高度一般不低于2.5米。各作业功能区应当设置明显的标识。

3. 凡需以公路运输方式载运货物出入邮检作业场地的，应当建立通道出入卡口，配置符合海关监管要求的卡口控制系统和设备，并且与海关联网。

（二）申报区设置要求。

邮件申报区的设置应当便于海关监管，方便收寄件人办理手续。

（三）机检设备。

1. 具备自动传输和分拣设备配置可实现图像采集分析功能的检查设备。根据海关监管需要，具备申报信息与机检图像同屏对比功能。

2. 根据海关监管需要，预留安装辐射探测等海关监管设备所需的场地，自行安装且供海关使用的设备等应当与海关联网。

（四）查验作业区设置要求。

海关查验作业区为海关对邮递物品实施查验的区域。根据实际工作需要，查验区应当按配置满足海关查验工作需要的设施、设备等，并能够实现海关对邮件的分流检查。

（五）处置区设置要求。

海关处置区用于对查验后的邮件进行后续处置。设置各类留存邮件仓库及需要进行鉴定、隔离、检疫处理等后续处理的场地及设施、设备等。

（六）其他设置要求。

1. 邮检作业场地内不得存放非进出境邮件。国际邮件的进口处理区、出口处理区应当单独设立。未办结海关手续的国际邮件应当按待申报、待查验、待处置、已放行等分区存放，各区域之间应当进行物理隔离，并设置明显标识。

2. 根据海关监管需要，海关现场作业区内配套设置集中审图室、智能审图室、人工开拆查验室、毒品快速检测室、核生化爆防护监测设备存放室、海关工作犬舍、暂存邮件仓库、收件人待办仓库、侵权邮件仓库、隔离检疫仓库、检疫鉴定初筛室、印刷品音像制品审查室、核生化爆隔离室、药剂器械室、设备间等业务用房及符合消毒除害要求的检疫处理区。

3. 根据海关监管需要，现场作业区出入口应当配置门禁系统或保安人员。非工作人员不得进入海关现场作业区。邮政企业等人员因公进出海关现场作业区应当凭有效证件，并接受海关对其携带物品的监管查验。

二、现场办公区设置要求

应当提供具备网络通讯、取暖降温、休息卫生等条件的海关备勤、办公场所。

三、其他要求

（一）应当配备与海关联网的信息化作业系统，按照海关邮件信息化管理系统的要求实现邮件电子信息的传送、交换，确保满足海关对进出境邮递物品进行有效监管的实际需要。

（二）建立符合海关网络安全要求的机房或机柜，并且建立满足海关对货物查验、场所（场地）巡查等工作要求的无线网络。

第三节　进境动物隔离检疫场

一、一般建设要求

（一）需远离相应的动物养殖场、（屠宰）加工厂、居民生活区、兽医院及交通主干道、动物交易市场等场所。

（二）具有独立的封闭区域，设立隔离围网（墙），并有醒目的警示标识；根据海关监管需要，建立通道出入卡口，配置符合海关监管要求的卡口控制系统和设备，并且与海关联网。

（三）场内具备与申请进境动物种类和数量相适应的饲养条件和隔离检疫设施，具有安全的防逃逸装置。

（四）隔离检疫场内布局合理，分设隔离检疫区和生活办公区。隔离检疫区与生活办公区严格分开。与外界及各区间的通道应设有消毒池（垫），用于进出人员脚底和车辆等的消毒设施，通道应避免交叉污染；水生动物隔离场还需在通道口设置洗手消毒设备。

（五）应当配备供存放和运输样品、死亡动物的设备；场内设有死亡动物及废弃物无害化处理设施；设有污水、粪便集中消毒处理的场所。

（六）场内应有必要的供水、电、保温及通风等设施，水质符合国家相关标准。

（七）具有完善的动物饲养、卫生防疫等管理制度。配备兽医专业技术人员。

（八）根据海关监管需要，配备与海关联网的信息化管理系统，能够按照海关要求实现货物相关电子数据的传送、交换。

（九）根据海关监管需要，企业自用信息化管理系统应当向海关开放有关功能的授权。

（十）根据海关监管需要，建立符合海关网络安全要求的机房或机柜，并且建立满足海关对运输工具登临检查、货物查验、场所（场地）巡查等工作要求的无线网络。

（十一）应当提供具备网络通讯、取暖降温、休息卫生等条件的海关备勤、办公场所。

二、专用建设要求

以下类型的隔离检疫场除满足一般建设要求外，还应当满足专用建设要求。

（一）进境观赏/种用水生动物的指定隔离检疫场。

1. 隔离场周边没有世界动物卫生组织（OIE）规定应当通报和国家主管部门规定须通报的水生动物疾病发生和流行；周围1公里范围内无水产品加工厂和水产品批发交易市场。

2. 具有独立水源，水质符合我国渔业水质标准。

3. 隔离检疫场内应当设有装卸区、包装处理区、隔离养殖区、患病动物观察区、死亡动物处理区、饲料（饵料）储存区、药物储存区和污水处理区。

4. 包装处理区应当设置对进境动物包装物料进行消毒处理的设施。

5. 隔离养殖区应当配备隔离养殖池，进排水应分设；配备有足量的工器具，已消毒工器具和未消毒工器具应分开摆放；建立养殖池（缸）隔离养殖动物记录。

6. 患病动物观察区应当配备患病水生动物专用隔离池（缸）。

7. 死亡动物处理区应当设置为无害化处理区域，能进行有效无害化处理。

8. 饲料（饵料）储存区应当建有饲料（饵料）储存库，应具备防鼠、防虫、防潮等设施；使用鲜活饵料的，配备相应的冷藏设备；储存库应建立购买和使用记录。

9. 药物储存区应当建有药物（含消毒剂）储存室，储存室由专人管理，药物应按其说明书要求的储存条件分类存放，集中发放，并有购买、使用、存放记录。

（二）进境日本锦鲤隔离检疫场。

除满足进境动物隔离检疫场一般建设要求以及进境观赏/种用水生动物的指定隔离检疫场专用建设要求外，还应设置配套养殖场，或在隔离检疫场内设置进出水独立的专用养殖区域，用于对锦鲤疱疹病毒、鲤春病毒进行至少一个水温监测周期的监测。

（三）进境大中动物指定隔离检疫场。

1. 猪指定隔离场应当符合《进境种猪临时隔离场建设规范》（SN/T 2032）。

2. 牛、羊指定隔离场应当符合《进境牛羊指定隔离场建设要求》（SN/T 4233），马、驴等其他大中动物指定隔离场参照该标准执行。

（四）进境实验动物隔离检疫场。

进境实验猴指定隔离检疫场应当符合《进出境实验猴隔离场建设规范》（SN/T 4805）；其他进境实验动物的指定隔离检疫场，应当符合《实验动物环境及设施》（GB 14925）。

（五）进境陆生野生动物、宠物（犬、猫）及进境演艺、竞技、展览动物指定隔离检疫场。

1. 具有专用捕捉、固定动物所需场地和设施。

2. 进境宠物（犬、猫）的指定隔离检疫场，应当符合《进出境宠物犬、猫隔离场建设规范》（SN/T 4883）。

附件 1　海关口岸前置拦截作业区设置规范（略）

附件 2　海关监管作业场所（场地）查验作业区设置规范（略）

附件 3　海关监管作业场所（场地）检疫处理区设置规范（略）

附件 4　卫生检疫现场监测作业区场地及业务用台、人员查验通道设置规范（略）

附件 5　卫生检疫现场排查处置作业区专业用房设置规范（略）

中华人民共和国海关总署公告

2019 年第 69 号

（关于发布《海关监管作业场所（场地）监控摄像头设置规范》的公告）

根据《中华人民共和国海关监管区管理暂行办法》（海关总署令第 232 号）有关规定，海关总署制定了《海关监管作业场所（场地）监控摄像头设置规范》，现予以发布。

本公告自发布之日起施行。

特此公告。

海关总署

2019 年 4 月 22 日

海关监管作业场所（场地）监控摄像头设置规范

第一章 总 则

一、根据《中华人民共和国海关监管区管理暂行办法》《海关监管作业场所（场地）设置规范》的相关规定，制定本规范。

二、本规范要求安装监控摄像头的海关监管作业场所（场地）包括：

（一）海关监管作业场所，如水路运输类海关监管作业场所、公路运输类海关监管作业场所、航空运输类海关监管作业场所、铁路运输类海关监管作业场所、快递类海关监管作业场所以及从事边民互市业务的监管作业场所等。

（二）海关集中作业场地，如旅客通关作业场地、邮检作业场地、进境动物隔离检疫场等。

（三）海关监管作业场所（场地）内的功能区，如通用查验场地、口岸前置拦截作业区、进口汽车查验区、动植物产品（含食品）查验区、进口废物原料查验区、供港澳鲜活产品查验区、卫生检疫查验区、公路口岸客车查验区、进境原木检疫处理区、进境大型苗木检疫处理场等，具体设置要求详见《海关监管作业场所（场地）功能区监控摄像头设置规范》（附件 1）。

（四）海关作业现场，如免税品商店（含销售场所和监管仓库）、海关对外办理业务大厅、陆路口岸边境通道、停机坪等，具体设置要求详见《海关作业现场监控摄像头设置规范》（附件 2）。

三、海关监管作业场所（场地）内的功能区，应在满足对应海关监管作业场所（场地）监控摄像头设置规范要求的基础上，同时满足对应功能区的监控摄像头设置规范要求。

四、海关根据法律、规章的规定和海关

实际监管的要求确定监控摄像头的重点监控范围或区域。主要包括：车辆进出通道及卡口、海关查验场地、检疫处理场地（不含第三方检疫场地）、泊位、施解封区、查验地磅、运输工具登临区、航空箱拆板和组板区、旅检大厅等。

重点监控区域应保证监控摄像头点位具有一定的冗余度，确保个别摄像头出现故障时不影响海关对重点监控范围或区域的连续监控。

五、海关监管作业场所（场地）监控摄像头和视频监控系统的其他设备、部件、材料应当符合现行国家行业标准，设备选型、平台系统、集成软件应当与海关现有系统相兼容，相关工程设计及施工应当符合国家有关标准，接入设备及系统符合国家相关安全标准，并应符合相关安全管理部门要求。

海关监管作业场所（场地）监控摄像头、视频监控系统设备选型应当符合《海关视频监控系统技术规范》（HS/T58），并应根据海关监管需要，在符合上述规范或标准要求的基础上，提高设备选型、建设标准。

六、海关监管作业场所（场地）应当建立满足海关监管要求的视频监控系统，通过视频监控安全设备与海关联网，视频存储时间不少于3个月。

七、海关监管作业场所（场地）应根据海关监管需要，合理设置摄像头安装点、监控范围，并应当采用照明、红外等方式，保证监控摄像头夜间监控的清晰度。

八、海关监管作业场所（场地）应建立符合海关网络安全要求的机房或机柜，用于安置监控摄像头的存储、联网、集成等相关设备。

九、监控摄像头的控制权，是指对摄像头的镜头焦距和监控视角（范围）的调动控制权，分为海关专控和海关主控。海关专控是指监控摄像头只能由海关控制，海关主控是指海关在执行对监控摄像头的调动时，不允许其他控制方调动。

十、海关对与海关联网的监控摄像头实行编码管理，海关监管作业场所（场地）经营单位应当按《海关视频监控摄像头编码规则和图像标识规范》（附件3），对联网的监控摄像头进行统一编码及标识。

十一、海关监管作业场所（场地）监控摄像头应按照《海关监管作业场所（场地）监控摄像头管理要求》（附件4）进行日常管理和运维保障。

十二、本规范适用于对海关监管作业场所（场地）、海关特殊监管区域监控摄像头及相应视频监控系统软硬件的管理。

十三、国家相关管理部门对有关场所、场地或区域的监控摄像头选型和安装、使用有相应规定的，从其规定。海关实施本规范的规定不妨碍其他部门依法履行其职责。

第二章　海关监管作业场所监控摄像头设置规范

第一节　水路运输类海关监管作业场所

一、泊位

（一）应对泊位、装卸区域等设置摄像头监控点。监控范围确保能够清晰监控船舶靠泊、检疫信号悬挂、人员上下、货物装卸和物料添卸、废弃物移下过程。监控摄像头海关主控。

（二）应设置广角或云台摄像头，满足对区域全景式监控要求。监控摄像头海关主控。

二、堆场

（一）应对货物堆存区、货物出入口、场内区间通道、围网（墙）等设置摄像头监控点。监控范围确保能够清晰监控人员进出、货物堆存情况、货物装卸和作业过程。监控摄像头海关主控。

（二）应设置广角或云台摄像头，满足对区域全景式监控要求。监控摄像头海关主控。

三、仓库

（一）应对货物堆存区、装卸区、理货区、货物出入口（卡口）、人员进出通道以及库内区间通道等设置摄像头监控点。监控范围确保能够清晰监控人员进出、货物储存情况、货物装卸和作业过程。监控摄像头海关主控。

（二）应设置广角或云台摄像头，满足对区域全景式监控要求。监控摄像头海关主控。

四、筒仓（贮存散装物料的仓库）

（一）应对货物出入口、装卸区设置摄像头监控点。监控范围确保能够清晰监控货物装卸过程。监控摄像头海关主控。

（二）应设置广角或云台摄像头，满足对区域全景式监控要求。监控摄像头海关主控。

五、暂不予放行货物仓库/场地

（一）应对货物堆存区、出入口、围网（墙）等设置摄像头监控点。监控范围确保能够清晰监控货物进出、人员进出、货物储存情况、货物装卸和作业过程。监控摄像头海关专控。

（二）应设置广角或云台摄像头，满足对区域全景式监控要求。监控摄像头海关专控。

六、卡口

（一）应对卡口的车头前方、车尾位置设置摄像头监控点，监控范围确保能够清晰监控车牌、司机、车辆尾部等情况。监控摄像头海关主控。

（二）应对卡口区域前后各设置广角或云台摄像头，满足对卡口整体区域的全景式监控要求。监控摄像头海关主控。

七、船员专用通道

（一）应对监管运输工具人员进出场所专用通道出入口设置摄像头监控点。监控范围确保能够清晰监控有关人员进出、随身携带物品和办理相关程序的过程。监控摄像头海关主控。

（二）根据海关监管需要设置广角或云台摄像头，满足对该区域全景式监控要求。监控摄像头海关主控。

八、施解封区域

（一）应对运输工具、集装箱施/解封位置设置摄像头监控点，能完整监控车体施/解封过程。监控摄像头海关专控。

（二）在通道进行施封作业的，应满足上述设置要求。

九、围网（墙）

（一）根据海关的监管要求以及摄像头的监控范围，以满足整个围网监控的连续性为原则设置摄像头监控点。监控范围确保能够清晰监控翻墙、抛物等情况。监控摄像头海关主控。

（二）由于机械吊装、履带运输、水岸泊位、铁路轨道等因素无法实现完全封闭的海关监管作业场所，应在相关区域设置摄像头监控点，监控摄像头海关专控。

十、检疫处理区

应对运输工具、集装箱、货物及木质包装等检疫处理作业位置设置摄像头监控点。能够完整监控检疫处理作业过程。监控摄像头海关专控。

十一、内贸区

参照上述区域设置要求执行。

第二节　公路运输类海关监管作业场所

一、卡口

（一）应对卡口的车头前方、车尾位置设置摄像头监控点，监控范围确保能够清晰监控车牌、司机、车辆尾部等情况。监控摄像头海关专控。

（二）应对卡口区域前后各设置广角或云台摄像头，满足对卡口整体区域的全景式监控要求。监控摄像头海关专控。

二、暂不予放行货物仓库/场地

（一）应对货物堆存区、出入口、围网（墙）等设置摄像头监控点。监控范围确保能够清晰监控人员进出、货物储存情况、货物装卸和作业过程。监控摄像头海关专控。

（二）应设置广角或云台摄像头，满足对区域全景式监控要求。监控摄像头海关专控。

三、超期货物存放区

（一）应对货物堆存区、出入口、围网（墙）等设置摄像头监控点。监控范围确保能够清晰监控人员进出、货物储存情况、货物装卸和作业过程。监控摄像头海关主控。

（二）应设置广角或云台摄像头，满足对区域全景式监控要求。监控摄像头海关专控。

四、装卸场地

（一）应对车辆停放装卸区、出入口等设置摄像头监控点。监控范围确保能够清晰监控车牌号、人员进出、货物装卸和作业过程。监控摄像头海关主控。

（二）应设置广角或云台摄像头，满足对区域全景式监控要求。监控摄像头海关专控。

五、运输工具登临检查区

（一）应在对运输工具停靠检查位置设置摄像头监控点。监控范围确保能够清晰监控车牌号、登临作业过程。根据海关监管需要，安装具备车牌识别功能的摄像头。监控摄像头海关专控。

（二）在卡口、查验场地进行运输工具登临检查的，应同时满足上述要求。

六、施/解封区

（一）应对运输工具、集装箱施/解封位置设置摄像头监控点，能完整监控车体施/解封过程。监控摄像头海关专控。

（二）在通道完成施封作业的，应同时满足上述设置要求。

七、围网（墙）

（一）根据海关的监管要求以及摄像头的监控范围，以满足整个围网监控的连续性为原则设置摄像头监控点。监控范围确保能够清晰监控翻墙、抛物等情况。监控摄像头海关主控。

（二）由于机械吊装、履带运输、水岸泊位、铁路轨道等因素无法实现完全封闭的海关监管作业场所，应在相关区域设置摄像头监控点，监控摄像头海关专控。

八、检疫处理区

应对运输工具、集装箱、货物及木质包装等检疫处理作业位置设置摄像头监控点。能够完整监控检疫处理作业过程。监控摄像头海关专控。

九、内贸区

参照上述区域设置要求执行。

第三节 航空运输类海关监管作业场所

一、仓库

（一）应对货物堆存区、装卸区、拆板和组板区、集拼区、理货区、仓库货物出入口、提货和交货通道（区域）、人员进出通道以及库内区间通道等设置摄像头监控点。监控范围确保能够清晰监控人员进出、货物储存、装卸和作业过程。监控摄像头海关主控。

（二）应设置广角或云台摄像头，满足对区域全景式监控要求。监控摄像头海关主控。

二、暂不予放行货物仓库/场地

（一）应对货物堆存区、出入口、围网（墙）等设置摄像头监控点。监控范围确保能够清晰监控人员进出、货物储存、装卸和作业过程。监控摄像头海关主控。

（二）应设置广角或云台摄像头，满足对区域全景式监控要求。监控摄像头海关主控。

三、超期货物存放区

（一）应对货物堆存区、出入口、围网（墙）等设置摄像头监控点。监控范围确保能够清晰监控人员进出、货物储存、装卸和作业过程。监控摄像头海关主控。

（二）应设置广角或云台摄像头，满足对区域全景式监控要求。监控摄像头海关主控。

四、装卸场地

（一）应对车辆停放装卸区、出入口、围网（墙）等设置摄像头监控点。监控范围确保能够清晰监控车牌号、人员进出、货物装卸和作业过程。监控摄像头海关主控。

（二）应设置广角或云台摄像头，满足对区域全景式监控要求。监控摄像头海关主控。

五、卡口

（一）应对卡口的车头前方、车尾位置设置摄像头监控点，监控范围确保能够清晰监控车牌、司机、车辆尾部等情况。监控摄像头海关主控。

（二）应对卡口区域前后各设置广角或云台摄像头，满足对卡口整体区域的全景式监控要求。监控摄像头海关主控。

（三）应对空侧进出口设置摄像头监控点。监控范围确保能够清晰监控人员进出、货物储存、装卸和作业过程，并应设置广角或云台摄像头，满足对区域全景式监控要求。监控摄像头海关主控。

六、围网（墙）

（一）根据海关的监管要求以及摄像头的监控范围，以满足整个围网监控的连续性为原则设置摄像头监控点。监控范围确保能够清晰监控翻墙、抛物等情况。监控摄像头海关主控。

（二）由于机械吊装、履带运输、水岸泊位、铁路轨道等因素无法实现完全封闭的海关监管作业场所，应在相关区域设置摄像头监控点，监控摄像头海关专控。

七、检疫处理区

应对运输工具、集装箱、货物及木质包装等检疫处理作业位置设置摄像头监控点。能够完整监控检疫处理作业过程。监控摄像头海关专控。

八、内贸区

参照上述区域设置要求执行。

第四节 铁路运输类海关监管作业场所

一、铁路到发线

应在列车抵达、驶离到发线的固定轨道线路两侧设置摄像头监控点，对铁路线进行交叉式监控。监控范围确保能够监控车辆抵达、驶离情况，监控画面应覆盖列车整体情况，并确保车辆处于连续监控。监控摄像头海关主控。

二、运输工具登临检查区

（一）在列车停靠位置高点设置摄像头监控点。监控范围确保能够清晰监控列车车头整体情况、人员实时动态。监控摄像头海关主控。

（二）根据海关监管需要，安装具备对现场作业人员的清晰辨识（或智能识别）功能的摄像头。监控摄像头海关主控。

三、固定式（列车）H986作业区

（一）每台非侵入式检查设备检入、检出口各对应设置摄像头监控点，监控范围确保能够清晰监控列车出入的全过程。监控摄像头海关主控。

（二）在机检通道内高位设置广角或云台摄像头，监控范围确保能够清晰监控货物机检检查的整个过程。

四、卡口

（一）应对卡口的车头前方、车尾位置设置摄像头监控点，监控范围确保能够清晰监控车牌、司机、车辆尾部等情况。监控摄像头海关主控。

（二）应对卡口区域前后各设置广角或云台摄像头，满足对卡口整体区域的全景式监控要求。监控摄像头海关主控。

五、室内/外作业区

（一）应对运输工具停靠、装卸作业等区域设置摄像头监控点。监控范围覆盖海关作业现场整体区域，确保能够清晰监控作业现场的货物装卸情况。监控摄像头海关主控。

（二）在高点位置设置广角或云台摄像头，满足对作业区域的全景式监控要求。监控摄像头海关主控。

（三）根据海关监管需要，安装具备对现场作业人员的清晰辨识（或智能识别）功能的摄像头。监控摄像头海关主控。

六、暂不予放行货物仓库/场地

（一）应对货物堆存区、出入口、围网（墙）等设置摄像头监控点。监控范围确保能够清晰监控货物进出、人员进出、货物储存情况、货物装卸和作业过程。监控摄像头海关主控。

（二）应设置广角或云台摄像头，满足对区域全景式监控要求。监控摄像头海关主控。

七、超期货物存放区

（一）应在货物堆存区、出入口、围网（墙）等设置摄像头监控点。监控范围确保能够清晰监控货物进出、人员进出、货物储存情况、货物装卸和作业过程。监控摄像头海关主控。

（二）应设置广角或云台摄像头，满足对区域全景式监控要求。监控摄像头海关主控。

八、施/解封区

（一）应对运输工具、集装箱施/解封位置设置摄像头监控点，能完整监控车体施/解封过程。监控摄像头海关专控。

（二）在通道进行施封作业的，应满足上述设置要求。

九、围网（墙）

（一）根据海关的监管要求以及摄像头的监控范围，以满足整个围网监控的连续性为原则设置摄像头监控点。监控范围确保能够清晰监控翻墙、抛物等情况。监控摄像头海关主控。

（二）由于机械吊装、履带运输、水岸泊位、铁路轨道等因素无法实现完全封闭的海关监管作业场所，应在相关区域设置摄像头监控点，监控摄像头海关专控。

十、检疫处理区

应对运输工具、集装箱、货物及木质包装等检疫处理作业位置设置摄像头监控点。能够完整监控检疫处理作业过程。监控摄像头海关专控。

十一、内贸区

参照上述区域设置要求执行。

第五节　快递类海关监管作业场所

一、理货区

（一）应对货物堆存区、装卸区、货物出入口（卡口）、人员进出通道、库内区间通道、围网（墙）等设置摄像头监控点。监控范围确保能够清晰监控货物进出、人员进出、货物储存情况、货物装卸和作业过程。监控摄像头海关主控。

（二）应设置广角或云台摄像头，满足对区域全景式监控要求。监控摄像头海关主控。

二、待查验区和待放行区

（一）应对货物堆存区、装卸区、货物出入口（卡口）、人员进出通道、库内区间通道、围网（墙）等设置摄像头监控点。监控范围确保能够清晰监控货物进出、人员进出、货物储存情况、货物装卸和作业过程。监控摄像头海关主控。

（二）应设置广角或云台摄像头，满足对区域全景式监控要求。监控摄像头海关主控。

三、自动传输和分拣设备

（一）应对自动传输和分拣设备的上线口、下线口、线体以及设备与查验室连接通道等设置摄像头监控点。监控范围确保能够清晰监控货物进出自动传输和分拣设备、货物进出查验室和作业过程。监控摄像头海关主控。

（二）应设置广角或云台摄像头，满足对区域全景式监控要求。监控摄像头海关主控。

四、放行区

（一）应对货物堆存区、装卸区、货物出入口（卡口）、人员进出通道、库内区间通道、围网（墙）等设置摄像头监控点。监控范围确保能够清晰监控货物进出、人员进出、货物储存情况、货物装卸和作业过程。监控摄像头海关主控。

（二）应设置广角或云台摄像头，满足对区域全景式监控要求。监控摄像头海关主控。

五、查验区（室）

（一）应对机检查验室、人工查验室、货物出入口、机检屏幕、人工查验台等设置摄像头监控点。监控范围确保能够清晰监控货物进出、机检过程、人工查验等作业过程。监控摄像头海关主控。

（二）应设置广角或云台摄像头，满足对区域全景式监控要求。摄像头海关专控。

六、暂不予放行货物仓库/场地

（一）应对货物堆存区、出入口、围网（墙）等设置摄像头监控点。监控范围确保能够清晰监控货物进出、人员进出、货物储存情况、货物装卸和作业过程。监控摄像头海关主控。

（二）应设置广角或云台摄像头，满足

对区域全景式监控要求。监控摄像头海关主控。

七、超期货物存放区

（一）应在货物堆存区、出入口、围网（墙）等设置摄像头监控点。监控范围确保能够清晰监控货物进出、人员进出、货物储存情况、货物装卸和作业过程。监控摄像头海关主控。

（二）应设置广角或云台摄像头，满足对区域全景式监控要求。监控摄像头海关主控。

八、卡口

（一）应对卡口的车头前方、车尾位置设置摄像头监控点，监控范围确保能够清晰监控车牌、司机、车辆尾部等情况。监控摄像头海关主控。

（二）应对卡口区域前后各设置广角或云台摄像头，满足对卡口整体区域的全景式监控要求。监控摄像头海关主控。

九、围网（墙）

（一）根据海关的监管要求以及摄像头的监控范围，以满足整个围网监控的连续性为原则设置摄像头监控点。监控范围确保能够清晰监控翻墙、抛物等情况。监控摄像头海关主控。

（二）由于机械吊装、履带运输、水岸泊位、铁路轨道等因素无法实现完全封闭的海关监管作业场所，应在相关区域设置摄像头监控点，监控摄像头海关专控。

十、检疫处理区

应对运输工具、集装箱、货物及木质包装等检疫处理作业位置设置摄像头监控点。能够完整监控检疫处理作业过程。监控摄像头海关专控。

第六节　从事边民互市业务的海关监管作业场所

一、卡口

（一）应对卡口的车头前方、车尾位置设置摄像头监控点，监控范围确保能够清晰监控车牌、司机、车辆尾部等情况。监控摄像头海关主控。

（二）应对卡口区域前后各设置广角或云台摄像头，满足对卡口整体区域的全景式监控要求。监控摄像头海关主控。

二、一线安全准入检查区

应对运输工具停靠检查位置、登临作业设置摄像头监控点。监控范围确保能够清晰监控车牌号、登临作业过程。根据海关监管需要实现车牌识别功能。监控摄像头海关专控。

三、交易区

（一）应对交易商铺、柜台等交易区设置摄像头监控点。监控范围确保能够清晰监控边民交易行为过程。监控摄像头海关主控。

（二）应设置广角或云台摄像头，满足对区域全景式监控要求。监控摄像头海关主控。

四、结算区

（一）应对收银台、业务办理窗口等位置设置摄像头监控点，监控范围确保能够清晰监控边民结算的全过程。监控摄像头海关主控。

（二）应设置广角或云台摄像头，满足对区域全景式监控要求。监控摄像头海关主控。

五、申报区

（一）应对申报台、申报窗口设置摄像

头监控点，监控范围确保能够清晰监控边民申报全过程。监控摄像头海关主控。

（二）根据海关监管需要，申报台摄像头、申报机实现人脸识别功能。监控摄像头海关专控。

六、待检区

（一）应对停靠检查位置、出入口设置摄像头监控点。监控范围确保能够清晰监控车辆车牌号、停靠位置、车辆和人员进出过程。监控摄像头海关主控。

（二）应设置广角或云台摄像头，满足对区域全景式监控要求。监控摄像头海关专控。

七、待放行区

（一）应对运输工具停靠检查位置、出入口设置摄像头监控点。监控范围确保能够清晰监控车辆车牌号、停靠位置、车辆和人员进出过程。监控摄像头海关主控。

（二）应设置广角或云台摄像头，满足对区域全景式监控要求。监控摄像头海关专控。

八、物流通道

应对进入卡口至离开卡口的主要物流通道设置相应的摄像头监控点，监控范围确保能够清晰监控车辆动态、车辆特征，沿途对完整物流链进行监控。监控摄像头海关主控。

九、暂不予放行货物仓库/场地

（一）应对货物堆存区、出入口、围网（墙）等设置摄像头监控点。监控范围确保能够清晰监控人员进出、货物储存情况、货物装卸和作业过程。监控摄像头海关主控。

（二）应设置云台摄像头，满足对区域全景式监控要求。监控摄像头海关主控。

十、围网（墙）

（一）根据海关的监管要求以及摄像头的监控范围，以满足整个围网监控的连续性为原则设置摄像头监控点。监控范围确保能够清晰监控翻墙、抛物等情况。监控摄像头海关主控。

（二）闸口式边民互市类场所相关区域的监控摄像头应比照上述要求设置。

第三章　海关集中作业场地监控摄像头设置规范

第一节　旅客通关作业场地

一、旅检大厅

（一）卫生检疫区。

1. 现场监测作业区。

应对卫生检疫等候区域、医学巡查专用区域、体温监测区域、核生化有害因子监测区域、健康申报及咨询台、卫生检疫查验台设置摄像头监控点。监控范围确保能够清晰监控人员等候、通过秩序以及医学巡查、体温监测、申报咨询等海关作业过程。摄像头应具备音频采集功能，满足对卫生检疫作业过程进行清晰录音的要求，并应设置广角或云台摄像头，满足对区域全景式监控要求。监控摄像头海关专控。

2. 现场排查处置作业区。

（1）应对医学排查室、（负压）临时留验室、隔离室、传染病病原体快速检测实验室、旅行健康室、核生化排查处置室、核生化应急处置室、突发卫生事件应急处置室、洗消室、应急物资储备室、独立转诊通道等各类功能用房设置摄像头监控点。监控范围确保能够清晰监控各区域海关作业过程。根据海关监管需要，安装具备对作业人员的清晰辨识（或智能识别）功能的摄像头。摄像头应具备音频采集功能，满足对申报作业过程进行清晰录音的要求。并应设置广角或云台摄像头，满足对区域全景式监控要求。监控摄像头海关专控。

（2）根据海关管理要求，对现场排查处置作业区各类技术用房出入口及内部作业区域设置摄像头监控点。摄像头应具备音频采集功能，满足对申报作业过程进行清晰录音的要求。监控摄像头海关专控。

3. 临时隔离处置区域。

应在临时隔离处置区域上端设置摄像头监控点。监控范围确保能够清晰监控人员通过秩序、海关作业过程。根据海关监管需要，安装具备对现场通过人员及作业人员的清晰辨识（或智能识别）功能的摄像头。监控摄像头海关专控。

4. 应以固定摄像头和云台摄像头组合的方式，实现对该区域的交叉覆盖，满足对该区域全景式监控要求。现场排查处置作业区还应具备音频采集功能，满足对排查、处置的全过程进行清晰录音的要求。监控摄像头海关主控。

（二）申报区。

应对申报台及申报等候区设置摄像头监控点，监控范围确保能够清晰监控申报作业过程。摄像头应具备音频采集功能，满足对申报作业过程进行清晰录音的要求。监控摄像头海关专控。

（三）识别和拦截区。

1. 应对通道的旅客行走范围、通道机检设备区设置摄像头监控点，监控范围确保能清晰监控旅客行进过程及海关作业过程。应以固定摄像头和云台摄像头组合的方式，实现对该区域的交叉覆盖，满足对区域全景式监控要求。监控摄像头海关主控。

2. 应对工作人员通道的人员行走范围设置摄像头监控点，监控范围确保能清晰监控工作人员进出情况。应以固定摄像头和云台摄像头组合的方式，实现对该区域的交叉覆盖的监控要求。监控摄像头海关主控。

（四）查验区。

1. 应对人工查验台等作业区域设置摄像头监控点，监控范围确保能够清晰监控查验作业过程。摄像头应具备音频采集功能，满足对查验作业过程进行清晰录音的要求。并应在查验台正上方设置至少 1 个云台摄像头，满足在查验作业过程中对查验物品的清晰监控要求。监控摄像头海关专控。

2. 应对机检显示屏位置设置摄像头监控点，监控范围确保能够清晰监控关员作业情况及机检显示屏图像。监控摄像头海关专控。

（五）集中处置区。

1. 应对问讯室出入口、海关执法作业区域设置摄像头监控点，监控范围确保能够清晰监控问讯过程。摄像头应具备音频采集功能，满足对问讯过程进行清晰录音的要求。监控摄像头海关专控。

2. 应对海关处置区人员进出、海关执法作业区域设置摄像头监控点，监控范围确保能够清晰监控处置作业过程。摄像头应具备音频采集功能，满足对处置作业过程进行清晰录音的要求。监控摄像头海关专控。

3. 应对暂不予放行物品仓库货物堆存区域、出入口设置摄像头监控点，监控范围确保能清晰监控人员进出及物品储存情况。应以固定摄像头和云台摄像头组合的方式，实现对该区域的交叉覆盖的监控要求。监控摄像头海关专控。

二、水路运输旅检类现场

（一）泊位（邮轮、游艇、客轮泊位）。

1. 应对人员船舶停靠、登离船口、行李物品装卸口区域设置摄像头监控点，监控范围确保能清晰监控船舶、人员登离船过程及行李物品装卸过程。监控摄像头海关主控。

2. 应设置广角或云台摄像头，满足对区

域全景式监控要求。监控摄像头海关主控。

（二）缓冲区。

1. 缓冲区是指出境人员办理海关手续前及完成通关手续后离开边境线、进境人员离开运输工具至海关申报区域的范围（边检作业区除外）。

2. 应对缓冲区人员行走通道或行走范围设置摄像头监控点，监控范围确保能清晰监控人员行进过程，并应设置广角或云台摄像头，满足对区域全景式监控要求。监控摄像头海关主控。

（三）行李装卸区。

应对行李装卸区设置摄像头监控点，监控范围确保能清晰监控行李装卸全过程。监控摄像头海关主控。

（四）先期机检区。

设置有先期机检区的，应对机检上线、下线等作业区域设置摄像头监控点，监控范围确保能清晰监控托运行李机检过程。应以固定摄像头和云台摄像头组合的方式，实现对该区域的交叉覆盖的监控要求。监控摄像头海关专控。

（五）托运行李物品集中/提取区。

应对行李物品集中/提取、提取行李物品人员设置摄像头监控点，监控范围确保能全方位监控该区域监管秩序。应以固定摄像头和云台摄像头组合的方式，实现对该区域的交叉覆盖的监控要求，并应设置广角或云台摄像头，满足对区域全景式监控要求。监控摄像头海关主控。

（六）行政车辆卡口。

应对卡口的车头前方、车尾位置设置摄像头监控点，监控范围确保能够清晰监控车牌、司机、车辆尾部等情况，并应设置广角或云台摄像头，满足对区域全景式监控要求。监控摄像头海关主控。

（七）工作人员通道。

应对通道的工作人员行走范围设置摄像头监控点，监控范围确保能清晰监控工作人员通道人员进出情况。应以固定摄像头和云台摄像头组合的方式，实现对该区域的交叉覆盖的监控要求。监控摄像头海关主控。

三、公路口岸旅检类现场

（一）上、下客区域。

现场设有上、下客区域的，应对车辆停靠位置、人员上下区域设置摄像头监控点，监控范围确保能清晰监控车辆车牌、旅客上下车及行李装卸过程。监控摄像头海关主控。

（二）缓冲区。

1. 缓冲区是指出境人员办理海关手续前及完成通关手续后离开边境线、进境人员离开运输工具至海关申报区域的范围（边检作业区除外）。

2. 应对缓冲区人员行走通道或行走范围设置摄像头监控点，监控范围确保能清晰监控人员行进过程，并应设置广角或云台摄像头，满足对区域全景式监控要求。监控摄像头海关主控。

（三）旅检车道卡口。

应对车道卡口的车头前方、车尾位置设置摄像头监控点，监控范围确保能够清晰监控进出卡口车辆的车牌、司机及车辆尾部情况，并应设置广角或云台摄像头，满足对区域全景式监控要求。监控摄像头海关主控。

（四）工作人员通道。

应对通道的工作人员行走范围设置摄像头监控点，监控范围确保能清晰监控工作人员进出情况。应以固定摄像头和云台摄像头组合的方式，实现对该区域的交叉覆盖的监控要求。监控摄像头海关主控。

（五）旅检车辆查验区。

应对实施查验作业的区域设置摄像头监控点，监控范围确保能清晰监控查验作业全过程，并应在查验区内高处设置广角或云台摄像头，满足对区域全景及场地内监管秩序的全方位监控要求。查验区内设有旅检车辆机检设备的，监控范围应满足对客运车辆机检查验全过程的监控。监控摄像头海关主控。

（六）围网（墙）。

根据海关的监管要求以及摄像头的监控范围，以满足整个围网监控的连续性为原则设置摄像头监控点。监控范围确保能够清晰监控翻墙、抛物等情况。监控摄像头海关主控。

四、航空口岸旅检类现场

（一）缓冲区。

1. 缓冲区是指出境人员办理海关手续前及完成通关手续后离开边境线、进境人员离开运输工具至海关申报区域的范围（边检作业区除外）。

2. 应对缓冲区人员行走通道或行走范围设置摄像头监控点，监控范围确保能清晰监控人员行进过程，并应设置广角或云台摄像头，满足对区域全景式监控要求。监控摄像头海关主控。

（二）行李装卸区。

应对行李物品的装卸区域、作业人员设置摄像头监控点，监控范围确保能清晰监控行李装卸全过程。监控摄像头海关主控。

（三）先期机检区。

应对机检上线、下线等作业区域设置摄像头监控点，监控范围确保能清晰监控托运行李机检过程。应以固定摄像头和云台摄像头组合的方式，实现对该区域的交叉覆盖的监控要求。监控摄像头海关主控。

（四）托运行李提取区。

应对每个行李转盘设置摄像头监控点，满足对所有转盘托运行李提取的监控需求，并应设置广角或云台摄像头，满足对区域全景式监控要求。监控摄像头海关主控。

（五）工作人员通道。

应对通道的工作人员行走范围设置摄像头监控点，监控范围确保能清晰监控工作人员进出情况。应以固定摄像头和云台摄像头组合的方式，实现对该区域的交叉覆盖的监控要求。监控摄像头海关主控。

（六）国际中转、过境区域。

航空口岸设置有国际中转、过境区域的，国际中转区域和过境区域参照旅检大厅摄像头设置规范进行设置。监控摄像头海关主控。

五、铁路口岸旅检类现场

（一）月台。

应在月台两端分别设置摄像头监控点，监控范围确保能清晰监控旅客上下车情况。

（二）缓冲区。

1. 缓冲区是指出境人员办理海关手续前及完成通关手续后离开边境线、进境人员离开运输工具至海关申报区域的范围（边检作业区除外）。

2. 应对缓冲区人员行走通道或行走范围设置摄像头监控点，监控范围确保能清晰监控人员行进过程，并应设置广角或云台摄像头，满足对区域全景式监控要求。监控摄像头海关主控。

（三）行政车辆卡口。

应对卡口的车头前方、车尾位置设置摄像头监控点，监控范围确保能够清晰监控车牌、司机、车辆尾部等情况，并应设置广角或云台摄像头，满足对区域全景式监控要求。监控摄像头海关主控。

（四）工作人员通道。

应对通道的工作人员行走范围设置摄像头监控点，监控范围确保能清晰监控工作人员通道人员进出情况。应以固定摄像头和云台摄像头组合的方式，实现对该区域的交叉覆盖的监控要求。监控摄像头海关主控。

（五）围网（墙）。

根据海关的监管要求以及摄像头的监控范围，以满足整个围网监控的连续性为原则设置摄像头监控点。监控范围确保能够清晰监控翻墙、抛物等情况。监控摄像头海关主控。

第二节　邮检作业场地

一、邮件装卸区

（一）应对车辆停放装卸区、出入口、围网（墙）等设置摄像头监控点。监控范围确保能够清晰监控车牌号、人员进出、邮件装卸和作业过程。监控摄像头海关主控。

（二）应设置广角或云台摄像头，满足对区域全景式监控要求。监控摄像头海关主控。

二、分拨（处理）区

应对邮件分拨（处理）作业的区域设置摄像头监控点，监控范围确保能够清晰监控邮件分拨（处理）全过程。

三、自动传输和分拣设备

（一）应对自动传输和分拣设备的上线口、下线口、线体以及设备与查验室连接通道等设置摄像头监控点。监控范围确保能够清晰监控邮件进出自动传输和分拣设备、邮件进出查验室和作业过程。监控摄像头海关主控。

（二）应设置广角或云台摄像头，满足对区域全景式监控要求。监控摄像头海关主控。

四、查验区（室）

（一）应对机检查验室、人工查验室、邮件出入口、机检屏幕、人工查验台以及毒品快速检测室、检疫隔离仓库、检疫鉴定初筛室等设置摄像头监控点。监控范围确保能够清晰监控货物进出、机检过程、人工查验等作业过程。监控摄像头海关专控。

（二）应设置广角或云台摄像头，满足对区域全景式监控要求。摄像头海关专控。

五、海关处置区

（一）留存邮件仓库等海关处置区设置摄像头监控点，监控范围确保能够清晰监控鉴定、隔离、检疫处理等作业过程。监控摄像头海关专控。

（二）应设置广角或云台摄像头，满足对区域全景式监控要求。摄像头海关专控。

六、印刷品及音像制品审查室

应对室内、出入口设置摄像头监控点，监控范围确保能清晰监控人员进出及作业过程。摄像头海关专控。

七、未办结海关手续的邮件存放区（存放待申报、待查验、待处置等各类未办结海关手续邮件的仓库）

应对邮件存放区域、出入口设置摄像头监控点，监控范围确保能清晰监控人员进出及邮件存放情况。摄像头海关专控。

第三节　进境动物隔离检疫场

一、围网（墙）和场所出入卡口

应安装摄像头，满足对人员和货物出入场所情况进行监控的要求。监控摄像头海关专控。

二、装卸区域

应安装云台摄像头，摄像头视角应能监控货物外观状态，满足对货物的装卸、装车等情况进行监控的要求。摄像头海关专控。

三、隔离作业区

四角及居中的高点位置安装云台摄像

头，满足对区域全景及场地内监管秩序的全方位监控、监控查验动物生长、生活情况以及隔离作业全过程。摄像头海关专控。

四、隔离检疫区

出入口应安装摄像头，满足对货物和人员进出场情况进行监控的要求。摄像头海关专控。

五、技术用房出入口

应安装摄像头，满足对人员出入情况进行监控的要求。摄像头海关专控。

附件 1　海关监管作业场所（场地）功能区监控摄像头设置规范（略）

附件 2　海关作业现场监控摄像头设置规范（略）

附件 3　海关视频监控摄像头编码规则和图像标识规范（略）

附件 4　海关监管作业场所（场地）监控摄像头管理要求（略）

中华人民共和国商务部
中华人民共和国海关总署公告

2018 年第 109 号

（关于取消“加工贸易企业经营状况及生产能力证明”的公告）

根据国务院“放管服”工作部署和《国务院关于促进加工贸易创新发展的若干意见》（国发〔2016〕4 号）精神，为深化加工贸易管理体制改革，进一步提高便利化水平，完善事中事后监管，在全国范围内取消“加工贸易企业经营状况及生产能力证明”（以下简称“生产能力证明”），由加工贸易企业自主承诺具备相应生产经营能力。现就有关事项公告如下：

一、自 2019 年 1 月 1 日起，企业从事加工贸易业务不再申领“生产能力证明”，商务主管部门不再为加工贸易企业出具“生产能力证明”。

二、企业开展加工贸易业务，须具备相应生产经营能力。加工企业应具有与业务范围相适应的工厂、加工设备和工人，经营企业应具有进出口经营权。企业应自觉履行安全生产、节能低碳、环境保护等社会责任。

三、企业开展加工贸易业务，须登录“加工贸易企业经营状况及生产能力信息系统”（https：//ecomp. mofcom. gov. cn/），自主填报“加工贸易企业经营状况及生产能力信息表”（以下简称“信息表”），并对信息真实性作出承诺。“信息表”有效期为自填报（更新）之日起 1 年，到期后或相关信息发生变化，企业应及时更新“信息表”。

四、已网上填报“信息表”的企业到主管海关办理加工贸易手（账）册设立（变更）手续，无须提交纸质“信息表”。

五、企业在 2019 年 1 月 1 日前已取得“生产能力证明”，且信息无变化的，仍可凭有效期内的“生产能力证明”到主管海关办理加工贸易手续。

六、企业作出不实承诺的，将被记入企业诚信记录，并依法采取降低海关信用等级等措施。

七、商务主管部门和海关要继续加强对加工贸易企业的服务和指导，做好政策宣传推介，确保加工贸易管理工作平稳运行。

附件 “加工贸易企业经营状况及生产能力信息表”打印表

中华人民共和国商务部
中华人民共和国海关总署
2018 年 12 月 29 日

附件

加工贸易企业经营状况及生产能力信息表

企业类型：○经营企业 ○经营加工企业 ○加工企业

<table>
<tr><td colspan="6">**企业基本信息**</td></tr>
<tr><td colspan="6">企业名称：</td></tr>
<tr><td colspan="6">统一社会信用代码：</td></tr>
<tr><td colspan="3">海关注册编码：</td><td colspan="3">外汇登记号：</td></tr>
<tr><td colspan="3">法人代表：</td><td colspan="2">联系电话：</td><td>传真：</td></tr>
<tr><td colspan="3">业务负责人：</td><td colspan="2">职务：</td><td>手机：</td></tr>
<tr><td colspan="3">业务联系人：</td><td colspan="2">职务：</td><td>手机：</td></tr>
<tr><td colspan="5">企业地址：</td><td>邮政编码：</td></tr>
<tr><td colspan="6">企业性质： □国有企业 □外商投资企业 □其他企业</td></tr>
<tr><td colspan="6">海关认定信用状况： □高级认证企业 □一般认证企业 □一般信用企业 □失信企业</td></tr>
<tr><td colspan="6">行业分类：</td></tr>
<tr><td colspan="6">进口料件：详情见附表
料件代码： 料件名称： 数量： （ ）金额： （美元）</td></tr>
<tr><td colspan="6">出口成品：详情见附表
料件代码： 料件名称： 数量： （ ）金额： （美元）</td></tr>
<tr><td colspan="6">**人员信息：**</td></tr>
<tr><td colspan="4">企业就业人数：</td><td colspan="2">其中从事加工贸易业务的人数：</td></tr>
<tr><td colspan="6">**资产情况：**</td></tr>
<tr><td rowspan="2">外商投资企业填写（万美元）</td><td rowspan="2">注册资本：</td><td colspan="3">累计实际投资总额/资产总额：</td><td rowspan="2">外商本年度拟投资额：

外商下年度拟投资额：

直接投资主体是否世界500强企业： □是 □否</td></tr>
<tr><td>实际投资来源地：（按投资额度或控股顺序填写前五位国别/地区及累计金额）
1.
2.
3.
4.
5.</td><td colspan="2">累计实际投资额（截至填表时）：
1.
2.
3.
4.
5.</td></tr>
<tr><td>内资企业填写（万元人民币）</td><td>注册资本：</td><td>资产总额（截至填表时）：</td><td colspan="2">净资产额（截至填表时）：</td><td>本年度拟投资额：

下年度拟投资额：</td></tr>
</table>

续表

<table>
<tr><td colspan="5">企业上年度经营情况：</td></tr>
<tr><td colspan="3">总产值（万元人民币）：</td><td colspan="2">利润总额（万元人民币）：</td></tr>
<tr><td colspan="3">纳税总额（万元人民币）：</td><td colspan="2">工资总额（万元人民币）：</td></tr>
<tr><td colspan="5">本企业采购国产料件额（万元人民币）：（不含深加工转料件和出口后复进的国产料件，单位万元）</td></tr>
<tr><td colspan="2">加工贸易出口额占企业销售收入总额比例%：</td><td colspan="2">加工贸易转内销额（万美元）：</td><td>内销征税额（万元人民币含利息）：</td></tr>
<tr><td colspan="2">深加工结转总额（万美元）：</td><td colspan="2">转转出额（万美元）：</td><td>进额（万美元）：</td></tr>
<tr><td colspan="3">国内上游配套企业家数：</td><td colspan="2">国内下游用户企业家数：</td></tr>
<tr><td colspan="5">企业生产能力：</td></tr>
<tr><td colspan="3">厂房面积（平方米）：
□自有　　□租用</td><td colspan="2">年生产能力：详情见附表
产品名称：　产品代码：　单位：　数量：</td></tr>
<tr><td colspan="5">累计生产设备投资额（万美元）：（截至填表时）</td></tr>
<tr><td colspan="5">累计加工贸易进口不作价设备额（万美元）：（截至填表时）</td></tr>
<tr><td colspan="5">主要生产设备名称及数量：</td></tr>
<tr><td>序号</td><td>设备名称</td><td>单位</td><td>数量</td><td>是否租赁</td></tr>
<tr><td>1</td><td></td><td></td><td></td><td></td></tr>
<tr><td>2</td><td></td><td></td><td></td><td></td></tr>
<tr><td>3</td><td></td><td></td><td></td><td></td></tr>
<tr><td>4</td><td></td><td></td><td></td><td></td></tr>
<tr><td>5</td><td></td><td></td><td></td><td></td></tr>
<tr><td colspan="5">备注：</td></tr>
<tr><td colspan="3">录入人员：</td><td colspan="2">录入日期：</td></tr>
<tr><td colspan="5">企业承诺：以上情况真实无讹并承担法律责任。</td></tr>
</table>

说明：

1. 开展加工贸易业务的企业需登录 https：//ecomp. mofcom. gov. cn/填报，咨询电话：010 – 67870108；
2. 有关数据如无特殊说明均填写上年度数据；
3. 如无特别说明，金额最小单位为“万美元” 和“万元人民币”；
4. 涉及数值、年月均填写阿拉伯数字；
5. 进口料件和出口商品指企业从事加工贸易业务所涉及的全部进口料件和出口商品，数量和金额指企业当年加工能力最大值；
6. 进出口额、深加工结转额以海关统计或实际发生额为准；
7. 此信息表有效期为自填报（更新）之日起一年。

中华人民共和国海关总署
中华人民共和国文化和旅游部公告

2019年第67号

为落实国务院“放管服”改革精神，进一步促进综合保税区发展，根据《国务院关于促进综合保税区高水平开放高质量发展的若干意见》（国发〔2019〕3号）有关要求，海关总署、文化和旅游部决定简化综合保税区艺术品进出口审批及监管手续，现将有关事项公告如下：

一、本公告所称艺术品是指《艺术品经营管理办法》（文化部令第56号）所规定的艺术品。

二、本公告所称艺术品展览、展示，是指以艺术品销售、商业宣传为目的的各类展示活动。

三、本公告所称艺术品进出口经营活动，是指艺术品从境内区外进出综合保税区的实质性进出口行为。

四、开展艺术品保税存储的，在综合保税区与境外之间进出货物的申报环节，文化和旅游行政部门不再核发批准文件，海关不再验核相关批准文件。

五、在区内外开展艺术品展览、展示及艺术品进出口等经营活动的，凭文化和旅游行政部门核发的批准文件办理海关监管手续。对同一批艺术品，文化和旅游行政部门核发的批准文件可以多次使用。

本公告自发布之日起实施。

特此公告。

中华人民共和国海关总署
中华人民共和国文化和旅游部
2019年4月29日

国务院办公厅关于做好优化营商环境改革举措复制推广借鉴工作的通知

国办函〔2019〕89号

各省、自治区、直辖市人民政府，国务院各部委、各直属机构：

优化营商环境是党中央、国务院在新形势下作出的重大决策部署，是促进高质量发展的重要举措。近年来，各地区、各部门认真贯彻落实党中央、国务院决策部署，深入推进“放管服”改革，深刻转变政府职能，持续优化营商环境，取得积极成效。其中，北京市、上海市聚焦市场主体反映的突出问题，对标国际先进，推出大量改革举措，形成了一批典型经验做法。经国务院同意，现就在全国复制推广借鉴京沪两地优化营商环境改革举措有关事项通知如下。

一、在全国复制推广借鉴改革举措的主要内容

（一）在全国复制推广的改革举措。

主要包括：实行开办企业全程网上办，压缩企业设立登记时间，全面推广电子营业执照，优化印章刻制服务，实行社保用工登记“二合一”；实行客户用电线上报装；提供不动产登记、交易和缴税“一窗受理、并行办理”服务，提供不动产登记信息网上查询和现场自助查询服务；纳税“最多跑一次”；推广应用国际贸易“单一窗口”，公开口岸收费目录清单，口岸通关提前申报；建立“基本解决执行难”联动机制等13项改革举措。

（二）供全国借鉴的改革举措。

主要包括：提供企业档案“容e查”服务；优化环境影响评价分类分级管理，实行数字化联合审图，推行工程招投标交易全过程电子化，实行施工许可证全程网上办；提供低压小微企业接电“零上门零审批零投资”服务，提供客户接电移动作业终端实时响应服务，实行接电工程双经理负责制；推行不动产登记信息和地籍管理信息互联互通，实行不动产登记电子证照协同互认，建立健全不动产登记和土地权籍测绘投诉机制及土地纠纷相关信息公开制度；住房公积金缴存业务全程网上办、“通缴通取”，实行纳税人线上“一表申请”“一键报税”；实行通关全流程电子化，推行海关内部核批“一步作业”，推行集装箱设备交接单无纸化，实行口岸分类验放，实行跨境贸易大数据监管，优化关税征管全流程服务，同步通关和物流作业；推行法院网上立案与司法数据常态化公开，推行全流程网络化办案，构建诉讼服务平台等23项改革举措。

二、高度重视复制推广借鉴工作

各地区、各部门要坚决贯彻落实党中央、国务院决策部署，深刻认识复制推广借鉴京沪两地优化营商环境改革举措的重大意义，加快转变政府管理理念和方式，着力推动制度创新，以简审批优服务便利投资兴

业、以公正监管促进公平竞争、以改革推动降低涉企收费，下硬功夫打造好发展软环境，持续提升政府服务水平和办事效率，加快建立健全统一开放、竞争有序的现代市场体系，打造市场化、法治化、国际化营商环境，持续释放改革红利，进一步激发市场主体活力和社会创造力。

三、切实做好组织实施

各地区要主动对标先进，相互学习借鉴，将优化营商环境改革举措复制推广借鉴工作纳入本地区重点工作，加强组织领导，落实工作责任，确保复制推广借鉴工作顺利推进。国务院各有关部门要结合工作职责，积极协调、指导推进复制推广借鉴工作。国务院办公厅、国家发展改革委要加强跟踪督促，及时总结推广典型经验做法，进一步改善全国营商环境。复制推广借鉴工作中遇到的重大问题，要及时报告国务院。

附件：在全国复制推广借鉴的京沪两地优化营商环境改革举措清单（略）

国务院办公厅

2019 年 9 月 3 日

文字资料篇

保税区（保税物流园区）

上海外高桥保税区

SHANGHAI WAIGAOQIAO FREE TRADE ZONE

【概况】上海外高桥保税区于1990年6月由国务院批准设立，规划面积10平方公里，按照“边建设边发展”的原则，目前滚动开发已基本完成，进入正常运作。

2018年，外高桥保税区贯彻落实自贸试验区各项改革创新举措，积极营造高效便捷的营商环境，强化企业服务和安商稳商机制建设，着力推动总部经济、平台经济和新兴经济发展，区域经济在总量规模较大的基础上，继续保持稳中提质、稳中有进态势。据统计，2018年外高桥保税区投资企业完成经营总收18 287.21亿元，同比增长9.6%；实现利润总额752.89亿元，同比增长4.3%；缴纳各类税收收入1 314.95亿元，同比增长4.1%。

【开发建设】2018年，外高桥保税区继续优化综合投资环境，推进产业用地转型，加强重点工程项目和“三新”项目建设，确保艺术品保税服务中心、生物医药研发、高端封装测试技术改造、检测技术平台等新兴项目稳步推进，促进固定资产投资结构不断优化。全年外高桥保税区完成固定资产投资额27.05亿元。截至2018年年底，外高桥保税区已累计完成固定资产投资额633亿元。

【企业设立】企业设立保持一定数量。随着自贸试验区的扩区和市场投资热情趋于平稳，外高桥保税区的新设企业数量和投资额有所减少，但依然维持在较高区间。据统计，2018年外高桥保税区新设企业1 729家，吸引内资企业注册资本297.86亿元，外商投资额80.2亿美元，合同外资40.3亿美元。

从企业投资来看。2018年外高桥保税区新设内资企业1 165家，吸引内资企业注册资本297.86亿元。新设内资企业中，注册资本超过1亿元的企业达到44家，合计注册资本达到205.27亿元，占内资注册资本总额的68.9%。新设外资企业564家，吸引外商投资额80.2亿美元，其中合同外资40.3亿美元，实际利用外资21.8亿美元。新设外资企业中，外商投资额超过1 000万美元的企业有54家，投资额合计20.9亿美元，占外商投资额的26.1%。

从行业分布来看。贸易类企业838家，占新设企业的48.5%；服务类企业682家，占比为39.4%；物流类企业98家，占比为5.7%；租赁类企业14家，占比为0.8%；其他类企业97家，占比为5.6%。

从企业存量来看。截至2018年年底，外高桥保税区有注册企业34 970家，注册资本21 016亿元。其中，内资企业23 542家，占企业总数的67.3%；外资企业11 428家，占比为32.7%。贸易类企业17 989家，占比为51.4%；租赁和商业服务类企业8 769家，占比为25.1%；科学研究和技术服务类企业2 877家,占比为8.2%；物流类企业1 666家，占比为4.8%；金融类企业1 222家，占比为3.5%；信息传输、软件和信息技术服务类企业971家，占比为2.8%；文化体育娱乐类企业751家，占比为2.1%；加工类企业346家，占比为1.0%；其他类企业379家，占比为1.1%。

【国际贸易】 一年来，在外部宏观经济发展放缓的背景下，外高桥保税区积极发挥总部企业集聚和贸易制度创新的叠加优势，以开放型经济发展为核心，不断拓展多元化贸易功能，巩固强化了外高桥保税区对外窗口和对内辐射的作用，进出口额保持稳步增长。据统计，2018年外高桥保税区投资企业完成进出口总额8 429.93亿元，同比增长5.9%。其中，进口额6 256.65元，同比增长4.5%；出口额2 173.27亿元，同比增长10.3%。

物流货物保持主体地位，加工贸易快速增长。随着贸易便利化水平的不断提升和功能的拓展丰富，外高桥保税区进一步发挥贸易功能和物流功能的优势，加快业务模式创新，促进进出口贸易方式的结构优化。外高桥保税区物流货物进出口额完成5 085.57亿元，同比下降1.0%，占保税区进出口额的60.3%；一般贸易进出口额增长较快，完成2 569.38亿元，同比增长12.4%，所占比重从2017年的28.7%提升到30.5%；加工贸易进出口额增长迅猛，完成719.61亿元，同比增长49.2%，占比为8.5%，所占比重比2017年提升2.4个百分点。

与世界各国和地区保持紧密经贸往来。据统计，2018年外高桥保税区与215个国家和地区发生了进出口业务往来，比2017年增加19个。从洲际区域来看，亚洲、欧洲和北美洲占据主体地位。与亚洲国家和地区的进出口额完成4 406.63亿元，同比增长4.5%，占外高桥保税区进出口额的52.3%；与欧洲的进出口额完成2 089.62亿元，同比下降0.1%，占比为24.8%；与北美洲同比进出口额完成1 118.82亿元，同比增长9.3%，占比为13.3%。与拉丁美洲、大洋洲、非洲国家和地区合计完成进出口额814.45亿元，同比增长29.5%，占比为9.7%。从国家和地区来看，全年与外高桥保税区进出口业务往来超过100亿元的国家和地区达到19个，合计完成进出口额7 050.22亿元，同比增长4.4%，占外高桥保税区进出口总额的83.6%。共有8个国家和地区进出口额超过300亿元，居前5位的分别是美国（1 048.85亿元）、日本（1 035.11亿元）、中国台湾（653.40亿元）、德国（572.60亿元）和韩国（556.65亿元）。此外，外高桥保税区与澳大利亚、巴西、荷兰等国家和地区进出口额均超过100亿元，而且增幅均超过10%。与“一带一路”国家和地区进出口额为1 529.10亿元，占比为18.1%。

进口贸易规模稳中有升。外高桥保税区充分发挥自贸试验区贸易便利化的制度创新优势，通过完善综合服务网络和专业化贸易服务平台等举措，促使机械设备产品、医疗器械及塑料进口额较快增长，缓解了集成电路、药品、汽车等进口额下降的影响，确保进口贸易取得增长。据统计，2018年保税区完成进口额6 256.65亿元，同比增长4.5%，占外高桥保税区进出口额的74.2%。

出口贸易较快增长。随着外高桥保税区总部经济能级提升，在出口分拨功能的深化拓展和面向亚太的跨国公司物流分拨基地建设的不断推进下，越来越多的投资企业利用区位优势，在立足国内市场的基础上，加快对国际市场的整合和拓展，促进并带动出口业务的发展。据统计，2018年外高桥保税区完成出口额2 173.27亿元，同比增长10.3%，占外高桥保税区进出口额的25.8%，比2017年提升1.0个百分点。

【产业发展】 贸易业商品销售额增长良好。2018年外高桥保税区贸易企业紧紧抓住国内供给侧结构改革带来的商机，积极运用各项改革创新举措，不断提升企业品牌效应和辐射功能，促使产业能级和竞争力持续提升，贸易业商品销售额取得较快增长，完成16 834.85亿元，同比增长10.5%。

对国内市场的销售规模稳步增长。随着国内产业转型升级进程的深入和居民消费层次的持续提升，国内市场对国外优质商品和急需资源品的需求不断增加，外高桥保税区贸易企业充分发挥连接国内外两个市场的枢纽功能，扩大重点商品的营销规模，促使对国内市场的销售规模稳步增长。据统计，2018年外高桥保税区贸易企业完成国内商品销售额13 619.39亿元，同比增长7.7%，占外高桥保税区商品销售额的80.9%。

对国际市场的销售额快速增长。外高桥保税区贸易企业克服中美贸易摩擦带来的影响，不断优化营销渠道和策略，努力提升在跨国公司集团内部的地位，通过培育提升国际采购功能，积极开拓亚太甚至全球市场，尤其是参与“一带一路”沿线国家和地区市场的开发，将国内优势产品销售分拨至国际市场，促使对外商品销售规模快速增长。据统计，2018年外高桥保税区贸易企业完成对外商品销售额3 215.46亿元，同比增长24.5%，占外高桥保税区商品销售额的19.1%。

航运物流服务收入较快增长。2018年外高桥保税区深入推进航运物流功能创新，完善航运物流配套环境建设，不断提升航运物流运作效率和联动发展水平，促使航运物流服务收入较快增长。据统计，全年外高桥保税区完成航运物流服务收入269.67亿元，同比增长12.3%。其中，航运服务产业完成收入250.24亿元，同比增长10.1%，占保税区航运物流服务收入的92.8%；港口内陆运输业完成收入13.50亿元，同比增长1.0倍；航运基础产业完成收入5.93亿元，同比下降4.5%。

加工制造业强化转型升级。2018年，外高桥保税区加工制造企业积极推进转型升级，着力推动技术改造和产品更新，不断提高创新驱动发展和产业融合发展的能力，克服了重点企业业务波动影响，加工制造业产值保持一定规模。全年外高桥保税区117家规模以上工业企业完成工业产值534.38亿元，同比增长0.2%。2018年保税区域工业经济涉及20个行业大类，有12个行业产值增长。其中，计算机、通信和其他电子设备制造业合计完成产值255.01亿元，同比增长1.3%，占外高桥保税区工业产值的47.7%；排名第二位的汽车制造业完成产值94.96亿元，与2017年基本持平，占比为17.8%。

服务业继续保持较快发展。2018年外高桥保税区积极落实制度创新和服务领域的开放举措，继续以推进服务业创新发展作为区域新旧动能转换的主要抓手，加强服务产业的精准培育，不断推动创新要素、新兴产业加快集聚，吸引了众多服务类企业、金融类企业机构入驻经营，促进了技术、金融、专业及其他服务业等新兴产业较快发展。一是技术服务产业收入增长较快。改革创新释放了企业活力，吸引了各类高能级的维修检测机构、信息技术企业、数据服务外包商和生物医药研发中心入驻，推动了以科技研发、维修检测、技术咨询为主体的技术服务产业较快发展。据统计，2018年外高桥保税区技术服务业完成收入246.36亿元，同比增长15.9%。其中，技术应用业（包括维修、检测等）完成96.18亿元，同比增长9.6%，占外高桥保税区技术服务业收入的39.0%；技术开发业（包括研发、软件、设计等）完成98.56亿元，同比增长24.9%，占比为40.0%；技术推广业（包括咨询、培训等）完成51.62亿元，同比增长12.7%，占比为21.0%。二是贸易代理服务业务快速增长。服务业扩大开放促进了贸易代理、中介服务、社会服务等专业服务类企业的快速发展。目前，外高桥保税区中介服务和社会服务等行业收入规模还比较小，主要体现在贸易代理服务收入上。随着外高桥保税区投资企业商品销售能级不断提升和商品种类持续增加，涌现出较多为买卖双方提供贸易机会或被授权代理行使商品交易活动的企业，这些企业针对不同客户群体和商品种类，能够较快、较全、较好地运用优质服务和专业知识来满足客户业务需求，促使贸易代理服务业务取得快速增长。据统计，2018 年外高桥保税区企业完成贸易代理服务收入 57. 30 亿元，同比增长 19. 4%。三是出租出售房屋收入保持一定规模。开展房产开发、租售及物业管理等业务活动的房产企业是保税区经济发展的重要保障。2018 年外高桥保税区房产企业合计完成出租出售房屋收入 31. 85 亿元。

【功能培育】 总部经济稳步发展。加快推进总部经济规模化发展是外高桥保税区提升核心竞争力的主要举措之一。截至 2018 年年底，外高桥保税区培育涵盖跨国公司地区总部、营运总部、大企业总部、区域性总部、贸易型总部等类型在内的各类总部企业达到 243 家。这些总部经济企业依托政策先行和精准服务的综合优势，积极利用自贸试验区改革创新试点措施，不断优化整合订单销售、贸易结算、供应链集成、人力资源、资金统筹等经营管理职能，加强拓展业务统筹范围的广度和深度，不断提升自身在跨国公司集团内部的地位和作用，发展成为集团在中国区乃至亚太地区的区域性管理平台，为区域经济发展带来了经济贡献效应、产业聚集效应和产业关联效应。据统计，2018 年外高桥保税区总部经济企业完成经营收入 11 196. 20 亿元，同比增长 4. 7%，占外高桥保税区企业经营收入的 61. 2%；完成税务部门税收 359. 85 亿元，同比增长 21. 1%，占外高桥保税区税务部门税收的 55. 5%；完成进出口额 2 585. 32 亿元，同比增长 4. 0%，占外高桥保税区进出口额的 26. 3%。

外高桥港区吞吐量略有波动。2018 年外高桥港区充分发挥区位优势和口岸功能创新优势，进一步巩固和优化航线资源，提升航运服务质量，强化智能化管理水平，不断增强对长江、内河流域的辐射作用，确保港区货物吞吐量和集装箱吞吐量在洋山四期开港后远洋航线资源有所调整的情况下保持基本稳定。目前，外高桥港区 1～6 期共拥有泊位 24 个，已配备桥吊 80 台，码头总长度达到 5 959 米，陆域面积达到 581 万平方米。2018 年外高桥港区停靠各类船舶 39 937 艘次，其中外籍货轮达到 9 568 艘次，占外港停靠船舶数量的 24. 0%；完成货物吞吐量 1. 74 亿吨，占上海港的 23. 8%；完成集装箱吞吐量 1 951. 0 万标箱，占上海港的 46. 4%。

【发展效益】 投资企业利润总额平稳增长。外高桥保税区投资企业努力克服外部环境波动对经营带来的影响，积极应用各项制度创新和贸易便利化措施来降低运作成本，充分发挥规模效应和集聚作用，不断培育新的业绩增长点，在 2017 年利润快速增长的基础上，确保利润总额继续增长。据统计，2018 年外高桥投资企业共实现利润总额 752. 89 亿元，同比增长 4. 3%。

各类税收收入稳步攀升。外高桥保税区在国内关税、所得税税率均有不同程度下调的情况下，依托区内投资企业整体经营效益不断攀升，推动各类税收产出稳步增长，对国家和地方财力的贡献继续增加。据统计，2018 年外高桥保税区共完成各类税收收入 1 314. 95 亿元，同比增长 4. 2%，其中完成税务部门税收 647. 94 亿元，海关部门税收 667. 01 亿元。

企业从业人员持续增加。随着外高桥保税区产业体系的不断完善和产业能级的持续提升，对高学历、专业型人才的需求不断增加，投资企业从业人员不仅数量稳步增加，而且人员综合素质不断提升。据统计，2018年年末外高桥保税区投资企业从业人员为27.96万人，同比增长3.1%。从业人员中，中方人员27.05万人，同比增长3.2%，占外高桥保税区从业人员的96.7%；外籍人员0.91万人，占比为3.3%。

【招商部门】上海外高桥保税区由中国（上海）自由贸易试验区管委会保税区管理局统一管理。联系电话：021－58698500。

广州保税区

GUANGZHOU FREE TRADE ZONE

【经济发展】2018 年，广州保税区坚持新发展理念，在建设发展动力更足、营商环境更优、城市形象更好、创业氛围更浓的产业园区上取得阶段性成效，擦亮粤港澳大湾区的“湾顶明珠”。

全年，广州保税区实现工业总产值 54.93 亿元，同比增长 8.3%；完成税收 9.06 亿元；合同利用外资 1 378 万美元，实际利用外资 600 万美元。

截至 2018 年年底，广州保税区累计引进企业 3 634 家，其中外商投资企业 800 家；累计合同利用外资 11.46 亿美元，实际利用外资 8.10 亿美元；累计实现商品销售额 3 257 亿元，工业总产值 1 231.17 亿元，工商税收收入 160.96 亿元。同时，位于广州保税区内的保税物流园区有效运作，进一步提升了区域优惠政策的丰富性和完整性。

【投资环境】广州保税区基础设施完善，拥有便利的区位优势、优惠的政策优势和高效的体制优势，建立了通达世界的海、陆、空立体直转通关物流系统，覆盖面广、业务形态丰富，是优质的外向型经济基地，尤其适合发展现代物流、国际商贸、保税加工、保税展销。园区在巩固发展四大传统优势产业的基础上，积极拓展跨境电子商务、检测维修、汽车进口等新兴业务，并构建了全方位立体化陆、海、空联合的保税物流体系，已形成电脑及其零配件系统产品、重型机械设备制造、生物医药、模具钢材加工、食用油加工、酒类交易中心、有色金属交易市场、跨境电子商务为主导行业的支柱产业。

2018 年，园区大力优化营商环境，更新西区土地物业数据库，研究制定土地续期标准，洽谈回收广川、广茂土地约 4 万平方米；完成保税区道路绿化升级和闲置地块硬底化，改善保税区整体环境面貌；协调跟进保税区进出通道、公交车线路、地铁、有轨电车等公共交通问题；认真做好区域内企业安全生产、消防、道路安全、环保、打假、维稳等工作。谋求特殊监管区域振兴，积极申报自由港、自贸区；研究整合优化 3 个特殊监管区域；建成信息化辅助系统，实现与海关总署“金关”二期、市电子口岸系统对接；强化特殊监管区域配套设施建设，解决驻区部门的人员配备、办公用房调整、交通车辆、工作用餐、物业管理、设施设备维修保养等问题，做好区域安保、协管服务和卡口、围网的维护管理工作，为区域运营提供保障。

【招商引资】2018 年，根据开发区管委会投资促进工作指导目标及西区产业园的发展规划，广州保税区充分整合各方资源，多层次、多渠道、全方位开展招商工作，先后与广州出入境检验检疫局、黄埔海关等单位及广东省冷链协会、广东省进口食品协会等行业协会构建合作关系，力求引入科技含量高、带动力强的项目，保障园区企业增效提质，项目稳定持续发展。2018 年重点推进的招商项目共 24 个：已落户优质项目 10

个，其中总部经济项目1个；正在洽谈跟进的项目14个。在广州保税区引进宝旭（广州）、瑞郎（广州）创业投资合伙企业，提供并购整合、传统企业互联网化改造专业服务。专人跟踪，商洽江苏远洋大数据高端消费品营销中心、文化艺术产业园合作协议，接洽铠旸科技光刻胶总部、绿十字研发、科学城集团汽车博览交易中心等一批重要项目。与广东省机械人协会、广东苏博特新材料产业园、浙江孔辉汽车科技有限公司等洽谈合作事宜，推动项目尽快落户。

截至2018年年底，广州保税区区内现有台湾大众电脑、卡尔蔡司光学、海瑞克（广州）隧道设备等制造企业28家，中远航运、大田仓储、普洛斯等规模以上物流仓储企业59家；卡聂高酒业、骏德酒业、裕金酒业等酒类展示销售企业48家，国美电器、丰田通商、三菱商事等规模以上商贸企业440家。其中，商贸企业占区内企业数量过半的比重，税收贡献比重接近九成。目前，区内有20多家企业获批为广州市跨境电商试点企业，陆续有美悦优选、跨境通等7家企业投入运营。

跨境电商快速发展。全面完成监管中心的建设工作，各项配套设施布置完善，黄埔海关和原黄埔检验检疫局顺利入驻。吸引了京东和苏宁两家电商巨头落户，保税区备案跨境电商企业达到27家。召集20多家涉及跨境电商业务和提供跨境电商服务的平台及企业开展《黄埔区广州开发区跨境电子商务产业发展的实施意见》政策宣讲会，走访京东、苏宁、新纪元、合生元、环亚化妆品等企业进行针对性宣传，密切与跨境电商企业的联系，与穗东海关（原黄埔海关开发区办）做好各项问题协调和服务工作，不断推动保税区跨境电商业务量增长。是年，保税区跨境电商包裹数达到421万件，货值超过8.7亿元，同比增长1倍多。

【对外贸易】 2018年，广州保税区商品销售额为333.43亿元，同比增长8.5%。保税区有色金属进出区（含进出口）总量近50万吨，货值总额为24.6亿美元，货量、货值均有较大提升。

【工业】 电子设备制造业为保税区的支柱行业，其他生产加工门类较广，主要有食用油精炼、医用材料、钢材模具、重型机械设备制造、日用品、包装材料生产等。2018年，完成工业总产值54.93亿元。

【保税物流园区】 广州保税物流园区与黄浦新港实行区港联动，规划面积0.507平方公里，是广州开发区第5个国家级经济功能区。园区业务已辐射天津、山东、湖南、江西、福建、内蒙古等10多个省份，服务企业近2 000家，其中广州开发区内企业占30%，有效地降低了企业的运输成本和仓储压力。

为打造现代物流示范区，积极推进保税物流园区与黄埔新港码头的联动建设，扩大区域辐射范围。开展区内主要物流企业码头业务量调查，并多次实地考察黄埔新港和新沙港码头，促进保税物流园区与黄埔新港联动，使其运用水上货运“巴士”快速无缝接驳南沙、深圳、香港等国际枢纽港，实现“一次报关，直通世界各大港口”，促进以国际物流配送为核心的第三方物流发展。具体操作上采用运输车辆提前备案的监管方式实行区港联动，实现“到港货物直接入园，入园货物可入仓分拣后申报，一次报关，可分批出区”。区港之间的“无缝对接”为下一步保税物流园区内企业开展国际采购、国际中转、国际贸易、国际配送等业务打下良好的基础。

按照广州市加快推进广州建设成为亚洲物流中心的总体部署，园区结合区域特征和实际工作进展，开展规划研讨和政策推介。目前，已成为广州地区政策功能最齐全、运作最成熟的保税物流区域。

保税物流园区大力开展保税仓储和国际分拨配送业务，满足了加工制造企业对保税物流业务发展的需求，有效降低了企业物流成本，提高了资金、货物周转效率，企业市场竞争力明显得到提升，从而吸引了周边地区企业纷至沓来，利用园区的特殊功能和优惠政策为自身减负。园区对周边地区乃至整个珠三角地区强有力的辐射力无疑将带动与之关联的保税区和出口加工区的发展。

【酒类交易市场】 广州保税区国际酒类交易中心是广州开发区管委会、广东省酒类行业协会和澳企实业联合打造的，集进出口展示、贸易、仓储、物流、报关、报检于一体的进口酒类专业市场。目前红酒交易中心呈现出经营形式百花齐放、各具特色的态势，包括创建自有葡萄酒品牌，发展连锁加盟经营，成为中国地区总代理等。

为在激烈的竞争中继续保持华南地区著名进口红酒交易市场的地位，广州保税区国际酒类交易中心开展多种营销活动，打造高精端国际商品保税展示中心。一是获得“广东省重点培育进口商品交易中心”称号。二是继续加大力度宣传推介。加大引导扶持和服务力度，组织商户在各机关团体、高档小区巡展，联合黄埔海关开展保税展示销售试点，协调解决裕金开立“非保”账册等运营问题，支持商户参加广州国际购物节、2018 中国（广州）国际名酒展、第一届黄埔区广州开发区产品交易会等展会，打造保税区红酒一条街品牌。加大宣传和招商力度，争取引进一批国际知名酒商、酒庄，带动形成拍卖、分装、存储、批发等红酒全产业链条，建设粤港澳大湾区国际高端红酒文化体验展贸中心。

【进口商品基地建设】 依托特殊监管区域等建立进口基地，鼓励企业在海关特殊监管区域、保税物流中心和保税仓库设立采购中心、分拨中心和配送中心，开展流通性简单加工和增值服务，通过保税监管场所扩大物资进口和储备，并根据市场需求，在广州、深圳等中心城市规划建设若干进口商品交易中心，打造全国有影响力的进口商品交易平台。2018年，确定打造进口商品基地的工作重心，通过多种渠道招商引进进口商品专业市场项目，努力推进项目的招标、筹建和服务工作。

【发展趋势】 广州保税区立足历史和现状，妥善进行业务梳理，进一步拓展功能，按照海关总署关于整合特殊监管区域的精神，研究保税区、出口加工区和保税物流园区的整合升级，探索从以加工贸易为主的发展模式向保税商贸基地的发展模式转型。同时，以保税物流园区的运作为发展契机，整合现有资源，继续推进保税物流体系建设，大力发展现代物流。

【机构设置】 广州保税区的地方管理机构是广州保税区管委会，2002 年 6 月，广州保税区管委会与广州经济技术开发区、广州高新技术开发区、广州出口加工区管委会合署办公，构成强大的“四区合一”行政管理体系，拥有对外开放完整、系统、丰富的优惠政策体系，可供外商选择的投资领域宽、政策空间大。

广州保税区管委会为广州市政府的派出机构，享受市一级的审批权限，机构精简，办事高效。管委会下设办公室、发展和改革局、经济和信息化局、科技创新局、国土规划局、环保局、建设局、交通运输局、西区产业园管委会（保税业务管理局）、企业建设和服务局、商务局、财政局等机构。

【招商部门】 广州开发区西区产业园管委会（保税业务管理局）是广州保税区的经济业务主管部门，践行“一切为了投资者，一切为了企业，用最好的服务，最佳的环境，让投资者获得最大的回报”的管理理念，诚挚欢迎广大客商进行咨询、交流及前来投资和开展业务。联系人：陈坚，联系电话：020－82112062，传真：020－82 112070。

汕头保税区

SHANTOU FREE TRADE ZONE

【概况】 2018 年以来，汕头保税区积极用好改革开放关键一招，进一步突出保税功能、做大保税主业，加快优化建设“三大平台、六大中心”，打造法治化、国际化、便利化营商环境，全面构建开放型经济新体制，助推汕头市经济高质量发展，全区经济实现平稳较快增长。2018 年，全区实现经营总收入 72. 11 亿元，同比增长 27. 6%；实现工业总产值 49. 41 亿元，同比下降 4. 4%；完成固定资产投资 9 亿元，同比增长 42. 5%；实现进出口额 13. 02 亿元，同比增长 6. 2%，其中进口 7. 32 亿元，增长 15. 6%，出口 5. 7 亿元，下降 3. 9%。

【投资环境】 持续推进自贸试验区政策复制应用。当前汕头保税区已复制自贸试验区政策 35 项，其中特殊区域政策 16 项，普适性政策 19 项。在加强海关沟通协调、企业海关备案及信用认定、简化通关流程及互联网报关等方面精准发力，实现通关效率提升、保税功能拓展，推进了贸易便利化。制定扶持实体经济发展的优惠政策。在原有的简化程序、减税降费、人才引进、财政扶持等基础上，进一步增加对实体投资的扶持，鼓励企业增资扩产、加大固定资产投入，促进在建项目加快建设进度，让更多企业享受政策优惠。积极拓展金融创新业务。结合保税功能政策，拓宽金融创新服务，已引进搜狗互联网小贷、联保汇通保险代理、力天世纪和泽融融资租赁等企业。积极对接商业银行入区，中信银行已向总行申报在保税区设立分支机构。

【平台建设】 针对发展国际贸易、仓储物流等保税主业的政策功能需求，汕头保税区积极打造“保税物流 + 保税产业孵化 + 保税商务”三大平台。

保税物流服务平台，即汕头保税物流中心。已于 2018 年 5 月正式封关运营，成为粤东地区唯一的海关特殊监管场所。保税物流中心通过大力发展出口复进口、一般贸易、保税仓储等业务，至 2019 年年初已完成口岸进出口额约 1. 5 亿元；领域、雏鹰、珺港诚、天亿等多家企业已进驻物流中心筹备经营。同时，开发建立了“跨境电子商务”“保税展示交易”“陆路跨境快速通关”“区区流转”四大特色功能模块，助推企业开展外贸新业态新业务。

保税产业孵化服务平台，即创业中心。项目用地面积约 5 066 平方米，旨在通过以促进创业带动就业为导向，以培育创业主体为目标，从初创期、孵化期、成长期为创业者提供全面的创业服务。项目于 2018 年 11 月份正式启动运营，已有多家企业入驻，其中包括北京搜狗科技有限公司、宝能城市发展建设集团等优质企业。

保税商务服务平台，即中海信汕头保税产业园。项目计划投资 8 亿元，占地面积约 6. 67 万平方米，已于 2018 年 11 月启动建设。

【高标准建设“六大中心”】 为大力发展现代贸易物流这一保税主业，汕头保税区提出建设“六大中心”，分别是跨境电商服务中心，塑料流通加工中心、医药物流配送中心、农产品进出口交易中心、国际商品采购中心和进口汽车展销中心。目前，除了进口汽车项目之外，其他项目都已经启动建设。

【盘活土地拓展空间】 全力以赴清理回收辖区闲置土地，收回土地7宗，共约8.9万平方米，发展空间进一步拓展。

中国（辽宁）自由贸易试验区大连片区

DALIAN AREA OF CHINA（LIAONING）PILOT FREE TRADE ZONE

【概况】大连保税区位于中国（辽宁）自由贸易试验区大连片区内，是全国唯一集保税区、保税港区、出口加工区管理于一身的特殊经济区。

2018 年，大连保税区以自贸试验区建设为核心，加快实施“两区、一城、一港”战略，持续推动高质量发展，积极推进政策探索、体制创新、事权承接等片区建设任务，为东北振兴和辽宁开放破解新问题、探索新路径、创造新经验。

【经济发展】2018 年，全区完成一般公共预算收入 23.04 亿元，同比增长 5.9%；全口径税收 57.33 亿元，同比增长 2.0%；规模以上工业产值 212.1 亿元，规模以上工业增加值增长 17.7%；固定资产投资完成 39.1 亿元，同比下降 44.1%。外商直接投资 1.21 亿美元，实际到位内资 32.71 亿元，自营出口额为 260 亿元。

截至 2018 年年底，全区市场主体计 25 530 户,注册资本 2 231.58 亿元，同比分别增长 26.61% 和 45.58%。其中，实有企业 17 182 户，同比增长 36.45%，含内资企业 16 305 户，外商投资企业 877 户；全区个体工商户 8 348 户，同比增长 10.83%。全年新登记市场主体为 6 224 户，同比增长 39.02%，其中企业 5 090 户，同比增长 55.8%。

【投资环境】加快政府职能转变。已累计完成辽宁自贸试验区总体方案中的 108 项工作任务，占大连片区总任务量的 91%；“船舶融资中心助力东北亚航运中心建设”创新案例入选“2018 中国自贸试验区十大创新成果”。自贸试验区大厅全面推行行政服务“单一窗口”标准化。深度整合办税窗口，实现涉税业务“一窗受理、一门进出”。自贸试验区法院、仲裁委员会、贸易促进会等机构入驻，法治化、国际化营商环境更加完善。推进行政审批服务改革，通过实行区域评估和联合审查，将建设项目审批事项由 21 项精简为 8 项，审批时限压缩至 18 个工作日。在全国首创了“委托律所规范集中登记管理”机制。依托建设银行中心网点，开设“自贸通”窗口和“自贸驿站”特色业务，推动片区创新成果向市内各区延伸。

【招商引资】设立驻日办事处；与韩国光阳经济自由区签署战略合作协议，并实现双方企业互访。大连松下汽车能源有限公司车载动力电池项目一期 3 条生产线投产，二期厂房竣工。中石化燃料油清洁能源中心及惠农服务中心、首农供应链（大连）有限公司、大连科达利精密工业有限公司一期投入运营，大连国际先进装备博览中心、大连理工大学城市学院、大连科达利精密工业有限公司二期开工建设，万纬产业园、东海航运保险、干细胞研究等重点项目签约落地。

【对外贸易】推进贸易便利化。大连片区集聚了港口、国际物流、集疏运体系、城市功能、海关特殊监管区域等核心要素，拥有优越的口岸服务优势。在复制上海国际贸易“单一窗口”3.0版基础上，新增跨境班列申报、海运中转等9项功能。研发推出全国首个智能出口退税平台，退税提速47%。海关、海事、边检合力推进“三互”通关，大连口岸整体通关时间平均为80.42小时，比2017年压缩33.34%。其中，出口通关时间为8.13小时，较2017年压缩52.79%。积极拓展政策功能。推行一般纳税人资格试点取得积极成效，首批11个试点企业实现扭亏为盈。

【工业】加速临港产业聚集。东风日产大连工厂正式下线英菲尼迪新车型，全年累计生产整车19.6万台，产值超过200亿元。

【贸易业】大连中石油保税库获批国内原油期货指定交割库，并完成全国首船交割。新成立有色金属矿石分拨中心等6个贸易平台。矿石、LNG、汽车、集装箱、粮食等码头吞吐量同比均实现较大幅度增长。

【物流业】2018年完成海铁联运约40万标箱，过境班列累计1.6万标箱。中外运中转集拼业务正式上线。大连口岸首次签发国际中转冷冻货物原态证明，大窑湾口岸冷链规模总量实现全国六连冠。

【发展趋势】2019年，大连保税区将积极推进海关特殊监管区域向综合保税区转型升级，更好地发挥辐射带动作用。同时，还将以制度创新为核心，以问题为导向，大胆闯、大胆试、自主改，加快形成更多可复制、可推广制度创新成果，推动区域整体竞争力和对外开放水平再上新台阶。

【机构设置】园区内设党工委、管委会办公室（法制办、应急办）、纪工委（监察审计局）、党群工作部（机关党委、编委办）、总工会、政法委（综治办、司法局、信访局）、经济发展和统计局（服务业局、粮食局）、教育文化体育局、社会事业管理局（农林水利局、动物卫生监督管理局）、财政局（国有资产管理局）、人力资源与社会保障局、规划和土地房屋局、城市建设交通局（城市管理行政执法局）、保税物流局、经贸合作局、卫生和人口计划生育局、安全生产监督管理局、行政服务中心、市场监督管理局。

【招商部门】大连保税区经贸合作局。具体为：招商一科（日韩项目，日语、韩语），联系电话：0411－87308565；招商二科（欧美、东南亚项目，英语），联系电话：0411－87313086；经济合作科（内资项目），电话：0411－87315997；传真：0411－87317579；网址：www.dlftz.gov.cn。

上海外高桥保税物流园区

SHANGHAI WAIGAOQIAO BONDED LOGISTICS ZONE

【概况】 上海外高桥保税物流园区作为外高桥保税区功能的延伸，是我国首个实施“区港联动”的区域，于2003年12月由国务院批准设立，规划面积1.03平方公里，已全部验收封关。

2018年，保税物流园区依托自贸试验区制度创新和贸易便利化等优势，不断提升投资营商环境和物流通关效率，加快推进功能升级、流程优化及模式创新，取得一定的成果。

【开发建设】 目前，外高桥保税物流园区形态开发已经完成，园区道路长度7.0公里，道路面积13.9万平方米，公共绿地面积12.1万平方米，河道面积2.2万平方米，泵站2座，拥有14万平方米集装箱转运区、3座卡口和查验场地等配套设施。截至2018年年底，保税物流园区累计完成固定资产投资额42亿元。

【功能培育】 拓展跨境电商功能平台，引进电商产业龙头。一是配合京东，将在森兰商都落地集进口商品展示交易、线下体验于一体的跨境主题线下商城项目，完成大贸业务的试运作；二是促进网易于10月正式入驻保税物流园区，并完成仓库租赁签约，为网易项目落户提供“双十一”的试运作及关务支持，实现规模试运作；三是与京东、网易、天猫、日通、近铁、MOL进行合作，帮助其在现有的B2B业务模式上叠加B2C的跨境功能。

深化国际中转集拼直客模式，逐步放大业务规模。积极推动国际中转集拼（直客模式）的业务拓展，实现中转集拼业务量逐步增长。全年园区中转箱箱量完成4 055标箱，同比增长62.2%；完成票数900票，金额7.57亿元。同时，稳步推进新义欧铁路运输模式，实现区内货源向欧洲集拼，已有集拼试点企业进行尝试，完成2票试单运作。

加快货物状态分类监管模式推广，提高园区营运能级。在自营B2仓库内投建了分类监管场所，针对现有海关批准的开展模式及海关系统、监管条件下如何进一步加快审批和试点推广进行相关流程优化，尤其对园区货物状态分类监管的开展要求与监管标准进行了系列量化，形成标准化的推广方案。

【发展效益】 投资企业经营收入平稳增长。截至2018年年底，保税物流园区现有注册企业84家，其中内资企业46家，外资企业38家；年末企业从业人员800人。据统计，2018年保税物流园区投资企业合计完成经营收入19.87亿元，同比增长1.2%；完成税务部门税收5 147.09万元。

进出口贸易小幅下降。2018年，保税物流园区投资企业合计完成进出口额218.99亿元，同比下降6.5%，占全国保税物流园区进出口额的38.8%。据统计，

2018 年保税物流园区完成一线进出口货值（指保税物流园区与境外之间“进出境备案”货物）536.7 亿元，完成二线进出口货值（指保税物流园区与国内一般区域之间“视同进出口”货物）1 866.9 亿元。

【招商部门】上海外高桥保税物流园区由中国（上海）自由贸易试验区管委会保税区管理局统一管理。联系电话：021－58698500。

出口加工区

天津出口加工区

TIANJIN EXPORT PROCESSING ZONE

【概况】天津出口加工区是2000年4月27日由国务院批准设立的首批15个出口加工区之一，规划面积2.54平方公里。一期开发1.0平方公里，位于天津经济技术开发区东北部，为天津出口加工区A区，并于2001年6月29日顺利通过海关总署等国家八部委的联合验收，正式封关运作。天津出口加工区B区位于天津经济技术开发区西区，于2007年12月通过海关总署等国家九部委的联合验收，开发面积为0.435平方公里。

【经济发展】2018年，天津出口加工区入区货物总量为26.29万吨，同比增长14%；入区金额合计6.33亿美元，同比增长132%；出区货物总量为25.52万吨，同比增长16%；出区金额合计3.19亿美元，同比增长14%。全年进出区货物总量为51.81万吨，同比增长15%；金额合计9.52亿美元，同比增长72%。

【投资环境】天津出口加工区位于天津经济技术开发区内。多年来，天津经济技术开发区始终站在我国北方对外开放的最前沿，已成为中国经济规模大、外向型程度高、综合投资环境优的国家级开发区。根据商务部关于国家级经济技术开发区投资环境综合评价，在总指标上，自1997年开始，天津经济技术开发区始终保持中国国家级开发区综合评比第一名，成为当之无愧的中国投资环境最好的国家级经济技术开发区。天津出口加工区地理位置优越，距天津港5公里，距天津滨海国际机场38公里，距天津市区40公里，距北京市145公里，距北京首都国际机场150公里。依托于天津滨海新区及天津经济技术开发区，园区基础设施完备，人力资源丰厚，政务环境公开，生活配套便捷。

【招商引资】天津出口加工区秉承“三资并重”的工作理念，坚持全员招商，强化精准招商，争取精品项目，提升招商引资的效率、质量和水平。天津出口加工区自成立以来，依靠政策优势及海关的优质服务，招商工作进展较为顺利。自封关至今，共引进项目34个，行业涉及家具、新材料、包装袋制品、物流等。

【工业】2018年，天津出口加工区区内企业累计出口金额1.16亿美元，同比增长9.2%；累计进口金额1.46亿美元，同比增长43.2%。进出口合计2.62亿美元，同比增长25.9%。区内企业（规模以上）2018年完成工业总产值累计4.13亿人民币。

【企业服务】天津出口加工区管委会建立了职能部门联席会议制度和企业定期走访制度，与海关、税务等职能部门召开联席会议，共同解决区域运营过程中企业反映的问题；协调海关等职能部门深入企业一线，提供现场服务，帮助企业解决生产经营等方面存在的问题，努力为企业创造高效率、低成本的外部运行环境。

【发展趋势】综合保税区是我国政策、功能最完善的海关特殊监管区域。出口加工区转型升级为综合保税区后，除享受“国外货物入区保税、国内货物入区退税、区内交易免税”的政策外，还适用除港口作业功能外的保税港区政策，可以充分发挥区位和政策优势，拓展相关功能，包括存储进出口货物和其他未办结海关手续的货物，对外贸易（包括国际转口贸易），国际采购、分销和配送，国际中转，检测和售后服务维修，商品展示，研发、加工、制造，经海关批准的其他业务共八大类业务。

为更好地发挥辐射带动作用，天津出口加工区迫切需要在功能升级和政策创新、带动经济转型和结构优化、辐射带动周边经济发展等方面实现新突破，以适应新一轮深化改革的新形势。鉴于此，天津市申请将天津出口加工区升级为综合保税区，并于 2017 年由市政府上报国务院。

【机构设置与管委会领导】天津出口加工区管理机构为天津出口加工区管委会，与天津经济技术开发区管委会合署办公。天津出口加工区管委会下设管委会办公室，与天津开发区管委会商务局合署办公，行使出口加工区管理职能，从事日常管理、协调工作，天津开发区各职能部门对天津出口加工区延伸服务。

管委会领导：天津经济技术开发区管委会主任郑伟铭，兼任天津出口加工区管委会主任；天津经济技术开发区商务局局长兼任天津出口加工区管委会办公室主任。

【招商部门】天津出口加工区管委会办公室与天津经济技术开发区管委会投资促进局建立合作机制，由天津经济技术开发区管委会投资促进局负责主要招商任务，天津出口加工区管委会办公室配合招商，并提供项目所需相关信息，做好服务工作。天津经济技术开发区管委会投资促进局电话：022 - 25202730、25201831、25202837、25201348，传真：022 - 25201836；天津出口加工区管委会办公室电话：022 - 25202233、25202367、25202373，传真：022 - 25201021；网址：http://www.teda.gov.cn/myfzj/contents/1094/94649.html。

河北秦皇岛出口加工区

HEBEI QINHUANGDAO EXPORT PROCESSING ZONE

【概况】 河北秦皇岛出口加工区坐落于秦皇岛市的东部沿海。2002 年 6 月 21 日经国务院批准设立，2003 年 9 月 15 日通过国家海关总署等八部委联合验收。总规划面积 2.5 平方公里，一期封关面积 0.67 平方公里。

秦皇岛出口加工区主要开展保税加工、保税仓储、物流、配送、研发、检测、维修、国际贸易和转口贸易、国际物流分拨配送、国际商品展示、售后服务等业务，是国家对外开放区域中层次较高、政策优惠、功能齐全的特殊经济区域。

【经济发展】 2018 年，秦皇岛出口加工区继续保持平稳增长势头，全年完成进出口总额 3.15 亿美元，同比增长 108.4%，在全国海关特殊监管区域中进出口指标增幅名列前茅。其中，加工贸易企业实现进出口总额 0.41 亿美元，占全区总量的 13%；物流仓储企业实现进出口总额 2.74 亿美元，占全区总量的 87%。

【投资环境】 秦皇岛出口加工区南临渤海，北依燕山，东接辽宁，西近京津。距北京 298 公里，距沈阳约 400 公里，距山海关船厂码头及山海关港约 2 公里，距年吞吐能力 4 亿吨的秦皇岛港约 10 公里，距京沈高速公路 2 公里，距 102 国道 1 公里。西侧紧临京沈高速公路山海关连接线，北靠京沈铁路，位于中国最具发展潜力的环渤海中心地带，是东北与华北两大经济区的结合部和重要出海口。选址区域海、路、空立体交通优势明显。

秦皇岛出口加工区属于剥蚀台地工程地质区，承载力值高，工程地质和水文地质条件优越，建设高层建筑不需打桩，大大降低了建筑成本。这里空气清新，气候温和，冬暖夏凉，全年平均气温 10.6℃，森林覆盖率达 33.1%，城市绿化覆盖率达 38.5%，海洋、沙滩、阳光、空气和绿色完美组合，是适宜居住的城市之一。加工区内完成水、电、路、暖等配套设施的“九通一平”。

区内现已建成 10 000 千伏安中配室 1 座。为厂房配套的 500 千伏安箱变 2 座、3 200 千伏安配电室 1 座、1 600 千伏安配电室 1 座；自来水直径 500mm 管道接入加工区并新建加压泵站 1 座，日供水能力可达 1.4 万吨；建设供热能力 50 吨锅炉房 1 座；日处理能力 1 000 吨污水处理厂 1 座已经建成。

秦皇岛出口加工区累计建设标准厂房 88 832 平方米，单层厂房 11 幢，多层厂房 5 幢；建设物流仓库 2 座，建筑面积 25 697 平方米；建设冷库 2 座，冷藏能力 4 000 吨，建筑面积 4 267.4 平方米；建设恒温库 1 座，存储能力 2 000 吨，建筑面积 2 798 平方米。

【招商引资】 截至 2018 年年底，秦皇岛出口加工区内实际开展业务企业 15 家，其中加工贸易企业 8 家，保税物流企业 7 家。

【产业发展】 秦皇岛出口加工区在保税物流

业态方面已有一些新的探索和成果。以产品集散、检测为主要业务的戴卡物流基地项目，实现了汽车轮毂在区内的集散出口与质量检测，并新开拓了原铝及铝合金锭的入区保税仓储业务，进出口产品正在向多品种方向延展；信达保税物流公司经营的公共保税仓业务量呈不断上升趋势；鹏鼎科技（富士康）有限公司已利用园区恒温恒湿库开展原料进口保税仓储业务，货物种类和业务量不断增加；河北省首家保税冷库已在加工区内运营，由秦皇岛海东青保税物流有限公司主导经营的冷链物流业务已覆盖秦皇岛市水产品加工主产区，冷链业务流正向山东、福建等地延伸，水产品进口品种也在不断增加，目前正在探索水产品分装业务。

【发展趋势】秦皇岛出口加工区二期封关验收工作正在进行中，二期封关完成后将全面推进整合升级为综合保税区工作园区总规划面积 2.04 平方公里。

【机构设置】秦皇岛出口加工区管委会与秦皇岛经济技术开发区管委会实行“两块牌子，一套人马”。出口加工区管委下设三个部门：经济管理部，主要负责项目审批、企业管理与服务等方面工作；建设规划部，主要负责项目建设、规划、用地审批等方面工作；综合管理部，主要负责综合协调、后勤保障与服务工作。

【招商部门】秦皇岛出口加工区管委会经济管理部负责加工区招商引资工作。联系电话：0335 - 5180018，传真：0335 - 5180 011，邮箱：qhdepz @ 163. com，网站：epz. qetdz. com。

江苏连云港出口加工区

JIANGSU LIANYUNGANG EXPORT PROCESSING ZONE

【概况】 连云港出口加工区于2003年3月10日经国务院批准设立，规划面积2.97平方公里。其中，一期占地面积0.71平方公里，2003年7月通过国家验收，2004年1月封关运作；二期占地面积2.26平方公里，2009年12月通过验收，2012年11月封关运作。建区十余年来，园区基础设施日益完善，已累计投资近6亿元，建成2.44平方公里的基础设施和18.2万平方米的标准厂房，配套了隔离围网、监管仓库、查验场地、检查卡口等监管设施。2018年5月31日，国务院批复同意连云港出口加工区整合优化为综合保税区。按照国务院批复文件精神，连云港综合保税区（开发区片区）将在原有业务的基础上，推动加工贸易转型升级，扩大园区产业规模，向集综合产业、保税加工、商贸会展、服务创新和保税物流等功能于一体的方向发展。

【经济发展】 2018年，连云港出口加工区积极推动贸易发展方式转变，加快推进跨境电子商务公共服务平台搭建及监管中心、跨境综合服务平台、保税仓建设，促进跨境电子商务发展。发挥综合保税区贸易功能，重点引入国际贸易、转口贸易、国际采购分拨配送类项目；发挥“一带一路”重要节点区位优势，吸引水果、水产品、食品、医药类加工及保税物流项目进驻；用好跨境电商综合服务平台、保税展示交易平台等，加快发展跨境电商产业；借助进口肉类产品指定查验存储场所平台，重点发展肉类、海鲜及食品冷链物流业务。探索农产品市场采购贸易方式，丰富农产品贸易业态，培育新的外贸增长点。

2018年，出口加工区完成工业总产值10.72亿元，同比增长7.52%；工业增加值2.39亿元，同比增长6.22%；物流企业经营收入8 996万元，同比增长9.07%；进出口总额2.69亿美元，同比增长27.39%。

【投资环境】 连云港出口加工区位于连云港市东部城区。连云港市是国家首批沿海开放城市，具有“江苏沿海开发”“长三角一体化发展”“东中西区域合作示范区”“国家创新型试点城市”“一带一路建设支点城市”五大战略叠加优势。连云港市下辖东海、灌云、灌南三县和赣榆、海州、连云三区，以及国家级连云港经济技术开发区，面积7 615平方公里，人口530万，海域面积6 677平方公里，海岸线长212公里，其中40公里长的基岩海岸为江苏沿海城市所独有。连云港东邻日韩、西依陆桥、南连长三角、北接环渤海。距韩国403海里，每周均有客货班轮往返仁川、平泽；距日本512海里，与大阪纬度相当。连云港气候宜人，年平均气温在14℃左右，年无霜期达220天，空气优良率在85%以上，夏无酷暑，冬无极寒，几乎没有台风等恶劣天气。连云港出口加工区毗邻港口，距集装箱码头约10公里。连云港港是江苏省最大的海港，集装箱吞吐量位列江苏港口第1位、全国港口第9位、世界港口第23位。30万吨级航道和30万吨级铁矿石码头已经建成，已经和160多个国家和地区的1 000多个港口有贸易往来，开通了远近洋航线60多条，可以到达世界各主要港口。连霍高速、长深高速、沈海高速在连云港市交汇，其中连霍高速在出口加工区有出入口。连云港是新亚欧大陆桥东方桥头堡，是中亚国家和陇海兰新沿线地区的重要出海口，陇海兰新铁路东端起点连云港东站距出口加工区1公里。出口加工区距连云港白塔埠机场约35公里，可通过连霍高速直达，航班可直飞全国20多个城市。连云港是华东地区重要的能源输出基地，拥有江苏唯一的田湾核电站和隶属国信集团的新海热电厂，电力供应充足，可以保障项目需要，没有限电限产情况。连云港出口加工区配套完善，尚有约8 667万平方米可供出让的建设用地，没有指标限制，能够满足建设项目的用地需求。

【招商引资】综合保税区获批后，园区及时将保税物流、国际转口贸易及国际分拨、分销和配送等，作为招商研究重点方向，不断调整招商思路，绘制招商目录，做到精准出击。2018年签约项目4个，分别为投资2.5亿元、年产5万吨的铝基新材料项目，投资3 000万美元、年产6万吨的果汁加工项目，投资1 500万美元、年进出口1亿美元的食品保税冷链仓储加工基地项目，总投资1亿欧元的中澳产业园项目。截至2018年年底，出口加工区注册项目38个。其中，外资项目18个，投资总额2.65亿美元；内资项目20个，投资总额18.1亿元。

【工业】连云港出口加工区有来自美国、韩国、日本、中国香港、加拿大等国家和地区的18家外资企业投资，投资产业涉及新能源、医疗用品、电子、纺织等多个领域。重点企业有连云港艾业无纺布制品有限公司、连云港重山风力设备有限公司、连云港中奥铝业有限公司、连云港柏科医用制品有限公司、连云港伍江电器技术服务有限公司、江苏锦达保税仓储服务有限公司、连云港中外运储运有限公司、连云港丰诺实业有限公司等。

【创新工作】园区主动对接自贸试验区，承接“溢出效应”，抢抓先行先试机遇，不断创新监管制度。已成功复制推广自贸试验区“批次进出、集中申报”“委内加工”“仓储货物按状态分类监管”等13项海关监管创新制度。监管制度的创新，简化了通关流程，提高了通关效率，降低了企业物流成本，改善和优化了通关环境，为企业发展创造了良好的制度环境。

【功能配套】根据海关总署对连云港综合保税区规划建设的指示精神，2018年，在综合保税区建设工作中，园区严格按照国家有关法律法规和《海关特殊监管区域基础和监管设施验收标准》要求，坚持高起点定位、严标准设计、快节奏落实。制定《连云港综合保税区（开发区片区）建设计划》，涵盖监管设施、基础设施及信息化系统建设等41个项目，截至2018年12月31日，完成23项。

2017年7月31日，农业部认定连云港为“国家首批农业对外开放合作试验区建设试点城市”。园区积极配合市级相关部门，做好“连云港农业对外开放合作试验区”建设工作。借助海关特殊监管区域特殊政策，吸引农产品加工贸易企业和保税物流企业入区，扩大农产品贸易量，促进农产品走出去。探索开展农产品期货保税交割及大宗农产品现货市场保税交易业务，丰富农产品贸易业态，培育新的外贸增长点。推动农产品出口加工产业园及进口“海外仓”建设，促进农产品加工及贸易产业链向出口加工区集聚。

【发展趋势】 随着“一带一路”建设等国家重大政策的加快实施，连云港市作为“一带一路”建设支点、新亚欧大陆桥经济走廊东方起点、中哈物流合作基地和上合组织出海基地，东西连接的战略位置越发突出，双向开放的发展优势日益明显。连云港不断强化区域大通关机制，加快推动陆桥沿线及长江经济带通关一体化，在近 20 个省份实现海关“三互三个一”（即信息互换、监管互认、执法互助、一次申报、一次查验、一次放行），在陆桥沿线 10 多个省份实现“检验检疫直通放行”。加工区作为连云港市目前唯一的海关特殊监管区域，区内设有海关、物流、报关等办事机构，配套海关监管设施，管理体系健全，通关顺畅便捷，是连云港市重要的对外开放平台，也必将受益于“一带一路”交汇点建设和双向开放不断强化的历史进程。

【机构设置与管委会领导】 连云港出口加工区管委会与连云港经济技术开发区管委会合署办公，实行“两块牌子，一套班子”的管理模式。连云港出口加工区管理局为管委会的直属单位，负责连云港出口加工区的日常管理工作。

管委会领导：连云港市委常委、连云港经济技术开发区党工委书记尹哲强，兼任连云港出口加工区党工委书记；连云港经济技术开发区党工委副书记、管委会常务副主任胡传宏，兼任连云港出口加工区管委会常务副主任；连云港经济技术开发区党工委委员、管委会副主任张小海，兼任连云港出口加工区管委会副主任并分管出口加工区工作。

【招商部门】 招商电话：0518 － 80218222、13905137246，联系人：朱新强；网址：www.ldz.gov.cn。

浙江杭州出口加工区

ZHEJIANG HANGZHOU EXPORT PROCESSING ZONE

【经济发展】 2018年，浙江杭州出口加工区以升级为综合保税区为契机，围绕杭州经济技术开发区打赢“六大硬仗”重点任务，紧盯目标、真抓实干，加快推进“产业国际化、建设现代化、管理智慧化”的国际一流复合型综合保税区建设。

浙江杭州出口加工区2018年完成工业总产值92.6亿元，进出口总值32亿美元，其中进口18.8亿美元，出口13.2亿美元。跨境进口累计验放包裹6 042万单，交易金额为115.3亿元，其中网购保税5 878万单，交易金额为110.5亿元；直邮163万单，交易金额为4.8亿元。“双十一”当天验放包裹558万单。

2018年2月13日，浙江杭州出口加工区升级为杭州综合保税区获国务院批准。获批后坚持创新发展理念，围绕智慧监管、高效通关、有效监管的目标，按照“边规划、边建设”的原则，全面启动杭州综合保税区建设工作。会同海关（国检）等机关职能部门多方调研论证新建物流作业区（五大主要功能区）建设和运营方案，启动综合保税区综合性基础设施提升改造工作。扎实推进杭州进口肉类指定查验场项目建设，项目于2018年3月正式启动建设，已完成主体结构建设。协同推进生物医药制品查验场建设，完成跨境中心仓功能布局调整方案并明确由资产经营公司具体建设。充分利用综合保税区政策资源，做好综合保税区产业长远规划，完成综合保税区产业空间规划初稿。完成加工区“金关二期”智能化升级，具备7×24小时自助通关条件。

【投资环境】 地理、交通优势。公路方面，通过高速公路3小时内可到达华东地区各主要城市。海运方面，可等距离利用上海和宁波港。空运方面，杭州萧山国际机场为国家一类口岸，已开通至日本、韩国、新加坡、泰国、中国香港、中国澳门等地每日往返航班。

人才优势。在距离浙江杭州出口加工区两公里处，有浙江省内最大的高教园区——杭州下沙高教园区，总面积10.12平方公里，园区有14所高校，在校学生数量达18万人，专业覆盖理、工、商、财经等专业门类。

服务软环境。杭州海关在浙江杭州出口加工区设立办事处，为加工区内企业提供现场报关、报检服务。已引入银行1家，报关和货运代理11家，以及物业、邮政等公共服务机构为杭州出口加工区内企业提供相应的服务。

园区硬环境。园区以平安创建和标准化建设为抓手，积极组织开展园区消防整治、“叉车比武”等专项活动。建立健全智能卡口、人车分离、“一企一档一方案”管理模式，实现智慧有序管理。在“污水零直排区”的创建工作中被列为杭州市创建示范区，已通过验收。

【跨境电商】 以“三新”为引领打造跨境电商升级版。引进5家跨境进口业务电商企业，实现园区电商企业资源互补和信息互助。加强与海关等部门对通关、出货监管方案的研究，启动跨境保税出口模式。坚持以“打造创新先发地，培育领跑新优势，增强外贸新动能，构建世界新标准”为目标，持续推进跨境电子商务进口试点，助力综合试验区建设，跨境电子商务进口项目获杭州市创新创优项目第11名。

【工业】 自建区以来累计实现工业总产值1790亿元，税收87.6亿元，进出口总值374.8亿美元。园区现有工业企业19家、物流企业5家、跨境电商企业123家，累计实现跨境进口交易额293亿元，综合试验区试点以来跨境进口交易额持续保持全市第一，同时也为全国推广了网购保税进口业务模式和经验，探索了网购保税退换货业务模式。历经10多年来的发展和积累，加工区形成以笔记本电脑、汽车配件、家用电器为主的产业结构。

目前，已经形成保税加工、物流服务、跨境电商等多个优势产业，跨境电商实现了网购保税进口、直邮进口、保税出口等功能全覆盖，杭州进口肉类指定查验场、“增值税一般纳税人”资格试点等多元化功能集聚。

【发展趋势】 深入贯彻落实国务院关于促进综合保税区高水平开放高质量发展的有关要求，紧紧抓住两区整合的有利契机，结合产业发展特点，以推进产业转型升级为主线，着力培育综合保税区在产业配套、营商环境等方面综合竞争新优势；重点打造具有全球影响力和竞争力的“一基地两平台三中心”，即打造“高、新、尖”制造产业基地，打造进口肉类查验场和生物医药检疫两大平台，打造研发设计、检测维修、销售服务三大中心；主动融入eWTP建设，全面提升便利化程度，创新升级跨贸业务，积极参与自贸试验区联动片区申建。经过三年至五年的努力，基本建成产业附加值高、跨境电商完备、服务高效便捷、辐射带动突出的综合保税区，充分发挥综合保税区在发展对外贸易、吸引外商投资、促进产业转型升级等方面的重要作用。

【机构设置与管委会领导】 杭州综合保税区管委会与杭州钱塘新区管委会合署办公，并且设立杭州综合保税区管理办公室，具体负责加工区的日常管理事务和钱塘新区内贸、外贸、服贸、跨贸相关事务。内设八个科室和一个管理服务中心：综合科、综保业务科、公共事务科、外经外贸科、跨贸电商科、商务科、商贸发展科、消费促进科和杭州综合保税区管理服务中心。

管委会领导：党工委副书记、管委会主任何美华，分管副主任王永芳。

山东青岛出口加工区

SHANDONG QINGDAO EXPORT PROCESSING ZONE

【概况】山东青岛出口加工区位于青岛环胶州湾产业带中间位置，是2003年3月10日获国务院批准设立的第三批出口加工区之一，同年12月8日通过国家八部委联合验收，规划面积2.8平方公里，其中一期1.7平方公里于2004年8月正式封关运作。青岛出口加工区距在建的青岛胶东国际机场10公里，距青岛流亭国际机场19公里，距青岛港18公里，距前湾港33公里，周边济青高铁（在建）、青连高铁（在建）、济青高速、青银高速、308国道、204国道等路网纵横交错，形成立体式交通网络，交通便利，区位优越。

2018年，青岛出口加工区紧紧围绕建设一流出口加工区的目标，以促进园区转型升级为工作主线，以业务创新、招商引资、项目建设为重点，以打造和谐园区为目标，不断解放思想、自我加压，园区主要经济指标迅速提升，各项工作均取得较大成绩。

【经济发展】2018年，青岛出口加工区投产企业达到71家，占引进项目总数的66%，区内企业用工人数达到7 300人。实现工业总产值53.8亿元，其中高新技术企业工业总产值达到12.7亿元，实现工业增加值11.2亿元；经营总收入为52.5亿元；固定资产投资为1.4亿元；实现利润总值5.7亿元；进出口总值完成9.3亿美元。

【投资环境】青岛出口加工区不断加大开发建设力度，完善基础设施硬环境。目前，基础设施配套达到“九通一平”标准，园区智能卡口管理平台及信息化应用系统建设、海关监管设施等都居于国内较高水准，能够在现有政策框架下满足企业的运行要求。园区内建成各种类型厂房约45万平方米，保税仓库约2.8万平方米，办公及公用设施约2.3万平方米。青岛出口加工区及周边配套基础设施日趋完善，随着青岛胶州国际机场和M8、M10、R2等轨道落户，公共交通和物流体系更加便捷。

完善区域硬环境的同时，园区政策环境得到进一步提升。2018年，完善与园区发展相配套的政策功能和管理服务，积极借鉴上海自贸试验区可复制、可推广的改革创新试点经验，创新监管机制、业务类型和贸易业态，推动园区政策、管理、服务整合，优化管理职能、优化监管模式。一是加强园区公共服务平台建设。建立监管部门协调机制，会同海关等驻区部门，致力于优化通关流程、创新监管模式、提高通关通检效率，不断提升园区贸易便利化水平。二是不断完善监管设施建设。园区已完成电子卡口和查验平台改造，实现了主管海关、园区海关、港口海关的数据互联互通，推行“属地申报，口岸放行”通关模式，切实提高园区通关效率。三是积极复制推广自贸试验区改革创新试点经验。目前，“保税维修”“委内加工”“批次进出、集中申报”“集中汇总纳税”“简化报关单证”等多项海关监管新政，“进口货物预检验制度”“检验检疫分线监管模式”等检验检疫新制度在出口加工区推广实施，这些新制度的实施，进一步简化了审批手续和通关流程，提高了通关效率，降低了通关成本，形成了通关速度快捷、物流监控到位、加工贸易联网监管的出口加工区监管模式，为企业营造了高效、快速、顺畅的通关环境。

进一步优化投资服务体系，不断提升区域投资服务软环境。2018 年，继续坚持完善定期走访企业制度、驻区部门联席会议制度、驻区部门与企业见面会议制度、项目协调促进领导小组会议制度等监管部门协调机制，定期掌握、研究、解决企业生产运营中遇到的问题，积极协调海关、工商、税务等驻区部门，不断提升园区营商环境，营造了良好“亲商、安商、富商”的服务氛围。

【招商引资】2018 年，不断调整招商策略，积极抓好新型产业招商。加大对文化保税、融资租赁、保税展示交易、跨境电商等新型产业的招商引资力度，取得有效进展。全年批准项目 11 个，其中加工贸易企业 4 个，物流项目 3 个，合同利用外资 1 010 万美元，实际利用外资 1 719 万美元。截至 2018 年年底，青岛出口加工区累计签约内外资项目 107 个。其中，外资项目 79 个，合同外资 8.4 亿美元，实际利用 5.2 亿美元；内资项目 28 个，内资企业注册资本 2.6 亿元人民币。所引进的项目中，投资总额过千万美元的外资项目 25 个，占引进外资企业总数的 32%。

【产业发展】青岛出口加工区坚持实体兴区，以加工制造业为主。一直以来，紧紧围绕园区加工贸易转型升级，不断优化产业结构，创新发展模式，提升发展环境，引导鼓励企业改革创新，取得良好实效。一是在招商引资过程中，大力开展选择性招商和产业链招商，招商重点由劳动密集型企业向技术密集型转变，生产制造环节由加工组装、低端零部件制造向高端、关键或核心元器件制造转变；二是注重引导和鼓励园区企业不断优化加工贸易产业和产品结构，变“加工制造”为“研发制造”，从以来料加工和进料加工为主的加工贸易向自主研发、制造产品转变；三是注重引导和鼓励企业创新贸易方式，变“贸易”为“营销”，向物流、品牌、销售渠道等下游部分延伸，延长加工贸易境内增值部分。

经过多年的招商运作和精心培育，园区形成装备制造、电子信息、保税物流等重点产业全面发展的新格局，高端特色产业群体正在加速形成。以总投资 8 348 万美元的安德烈斯蒂尔动力工具（青岛）有限公司、总投资 2 亿美元的洋马发动机（山东）有限公司为龙头的装备制造业现有企业 22 家，产值达到园区企业工业总产值的 57% 左右；以投资 5 000 万美元的世界五百强企业——泰科电子为龙头的电子信息产业现有企业 12 家，产品基本覆盖电子产品配件大部分领域，产值达到园区企业工业总产值的 32% 左右。

为加快产业结构转型升级步伐，园区正在全力推动产业结构由单一的保税加工向保税加工、保税物流、保税服务多元化发展转型，促进产业链向高端延伸，突出外向型保税经济特色，充分利用中非棉业大宗商品贸易平台、巴龙万汇城跨境电商平台等项目平台，积极探索开展大宗商品交易、跨境电子商务、保税展示交易、研发设计、检测维修、文化贸易等新兴产业业态，大力发展以保税为特色的保税物流业、进口高端商品保税展示交易业、高端设备保税维修业等新型业务，打造高端产业集群。

【园区管理】2018 年，不断强化园区管理，着力建设平安和谐园区。加强安全生产监管，确保园区安全生产形势稳定。加强安全生产工作的组织领导，先后召开了七次安全生产领导小组专题会议，研究部署阶段性安全检查工作。明确细化部门监管责任，对每个监督管理责任部门和责任人的监管责任进行明确。不断提高安全生产监管水平。在企业开展了“两体系建设”工作，加强危险源监控，积极开展企业安全生产标准化达标创建活动，强化企业安全生产主体责任，建立企业安全生产投入长效机制。进一步加大安全隐患综合整治力度，深入开展大排查快整治严执法专项整治活动，特别是在“上合组织青岛峰会”“两会”“第24届山东省运动会”等重大活动期间，聘请安全专家参与，在园区内全面开展一系列安全生产大检查活动，确保了重大活动期间园区安全生产形势稳定，全年未发生较大安全事故。大力营造良好安全文化氛围，深入开展了“安全生产月”“安全生产周”活动，深入企业开展安全宣传活动，发放宣传资料。组织企业主要负责人和安全管理人员安全生产专题培训三次，提高了企业安全生产意识。

加强劳动人事监管，打造和谐的劳资关系。致力于畅通职工维权渠道，设立24小时公开投诉电话。实行对企业劳动用工的动态管理，定期对区内企业劳资情况进行走访摸底，妥善处理企业劳资纠纷，稳定了园区的劳动用工环境；利用微信公众号、企业管理QQ群和“园区安监”QQ群等形式，与企业建立多途径联络方式，加强政企沟通交流；建立了治安联动机制，区域维稳和治安防范能力有效增强。

【发展趋势】为进一步加快转型升级步伐，提升园区承载水平，根据国务院《关于促进海关特殊监管区域科学发展的指导意见》文件精神，青岛出口加工区正在全力推进转型升级为综合保税区的工作，打造全新的对外开放和产业创新发展新平台。今后一段时间，青岛出口加工区将按照青岛市委市政府统一部署，紧紧围绕青岛自由贸易港区发展战略总体规划，充分发挥临近青岛胶东国际新机场的空港优势和作为青岛北部新城唯一的海关特殊监管区所具有的保税加工、保税物流、保税服务等政策功能优势，抓住山东省实施新旧动能转换的有利时机，抓住转型升级为综合保税区的历史机遇期，以功能产业转型升级、业态创新为抓手，实现园区由单一保税功能向“保税＋口岸”的复合功能转换，搭建好动能转换促进产业升级发展的功能政策平台，及时把园区产业由单一加工贸易调整为“高端加工制造业＋服务贸易业”，聚合形成业态多元双轮驱动产业升级的创新发展的新动力，把青岛出口加工区建设成为青岛市实施自由贸易区战略的重要抓手、青岛市发展保税服务贸易业的重要口岸、山东省保税加工制造业的重要基地、山东省海关特殊监管区域业态多元化创新发展先行先试的重要平台，形成特色鲜明的山东半岛产业与政策创新示范区和高端产业聚集区。

【机构设置与管委会领导】青岛出口加工区目前已整建制划归青岛前湾保税港区管理，保留青岛出口加工区管委会牌子，青岛出口加工区管理机构为青岛出口加工区管理局，内设综合处、经济贸易发展处（加挂安全生产监督管理处牌子）、规划建设处、投资合作促进处、公共事务管理处五个处室，计划财务中心一个事业单位。青岛出口加工区管理局具体负责青岛出口加工区的管理、协调、服务工作。

管委会领导：青岛前湾保税港区工委委员、青岛出口加工区管理局党委副书记郭宝存，青岛出口加工区管理局副局长丁剑琴、陈铭传。

【招商部门】管理局经济贸易发展处和投资合作促进处。联系人：贝利辉，联系电话：0532－87828881、15806587511；联系人：郃永霞，联系电话：0532－87828889、18653221224；联系人：金哲，联系电话：0532－87821111、13964850799。

河南郑州出口加工区

HENAN ZHENGZHOU EXPORT PROCESSING ZONE

【经济发展】 2018 年，河南郑州出口加工区紧紧围绕年度工作目标，以推动主导产业加速发展、大力拓展新兴业态为重点，深化服务意识，深挖企业潜力，多策并举促进企业发展。

2018 年，全区新引进项目 7 个，新增项目协议投资额 2.7 亿元；全区完成固定资产投资 17.2 亿元，完成工业总产值 118.4 亿元，实现进出口额 20.2 亿元。区域经济运行呈现以下特点：

一是工业总产值与 2017 年持平。2018 年，全区完成工业总产值 118.4 亿元，与上年基本持平。其中，富泰华公司完成工业总产值 110.2 亿元，顺利完成年度预期目标，连续两年产值保持在百亿级。

二是进出口同比出现下滑。近两年，富泰华公司生产原材料主要从国内采购，产成品主要以成品进出区方式转入新郑综合保税区，一线进出境业务逐渐减少，对全区进出口带动较小。

三是入库项目固定资产投资顺利完成全年目标。2018 年，区内工业项目生产线未有较大规模更新换代，B 区购地项目建设均处于前期规划建设手续办理阶段，全区完成固定资产投资 17.2 亿元，同比下降较大。固定资产投资项目入库方面，全年入库项目 2 个，完成固定资产投资 3.9 亿元，完成年度目标的 122%。

【投资环境】 交通优势。郑州地处中国地理中心，是全国重要的铁路、航空、高速公路枢纽城市，是全国普通铁路和高速铁路网中唯一的“双十字”中心。河南郑州出口加工区位于郑州市东南部，京广铁路、陇海铁路、京港澳高速公路、连霍高速公路、310 国道、107 国道、环城快速路环绕四周。具体来看：

航空方面，距 4E 级郑州新郑国际机场 22 公里。截至 2018 年年底，在郑州新郑国际机场运营的货运航空公司 21 家，开通货运航线 34 条，通航城市 40 个，周航班量 110 班，年货邮吞吐量突破 51 万吨，基本形成横跨欧美亚三大经济区、覆盖全球主要经济体的枢纽航线网络，成为中部地区融入“一带一路”的重要开放门户和引领中部、服务全国、辐射全球的空中经济廊道。国内外客运航空公司达 55 家，开通航线 208 条，通航城市 116 个，年旅客吞吐量达到 2 733 万人次，基本形成覆盖全国及东亚、东南亚主要城市，联通澳大利亚、美洲的航线网络。

铁路方面，距陇海铁路圃田站 3 公里，距郑州铁路客运东站 5 公里；距亚洲吞吐量最大的货物集散中心、国家铁路一类口岸郑州铁路集装箱中心站仅一路之隔。郑欧国际铁路货运班列 2018 年开行 752 班。郑欧班列在开行班次、货值、货重、满载率及综合运营能力方面均在中欧班列中名列前茅，也是中欧班列里唯一实现去、回程均衡对开，冷链物流常态化的班列。

公路方面，2 小时可达中原城市群 30 个省辖市，6 小时可达北京、南京、武汉、西安等重要城市，最多不超过 8 小时可达天津、青岛、连云港等港口城市。

政策优势。河南郑州出口加工区是集保税加工、保税物流、保税研发、保税展示交易、保税检测、保税维修等综合保税功能为一体的海关特殊监管区域。2016 年 10 月 14 日，郑州出口加工区成为国家赋予海关特殊监管区域企业增值税一般纳税人资格 7 家试点区域之一。2016 年 12 月 6 日，国务院正式批复同意整合河南郑州出口加工区和河南保税物流中心（B 型）设立郑州经开综合保税区，验收合格后，郑州经开综合保税区享受现行综合保税区相关税收和外汇管理政策。同时，郑州经开综合保税区 A 区、C 区位于中国（郑州）跨境电子商务综合试验区的核心区域，也是河南自贸试验区范围内唯一的海关特殊监管区域，享受更多国家战略带来的政策红利。

硬件优势。河南郑州出口加工区分为 A 区和 B 区。A 区封关运行面积 0.893 平方公里，区内基础设施配套完善，建有 40 万平方米标准厂房，10 万平方米保税仓库，1 万平方米集装箱堆场，并配备有大型集装箱正面吊、叉车等设备，为入区企业提供了充足的生产、仓储场所和完善的配套设施；在出口加工区周边，38 万平方米职工公寓建成并投入使用，为入区企业提供了生活便利。B 区封关验收面积 1.769 平方公里，其中 1 平方公里的围网监管区内已建成 4 400 平方米申报大厅、2 200 平方米展示大厅和 2 万平方米查验中心，B 区基础设施和监管设施现已全面建成。

【招商引资】2018 年，河南郑州出口加工区继续加大力度，扩大影响，招商引资工作取得较大进展。一是深入研究，科学布局优势产业。深入研究分析政策创新给园区带来的产业发展机遇，探索形成完整的项目引入机制，积极有效地利用园区的交通优势和现有产业优势，形成产业集聚良性运转。二是多措并举，积极促进项目落地。做好意向入区项目的前期考察、选址等对接服务，协助平行进口车企业完成试点资格申请，协调推进海关转关流程及检测线建立。三是加强宣传，扩大园区知名度。加大招商推介力度，赴珠三角、长三角等沿海发达地区走访、调研、考察项目，并通过第十二届中国（河南）国际投资贸易洽谈会、首届中国国际进口博览会等平台，重点围绕园区电子信息、跨境电商等主导产业开展招商。

【工业】引进的重点工业项目有富士康科技集团投资的手机零组件制造项目、郑州华晶金刚石股份公司投资的微米钻石线项目、科隆新能源投资的锂电池正极材料生产项目等。2018 年，全区完成工业总产值 118.4 亿元，其中，电子信息产业产值 110.3 亿元，占全区的 93%；完成工业产品销售收入 103.6 亿元。全区有规模以上工业企业 7 家，年产值超亿元企业 4 家，高新技术企业 4 家。

【发展趋势】2019 年，是郑州加快推进国家中心城市建设的关键之年，更是郑州出口加工区区开拓综合保税区建设，实现转型发展的决定性之年，做好全年工作具有重要意义。2019 年，园区以习近平新时代中国特色社会主义思想为指导，全面贯彻党的十九大和中央经济工作会议精神，深入落实郑州经开区年度工作部署，坚持稳中求进工作总基调，突出“双十工程”项目带动，坚持高质量发展新理念，围绕经开综合保税区整合拓展主线，聚力多元化发展以巩固开发建设成果，深化改革创新以提升服务水平，全力推进基础设施建设以增强核心承载力，为新时期经开综保区的开拓发展打下坚实基础。

【机构设置】河南郑州出口加工区管委会隶

属郑州经济技术开发区管委会管理。管委会设办公室、经济发展局、综合管理局、招商局4个内设机构，并设有国有投资公司郑州昇阳出口加工发展有限责任公司，部门分工明确，职责完善，运转有序。

【招商部门】河南郑州出口加工区招商局现有招商人员7人，是一支素质高、业务精，工作能力强的招商队伍，招商局全体人员将竭诚为进区企业提供全方位的优质服务。河南郑州出口加工区招商局联系电话：0371－66866120，河南郑州出口加工区办公室联系电话：0371－66866100，河南郑州出口加工区经济发展局联系电话：0371－66866150。

广东广州出口加工区

GUANGDONG GUANGZHOU EXPORT PROCESSING ZONE

【经济发展】 2018 年，广州出口加工区完成工业总产值为 26.86 亿元，同比下降 18.8%。

【投资环境】 广州出口加工区设在广州经济技术开发区东区内，规划面积 3.05 平方公里，按照“统一规划、分期开发”的原则，首期开发 0.9 平方公里，现已建成完善的监管设施和配套设施，包括围网、海关办公大楼、验货场和“七通一平”设施等。至 2018 年，广州出口加工区累计实现固定资产投资 114.1 亿元，其中基础（公共）设施投资达到了 7.42 亿元。

广州出口加工区具有优越的地理位置，它北靠广深高速公路，南临广九铁路、广深公路，区内的主干道与黄埔新港相连，方便监管货物的转关运输，同时毗邻港口和国际空港，交通便捷，通过高速公路网可以快速连接珠三角各城市及香港、澳门。

出口加工区车检场实现广州地区两个“首次”和多项突破：一是在广州地区陆运口岸首次实现“信息互换、监管互认、执法互助”的“三互”大通关；二是首次应用海关总署“金关”二期系统；三是多功能智能化叠加；四是打造一站式服务平台。“三互”实施后企业平均通关时间由 4.5 小时缩减到 2.5 小时，通关手续由 10 个缩减为 5 个，企业费用减少 50%，通关效率显著提升，通关成本大幅降低，有效推进了口岸治理体系和治理能力的现代化。

出口加工区新建集实时视频监控、入侵报警及治安联动触发等多种功能的安防系统，提高园区安全管理水平。迅速响应海关总署监管要求，完成辖内 3 个特殊监管区域、共 40 个摄像头通过全球眼专线接入海关总署监控中心，从接到任务到完成设备升级、数据传输通道搭建、系统调试仅用 20 个工作日。

【工业发展】 汽车产业是广州的三大支柱产业之一，在广东省、广州市的高度关注下蓬勃发展，形成了“东部本田，北部日产，南部丰田”三大汽车板块。本田汽车（中国）有限公司是全国第一个整车产品 100% 出口的企业，目前产品已出口欧洲 21 个国家，吸引了 70 多家汽车配套厂商落户于广州经济技术开发区，形成广州市东部汽车产业基地，成为广州汽车工业发展整体战略的重要组成部分，带动了华南地区汽车产业链的发展。

【发展趋势】 随着国家对出口加工区拓展保税物流等功能的全面铺开，以及对海关特殊监管区域的整合，广州出口加工区将具备更完善的政策功能，为区内外企业提供一流的加工贸易、物流配送平台和完善的检测、维修、翻新、升级支持等售后服务。同时，准备启动未开发区域的建设，把出口加工区做大做强。

【机构设置】 广州出口加工区的地方管理机

构是广州出口加工区管委会，广州出口加工区与广州经济技术开发区、广州高新技术开发区、广州保税区管委会合署办公，构成强大的“四区合一”行政管理体系，拥有中国对外开放完整、系统、丰富的优惠政策体系，可供外商选择的投资领域宽、政策空间大。

广州出口加工区管委会为广州市政府的派出机构，享受市一级的审批权限，机构精简，办事高效。管委会下设办公室、发展和改革局、经济和信息化局、科技创新局、国土规划局、环保局、建设局、交通运输局、西区产业园管委会（保税业务管理局）、企业建设和服务局、商务局、财政局等机构。

【招商部门】 广州开发区西区产业园管委会（保税业务管理局）是广州出口加工区的经济业务主管部门，践行“一切为了投资者，一切为了企业，用最好的服务，最佳的环境，让投资者获得最大的回报”的管理理念，诚挚欢迎广大客商进行咨询、交流及前来投资和开展业务。联系人：陈坚，联系电话：020－82112062，传真：020－82112070。

中国（福建）自由贸易试验区福州片区

CHINA（FUJIAN · FUZHOU）PILOT FREE TRADE ZONE

【概况】 2015 年 4 月 21 日，中国（福建）自由贸易试验区福州片区挂牌成立，实施范围31.26 平方公里，包括马尾区块（17.4 平方公里）、福清区块（9.26 平方公里）、仓山区块（4.6 平方公里）。

福州片区定位于重点建设先进制造业基地、21 世纪海上丝绸之路沿线国家和地区交流合作的重要平台、两岸服务贸易与金融创新合作示范区。

【经济发展】 2018 年，福州片区新注册企业 6 287 家（其中内资企业 6 062 家，外资企业 225 家），注册资本 1 165.35 亿元（其中内资企业注册资本 969.3 亿元，外资企业注册资本 196.05 亿元），区内企业实现税收 48.83 亿元。全区港口货物吞吐量为 4 648.89 万吨，同比增长 20.11%；集装箱吞吐量完成 295.26 万标箱，同比增长 12.23%；进出口总额达 216.63 亿元。

【体制创新】 在投资、贸易、金融、税务、事中事后监管、对台交流合作等领域共推出 2 批 27 项创新举措，其中全国首创 7 项，创新举措复制推广到全国、全省的分别有 8 项、17 项；新制定福州片区改革创新 50 条措施，细化为 115 项措施；发布自贸试验区改革创新典型案例 53 个；创新企业自助登记出照，实现企业营业执照全程登记“无纸化”；全国首创海关创新项目众创及实施管理平台，开展“海关税收同业联合担保”。开启全国自贸试验区首个投标保证保险无纸化保函应用系统，提供一站式线上服务。深化“证照分离”改革，取消许可事项 4 个，扩大告知承诺制事项 112 个，新增合并核准事项 1 个。

【金融创新】 推出第 4 批 15 个金融创新案例；在全国率先建立台企资本项下便利化的“白名单”制度；推动 8 家省级银行机构向区内二级分行下放小微企业或涉农贷款审批权限 20 余项；率先开展中小微企业综合金融服务试点，信用类金融产品融资成本降低 0.5 个百分点；基金小镇集聚 324 家投资、基金和资产管理类公司，基金管理规模达 1 252 亿元，投向省内实体经济项目 195 亿元；区内本外币存款余额突破 700 亿，贷款余额突破 600 亿，比挂牌前分别增长 2 倍、4 倍。

【重点产业建设】 整车进口口岸。搭建 9 家平行进口供应链平台，逐步完善 3C 认证服务中心功能。2018 年进口整车 3 359 辆，位居全国整车口岸第 7 位、新批口岸第 3 位。

跨境电子商务。福建 eBay 跨境电商产业园、网易考拉海购、袋鼠海运快件中心等跨境电商项目落地运营，区内跨境电商企业达 300 多家。2018 年，跨境电商保税进口 334 万票，同比增长 421%；进口货值 5.65 亿元，同比增长 168%。

物联网产业。物联网产业园建成华为全

国首个物联网云计算创新中心；物联网产业促进中心新吸引38家物联网企业项目入驻；国内首个NB-IoT（窄带物联网）规模商用项目实际投入运作；启动车联网EMC暗室、OTA实验室等二期项目建设。区内新认定物联网企业52家，参与制定行业标准19项，“福州经开区微电子·物联网”进入“全国区域品牌榜单”前100位，品牌估值达218亿元。2018年，物联网产业核心产值达285亿元。

【对外合作交流】深化对台交流合作。推出深化对台交流举措20项。在全国率先开展台湾人员在福州参加大陆社会工作者职业资格考试；全国率先建立台企资本项下便利化的“白名单”制度。促进台湾青年创业孵化基地等八大台湾青创基地发展，新增台湾青创项目80个，吸引台湾青年就业670人次。

加强“一带一路”贸易往来。支持区内企业到“一带一路”沿线国家和地区开展投资并购、跨境贸易，融资近200亿元；推动区内企业宏东、万全等新投资的中毛（宏东）海洋经济合作园、万全新加坡仓储物流中心等海外项目开工建设；江阴港开通“海丝”航线10条，构建“福州—满洲里—欧洲”“福州—江西”“福州—成都”等海铁联运货物通道，吸引东南亚、中国台湾等地区货物经由江阴港区进出集散。2018年，海铁联运到发量4.06万标箱，同比增长93.7%；引进“海丝”沿线国家和地区投资项目备案683项，合同外资总额为52亿美元。

【事中事后监管】依托“信用福州”市级公共信用信息平台，构建片区市场主体信用信息专有数据库，建立“红黑名单”机制，实现信用分类监管，实行“不举不查制度”。获国务院批复为全国首批创建“网络市场监管与服务示范区”，构建知识产权“大服务+大保护+大运营”模式。

四川绵阳出口加工区

SICHUAN MIANYANG EXPORT PROCESSING ZONE

【概况】四川绵阳出口加工区于2005年6月经国务院批准设立，规划面积0.56平方公里。按照“统一规划、分期开发”的原则，2007年11月一期经国家九部委验收通过，封关运作，享受国家级出口加工区的各项优惠政策，是四川唯一的国家级出口加工区。2017年12月《国务院办公厅关于同意四川绵阳出口加工区核减规划面积的复函》同意绵阳出口加工区核减土地面积，核减后区域面积为0.137 3平方公里。

【经济发展】近年来，园区不断完善功能，拓展业务类型，做大做强园区企业，推动跨境电商业务发展，确保园区经济平稳有序进行。2018年，实现工业总产值9.378 7亿元，增速为9.6%；实现一线进出口额6.6亿元，二线进出区货物总值43.73亿元；实现网络交易额508亿元，网络零售额62亿元，电商企业缴税4 000万元。

【投资环境】四川绵阳出口加工区地处的绵阳市是党中央、国务院批准建设的科技城，幅员面积2.02万平方公里，常住人口485.70万。绵阳市先后荣获全国文明城市、国家卫生城市、全国优秀旅游城市、全国科技进步先进市、中国城市60强及西部最具投资吸引力城市。全市森林覆盖率为53%，城区人均绿地面积9.4平方米，是一座宜居宜业宜商的现代山水城市。四川绵阳出口加工区地理位置优越，位于成都、重庆、西安“西三角”的腹心地带，是成都平原城市群的重要节点城市。距成都86公里，距重庆300多公里，距西安500公里，是成都经济圈建设的重要环节，可辐射中国西南、西北地区4亿多人口的大市场。距离4D级的绵阳机场仅8公里，已开通直达北京、上海、广州等36个城市的航线。距离正在实施改造工程的国家二级铁路集装箱皂角铺火车站仅2公里。宝成铁路、成绵乐高铁穿城而过。距离成绵高速及复线、绵广高速、绵遂高速、成巴高速入口3公里。距“蓉欧快铁”起点成都青白江铁路口岸不到100公里，是“一带一路”和长江经济带结合部及连接线上的重要支点城市。从高速公路可直达乐山港、泸州港、宜宾港、广安港、南充港、广元六个港口，利用长江水道通达重庆、武汉、南京、上海等地。绵阳即将开通水路Ⅳ级航道，通过涪江、嘉陵江直达重庆，再通过长江通江达海。四川绵阳出口加工区充分利用绵阳作为我国重要科研生产基地的人才优势，与在绵阳的18家国家级科研院所、14所高等院校、8个国家重点实验室、5个国家工程技术研究中心、8个国家企业技术中心开展全面合作，可为园区企业提供22.7万各类专业技术人才。同时，绵阳高校普通教育在册大学生有15.58万人，成人教育在册大学生有13.87万人，中等职业教育年培养各类专业操作型人才1.1万人，为企业用工提供了充分的人力资源保障。

绵阳出口加工区经过 11 年的发展，区内道路、供电、供水、排污、网络通信等要素保障齐备，金融服务、政策咨询、注册服务、报关服务等软环境一应俱全，管理机构运作成熟。截至 2018 年年底，园区建成道路 5 公里，隔离围网 4 公里；建成 3 000 平方米检验检疫平台、海关监控系统“全域通”系统和海关报关辅助管理平台、永久性关卡等通关设施；建成标准厂房 13 幢共 14.4 万平方米，监管仓库 2 座共 1 860 平方米，职工宿舍 2 万平方米，大型餐饮中心 2 340 平方米，便民服务中心 4 000 平方米，综合办公大楼 3 546 平方米等配套设施；已建和在建的 11.3 万平方米的跨境电商产业园，围绕“一核四区多点”的布局正稳步推进，加工区保税监管功能也辐射带动了周边外向型企业的发展。

【招商引资】园区封关区内引进工业企业 5 家，物流企业 4 家，其中外资项目 2 个；配套区累计引进入工业企业 23 家，物流企业 4 家，中小微科技企业 63 家。到 2018 年 12 月 30 日止，园区已累计引进电商企业 312 家。

【政策支持】绵阳市现已具备包括中关村政策和国家自主创新示范区 4 项先行先试政策、西部大开发政策和高新技术企业政策（视自身情况选择其一），四川省为科技城量身定制的十条支持政策，绵阳市制定的 25 项支持创新创业政策、针对科技型中小企业发展专门出台的“涌泉计划”33 条及最新出台的人才发展专项资金。除了国家、省、市有关政策支持外，还制定了一系列优惠扶持政策已初步构建起国家、省、市、区四级政策支撑体系，为入区企业的发展提供后续支持与保障。

【发展趋势】根据国务院办公厅《关于印发加快海关特殊监管区域整合优化方案的通知》文件精神，绵阳市委市政府高度重视，加快推进绵阳出口加工区升级为综合保税区工作，绵阳出口加工区整合转型为综合保税区工作步伐不断加快，力争在 2019 年年底完成整合转型工作。结合绵阳市产业发展特点，绵阳出口加工区整合转型为综合保税区后将以科技城建设战略为核心抓手，依托成德绵经济带的腹地资源，着力建设以电子信息为主导的加工制造中心、以两新产业为主导的研发设计中心、以跨境电商为主导的销售服务中心，努力建设成为绵阳市扩大开放、加快科技城建设的核心功能平台，成为四川省第二大内陆开放型经济高地，成为长江经济带开放合作的重要支点，成为我国引进科技资源要素的示范基地。

【机构设置与管委会领导】四川绵阳出口加工区管委会下设综合科和电商科两个中层机构，负责出口加工区的规划建设、业务管理、对外招商引资、项目推进、协调服务等工作。

管委会领导：四川绵阳出口加工区管委会主任石吉志，副主任覃琴。

【招商部门】出口加工区综合科，科长邓晓丽，联系电话：0816－2850153；跨境电商园电商科，科长梁川，联系电话：0816－2797830；传真：0816－2549163。

陕西西安出口加工区 A 区

SHANXI XI'AN EXPORT PROCESSING ZONE (ZONE A)

【概况】 陕西西安出口加工区于2002 年6 月21 日经国务院批准设立，2004 年 4 月 5 日正式封关运行，2006 年 12 月经批准成为全国首批、西北唯一一家拓展保税物流等功能试点单位，陕西西安出口加工区同时具备出口加工和保税物流等功能。

西安出口加工区 A 区位于国家级西安经济技术开发区内，毗邻西安新行政中心，距西安咸阳国际机场 20 公里，距西安火车货运站 10 公里、火车集装箱货运新站 1 公里、西安铁路北客站 2.5 公里，距绕城高速公路入口仅 1.5 公里。加工区总规划面积 0.75 平方公里。

西安出口加工区 A 区封关运行以来，已引进英国罗尔斯罗易斯，法国赛峰，德国蒂森克虏伯，美国 GE、联合技术等 8 家世界 500 强企业，以及英国 AMS 航材、日本大河、美国雅奇等世界知名企业，中航工业西飞集团、西航集团、庆安集团及世纪互联和康龙化成等国内行业龙头企业 76 个项目入区，投产企业 58 家，累计实现进出口总额 150 亿美元，初步形成以高端航空制造为主，新能源、珠宝加工、服务贸易为辅的产业格局。

【经济发展】 2018 年园区完成工业总产值 209.4 亿元人民币，生产总值（增加值）54.7 亿元人民币，营业总收入 227.4 亿元人民币，固定资产投资 0.66 亿元人民币。

西安出口加工区 A 区在经济发展过程中，以陕西经济发展实际情况为基准，依托陕西在能源、人才、工业基础等方面的优势，逐渐形成具有自身特色的发展思路，主要体现在：

一是有效地利用陕西及西安的产业优势，将加工区的主导产业定位为航空、新能源、珠宝加工、服务贸易等领域。

二是积极推动国有企业、内资企业入区开展加工贸易，并鼓励入区企业使用国产设备和原材料，提升国产化率，有效促进提升企业核心竞争力。同时，积极倡导并促进国有企业研发、试制具有自主知识产权的加工技术及产品，促进加工贸易的转型升级。

三是发展航空特色出口加工区。西安出口加工区 A 区目前已聚集国际、国内 26 家航空制造企业及航材供应、物流企业，形成较为齐全的横跨国内外的“航空产业制造链”，为国外知名的波音、空客、GE、庞巴迪等公司，以及国内著名的西飞、西航、贵航、沈飞、成飞等厂商及国家大飞机项目提供生产、供应、物流一体化的服务，已经显现在航空制造业的示范、带动、辐射作用。

四是服务贸易的顺利开展优化了西安出口加工区 A 区的投资环境和企业运营环境，除对原有的主导产业有带动提升作用外，还引来诸多新兴产业“筑巢引凤”，以西安为中心辐射山西、甘肃、河南、宁夏、青海等地的“一日经济圈”已经形成，有效带动了区域经济的发展。

五是依托陕西在科技、教育、人才等方面的优势，每年有大批留学人员回国创办企业，园区在政策方面积极扶持。目前已有多家留学生创办的企业入区，涉及机械加工、生物科技、医药研发、电子信息等行业。

六是提高土地利用率，走集约化发展之路。在招商过程中，鼓励企业租或买已建成的标准厂房，提高土地使用效率，加快企业投产速度。

【投资环境】投资环境是区域发展的软实力，加工区始终把完善投资环境、提升服务质量放在首位，西安出口加工区A区为承接国外及东部地区加工贸易的产业转移，从软、硬件环境及招商、安商的各项优惠政策上，做好全方位的准备。

加大基础设施建设力度，完善投资环境。加工区目前建设有现代化多功能标准厂房25万平方米，其中已建成的一期单层标准厂房7栋、二期四层标准厂房1栋、三期四层标准厂房4栋、四期标准厂房4栋；保税仓库5栋，面积3.6万平方米，堆场18 500平方米；建设了公寓楼2万平方米，可容纳5 000人居住；加工区服务中心大楼2.5万平方米，可为企业提供办公、餐饮等服务；员工餐厅6 734平方米，可同时容纳5 000人就餐。

区内道路、给排水、供电、供热、供气、通信、宽带及生活服务等设施齐全。18层2.5万平方米的加工区服务中心大楼可满足区内企业办公需要。加工区周边地区的白桦林居、雅荷春天、西安中学、经发中小学、西安图书馆、城市运动公园、西安国际高尔夫运动中心、长安医院等完善的生活配套设施，为加工区营造出良好的人居环境，形成设施齐全的生活配套圈。

【招商引资】2018年，随着自贸试验区的获批，咨询、洽谈的企业数量飞速提高，全年共接待企业超过百家。重点围绕高端装备制造、新材料、新能源、跨境电商、智能制造和机器人等领域，先后引进宁波菲仕电机技术有限公司伺服电机、伺服驱动及控制系统项目，西安长阳新能源有限公司新能源项目，华欧精密多节电动缸产业化项目，英国利碧得特钢特种钢材项目等10余个项目入区。

【发展趋势】2019年，西安出口加工区A区在招商引资方面，将加大对航空、机械电子、珠宝加工、服务贸易等产业的招商力度。在日常管理工作中，不断创新运行机制，提高管理和服务水平，努力完善各类各项操作管理职能，着力发挥加工制造及保税物流功能对周边地区的辐射带动作用，为进一步促进区域经济发展做出新的贡献。

2019年，西安出口加工区A区力争完善以航空、新能源、珠宝加工、服务贸易等为主导的产业集群，打造具有内陆特色的加工区，为西安及陕西周边地区的外向型经济发展真正起到积极的提升和促进作用。

【机构设置与管委会领导】陕西西安出口加工区管委会下设陕西西安出口加工区A区管理办和陕西西安出口加工区B区管理办。

管委会领导：陕西西安出口加工区A区管理办主任饶宏，副主任王宁红。

【招商部门】西安出口加工区A区下设招商部门。联系电话：029－86402928、86531038。

保税港区（综合保税区）

洋山保税港区

YANGSHAN FREE TRADE PORT AREA

【概况】 洋山保税港区于2005年6月由国务院批准设立，由小洋山港口区域、芦潮港陆上区域和连接洋山岛与陆地的东海大桥组成，经扩区后，规划面积14.16平方公里，其中岛域面积7.31平方公里，陆域面积6.85平方公里，均已封关运作。

2018年，洋山保税港区扎实推进国际航运发展综合试验区建设，进一步增强航运口岸枢纽功能，提高口岸设施集约利用和智能化水平，着力推动洋山四期自动化码头规模化运作，有序推进国际采购与分拨配送、中转集拼、大宗商品、生鲜冷链、跨境电商、保税维修等新型功能发展，促使经济结构不断优化，产业能级持续攀升，经济总量保持较快增长，为推动上海国际航运中心建设发挥积极作用。据统计，2018年洋山保税港区投资企业完成经营总收入3 492.23亿元，同比增长13.2%；完成税务部门税收118.58亿元，同比增长12.7%；完成进出口总额855.71亿元，同比增长11.1%；年末企业从业人员4.60万人，同比增长8.5%。

【开发建设】 洋山保税港区陆域范围内基本完成“七通一平”，给水、雨水、污水、电力、燃气和通信管线等市政配套管线已落实，市政道路长度36.8公里，道路面积59.8万平方米，公共绿地面积66.9万平方米，河道面积10.6万平方米，泵站4座。2018年，洋山保税港区积极推进“洋山贸易便利化营运基地”“上汽国际分拨中心与运营总部”等建设，完成固定资产投资额5.23亿元，同比增长5.2倍。截至2018年年底累计完成固定资产投资额252亿元。

【企业设立】 企业投资恢复常态。洋山保税港区围绕区域重点产业功能开展战略招商，提升招商引资的精准度，新设企业数量降幅进一步收窄。据统计，2018年洋山保税港区新设企业90家，吸引内资企业注册资本17.8亿元、外商投资额0.58亿美元。

从企业投资来看，内资企业数量基本持平。2018年洋山保税港区新设内资企业78家，占新设企业总数的86.7%；吸引内资企业注册资本17.8亿元。注册资本超过亿元的企业有4家，合计注册资本8亿元，占内资企业注册资本的45%。新设外资企业12家，占新设企业总数的13.3%；外商投资额为0.58亿美元。

从行业分布来看，贸易类、租赁类企业迅速增长。2018年洋山新设企业中，贸易类企业37家，同比增长48.0%，占新设企业总数的41.1%；服务类企业32家，占比为35.6%；物流类企业15家，占比为16.7%，其中运输及货代类企业12家；租赁类企业5家，同比增长1.5倍，占比为5.6%。

从企业存量来看。截至2018年年底，洋山保税港区注册企业1 899家，注册资本2 634亿元。其中，内资企业1 608家，占企业总数的84.7%；外资企业291家，占比为15.3%。分行业看，物流类企业842家，占企业总数的44.3%，其中仓储类企业115家，运输及货代类企业727家（包括42家从事海上运输的船运公司）；贸易类企业570家，占比为30.0%；租赁和商业服务类企业312家，占比为16.4%；其他类企业143家。

【国际贸易】2018年，洋山保税港区进一步推进海关等部门改革试点措施的落地范围，加快亚太出口分拨功能的发展，促使进出口总额实现增长。据统计，2018年洋山保税港区投资企业完成进出口总额855.71亿元，同比增长11.1%。

从贸易方式上看：一般贸易增长较快，完成186.36亿元，同比增长47.2%，所占比重从2017年的16.4%提升到21.8%；物流货物进出口额规模较大，完成652.07亿元，同比下降1.8%，占比为76.3%。

发生进出口业务往来的国家和地区范围进一步拓宽。2018年洋山保税港区投资企业共与世界各地的158个国家和地区发生进出口业务往来。从国家和地区来看，共有21个国家和地区进出口额超过10亿元，合计进出口额698.36亿元，同比增长20.1%，占洋山保税港区进出口额的81.6%。其中，与欧洲的进出口额完成223.39亿元，同比增长13.4%，占洋山保税港区进出口额的26.1%；与亚洲的进出口额完成223.02亿元，同比下降8.7%，占比为26.1%；与拉丁美洲的进出口额完成209.55亿元，同比增长35.7%，占比为24.5%。三者合计完成进出口额655.96亿元，同比增长10.1%，占比为76.7%。进出口额位居前5位的国家分别为：智利134.07亿元，同比增长24.0%；美国88.86亿元，同比增长11.3%；澳大利亚63.70亿元，同比增长25.5%；俄罗斯76.51亿元，同比增长63.8%；日本34.52亿元，同比增长15.3%。这5个国家合计进出口额为397.65亿元，同比增长26.1%，占比为46.5%。此外，与“一带一路”国家和地区的进出口额完成278.73亿元，同比增长3.5%，占比为32.6%；与韩国的进出口额完成23.32亿元，同比增长19.1%。

进口额快速增长。2018年洋山保税港区进一步推进功能培育，优化进口商品结构，推动以金属铜、镍为主体的大宗商品业务的发展，促使进口额快速增长，完成584.88亿元，同比增长21.3%，占洋山保税港区进出口额的68.4%，比2017年提升5.8个百分点。

出口额保持两百亿级规模。洋山保税港区投资企业依托区位优势和贸易便利化措施，积极发展出口分拨业务，2018年完成出口额270.83亿元，占洋山保税港区进出口额的31.6%。

【产业发展】洋山保税港区依托优越的地理位置和功能创新优势，积极开展投资贸易便利化创新业务，强化国际采购及物流分拨配送中心功能，在大宗商品产业和航运物流产业双轮驱动下，区域经济保持较快增长。据统计，2018年洋山保税港区投资企业完成经营总收入3 492.23亿元，同比增长13.2%。

大宗商品产业占据贸易主体地位。洋山保税港区凭借独有的口岸和航线资源优势，不断巩固和强化大宗商品集散功能，通过“期货保税交割”“洋山铜溢价”“大宗商品现货市场”等功能培育，吸引众多大宗商品交易商集聚经营，洋山已成为我国重要的大宗商品进出口物流中转集散地和贸易中心之一。2018年洋山保税港区贸易企业完成商品销售额2 157.46亿元，同比增长15.6%，占洋山经营总收入的61.8%。

航运物流服务收入较快增长。航运物流业是洋山保税港区的传统优势产业。2018年洋山保税港区充分发挥航运枢纽和便利化创新的叠加优势，不断增强物流分拨配送中心功能，进一步提升物流运作效率，促进航运物流产业较快增长。2018 年洋山保税港区完成航运物流服务收入 1 291.14 亿元，同比增长 11.7%，占洋山经营总收入的 37.0%。

【功能培育】大宗商品期货保税交割业务实现突破性增长。积极推动大宗商品企业应用自贸试验区海关创新监管制度，支持企业自主选择申报出境或进口等期货后续流向，进一步提高备案、审价、放行等业务流程操作效率。全年开展期货保税交割 1 514 票，涉及电解铜 3.75 万吨，完成总货值 2.44 亿美元，征税 6 249.8 万元。

打造进境水果综合服务平台。以原进境水果“三个一”联合查验场站创新功能为基础，以洋山进境水果综合服务平台为切入点，以国际农产品综合服务平台为目标，瞄准国际市场，吸引贸易类、物流类、电商类、金融类及展示拍卖等创新类企业入驻。2018 年全年运作水果 13 486 标箱，查验 3 588 标箱，日均查验 10 标箱。截至 2018 年年底，平台共累计运作水果 16 524 标箱。

船舶保税维修跨港业务试点成功运作。2018 年 2 月，曼恩供应链管理（上海）有限公司完成自贸试验区首票国际船舶设备保税维修区港直供业务，标志着上海自贸试验区内的企业可为靠泊在上海关区各个港口的国际航行船舶提供维修设备直达、服务直供等保税维修服务，满足国际航行船舶快速响应、零等待的维修保养需求。

跨境电商示范园区建设有序推进。洋山保税港区是全市首批跨境电商示范园区，跨境电商业务不断做大做强。跨境电商项目壮大发展，某品牌出口方向跨境电商项目已覆盖除美国外的全球市场；推动上海自贸试验区首家酒类跨境电商平台项目落地洋山。

平行进口汽车业务稳步发展。洋山保税港区认真贯彻落实平行进口汽车创新举措，不断完善和优化平行进口汽车业务功能，推动平行进口汽车业务稳步发展。全年关区平行进口汽车进境 917 辆，货值为 4 371 万美元，主要涉及宝马、路虎等汽车品牌；已办理进口手续车辆 783 辆，货值 3 589 万美元，征税 1.56 亿元。

口岸国际中转功能较快提升。洋山深水港依托特有的区位、功能创新及区港一体化等叠加优势，着力提升口岸服务能级和服务环境，充分发挥水水中转、国际中转的枢纽作用，促进集装箱吞吐量较快增长。据统计，2018 年洋山保税港区完成集装箱吞吐量 1 842.4 万标箱，同比增长 11.5%，占上海港集装箱量的 43.9%。其中，体现对国内经济腹地辐射服务作用的“水水中转”集装箱量为 909.3 万标箱，同比增长 8.8%，占洋山港箱量的 49.4%；体现对国际市场中转功能的“国际中转”集装箱量为 232.9 万标箱，同比增长 22.1%，占洋山港箱量比重从 2017 年的 11.5% 提升到 12.6%。同期，完成货物吞吐量 16 669.2 万吨，同比增长 9.9%，占上海港货物吞吐量的 22.8%。此外，全年洋山港国际干线集装箱进出港 7 717 艘次，同比下降 4.5%；国内航行船舶 52 911 艘次，同比增长 6.4%，其中内支线集装箱船 9 997 艘次，同比增长 2.8%。

【发展效益】投资企业利润总额保持快速增长。洋山保税港区深入推进制度创新和功能拓展，积极打造高效便捷的营商环境，提升了投资企业竞争力，企业经营能级和盈利能力不断增强，利润总额保持快速增长。据统计，2018 年洋山保税港区投资企业实现利润总额 203.96 亿元，同比增长 29.4%。

据统计，2018 年洋山保税港区完成税务部门税收 118.58 亿元，同比增长 12.7%。其中，增值税完成 65.87 亿元，同比增长 26.7%，占洋山保税港区税务部门税收的 55.5%；企业所得税完成 42.42 亿元，占比为 35.8%；个人所得税完成 7.67 亿元，同比增长 23.4%。同时，印花税完成 1.89 亿元，同比增长 5.5%。

此外，2018 年全国各地的各类外贸企业为通过洋山口岸进出口货物而向洋山海关缴纳的各类关税和代征税为 370.7 亿元，增长同比 10.8%。

【招商部门】洋山保税港区由中国（上海）自由贸易试验区管委会保税区管理局统一管理。联系电话：021－58698500。

烟台保税港区

YANTAI FREE TRADE PORT ZONE

【概况】 烟台保税港区于2009年9月7日经国务院批复设立，规划控制面积6.21平方公里。烟台保税港区分为东、西两个区块。东区位于烟台港芝罘湾港区，面积3.95平方公里，保税港区管委实际管辖0.7平方公里，其余3.25平方公里为港口作业区，由烟台港集团管理。西区位于烟台经济技术开发区，面积2.26平方公里。东区和西区之间相隔约26公里。

2018年，园区完成进出口总额810.1亿元人民币，总量在全国海关特殊监管区域中排名第16位，在保税港区中排名第5位，在山东省10个海关特殊监管区中排名第1位，对烟台市扩大开放发挥了重要的平台和带动作用。

【投资环境】 园区加快推进基础设施建设，持续改善发展硬环境。先后实施海关查验平台建设、海关信息系统调试维修、海关监管围网整修、园区建筑外观美化、电子大厦装修改造等一系列基础配套工程，有效提升了园区承载力。在服务质量上下功夫，不断优化发展软环境。会同驻区海关、税务等部门认真落实“放管服”改革要求，常态化开展重点企业走访，统筹做好效能提升、管理规范、服务优化、政策落地等工作，积极构建“亲”“清”新型政商关系。全年共完成项目设立及变更备案18个。筑牢底线思维，全力打造和谐平安园区。全面落实安全生产监管责任，开展“安全生产月”、建筑施工安全专项治理和全国“两会”、上合组织青岛峰会期间综合整治等一系列活动。推进标准化复评及双重预防体系建设，高标准完成省安全生产巡查工作，及时组织专家排查重点企业安全隐患，督促有关企业按期完成整改。切实强化食品安全监管，加大信访维稳工作力度，强力整治环境污染突出问题，加强区内安保巡查，确保了园区和谐稳定。

【政策优势】 保税港区叠加了保税区、出口加工区、保税物流园区所有的政策功能，并增加了港口口岸功能，是我国目前功能最全、政策最优惠的特殊区域之一。保税港区内可开展九大功能业务，包括保税仓储，国际转口贸易，国际采购、分销和配送，国际中转，检测和售后服务维修，商品展示，研发、加工、制造，港口作业和经海关批准的其他业务。保税港区的优惠政策主要体现在保税、退税、免税、免证和通关便捷等方面。保税，即暂缓缴纳关税和海关代征的增值税、消费税。退税，即国内货物进入保税港区视同出口，实行退税；生产用水、电、气等实行退税。免税，即区内进口生产所需及其设备、基建物资及自用合理数量的办公用品免征关税和海关代征税，区内企业之间交易不征收增值税和消费税。免证，即在保税港区不实行进出口配额、许可证管理，货物自由流转，存储货物不设期限等。通关便捷，即保税港区海关监管方式是备案制，可集中报关、分批进出区，区港之间可“一次申报、一次审单、一次查验”，实现真正意义上的“区港一体”、无缝对接。

【产业发展】截至2018年年底，全区注册企业为400多家，东西两区分别依托烟台港和富士康工业园，培育形成以手机、游戏机、笔记本电脑等为代表的电子产品制造，以金属配件、仪表、内饰为代表的汽车零部件加工，以保税展示、供应链物流、外贸综合服务为代表的保税服务三大主导产业。产业结构持续优化，加快从传统加工贸易向新兴服务贸易转换升级，初步形成融资租赁、国际商品展示、跨境电商、外贸综合服务四大特色产业功能平台。全区共有规模以上企业15家，外贸进出口1亿美元以上企业9家，地方税收1 000万元人民币以上企业3家。

【招商引资】强化招商引资，促进产业结构优化。重点实施了两大转换：转换招商体制，全面补强专业招商力量，组建了投资促进中心，专门从事招商引资工作；转换产业方向，把招商重点转移到贸易类、物流类、电商类、平台类等轻资产项目，加速实现产业结构调整和集成创新转变。狠抓对外推介，力促内外招商。重点面向国际贸易、现代物流产业项目开展精准招商。先后赴日韩开展专门招商活动，拓展了招商渠道；借助“广交会”“京交会”“全球跨境电商峰会”“东亚博览会”“首届中国国际进口博览会”等国内展会平台，进一步加强园区招商推介力度，吸引了东立国际贸易、嘉宏机电、林克管理咨询、明跃际物联科技、鑫语商品展示、欧颂葡萄酒进出口等一批新项目入区发展。狠抓重点项目，加快培育新增长点。加紧推进清华大学“智能家·装配式住宅孵化基地”、进口冰鲜活鲜口岸、跨境电商综合服务中心等重点项目，促进项目尽早落地、见到实效。狠抓骨干企业，力保外贸增长。对重点骨干企业，坚持一企一策，量身定制支持措施，积极引导海港物流等骨干企业积极拓展大宗货物保税业务；协助区内森泽物流开拓中集来福士业务，帮助杜奥尔车饰申请获批委内加工政策，促成普莱特啤酒等公司增资扩产，推动杰仕珍酿等企业进一步拉长产业链、提高附加值，向全方位供应链业务拓展，全区进出口保持了平稳增长。

【园区改革】围绕招商引资和促外贸增长两大主题，研究制定了鼓励和扶持产业发展的优惠措施，形成涵盖新兴业态、外经贸发展等方面的全方位政策支持框架。推动土地集约利用，破解发展空间不足瓶颈。加大闲置和低效利用资源收储力度，优先发展楼宇经济，吸引新兴业态入区发展。对区内土地及厂房利用现状进行详细摸底，研究开展二次招商，打造跨境电商和服务贸易孵化基地。

【招商部门】烟台保税港区现有投资促进中心、经贸发展局、电商物流办公室3个招商部门，联系电话：0535－6877612、6877611、6877633，微信公众号：烟台保税港区，网站：http：//bsgq. yantai. gov. cn/。

烟台保税港区西区

YANTAI WESTERN BONDED PORT AREA

【开发建设】烟台保税港区西区坐落于全国首批14个国家级开发区之一的烟台经济技术开发区内，前身为烟台出口加工区B区。2009年9月经国务院正式批复设立，成为全国第13家、山东省第2家保税港区，也是按照“功能整合、政策叠加”要求，全国第一家以出口加工区和临近港口整合转型升级形成的保税港区。2010年7月，一期1.81平方公里通过国家十一部委联合验收，2011年1月正式封关运作。2016年10月，二期0.45平方公里通过由海关总署委托，青岛海关牵头，山东省发展改革委、商务厅等十一部门的联合验收。自此，国务院批准的西区规划控制面积全部封关并通过验收。

【投资环境】烟台地处中国山东半岛东部，濒临黄海、渤海，与日本、韩国隔海相望。烟台保税港区西区距烟台港、烟台火车站20公里，距烟台港西港区5公里，距潮水国际机场18公里。烟台港与100多个国家和地区的150多个港口通航，已开通日本、韩国等20余条国际集装箱班轮航线及19条内贸航线。建设中的烟台港西港区是域阔水深的天然良港，年吞吐量可达2亿吨。烟台空港已开通至首尔、大阪、香港、台北等8条国际航线及30多条国内航线。烟台铁路、高速公路直达全国主要大中城市，沈海高速公路和烟台至大连铁路轮渡是连接山东半岛和东北三省、贯通欧亚大陆桥的交通枢纽。

烟台保税港区西区位于烟台经济技术开发区西部。烟台经济技术开发区于1984年10月经国务院批准设立，是中国首批14个国家级开发区之一，发展目标定位为创新型、现代化、靓丽文明的滨海新城，也是山东省蓝色经济区最重要的工业基地之一。烟台经济技术开发区业已通过ISO 14001环境管理体系认证，成为ISO 14000国家生态示范区，是中国投资创业环境最优良的园区之一。截至2018年年底，已有81家世界500强企业落户开发区，构筑起以机械制造、电子信息两大产业为主导，汽车、手机、电脑、船舶、装备制造五大产品集群支撑的产业发展格局，成为全国重要的汽车工业、电子信息产业和造船产业基地。

【招商引资】招商引资和企业服务一直是园区发展的基石和保障，被奉为“头号工程”和“全员工程”。保税港区西区管理局多年来不断加大项目招引和服务企业力度，努力营建一流营商环境。2018年赴北京、上海等地招商多次，争取国内外客户百余人次来区接洽。内部定期召开招商调度会，全员思想高度统一，人人自觉加压奋进。2018年，新增项目7个，其中外资项目2个，增资项目1个，新增注册资本14 974万美元，实际利用外资5 000万美元。累计实际利用外资3.26亿美元，累计合同外资4.7亿美元。

【对外贸易】2018年，园区实现进出口额708亿元，占开发区的36.2%。其中，区内富士康四个法人公司贡献进出口额670.6亿元，占比为94.7%，主要是围绕富士康的游戏机、手机、液晶面板、摄像模组、印刷电路板等系列电子产品。其余约37.6亿元进出口额是由其他物流企业和生产企业实现的，其中进口占比达91%。区内朗越、近铁等物流企业重点服务富士康及区外LG等大型生产企业，主要开展供应商管理库存业务（进口保税仓储分拨配送），成为进口的主要来源。

【经济发展】出口加工区阶段。2005年8月，出口加工区B区正式封关运作，区内陆续引进一批生产、物流企业，园区活力逐步展现。2007年，经过开发区管委会的多方协调推进，富士康集团投资的鸿富锦精密电子（烟台）有限公司落户区内，当年投产，带动园区加工制造业水平迈上新台阶。2008年，富士康申请将已建成的鸿富泰精密电子纳入区内管理，2009年5月经国家验收，土地置换工作圆满收官，为富士康未来几年的发展奠定了坚实基础。2010年，园区实现产值915亿元、进出口199亿美元，进出口额一度占据开发区半壁江山。

保税港区阶段。进入保税港区阶段后，西区在发挥制造业优势的同时，着力引进高质量现代化物流公司，如乐金商事，主要从事LG手机零部件的供应商管理库存业务、联客物流主要从事厚木袜业产品及料件的“即进即出”业务。园区拥有完善的物流仓储设施和成熟的管理系统，可以为企业提供优质、完善的配套服务。

目前，西区已形成以电子产品加工制造为主，保税物流为辅的产业结构。园区有富士康、朗越、近畿包装等56家注册企业。2018年园区实现进出口额708亿元、主营业务收入460亿元，保税物流进出区货值为70亿美元。

【发展趋势】烟台保税港区西区着眼于政策功能区的职能，立足全市发展大局，坚持以服务全市和开发区主导产业发展为中心，以港口经济为导向，以国际贸易为主体，以现代物流为基础，构建产业特色鲜明的精品园区。随着开发区建成区规模的不断扩大及自贸试验区的逐步落地，保税港区西区将逐渐融入城市中心，因此，保税港区西区依托自贸试验区优惠政策重点发展先进制造业和现代服务业，其中先进制造业以富士康为依托，现代服务业以现代物流、研发检测维修等为主体，同时利用已建成的跨境电商监管中心和进口商品展示交易中心，大力发展跨境电子商务产业。

海关特殊监管区是一个政策功能园区，哪里的政策更为优惠、功能更为完善就更吸引企业进驻，并逐步形成聚集效应、规模效应。借助中韩产业园和新旧动能转换试验区的契机，在前期不断复制推广上海自贸试验区的成功经验的基础上，烟台保税港区西区努力坚持制度创新和政策创新不停步，尤其是在“一般纳税人资格”“货物分类监管”等政策的争取实施方面，不断完善园区政策功能，最大限度释放政策功能优势。

【机构设置】2003年9月，经国务院批准设立烟台出口加工区B区，由烟台经济技术开发区工委、管委会下设出口加工区B区管理局负责管理园区事务，后期更名为烟台保税港区西区管理局。2018年年底，开发区机构改革，保留烟台保税港区西区管理局的牌子，园区职能归并至烟台经济技术开发区招商合作管理局统一管理。

【招商部门】烟台经济技术开发区招商合作管理局全面负责烟台经济技术开发区及保税港区西区的招商洽谈工作。招商联系人：王雪，联系电话：0535－6396912、6939012，13562578159。

青岛前湾保税港区

QINGDAO QIANWAN FREE TRADE PORT ZONE

【**概况**】2018年，青岛前湾保税港区根据省市统一部署，充分发挥功能政策优势，坚持问题导向，加快新旧功能转换、区域转型升级和“双招双引”提升，区域经济稳中向好。

【**经济发展**】2018年，全区实现规模以上工业总产值100.98亿元，同比增长7.24%；实现营业收入100.98亿元，同比增长8.7%；实现利润总额9.27亿元；实现出口交货值81.21亿元，同比增长8.1%。

2018年，青岛前湾保税港区固定资产投资项目29个，共完成投资66 210万元，同比增长10.9%。其中，5 000万以上项目11个，全年完成投资38 984万元，同比增长82.89%；5 000万以下项目18个，全年完成投资27 376万元，同比下降29.45%；房地产开发项目1个，全年完成投资300万元，同比下降18.9%。

此外，批发业销售额为1 034亿元，同比增长33.8%；零售业全年完成12.06亿，同比增长9%；餐饮业全年营业额为16 809万，同比增长6.81%。

2018年，园区实现全部收入（包括海关关税及代征税）49.1亿元，同比增长4.69%；完成公共财政预算收入12.85亿元，同比增长3.72%；完成外贸进出口总额882.84亿元（126亿美元），同比增长0.1%；港口货物吞吐量为1.6亿吨，同比增长8.34%；集装箱吞吐量为1 409万标准箱，同比增长0.36%。

【**投资环境**】一是优化空间布局，完善“一体两翼”。2018年7月，保税港区三期3.68平方公里通过验收，实现全域封关运行。青岛港全自动化集装箱码头与保税港区的区域一体化高效运作，在全国率先争取配套区网外运作，为新模式、新业态落地提供承载空间。2018年11月，国务院正式批复青岛西海岸出口加工区整合优化为综合保税区，成为青岛市首个综合保税区，进一步丰富和提升“一体两翼”整合优化布局的政策内涵与开放水平。

二是争取政策突破，营造功能优势。2018年成功获批五项国家级政策试点，数量居全国海关特殊监管区域之首，为下一步发展和转型升级奠定了坚实的政策基础：一般纳税人资格试点为区内企业连接国内、国外两个市场创造了条件；作为全省唯一可承接跨境电商零售进口监管过渡期政策试点的海关特殊监管区域，正式开通了“1210”跨境电商保税备货试点；率先在同期获批口岸中实现汽车平行进口试点突破，为下一步青岛汽车口岸加快发展提供了政策支持；与上海期货交易所合作的20号标胶作为特定保税期货品种获国家批复立项，期货保税交割试点为大宗商品贸易转型升级开辟了新模式；率先在全国开展舱单状态下国际中转贸易试点业务，青岛口岸实现了国际中转贸易功能的突破。

【招商引资】 在市内，创新招商理念，引入社会资本，采用PPP模式，与社会投资方共同开发建设王台自贸产业新城，并通过财政部审核入库。在国内，推进功能区优化提升。其中，诸城功能区完成外贸进出口6 000万美元；临沂功能区新签约项目总投资14.25亿元；泰安功能区2个项目被列入山东省新旧动能转换重大工程项目名单，有效带动当地外向型经济发展。全力做好甘肃陇南西成经济开发区对口扶贫工作，帮助其建设空港物流园保税仓库。在国外，积极支持企业“走出去”发展，与“一带一路”沿线国家和地区加深合作。区内北海石油公司与哈萨克斯坦最大的油田签署合作协议，在哈萨克斯坦投资2 068万美元建设的环保产业园投入运营。此外，招商局集团青岛公司、万嘉集运等区内企业在美国、加拿大、非洲吉布提等地自营或合作运营15处海外仓，总面积达8万多平方米，为进出口企业提供了更多的服务和便利。

【产业发展】 在巩固提升橡胶、棉花等传统大宗商品种类基础上，创新开展原油无仓储贸易，完成外贸进出口10.3亿美元。创新开展乐器进口分拨业务，引进世界吉他第一品牌——吉普森，成为北方最大的吉他进口口岸。在全国开设直营中心98家，进口商品板块完成贸易额9亿美元。联合招商局集团、益海嘉里等行业领军企业打造全国最大的芝麻贸易平台及加工基地，成为全国最大的芝麻进口口岸。跨境电商产业园在省内率先开展海关特殊监管区域海运出口电商业务，网易考拉项目开仓运营，完成单量达28万余单，同比增长600%。汽车口岸物流产业园开工建设，5家试点企业启动，汽车口岸公共物流服务平台项目落地。保税港区西海岸出口加工区航空产业园完成改造建设，飞行培训中心完成奠基，昊海等5家航空企业落地。光电产业园引进的飞秒激光器项目，完成26项专利技术和实用新型技术的转移备案。

洋浦保税港区

YANGPU FREE TRADE PORT ZONE

【概况】 海南洋浦保税港区位于海南西北部的洋浦半岛，是我国最南端的保税港区，2007 年 9 月经国务院批准在洋浦经济开发区内设立，一期 2.3 平方公里于 2008 年 10 月正式封关运作。从封关运作至 2018 年年底，洋浦保税港区累计实现增加值 176.34 亿元，实现税务部门税收 31.05 亿元，实现进出口货值 11.38 亿美元，完成集装箱吞吐量 259.49 万标箱，完成固定资产投资 15.49 亿元。

洋浦保税港区依托洋浦经济开发区拥有天然深水良港的港口条件，毗邻东南亚和澳大利亚的区位优势，享受经济特区、国家级开发区、海南自贸试验区和自贸港等多重优惠政策，一直致力于打造洋浦经济开发区和海南省的重要对外开放窗口。园区具有保税、物流、加工功能，外向型企业可在港区内开展保税加工、制造，国际贸易，国际采购、分销和配送，大宗物资的国际分拨和中转，保税展示、交易和仓储，产品及设备的检测、维修、组装等业务。现有主导产业为粮食加工、椰子加工、冷链物流及大宗物流等，正积极发展跨境电商、保税展示、保税维修等新业态。

【战略定位】 洋浦经济开发区作为海南自贸港建设的先行区、示范区和海南高质量发展的增长极，定位于建设“国际陆海贸易新通道航运枢纽、大宗商品集散交易基地、先进制造业基地、新型贸易试验区”。洋浦保税港区作为海南省目前两个海关特殊监管区域之一，将在海南自贸港建设中发挥排头兵作用，拓展新片区打造航运枢纽港，积极发展粮食、椰子等大宗商品集散交易和跨境电商、保税展示、保税维修等新业态，逐步探索、稳步推进以“一线放开、二线高效管住”为主的制度创新。

【投资环境】 便捷的物流运输。洋浦港处于东亚和东南亚国际海运主航线中心，毗邻中国—东盟自由贸易区，距越南、印度尼西亚等东南亚国家只需 1～3 天海运航程，开通有至新加坡、马来西亚、缅甸、越南等地的航线。洋浦保税港区与洋浦港实行区港一体、无缝对接，进口货物可直抵厂区。此外，海南全岛已形成“田”字形高速公路网，道路出港区可与海南高速公路联网，并建有环岛高铁，岛内运输通道非常便捷。

完善的配套设施。洋浦港区现有 2 个 3.5 万吨级泊位，6 个 5 万吨级泊位，50 万平方米堆场。保税港区内已完成“七通一平”，建有现代化标准厂房约 2.6 万平方米，公共仓库约 2 万平方米，以及标准的查验平台、海关监管仓库和检疫处理区等设施，并在港区外开发区内建有配套的办公楼和蓝领公寓，可满足入驻企业需要。为进一步满足产业发展需要，拟规划建设标准厂房 6 栋（分两期）和外贸仓库 1 座，目前外贸仓库已启动建设。

优质的配套服务。一是工商、税务、商

务等部门和银行、船代、货代、物流等服务企业在保税港区综合服务楼现场办公，提供“一站式”服务；二是设有海关等口岸部门，提供集中报关、预约通关、查验、放行等全天候通关服务；三是港区与银行、通信等服务企业合作，为入区企业提供更加方便快捷的定制服务。

开放的制度创新。一是试行“一线放开、二线高效管住”的货物进出境管理制度；二是试行国际陆海贸易新通道航运枢纽配套的监管便利化政策；三是推行“放管服”改革，海南省将部分省级行政审批权下放洋浦经济开发区实施。

【政策高地】洋浦保税港区作为洋浦经济开发区的重要对外开放窗口和海南自贸港建设的排头兵，区内企业可享受洋浦经济开发区相关优惠政策、全国保税港区政策、全国自贸试验区可复制推广的政策、海南自贸港探索实施的“零关税、简税制、低税负”政策及保税港区专门制定的产业扶持资金政策，其中对于在港区内开展保税加工、制造或开展国际贸易，国际采购、分销和配送，国际分拨和国际中转，保税展示、保税交易、保税仓储的企业，符合条件的每年可单项申请外向型经济扶持资金高达400万元。

【机场设置】洋浦保税港区管理局作为洋浦经济开发区管委会直属正处级事业单位，主要负责保税港区的功能开发、招商引资、企业服务、园区管理等工作。

【招商联系】洋浦保税港区管理局竭诚为入区投资企业提供全方位的优质服务，诚挚欢迎广大客商前来考察咨询和投资兴业。联系电话：0898－28810972，传真：0898－28819353，微信公众号：洋浦保税港区管理局。

苏州工业园综合保税区

SUZHOU INDUSTRIAL PARK INTEGRATED FREE TRADE ZONE

【开发建设】苏州工业园综合保税区规划面积5.28平方公里，分为东、西两个围网区，东区面积3.88平方公里，西区面积1.4平方公里，是在原监管点、出口加工区和保税物流中心（B型）基础上整合而成。2007年8月28日通过海关总署等国家九部委的联合验收，2008年1月15日正式封关运作，是国内首个综合保税区。

【投资环境】苏州工业园区位于长三角腹地，是上海向内陆地区货物疏散和补给的枢纽，海陆空运输条件优越。沪宁高速公路、铁路贯穿东西，苏嘉杭高速直通南北，两小时车程内可达上海浦东和虹桥机场、杭州萧山机场、南京禄口机场。沿长江有太仓港、张家港等诸多支线港口作为上海、宁波港的补充，企业货物出口可供选择的口岸多、运费低。

园区高度重视环境载体建设。截至目前，建成各类保税仓库40万平方米，厂房约170万平方米，区外周边建成非保税仓库60万平方米，商业和办公设施60万平方米，已初步形成设施先进、配套完善、交通便利，集保税加工、保税物流和进出口贸易为一体的综合性功能区域。园区积极发挥苏州工业园区良好的产业基础和开放创新优势，积极对标世界一流自由贸易区，加快推动功能转型、产业升级和监管创新，努力打造功能高端复合、贸易自由便利、产业开放多元、监管有效到位的专业化自由贸易区。

【招商引资】2018年，园区充分依托一般纳税人资格和贸易多元化试点等政策优势，加大招商引资力度，全力推进重点项目引进。2018年新增注册企业14家，其中贸易企业3家，仓储物流企业6家，生产企业4家，其他类型企业1家。引进网易考拉海购华东运营中心落户贸易功能区，进一步丰富了区域的业务业态。健全完善招商亲商、综合保税区联席会议协调机制，定期汇总协调解决企业各类问题和诉求，增强了企业获得感。

【经济发展】2018年，园区紧密围绕高端制造、金融贸易、公共平台和仓储物流四大体系建设目标，全力推进各项功能政策试点、信息化建设、口岸平台建设及重点项目招商等工作，持续深化转型升级，推进区域功能提升。2018年，园区工业总产值约为373.7亿元，同比增长7.5%；完成进出口额296.18亿美元，同比增长34%；实现监管货值1 337.66亿美元；完成监管货运量253.65万吨；受理报关单证84.53万份；实现海关入库税额35.81亿元。离岸、境内及跨境转口贸易结算业务发展顺利，共完成结算额37.27亿美元。总体来看，园区经济发展相对稳定，主要工作稳步推进。

【信息化建设】2018年，园区线上综合服务平台功能持续提升，提供“一点接入、一站式服务”，实现相关部门数据的互联互通和信息共享，平台根据政府与企业需求率先开展跨境 B2B 出口与“1210”保税进口业务、平台通关服务全免费。截至目前，线上综合服务平台注册企业数达 387 家，共操作 466 087 票，备案商品数量为 58 931 种，总金额超过 158 亿。外汇监测服务系统进一步推广，V3.0 版增至 70 多种贸易规则，实现所有贸易规则自动核查功能，增加更多外汇统计监测分析功能，充分采用科技手段简化监管手续，提高监测与服务效能，使园区海关特殊监管区企业充分享受到贸易便利化。

【政策创新】2018 年，进一步在园区推进一般纳税人资格试点，促进加工贸易转型升级。截至 2018 年年底，已试点企业 24 家，其中生产型企业 16 家，贸易型企业 8 家。贸易多元化试点与贸易功能区建设稳步推进，截至 2018 年年底，已累计入驻企业 92 家。坚持问题导向，完成提升园区发展水平课题调研，保税研发等政策诉求纳入国家新政。争取落实简化进出区管理，简化国内非报关货物入区手续。

【功能平台】2018 年，主动对接长三角一体化战略，园区港正式开航，并与上港集团建立战略合作关系，区域物流通关和贸易便利化水平持续提升。

苏州园区港项目持续推进，码头、堆场已投入使用，通过“江海联运”多式联运方式实现与一线海港的一体化运作，目前已开通园区港至上海宜东码头、外高桥码头、宁波港区、太仓港区 4 条集装箱内外贸水运航线，2018 年完成集装箱吞吐量 54 874 标箱。计划 2019 年年底园区港将完成海关水路监管点改造工程，监管点的设立将服务于园区企业海运集装箱进出口通关，充分发挥口岸对区域外向型经济的平台支撑效应。

【招商部门】产业发展局（招商局）。联系电话：0512－67253497，电子邮箱：fuyuan@sipac.gov.cn。

上海浦东机场综合保税区

SHANGHAI PUDONG AIRPORT FREE TRADE ZONE

【概况】上海浦东机场综合保税区于2009年7月3日由国务院正式批准设立，规划面积3.59平方公里。2010年4月2日开始一期1.60平方公里的封关运作，2011年12月28日完成二期1.99平方公里的封关验收，实现园区3.59平方公里整体封关运作。

2018年，浦东机场综合保税区围绕自贸试验区建设总体目标，加快融资租赁功能拓展和物流监管创新，着力推进改革创新成果常态化规模化运作，不断强化产业功能，持续优化配套服务，区域经济保持快速增长。据统计，2018年浦东机场综合保税区新设企业43家；投资企业完成经营总收入179.91亿元，同比增长28.0%；完成进出口总额530.96亿元，同比增长8.3%；完成税务部门税收26.64亿元，同比增长28.4%。

【开发建设】目前，浦东机场综合保税区园区道路、河道、市政管线、监管设施、信息系统等配套设施建设进一步完善，园区道路长度14.7公里，道路面积25.3万平方米，公共绿地面积5.6万平方米，泵站1座，西货区和仓储作业区均已开展业务活动。2018年浦东机场综合保税区加快推进“国际品牌现代仓储基地项目”“浦东空港物流园区A1-1地块物流项目”等重点项目建设，完成固定资产投资额11.22亿元，同比增长14.4倍。截至2018年年底累计完成固定资产投资额77亿元。

【企业设立】企业投资总体平稳。2018年浦东机场综合保税区继续深入推进符合企业需求的制度创新，不断强化区域已有的功能板块，充分发挥各项功能创新的集成效应，新设企业平稳运行。据统计，全年综合保税区新设企业43家，与2017年持平；吸引内资企业注册资本2.3亿元，外商投资额5.8亿美元。

从企业投资来看。2018年浦东机场综合保税区新设内资企业42家，与2017年持平，占新设企业总数的97.7%；内资企业注册资本为2.3亿元。新设外资企业1家，外商投资额为5.8亿美元，其中合同外资2.4亿美元。

从行业分布来看。2018年新设企业中，租赁类企业27家，同比增长1.0倍，占新设企业总数的62.8%；物流类企业7家，占比为16.3%；服务类企业5家，占比为11.6%；贸易类企业4家，占比为9.3%。

从企业存量来看。截至2018年年底，浦东机场综合保税区有注册企业1 064家，累计注册资本1 144亿元。其中，内资企业820家，占企业总数的77.1%；外资企业244家，占企业总数的22.9%。从行业看，租赁和商业服务类企业597家，占企业总数的56.1%；贸易类企业282家，占比为26.5%；物流类企业107家，占比为10.1%；其他类企业78家。

【国际贸易】2018年，浦东机场综合保税区坚持问题导向、需求导向和效果导向，积极贯彻落实制度创新和功能拓展的各项举措，在保持原有业务较快发展的基础上，着力做好各项重点功能突破，进一步凸显上海国际航运中心综合枢纽的优势。据统计，2018年浦东机场综合保税区投资企业完成进出口总额530.96亿元，同比增长8.3%。

物流货物占主要比重。从贸易方式上看，浦东机场综合保税区物流货物进出口额占主要比重，完成518.55亿元，同比增长9.5%，占综合保税区进出口额的97.7%；加工贸易和一般贸易分别完成进出口额7.43亿元和3.78亿元，合计占比为2.1%。

发生进出口业务往来的国家和地区范围进一步拓宽。2018年浦东机场综合保税区投资企业共与世界各地的121个国家和地区发生进出口贸易往来。从国家和地区看，与14个国家和地区的进出口额超过10亿元，合计471.06亿元，同比增长8.2%，占综合保税区进出口额的88.7%。

进口贸易有所波动。据统计，2018年浦东机场综合保税区完成进口额261.85亿元，同比下降10.5%，占综合保税区进出口额的49.3%。全年浦东机场综合保税区从欧洲进口额为98.62亿元，占综合保税区进口额的37.7%：主要是从法国进口46.15亿元，同比增长2.7%；从意大利进口15.76亿元，同比增长1.7倍。从亚洲进口额为81.77亿元，占比为31.2%：主要是从日本进口16.72亿元，同比增长89.7%；从马来西亚进口6.24亿元，同比增长21.1%。从北美洲进口额为72.57亿元，同比下降23.6%，占比为27.7%，主要是受中美贸易摩擦影响，从美国进口71.33亿元，同比下降24.3%。

出口贸易持续增长。据统计，2018年浦东机场综合保税区完成出口额269.11亿元，同比增长36.0%，占综合保税区进出口额的50.7%，超过进口规模。浦东机场综合保税区出口商品的主要市场是亚洲国家和地区，全年完成208.66亿元，同比增长44.2%，占综合保税区出口额的77.5%：主要是向中国香港出口达到130.35亿元，同比增长40.3%；向日本出口27.83亿元，同比增长1.3倍；向新加坡出口26.84亿元，同比增长21.9%。向欧洲出口额完成34.06亿元，占比为12.7%：主要是向荷兰出口12.47亿元，同比增长18.2%；向德国出口11.61亿元。向北美洲出口额为21.71亿元，同比增长50.1%，占比为8.1%，主要是向美国出口21.58亿元，同比增长52.7%。向大洋洲出口额为3.20亿元。这四大洲合计出口额占浦东机场综合保税区出口额的99.5%。

【产业发展】 随着浦东机场综合保税区营商环境不断优化和创新试点示范效应迅速放大，吸引越来越多的企业聚集发展，推动了租赁服务、航运物流、现代商贸等业务加快发展，园区企业经营收入快速增长。据统计，2018年浦东机场综合保税区投资企业完成经营总收入179.91亿元，同比增长28.0%。

租赁服务收入保持快速增长。浦东机场综合保税区积极推进经营性租赁收取外币租金常态化运作，扎实推进飞机融资租赁异地委托监管政策落实，促进租赁企业服务收入快速增长。全年租赁类企业完成服务收入119.51亿元，同比增长28.6%，占园区经营总收入的66.4%。

航运物流服务收入较快增长。随着货物状态分类监管等创新试点的深化及空港服务环境不断优化，贸易便利化程度进一步提升，促进航运物流业务较快发展。全年航运物流企业完成服务收入66.91亿元，同比增长11.5%，占园区经营总收入的37.2%。

【功能培育】 分拨中心业务有新发展。浦东机场综合保税区内已形成半导体电子类分拨中心集聚区，医疗器械、医药类分拨中心的发展也初具成效。2018 年，瑞萨电子、国药医疗器械等重点项目分拨中心相继落地。

平行进口汽车业务正式运作。2018 年，浦东机场综合保税区进口汽车商在区内租赁场所约 20 000 平方米，主要是运作法拉利、玛莎拉蒂、路虎 3 个品牌系列车型。全年试点企业已分批运作 444 辆平行进口汽车进入园区，这标志着浦东机场综合保税区正式开展平行进口汽车业务。

波音维修业务稳步发展。一是波音维修利用保税维修模式、远程视频查验等系列政策与信息化手段推动业务持续发展。首架新一代 737 – 800BCF 已由波音维修完成改装并于 4 月 19 日成功交付，该项目主要为快递公司作飞机改装，以延长飞机寿命，提升物流速度。二是监管部门加强与波音维修的沟通交流，促进公司新业务开展。全年波音维修 737 – 800 改装货机（BCF）项目产线翻番，787 等机型维修能力稳步提升，并新引进文莱皇家航空、挪威航空等客户。

【发展效益】经营效益保持较高水平。浦东机场综合保税区主导产业保持快速发展，租赁资产规模不断扩大，经营效益保持高位运行，企业利润总额在 2017 年高增速的基础上保持增长。据统计，2018 年园区投资企业实现利润总额 34.21 亿元，同比增长 2.0%。

2018 年园区完成税务部门税收 26.64 亿元，同比增长 28.4%，其中租赁产业贡献税收占比为 80.0%。其中，企业所得税达到 15.65 亿元，同比增长 38.3%，占园区税务部门税收绝对额的 58.8%，占增量的 73.5%；增值税完成 9.48 亿元，同比增长 17.2%，占园区税务部门税收绝对额的 35.6%，占增量的 23.6%。此外，个人所得税完成 1.09 亿元，同比增长 19.8%；印花税完成 2 092 万元。

【招商部门】上海浦东机场综合保税区由中国（上海）自由贸易试验区管委会保税区管理局统一管理。联系电话：021 – 58698500。

海口综合保税区

HAIKOU FREE TRADE ZONE

【概况】 2018年以来，海口综合保税区紧紧抓住建设海南自贸试验区和中国特色自贸港的机遇，充分发挥海关特殊监管区域的独特优势，在建设海南自贸试验区和中国特色自贸港实践中勇当先锋、做好表率，探索推出了海口综保区首批海南自贸试验区建设十项任务清单，积极发展跨境电商、平行车进口、黄金珠宝、国际保税直营等产业，推动园区较快发展。

【经济发展】 2018年，海口综合保税区（含原保税区）主要经济指标总体呈上升态势。全年完成营业总收入240.11亿元（不含华信相关企业），同比增长19.56%；完成工业总产值106.2亿元，同比下降8.73%；实现进出口货值39.57亿元，同比增长36.75%；完成税收总额（不含关税）18.74亿元，同比增长6.42%；完成固定资产投资13.38亿元，同比增长下降11.7%；新增注册企业380家，同比增长187.97%。具体分行业如下：

一是汽车及运输设备制造业实现工业产值22.97亿，同比下降52.17%。近年来，一汽海马积极实施“出口战略”，2018年出口16 936辆，占总产量80.27%，出口交货值为14.43亿元。

二是机电信息产业年中发力增幅较大。全年完成工业总产值27.22亿元，同比增长16.61%。

三是医药制造业保持较快增长势头。2018年，医药产业的单月产值均保持增长。全年累计完成工业总产值54.72亿元，同比增长24.42%。

四是其他加工业稳步增长。累计完成工业产值12 016.7万元，同比增长32.93%。

五是贸易物流服务业保持较大增幅。全年累计完成营业总收入189.71亿，同比增长19.56%。

【固定资产及在建项目】 海口综合保税区2018年在建项目共19个，全部为社会投资项目。1～12月实际完成固定资产投资13.38亿元，同比下降11.7%。其中，房地产项目完成投资2.72亿元，占比为20.24%，非房地产项目投10.66亿元，占比为79.67%。

【招商引资】 园区全面落实海南省、海口市招商工作部署，全力以赴抓好招商引资，做好建设招商工作。2018年来，新增注册企业380家。其中，内资企业354家（大部分为4月13日之后注册），同比增长187.97%；外资企业26家（约占全市三分之一）。共接待国内外客商团队1 500余人次，引进购地用地项目4个，投资总额20.26亿元。

加大招商引资力度，大力发展总部经济。共有6家央企落户并注册成立9家企业，其中中国旅游集团国内总部已经正式从北京迁入海口综合保税区，中免集团等其他5家央企在园区注册8家公司。唯品会、厦门国贸、印尼环球等国内外知名企业也在园区注册。在项目的落地过程中，园区派专人负责协调国土、工商、税务、海关、银行等部门，主动协助企业办理各项手续。

大力推进交易中心及金融项目入区。通过“走出去请进来”等方式，实施优惠政策引企业入区。经过积极推动，浦发银行总行正式批复海口分行成立“浦发银行海南离岸业务创新中心”，该行在综合保税区内设立业务窗口并开展自由贸易账户 FT 业务，同时为区内企业提供离岸金融业务服务。支持国投融资、国铁融资等企业开展融资租赁业务。

深入开展“百日大招商”。在活动中，接待来自国内外客商团队 1 100 余人次，新增注册企业 318 家（其中外资企业 24 家），落实项目 14 个。

【业务创新】海口综保区作为海口开放型经济的前沿阵地，主动发挥海关特殊监管区域的功能和优势，加快发展跨境电商、全球维修、邮轮贸易、保税展示交易等新业态，推动服务贸易转型升级，探索推出了海口综合保税区首批海南自贸试验区建设 10 项任务清单，包括创新发展跨境电商、保税燃油直供、橡胶保税现货、期货交易交割及外向型总部经济等。

一是大力发展钻石珠宝产业。依托海关总署赋予海口综合保税区“钻石通关一体化”政策，打造黄金钻石珠宝产业园，已进口成品钻 5 890.5 克拉（完税货值 3 625 万元），保税转免税首饰入境 3 297 件（入境申报货值 596 万元）。结合海南国际旅游岛实际，将在园区保税加工的国际品牌商品销往离岛免税店，形成钻石珠宝加工、展示、销售产业链，通过“保税转免税”模式进驻免税店及电商销售等渠道，扩大销售，发挥产业集聚效应。

二是积极发展保税仓储物流业。充分利用海关特殊监管区的政策优势，积极发展橡胶、名贵木材、大宗商品交易等业务，区内大宗商品呈多元化发展。共进口橡胶 13 200 吨，进口非洲安哥拉“鞘仔古夷苏木”818 吨。此外，积极推进与上海期货交易所合作事宜，按照进口橡胶交割仓的标准和要求，加快改造现有保税仓库，积极申报上海期货交易所进口橡胶保税交割仓。不断探索开展木材、咖啡等大宗商品交易，并以期货交割仓为基础努力打造成大宗商品交易中心，把海南大宗商品业务做大做强。

三是创新发展跨境电商外贸新业态，创新跨境电商外贸新模式。推动跨境电子商务综合试验区获批，在开展保税备货模式（B2B2C）业务的同时拓展跨境直购模式（B2C），累计出区单量 13 053 票。唯品会、高培、坤牧等 50 多家电商企业入驻跨境电商产业园。在全国率先实现“跨境电商 + 新零售”模式，高培跨境电商体验店、香港新毅国际 2 家线下实体店已正式开业。

四是推进汽车平行进口试点。商务部等六部委批准在海口港开展汽车平行进口试点。园区 4 家企业于 11 月 15 日被商务部核准为开展汽车平行进口试点企业。全年累计进口车辆 30 批次 536 辆，进口货值约 2 130.66 万美元,关税约 8 572 万元，整车进口口岸业务平稳开展。

五是启动文化保税产业。借鉴上海、北京等地文化保税产业经验与做法，积极探索发展文化保税新产业、新业态。目前已进行国际文化艺术品中心的规划设计，联合北京火凤凰公司成功举办主题为“再现毕加索”的国际艺术品保税展示交易会，20 多件毕加索作品为国内首次展出。

六是扩大保税直营辐射面，助力国际旅游消费中心建设。海口保税直营中心是目前海南省规模最大的进口商品超市，致力于打造“真进口、纯进口、全进口”进口商品超市。作为国际旅游消费中心的重要组成部分，海口保税直营中心自2016年第一家门店开业至今已发展到4家门店，为市民、游客提供来自全世界105个国家和地区的包括海鲜、食品、水果、酒类、日化、母婴用品等15 000多种进口商品，助力国际旅游消费中心建设。

钻石通关一体化完成进口成品钻3 473.34克拉，价格为2 028万元人民币。利用保税转免税政策转免税店销售2 396件，货值元55万美元（人民币389万元）。

【发展趋势】2019年，海口综合保税区按照省委、市委“在建设海南自由贸易试验区和中国特色自由贸易港实践中勇当先锋、做好表率”专题活动的工作部署，持续发扬敢闯敢试、敢为人先、埋头苦干的特区精神，抢抓政策机遇和市场机遇，创新拓展综合保税区政策功能，始终把招商引资作为经济发展的重要抓手，在优化园区营商环境、提高政府执行力、加快在建工程项目建设、探索整合“两区两港”及发展跨境电商、离岸金融、平行车进口等新业态方面下功夫，坚决扛起建设海南自贸试验区和中国特色自贸港的开放型园区责任，争当建设海南自贸试验区和中国特色自贸港的排头兵和探路者。围绕上述目标，将重点抓好以下几方面工作：一是着力园区发展的前瞻性；二是抓好招商引资和项目建设，夯实稳增长基础；三是切实抓好跨境电商综合试验区和整车口岸平行试点推进工作；四是加快推进文化保税和大宗商品（橡胶）保税期货交割仓建设；五是积极做好人才招聘和培养工作；六是加强区域经济合作与交流；七是推进园区建设精细化；八是加强园区企业服务；九是狠抓安全环保维稳工作。

嘉兴综合保税区

JIAXING FREE TRADE ZONE

【经济发展】2018年，嘉兴综合保税区实现规模以上产值4.24亿元，实现进出口额2.13亿美元，实现进出区货值13.6亿美元，实现物流企业营业收入5 216万元。

【投资环境】嘉兴综合保税区位于浙江嘉兴滨海新城内，地处长三角南翼，杭州湾北岸，紧靠国家一类开放口岸嘉兴港，是长三角沪、杭、苏、甬地区的重要交通枢纽，面积1.33平方公里，于2015年1月31日经国务院批准设立，是浙江省首个由出口加工区整合优化而设立的综合保税区，也是嘉兴市国家级对外开放平台和唯一的海关特殊监管区域。

嘉兴市地处长三角中心，毗邻上海，紧依苏南，是浙江省接轨上海的前沿阵地。嘉兴综合保税区区位条件优越，已形成铁路、公路、港口、内河、航空等各种运输方式组成的综合交通网络，投资商务成本较低。与上海、苏州、杭州、宁波等大城市实现“一小时交通圈”。公路铁路方面，位于沪杭铁路、沪杭高速公路、乍嘉苏高速公路、杭浦高速公路、杭州湾跨海大桥和规划在建的沪乍杭铁路、沪杭高铁的黄金通道上，东西大道（01省道）、老沪杭公路等更拓深拓宽了其对外通道，形成四通八达的公路网。港口与内河方面，嘉兴港是国家一类开放口岸，浙北地区重要的出海港口，唯一的海河联运港，水深与航道条件良好，距上海洋山港和宁波港分别只有53海里和74海里；乍嘉苏内河航道和六平申线，将嘉兴港码头与京杭运河、杭申线等主要内河航线联通，有力地发挥了海河联运的优势。航空方面，至上海浦东、上海虹桥、杭州萧山三大国际机场的车程均在1小时左右，依托三大空港的航空运输条件十分便利。嘉兴综合保税区拥有便捷快速的物流大通道，交通地理区位的功能和价值日益凸显，为园区的进一步发展提供了完善便捷的交通集疏运体系保障。

嘉兴综合保税区所在的滨海新城是嘉兴市现代化网络型田园城市的6个副中心之一，辖区内有一座千年古镇——乍浦镇，历史悠久，自古就有“江浙门户”“海口重镇”之称，在清代就是浙北地区对外经济文化交往的重要门户。辖区内还有省级九龙山旅游度假区、九龙山国家森林公园、港口、杭州湾跨海大桥、海鲜美食旅游等资源。滨海新城经过近年来的开发建设，已建成26平方公里的道路框架，交通、供水、供电、供气、污水处理等城市基础配套基本完善，与周边高速公路网络实现无缝对接，交通区位优势更加明显，港口的货物集散能力得到较大提高。按照建设宜业宜居宜游型城市的理念，新城的生态建设和环境保护取得明显成效，教育、卫生、商贸、住宿餐饮、旅游休闲等功能性设施不断完善。

【嘉兴港】嘉兴港系国家一类开放口岸，为浙北地区唯一出海口，拥有自然海岸线72公里，已发展成为公专用泊位相配套、内外贸兼营和集装箱、散杂货及液体化工品装卸功能齐全的综合性港口，大宗货物吞吐量和集装箱业务近三年增速列全国沿海港口首位，货物吞吐量跻身全国十强。2018 年，嘉兴港累计完成货物吞吐量 9 689.4 万吨，同比增长 9.8%；完成集装箱 172.3 万标箱，同比增长 19.4%。这两项主要港口生产指标均创历史新高，且增速均领跑全省沿海港口。港口共拥有码头泊位 48 个，其中万吨级以上 35 个，集装箱航线 21 条。此外，嘉兴港拥有密集的内河运输网络，连通京杭大运河、杭平申线、黄浦江和长江内河，辐射长三角地区，形成独特的海河联运。

【发展趋势】嘉兴综合保税区将建设成为嘉兴市全面深化改革扩大开放的先导区、国际化品质城市的功能区、浙江省全面接轨上海示范区的先行区、高质量外资集聚地的特色区，为嘉兴市构建以“一带一路”建设为统领的对外开放新格局，全面推进全方位、宽领域、多层次对外开放作出更大的贡献。

嘉兴综合保税区着力培育三大重点发展领域：

重点发展保税仓储物流业。做特做强大宗工业基础原料进口保税仓储物流服务；通过加快冷链物流发展，重点发展果蔬及肉类冷链，积极拓展第三方冷链业务，主动承接跨境电商冷链业务；积极培育区域特色产品出口仓储物流服务；联动发展物流供应链管理服务。

提升发展保税加工制造业。重点以汽车零配件等高端装备制造、高档羊毛纺织加工等产业领域为主攻方向提升发展保税加工制造产业，延伸拓展保税研发设计、检测、维修产业链。

加快培育新兴保税服务业。加快培育传感器等保税产品分拨中心、贸易销售中心、交易结算中心，加快发展进口商品展示交易服务；积极培育金融、商贸、科技、咨询中介等新型保税服务业；培育发展跨境电商和高端保税服务领域。

【机构设置】浙江嘉兴综合保税区管委会与嘉兴港区开发建设管委会合署办公。根据“不增设机构”的原则，采用“两块牌子，一套班子”，实行统一领导、统筹规划、分工负责、分块运作、互为依托的管理体制，设有嘉兴综合保税区综合管理局、规划建设局、招商局。其中，综合管理局具体负责综合保税区的日常管理事务，内设 3 个科室：综合服务科、产业发展科和信息管理科。

【招商部门】嘉兴综合保税区综合管理局。联系电话：0573－85588101、85588102，传真：0573－85588101。

廊坊综合保税区

LANGFANG COMPREHENSIVE BONDED ZONE

【概况】 廊坊综合保税区于2018年1月25日经国务院批准设立，2019年6月18日通过国家验收，位于廊坊经济技术开发区（国家级开发区）域内，规划面积0.5平方公里，是河北省首家由出口加工区整合优化为综合保税区的海关特殊监管区域，也是距北京大兴国际机场最近的海关特殊监管区域。

【经济发展】 2018年廊坊综合保税区各项经济指标平稳向好。全年进出区货物总量7.69万吨，进出区货值5.79亿美元，完成税收834.72万元，实现固定资产投资4.9亿元。

【投资环境】 独特的区位。廊坊综合保税区位于北京与天津之间，地理位置得天独厚：距北京市41公里，距天津市65公里，距雄安新区140公里；距首都国际机场70公里，距北京大兴国际机场仅26公里，距天津国际机场80公里；距天津港105公里；

便捷的交通。廊坊是京沪高铁从北京出发停靠的第一站，廊坊到北京用时仅需20分钟，到天津仅需18分钟，到上海仅需5小时。G2（京沪高速公路）穿区而过，G3（京台高速公路）、京津高速公路、津保高速公路、廊涿高速公路等多条国家、省级的高速公路形成四通八达的交通网络。

优惠的政策支持。廊坊经济技术开发区相继出台廊坊开发区促进企业高质量发展10条措施等政策，对总部企业、大数据相关产业、国际贸易企业、金融业、高技术服务业和众创空间、科技企业孵化器等，根据不同情况在落地补助、开办扶持、运营补贴、增资扶持、用房补贴、技术研发补助、增设机构奖励等方面给予支持。

完善的配套服务。廊坊综合保税区依托廊坊经济技术开发区领先的智慧园区管理模式、完善的基础设施环境、配套的产业发展环境、丰富的人力资源环境、快捷的通关环境、优质的商务运行环境、与国际惯例接轨的政策体制环境，以建设保税物流与加工贸易等多功能于一体的现代化园区为目标，积极推进功能拓展，创新服务发展模式，成为现代服务业和加工贸易类企业的理想投资之地。

【招商引资】 廊坊综合保税区依托京津冀协同发展战略，深入研究用好国家政策，主动承接北京非首都功能疏解和产业转移，优化发展环境、加大招商力度，促进产业升级，以发展保税物流为主，带动保税仓储、物流配送、转口贸易、商品展示、跨境电商、加工贸易等业务的发展，鼓励发展总部经济和现代服务业，推动实现园区跨越式发展。

【发展趋势】 廊坊综合保税区将发挥禀赋资源优势，加大改革创新力度，推动产业转型升级，培育外贸新业态、新模式，创造更具吸引力的投资环境，努力把园区打造成为京津冀协同发展的先行区和精准承接北京非首都功能疏解的示范区，创新驱动发展，推动园区发展成为具有全球影响力和竞争力的加工制造中心、研发设计中心、物流分拨中心、检测维修中心、销售服务中心。

【机构设置】经河北省编委批准，设立廊坊综合保税区管理局，负责园区日常管理工作。

【招商部门】廊坊综合保税区管理局，联系人：韩兵、刘雄，联系电话：0316－6087094，传真：0316－6087094，地址：河北省廊坊市经济技术开发区祥云道8号，邮政编码：065001。

武汉东湖综合保税区

WUHAN EASTLAKE FREE TRADE ZONE

【概况】武汉东湖综合保税区于2011年8月29日获国务院批复设立，是湖北省首家综合保税区，规划面积5.41平方公里。2013年6月29日一期1.82平方公里封关运行，2017年12月27日完成二期3.59平方公里的验收。2018年2月海关总署批复园区整体封关。

作为武汉东湖国家自主创新示范区和湖北自贸试验区武汉片区“双自联动”核心区，武汉东湖综合保税区承担着建设一批战略性新兴产业、高新技术产业基地和建设中部开放高地的重任。

【投资环境】武汉东湖综合保税区地处“中国光谷”腹地，区位独特，交通便利。依托武汉作为中部交通枢纽的地理位置，可快速连接国内外主要城市。湖北自贸试验区武汉片区是湖北自贸试验区面积最大的板块和最成熟的区域，形成以光电子信息为核心，生物健康、智能制造、环保节能为支撑，现代服务业为先导，集成电路和半导体、新网络经济两大新兴领域蓬勃发展的“5+2”产业体系。区内外集聚了武汉大学、华中科技大学等42所高等院校，56个国家及省部级科研院所，20多万专业技术人员和80多万在校大学生，是中国三大智力密集区之一。入驻东湖综合保税区的企业既可享受国家、省、市相关优惠政策，又可享受东湖高新区人才、资本、产业等六大支持政策和便捷智慧的政务服务环境。

【经济发展】利用功能政策和区位优势，东湖综合保税区2018年新增注册企业242家，累计完成注册企业逾千家。全年实现进出口78亿美元，其中外贸出口56.5亿美元，为武汉市和湖北省分别贡献年出口额超过三分之一和五分之一，成为引领全省开放型经济的重要标杆。

【招商引资】东湖综合保税区按照“招商大平台”的总体思路，坚持围绕“先进制造中心”和“创新服务中心”推进招商工作，搭建国际生物医药保税、跨境电商、大宗商品交易、保税展示交易、外贸综合服务、跨境金融、国际检测维修、保税数字经济等平台，模块化、专业化对接服务企业。依托光谷“芯—屏—端—网”价值链，招引17家500强企业落户。成功举办第二届“中欧自贸投资论坛”，吸引来自欧洲的35家企业前来洽谈，加速培育外贸产业全球布局。与多个国家和地区的企业或贸促机构进行交流合作，推进产业互动和项目合作，国际影响力进一步扩大。2018年，武汉东湖综合保税区招商引资总额达45.99亿元，实现固定资产投资21.89亿元。

【改革创新】2018年，东湖综合保税区完成武汉片区11项改革事项。在省内首获开展海关特殊监管区域企业一般纳税人资格试点，在全省首次实现“湖北省进口肉类指定查验场”美国水果直接进口业务，在武汉关区首家获批实施跨境直购进口“集中图审、集中查验”监管模式的海关特殊监管区，持续推进“先出区，后报关”“分类监管”等创新成果推广，当好武汉市申报国家第三批跨境电商综合试验区的冲锋队、形象兵，以及跨境保税进口备货业务的试验田。抓紧建设“东湖陆港·光谷城市货站”，力促打造江南片区多式联运中心。

【开发建设】目前园区审批建筑面积达 170 万平方米，已完成建筑面积 80 万平方米，在建面积 30 万平方米，即将启动建筑面积 60 万平方米。以“东湖陆港·光谷城市货站”项目为抓手，正探索实践将天河机场航空物流服务前移至综合保税区，切实降低外贸企业运营成本。加强与花山港“区港联动”，编制完成东湖综合保税区花山港园区产业及空间规划，推动产业对接、资源共享、政策延伸等方面全方位联动。

【发展趋势】武汉东湖综合保税区将按照《国务院关于促进综合保税区高水平开放高质量发展的若干意见》有关要求，以“五大中心”为方向和指引，发挥自主创新示范区、自贸试验区、跨境电商综合试验区重要园区及综合保税区“四区”叠加优势，坚持开放和创新双轮驱动，持续推进园区功能拓展升级；进一步优化产业结构，针对性引进培育一批新业态新主体；协同提升便利化发展环境，打造区域外贸发展综合竞争新优势，力争建设成湖北省新一轮深化改革开放的示范区、制高点。

【机构设置】武汉东湖综合保税区建设管理办公室为市属正局级事业单位，委托武汉东湖新技术开发区管委会管理，内设保税业务处（综合处）、规划建设处、投资促进处。

【招商部门】投资促进处，联系电话：027 - 86639389。

芜湖综合保税区

WUHU INTEGRATED FREE TRADE ZONE

【开发建设】 芜湖综合保税区前身为芜湖出口加工区，位于芜湖经济技术开发区内。2015年9月1日，国务院下发《国务院关于安徽芜湖出口加工区整合优化为综合保税区的批复》，芜湖出口加工区整合优化为综合保税区。按综合保税区和监管功能要求，园区采取“同址建设、升级改造”的方式进行建设，并对原有卡口系统、监管围网系统进行改造升级，新建海关检查站场及监管仓库，并同步进行信息化提升建设。2015年12月18日芜湖综合保税区通过合肥组织的十部门的验收。2016年9月18日海关总署下发《关于同意芜湖综合保税区验收结果的批复》，芜湖综合保税区正式运行。

芜湖综合保税区占地面积2.17平方公里，东至芜宁铁路，南至一期围网，西至芜宁公路，北至经济技术开发区衡山路，属于国务院原批准范围。目前区内基本设施开发建设已完毕，实现了“七通一平”。区内无商业、营业性消费和生活居住建筑设施。

随着芜湖综合保税区的正式运行，园区的环境得到了较大的改善，园区面貌焕然一新。基础设施、信息化建设全面提升。其中，跨境电子商务产业园（一期）于2017年全部建成并投入运行。区外有6 000平方米的进口商品直销中心，已有20余家企业入驻。区内有13 000平方米的跨境电商进口零售业务的流水线，和与之相匹配的监管系统，具备出货条件；150 000平方米的跨境电商仓储物流中心已建成，包括跨境冷链物流中心和红酒进出口集散中心等多个仓储物流项目；10 000平方米的产业园创业中心和小鲸鱼众创空间，有完备的创业服务指导流程及孵化培育功能，已有20余家电商平台、垂直电商企业入驻。周边完善的交通设施、生活配套设施、众多的餐饮和娱乐项目、拎包入住的人才公寓，为芜湖综合保税区创业人士提供良好的生活环境。

【投资环境】 芜湖市域面积6 026平方公里，其中市辖区面积1 491平方公里，户籍人口385万。下辖无为、芜湖、繁昌、南陵四县和镜湖、弋江、鸠江、三山四区，拥有2个国家级开发区，11个省级开发区。

芜湖濒临长江，东与长江三角洲连成一体，西接华中地区，南依黄山、九华山风景区，北临南京，交通便利，是华东地区重要的水陆交通枢纽。芜湖距南京禄口国际机场和合肥骆岗机场均约1小时车程。全市有3条高速公路、5条铁路在此交汇，芜湖长江公铁两用大桥是沟通京九、京广、京沪、陇海等铁路大动脉的重要结点，是国家交通部确定的公路运输枢纽城市；合福高铁、宁安高铁及新火车站、汽车客运南站、铜南宣高速公路建成运营。芜湖港是长江逆江而上的最后一个深水良港，是长江运输的主枢纽港，芜湖朱家桥外贸码头已和世界50多个国家和地区建立了业务往来。

在投资环境和服务方面，芜湖在全国非

省会城市中名列前茅。在中国社会科学院《中国城市竞争力报告》中，芜湖榜上有名；在第三届中国财富论坛上，芜湖获“世界投资中国——中小城市魅力奖”第1名；在改革开放30周年之际，芜湖被列为成功开拓中国特色发展之路的全国18个典型地区之一；被评为中国最佳休闲城市称号。芜湖也连续多年入选中国最具幸福感城市。

【招商引资】芜湖经济技术开发区是芜湖市主要的工业产业集中区域，1993年4月经国务院批准设立，规划面积118.28平方公里，常住和就业人口20万。现有汽车电子产业园、汽车零部件出口基地、新型工业化产业示范基地、高新技术创业服务中心、外贸码头、知识产权试点园区和生态工业示范园区等多个国家级发展平台。来区投资企业3 804家，其中境外世界500强投资企业31家，国内上市公司投资企业61家。在商务部2018年对全国219个国家级经开区综合发展水平考核中位列第15位，科技创新列第6位；通过国家知识产权试点园区验收；2018年度全省专利百强企业占12户；芜湖跨境电商产业园获批为省级跨境电子商务产业园区。全年经开区完成规模以上工业产值1 330.3亿元，实现财政收入77.7亿元，完成进出口总额41.3亿美元，实现固定资产投资160.6亿元，实际利用外资7.6亿美元，实际利用内资548.3亿元。目前经开区已形成四大主导产业，分别是以奇瑞汽车为龙头的汽车及零部件产业；以兴飞通讯、映日科技、聚飞光电等企业新上项目为代表的光电信息显示产业；以美的、日立为代表的家用电器产业；以海螺型材、鑫科新材料为代表的新材料产业。

【经济发展】2018年度，芜湖综合保税区进出口额突破9亿美元，达9.10亿美元，其中进口4.3亿美元，出口4.79亿美元。区内重点企业中达电子、信威物流、中鼎实业3家企业进出口突破1亿美元，其中中达电子进出口值近4亿美元。

保税加工。2018年，芜湖综合保税区利用转型升级的契机，加大对中达电子、中鼎实业等龙头企业服务力度，鼓励企业调整经营战略，将科技含量高和适应于保税加工的产品逐步转移至区内，为全区保税加工的发展注入强大动力，全区保税加工实现5.67亿美元。保税加工的发展成为全区产业发展的重要基础。

保税物流。目前，芜湖综合保税区保税物流企业15家，2018年实现进出口额3.4亿美元。从结构上看，保税物流企业占全区进出口额的比重为37.36%。保税物流业务主要涉及大宗商品、机械设备、机器配件、电子产品、精密仪器等产品。其业务辐射范围不断扩大，呈发散趋势。

跨境电子商务。芜湖综合保税区充分利用良好的基础设施条件和规范的海关监管条件，加快建设芜湖跨境电子商务产业园，包括跨境电子商公共务服务平台、进口商品直销中心、创业中心、监管中心、仓储物流中心、人才公寓及配套餐饮、交通等多项建设工程，全方位展示综合保税区的新业态。

【发展趋势】为了充分利用综合保税区政策和功能优势，提升发展水平，推进芜湖市开放型经济跨越发展，按照《芜湖市人民政府关于加快芜湖综合保税区建设的意见》要求，芜湖综合保税区启动“一区多园”规划建设。加快推进“区港空一体化”，按照“一区三园”的设想，统筹规划，推动芜湖综合保税区扩区发展。其中，A区为芜湖综合保税区，B区为芜湖港朱家桥港区，C区为未来的芜湖空港物流园区。芜湖综合保税区紧紧围绕“三个基地”和“三个中心”的目标任务，打造出口加工制造基地、保税物流基地、区域性国际贸易基地和跨境电子商务中心、进口商品展示交易中心、高新技术产品研发中心。未来 3 ~ 5 年，芜湖综合保税区将建设成集保税加工、保税物流、保税贸易功能为一体，辐射带动能力强，对外开放的重要平台，推动芜湖市外向型经济快速发展。

【机构设置与管委会领导】 芜湖综合保税区管委会和芜湖经济技术开发区管委会实行“两块牌子，一套班子”的管理模式，芜湖综合保税区管委会下设综合处和业务处，分别负责综合保税区的贸易管理工作和招商引资工作，同时与芜湖经济技术开发区管委会的各职能部门对接，并依托经济技术开发区管委会其他职能部门，承担综合保税区的工程建设及服务工作。

管委会领导：芜湖综合保税区管委会主任陆雷，联系电话：0553 －5842668；芜湖综合保税区综合处处长潘开艺，联系电话：0553 －5772018；芜湖综合保税区业务处副处长徐虎，联系电话：0553 －57 72002。

临沂综合保税区

LINYI FREE TRADE ZONE

【概述】2018 年，临沂综合保税区紧紧围绕市委、市政府新旧动能转换重大工程决策部署，主动适应经济发展新常态，全年实现进出口额 19.37 亿美元、固定资产投资 5.85 亿元、税收 1.33 亿元，同比分别增长 109.8%、136.8%、732.5%，“倍增计划”全面实现。荣获 2018 年度全市经济社会发展先进开发区（园区）三等奖，为推动商城国际化、促进全市外经贸发展作出积极贡献。

【投资环境】临沂综合保税区积极推行“管家式” + “店小二”服务理念，对入园项目实行领办制，对入园的投资类项目成立专班，全程跟进，高效服务；大力实施“一次办好”改革，实现“零跑腿”事项 5 项、“只跑一次”事项 35 项，营业执照办理时限缩至半个工作日，引领全市速度。努力提高出口退税效率，退税时限由 2017 年的平均 25 个工作日缩短至 20 个工作日，共办理出口退税金额 2.47 亿元，同比增长 752.9%，出口退税快已成为园区的“金字招牌”。不断提升通关便利化水平，在海关大力支持下，继续推行 24 小时无节假日预约通关等便利化措施；投资 800 多万元购置的红酒、奶粉、化妆品等检测检验设备已投入使用，为该类产品的通关检测提供了保障。持续完善配套设施，酒店、公寓、保税仓库等陆续投入使用，金融、保险、会计和人力资源、国际贸易法务等中介服务机构不断入区开展业务，投资环境进一步改善。

【招商引资】临沂综合保税区把“精准招商”作为头号工程，加大招商力度，实行领导带头、全员招商，掀起了招商引资的热潮。全年新注册企业 1 158 家，同比增长 56%；新签约总部经济项目 90 个，全年总部经济实现税收 1.2 亿元，同比增长 10 倍以上，其中过千万元的 2 家，过百万元的 12 家；新签约投资类项目 15 个。开展了中俄蒙“一带一路”国际商品交易招商推介会、28 个重点项目集中奠基签约、第九届中国（临沂）国际商贸物流博览会、山东临沂（广州）“双招双引”工作洽谈会招商推介等一系列活动，有效促进了“倍增计划”的实施。

【平台建设】推进建设贸易便利化精准服务新平台，4 月 17 日，中国贸促会临沂综合保税区原产地签证点、中国贸促会山东省临沂市经贸摩擦预警点正式启动，作为中国贸促会在全国保税区内设立的首家原产地签证点，为临沂市提升贸易便利化水平、更精准服务企业、应对国际经贸风险提供了新平台；12 月 7 日，综合保税区原产地证签证数字证书获批，业务正式开展。积极构建跨境电商直邮服务平台，加快建设特定进口商品指定口岸平台，7 月 27 日，全省内陆地区首个进口肉类指定查验场通过省级初验，准备迎接海关总署验收，已有青岛新协航等近 20 家国内外知名企业陆续入驻综合保税区准备开展业务。11 月 2 日，在临沂综合保税区举行了跨境电商监管中心启动暨 FACE MALL. SHOP 中国总部运营仪式，首票货物在 X 光分拣线正式上线并通过查验，标志着山东省内综合保税区首家跨境电商监管中心开通运营，也是全省综合保税区中第一家开通了跨境电商直邮模式，拓展了临沂市跨境电商发展的新通道，已有中外运、中港通等 10 多家国内外知名跨境电商企业入驻。外贸综合服务平台建设实现新突破，山东新联纺 2018 年实现进出口 2.32 亿美元，业务量居全市外贸综合服务企业首位，被评为省级外贸综合服务平台，园区省级外综服务平台达到 3 家，市级达到 4 家，占全市一半以上，在全市进出口的引擎作用开始显现。外贸主体集聚效应明显，全年新注册外贸进出口公司 400 多家，有进出口实绩的 326 家，比 2017 年增长 131 家，其中有 3 家进出口额过亿美元，41 家过千万美元，分别比 2017 年增加 2 家和 19 家。

【外贸新业态】全区外贸综合服务企业实现进出口额 5.81 亿美元，占全市的 81%；有 62 家企业以市场采购贸易方式开展出口业务，实现出口 7.88 亿美元，占全市的 71.6%。扣除返还县区数据，全年外贸出口 12.11 亿美元，同比增长 62.7%，拉动全市出口增长 6.13 个百分点。

昆山综合保税区

KUNSHAN FREE TRADE ZONE

【开发建设】 2000年4月，国务院批准设立全国第一个出口加工区——昆山出口加工区，规划面积2.86平方公里，同年10月正式封关运作。2006年12月经国务院批准，昆山出口加工区拓展保税物流功能和开展研发、检测、维修业务试点，成为全国首批拓展功能的7个出口加工区之一。2009年12月，国务院批准在昆山出口加工区基础上设立昆山综合保税区，规划面积5.86平方公里。2012年12月，昆山综合保税区通过国家验收并封关运作。

【投资环境】 昆山综合保税区坚持把产业优化升级作为首要目标，主动推进和培养国际化营商环境，为企业打造良好的运行环境。昆山综合保税区管理局联合海关、财政、税务等部门合力打造高效率的综合服务平台，为区内企业营造了开放、便利、高效、透明的投资环境。

【招商引资】 目前，全区经济发展保持稳定良好的态势，产业转型步伐不断加快。企业产品从设立之初的小笔电、掌上电脑、导航仪和低附加值的卡片式数码相机发展到现在的笔记本电脑、平板电脑、智能手机等高附加值电子产品。区内产业从简单的OEM（代加工）向设计、研发，物流配送、分拨，检测、维修、售后服务转型发展。目前，全区已形成电子信息、光电、精密机械和保税物流四大主导产业。截至2018年年底，全区已投产企业120家，其中工业企业68家、物流企业44家、其他贸易服务企业8家，从业人员15余万人。项目投资总额约37.4亿美元，注册资本约17.3亿美元，实际利用外资超过14.0亿美元。

【对外贸易】 昆山综合保税区主动融入对接上海自贸试验区和“一带一路”建设等国家重大发展战略，主动适应和引领经济发展新常态，探索更高水平的对外开放和更深层次的改革创新。通过积极培育区域发展新动能，促进特殊区域产业的转型升级，昆山综合保税区已成为昆山市开放型经济发展新高地。2018年，昆山综保区进出口总额为512.6亿美元，同比增加5.8%。其中，出口为350.2亿美元，同比增加3.0%；进口为162.4亿美元，同比增加12.4%。

【经济发展】 目前，区域经济发展水平总体平衡，经济结构持续优化，发展动能逐步由新政策、新功能、新产业引领带动。昆山综合保税区着力引进高水平重大项目、龙头项目和高端产业链配套项目，积极培育高端化、高质化、高新化的产业体系，区域综合经济发展实力不断增强。同时，积极推动企业加大技术改造项目投入、实现产线升级，形成经济发展新动能。2018年，昆山综合保税区实现工业产值2 865.6亿元，同比下降1.3%。

【增值税一般纳税人试点工作】 增值税一般纳税人试点工作是综合保税区政策功能的重大突破，也是昆山综合保税区转型升级的良好契机。自试点获批以来，昆山综合保税区在力推政策落地的同时，充分梳理试点模式，进一步提升企业竞争力、推动区域经济增长。截至2018年年底，昆山综合保税区共有17家企业参加试点，其中15家正式运作。根据海关统计，2018年全年非保税货物入区金额为69.94亿元，非保税货物出区金额为67.90亿元；保税货物进口额为15.39亿美元，保税货物出口额为22.97亿美元。国税增值税发票开票金额为35.01亿元，税额为5.62亿元。

【保税物流中心集聚区发展】 近年来，昆山综合保税区保税物流集聚区充分发挥连接国内、国际两个市场的桥梁和纽带作用，依托先进制造业需求延伸服务领域，从传统的运输、仓储业态向现代综合物流发展，形成庞大、完善的保税物流网络，有效满足不同地区、不同层次的物流发展需要。现已快速发展成为辐射国内、国际市场，多功能和一体化的出入境国际物流综合业务平台，运作情况良好。截至2018年年底，入驻企业62家，吸纳就业2 800余人。2018年实现营业收入641.49亿元，同比增长58.66%；实现税收总额2.97亿元，同比增长59.27%。

【发展趋势】 下一步将通过打造“五个中心”建设，实现昆山综合保税区高质量发展的全新飞跃。一是统筹两个市场，打造加工制造中心；二是推动创新创业，打造研发设计中心；三是推进贸易便利化，打造物流分拨中心；四是延伸产业链条，打造检测维修中心；五是培育新动能新优势，打造销售服务中心。

【机构设置】 昆山综合保税区管理局为昆山经济技术开发区工委、管委会的内设机构，设有办公室、投资促进科、贸易发展科、经济管理科、区域管理科五个内设科室，主要负责区内发展规划、投资洽谈、招商引资、项目报批、数据分析、企业服务、环境整治、信访稳维等日常工作。

【招商部门】 昆山综合保税区管理局根据国家授权和产业政策导向，负责综合保税区内招商引资工作。投资促进科、贸易发展科为局招商部门，联系人：陈楠，联系电话：0512－57 376513。

南京综合保税区（江宁）

NANJING FREE TRADE ZONE（JIANGNING）

【概况】综合保税区是我国开放层次最高、优惠政策最多、功能最齐全、手续最简化的特殊开放区域。南京综合保税区江宁片区于2012年9月17日经国务院批准设立，前身是南京出口加工区（南区），规划面积1.2平方公里，一期封关验收面积为0.855平方公里，二期封关验收面积为0.063平方公里。

【经济发展】江宁片区已落户吉宝通讯、上美塑胶、海格木工、菲尼克斯等50余家企业，涉及电子信息、机械制造、国际贸易（含保税展示）等产业，累计实现进出口总额超400亿美元。2018年，江宁片区实现进出口总额62.3亿美元，其中出口47亿美元，进口15.3亿美元。

【招商引资】总投资超过1亿美元的吉宝新项目，大尺寸平板、触控笔及平板维修中心，爱立信全球综合项目（含全球新产品引进中心、全球采购中心、国际物流中心），世界500强DHL等企业先后落户江宁片区，为园区转型升级提供了强劲动力。

【改革创新】综合保税区管理局按照全区集成改革的要求，全力扎实推进改革工作，取得了初步的成效。一是积极推进“掌上物流”快速通关。园区对接、协调海关，优化通关环境，推进了“掌上物流”“区港联动”系统，投入运行后，极大地方便了企业，缩短了报关时效，减少了运输车辆在监管场地的停留时间，原先运输货车平均2小时才能完成的业务，现在只需10分钟即可办理完结，为实现智慧综合保税区的建设迈出了一大步。二是全力推进一般纳税人资格试点申报。综合保税区全力争取一般纳税人资格试点工作，积极与市商务局、国税局、金陵海关等部门进行沟通协调，目前正在积极申报推进中。三是积极申报境内外维修工作。综合保税区拓展境内外维修业务，目前此项维修业务是国家层面上的唯一试点。

【管理与服务】一是加强服务平台建设。综合保税区管理局会同驻区部门，优化营商环境，以“店小二”精神，加强园区“服务平台”建设。二是加强精准服务建设。建立了驻区部门联席会议制度、驻区部门与企业见面会议、海关宣传贯彻会等制度；会同海关等驻区部门，致力于优化通关流程、创新监管模式，为企业提供“一对一、一问题一方案”的精准服务，不断提升园区贸易便利化水平。三是加强园区安全生产建设。认真落实江宁开发区管委会的统一部署，通过深入细致地开展安全生产检查、督查整改等措施，确保园区安全生产工作无一起安全生产事故发生。

【发展趋势】园区将围绕“智慧综合保税区”这一核心目标，抓住综合保税区各项改革试点机遇，用足政策，叠加优势，聚焦稳外贸、促外资，抓好“两中心三平台”建设。

打造加工制造中心。目前已明确赋予南

京综合保税区一般纳税人资格试点，园区将围绕企业主体，协助企业抓住机遇，统筹国际、国内两个市场，释放企业产能，鼓励区内企业开展高技术含量、高附加值的维修、再制造业务。

打造研发设计中心。树亮点，抓住“变禁止为鼓励”的历史机遇，引进产业创新中心、技术创新中心、新型研发机构等研发创新机构，争取引进1～2家一流的机械工程、电子信息技术研发中心，丰富综合保税区创新业态。

打造跨境电商平台。入围跨境电商综合试验区试点城市，是南京外向型经济发展的新亮点。综合保税区将积极抓住新机遇，争取实现区内跨境电商产业零突破。

打造外贸综合平台。将全力打造面向南京地区外贸发展的“一站式”综合服务平台，引入海关、税务、外管、工商、口岸等行政部门和金融机构。

打造智慧通关平台。抓好车辆自动识别系统、货物进出快捷通关系统、掌上APP、综合保税区智能监控信息化系统、千兆级数据信息化系统等建设，将江宁片打造为南京南部区域乃至南京区域高效的便利化通关平台。

【机构设置】南京综合保税区管委会（江宁）管理局作为南京综合保税区江宁片区的职能管理部门，承担了综合保税区日常事务的管理、企业服务、产业发展、招商引资等职责。

【招商部门】南京综合保税区江宁片区招商工作由管理局经济发展与产业促进部负责。部门负责人：何伟，电话：025－52724977，电子邮箱：hw@jndz.gov.cn。

南京综合保税区（龙潭）

NANJING FREE TRADE ZONE（LONGTAN）

【开发建设】南京开发区综合保税区（龙潭）片区位于南京市栖霞区东部，区域规划控制面积3.83平方公里，由原南京出口加工区（2003年3月经批准设立）和原龙潭保税物流中心（B型）（2005年8月经批准设立）整合形成，2012年9月17日由国务院批准设立，2013年10月29日通过国家十部委联合验收，实现封关运作，一期封关面积1.12平方公里。南京综合保税区已建成办公大楼2.3万平方米，辅楼3 000平方米；口岸作业区近9万平方米，其中验货平台约2 000平方米，监管仓库约3 200平方米，现场查验用房约2 700平方米；规划建设了符合海关监管要求的围网、巡逻通道、卡口及监控设施等，整个区域实现了“七通一平”。此外，还建设了4万平方米的保税仓库。南京综合保税区龙潭片区以“信息化围网”手段进行监管，按照功能划分为口岸作业区、保税物流区、保税加工区。

【投资环境】南京综合保税区龙潭片区在载体建设上一直坚持高标准、严要求，努力建设具有国内一流载体的综合保税区。截至2018年年底，园区（含围网外）共建成各类厂房仓库100万平方米，其中保税仓库20万平方米，企业自建仓库、厂房80万平方米。所有载体的规划设计、环境安全均达到国内一流建设标准，广泛吸引各类优质企业投资入驻。

园区报关报检服务中心，是南京口岸地区最具规模、通关功能最为齐备的一流区域物流通关平台之一。其将涉及货物通关流程的所有行政服务纳入其中，实现海关等口岸行政管理部门、海关特殊监管区域管理部门及报关、货代等物流服务企业集中办公，真正实现“一个窗口”对外、“一条龙”服务的一站式通关模式。

园区周边还规划建设有普通仓库60万平方米，商业办公设施3.7万平方米。园区已初步形成设施先进、配套完善、交通便利，集保税加工、保税物流和进出口贸易于一体的综合性功能区域。

【招商引资】在项目引进方面，园区已累计引进43家物流、贸易和电商类企业。其中，整合搬迁物流企业10家，新引进企业33家（实际购地建设企业2家）。2018年当年引进10个项目，跨境电商产业园当年新引进跨境电商企业11家，全年可实现外商投资总额10亿美元，实际到位外资1亿美元（含非综合保税区区域外资到账）。在项目建设方面，苏商保税物流中心一期项目已建成，正在办理竣工验收手续，即将投入运营；日本京亚供应链一期项目正在进行外装。在项目洽谈方面，共有近30个重点在谈项目，包括新能源汽车项目、半导体封装测试项目、展示交易中心项目等。

【对外贸易】园区封关运作以来，利用功能政策和区位优势，依托南京龙潭港，大力发展国际贸易，积极与海关协调，主动做好企业服务工作，进一步拓展业务运作的规模。2018 年，园区实现进出口 4. 34 亿美元，监管货值 83. 14 亿美元。其中，“一线出口”占全部出口业务的比重为 5. 22%，“一线进口”占全部进口业务的比重为 22. 1%。从运营情况看，南京综合保税区主要功能使用还主要体现在加工贸易“一日游”，在货物贸易进出口上规模还不大、比重还不高，尚需进一步提升。

【经济发展】 全年实现监管总货值 83. 14 亿美元，其中一线总货值 4. 34 亿美元；实现分类监管货值 34. 72 亿美元；物流基地完成主营收入 1 600 万元，园区纳税突破 2 亿元。

【业务拓展】 平台打造。一是跨境电商产业园。一方面，继续做大跨境电商监管中心业务规模，新引进 11 家电商企业在跨境电商产业园注册；另一方面，积极推进海运快件中心的筹建工作，主要与海关、消防、邮政等部门多次沟通交流，完成海运快件中心方案设计，并通过海关确认，目前正在推进建设验收等相关工作。二是进口食品集中监管仓库。物流基地片区即将拆迁，进口食品集中监管仓库将由物流基地公司接管，继续为南京及周边地区进口食品安全提供保障，目前正在积极协调推进仓库搬迁、监管便利化及扶持政策等工作。

项目招商。重点围绕下一代汽车、人工智能及货物贸易和服务贸易类项目开展招商，引进德国肯联车用铝件研发制造基地、HBPO 汽车零部件、韩国 MS 汽车零部件、江苏颐唐国际贸易及保税物流、创新工场南京国际人工智能研究院及工程院华东总部项目、美国 One - click 人工智能研发中心、美国糖果屋人工智能研发中心等一批项目。在基金方面，引进创新工场产业基金、Amino 人工智能创投基金、TCL 创投基金、哈工大机器人创投基金等项目。此外，还有一批项目处于洽谈推进中。光大融资租赁等 2 个项目落户园区，实现了园区融资租赁业务的新突破。

产业发展。一是积极协调省市发展改革委、规划、国土等部门，完成龙潭综合物流园区的国家级示范物流园区的申报、答辩和验收工作。目前，国家级示范物流园区已获批。二是龙潭综合物流园获批 2018 年度“中国优秀物流园区”称号。三是完成了国家级出口光电显示产品质量安全示范区续延申报工作，并顺利通过续延复审。四是协调解决了加工贸易企业涉及的加贸管理和口岸操作事项，协调了德科码等企业生产设备进口事宜。五是做好海港枢纽经济区和长江航运物流中心日常工作。

【发展趋势】 目前，园区的发展机遇与挑战并存。加快推进“一带一路”和长江经济带建设，为园区的发展注入新的活力。学习上海外高桥、苏州工业园区综合保税区等先进园区不断加强内外联动、功能创新、品牌化运作等主要经验和做法。下一步将园区及配套区作为开发区实现“港产城”融合发展、推进转型升级和“二次创业”的重要功能区，使园区的建设发展走在全国特殊监管区域的前列。

围绕综保区功能强化项目引进。在先进制造业方面，瞄准两头在外的项目开展精准招商，力争填补园区制造业的空白。重点推进泰国商用车汽车零部件项目、易用高端智能家居产品生产制造基地等项目。在服务贸易方面，加快推进在谈的美国大数据中心及一批融资租赁项目，开辟新的产业业态。同时，积极利用好国税、海关等部门赋予综合保税区一般纳税人资格政策，进一步提升园区功能。

围绕特色平台提升发展能级。在物流产业发展方面，重点围绕国家级龙潭综合物流园，推进颐唐保税物流、边城物流等项目建设，引进红酒贸易及分装等项目，建设智慧物流园区，进一步提升发展质量和效益。在货物贸易方面，利用货物分类监管等政策，进一步做大业务规模。在跨境贸易电子商务方面，完成龙潭海运快件监管中心的建设并投入运营，启动龙潭跨境电子商务监管中心的搬迁，进一步推动企业集聚。利用南京市被国务院批准为跨境电商综合试验区的机遇，会同海关等监管部门制定园区跨境电商的操作细则和业务流程，开展保税备货模式，进一步做大业务规模。

围绕产业地标打造推进产业集聚。对于绿色智能汽车产业，以产业链招商为抓手，重点推进德国汽车零部件、韩国汽车零部件等项目；对于人工智能产业，依托创新工场、旷视科技、微软等知名企业，洽谈推进一批人工智能项目。同时，进一步跟踪推进高世代液晶面板项目、半导体设计及封装测试项目等，完善集成电路、液晶面板产业链。

围绕规范管理提升园区环境。进一步加强园区环境、安全管理，确保园区平稳有序运作；继续推进园区一期建设项目维修及电力增容等工作，保障企业的实际需求等。

【机构设置】2013 年，南京市政府批准设立南京综合保税区管委会，下设办公室（与原市投促委合署）和龙潭、江宁两个管理局。南京综保区（龙潭）管理局下设综合服务处、产业发展处和招商处 3 个处室。2014 年 3 月，根据工作实际需要，开发区又设立了南京综保区联合发展有限公司，主要承担载体管理、资产运营等工作。

除园区的建设发展、日常管理工作外，管理局还承担了开发区加工贸易企业服务、龙潭海港枢纽经济区和长江航运物流中心日常工作、龙潭综合物流园企业服务、三江河以东片区招商等。综保区管理局正由单纯的海关特殊监管区域管理机构向综合性的园区管理服务机构转变。

【招商部门】南京综保区（龙潭）管理局招商处招商一科，联系电话：025－86373770、15895876030，地址：南京经济技术开发区宝港路 66 号，网址：www. njxg. com。

常州综合保税区

CHANGZHOU FREE TRADE ZONE

【开发建设】 常州综合保税区位于常州国家高新技术产业开发区内，规划面积1.66平方公里，四至范围为：东至江阴区界，西至通江大道，南至新竹路，北至沿江公路（S122省道）。常州综合保税区前身为常州出口加工区，于2015年1月经国务院批准同意整合优化而成。园区首期围网面积1.329平方公里。已建成标准厂房16.3万平方米，区内外仓储2.1万平方米，货物堆场2.1万平方米，综合服务大楼1万平方米。

【投资环境】 园区距沪蓉高速常州出入口北4公里、京沪铁路常州北站5公里、国家一类开放口岸长江常州港8公里、4E级国际机场常州奔牛国际机场15公里，依托便捷的交通条件在水、陆、空形成通畅的物流通道。

【招商引资】 通过积极对外宣传，主动对接上海自贸试验区，常州综合保税区共引进西班牙俾斯麦、江苏辉采、常汇永盈、沛杰电子商务、德克固希等制造业和服务业项目9个，且均已完成工商注册手续，相关业务陆续开展。项目包括：纳米磷酸盐锂电池项目，由挪威LW公司对区内企业高博能源并购，将整合A123的纳米磷酸盐技术和Valence的电池管理系统，开发并生产应用于储能及工业领域更安全、性能更高的锂电池；日本东拓电材项目，主要生产用于包装片状电子产品的台纸原纸的切割和台纸的打孔；钛基数据中心项目，总投资1.5亿美元；嘉合劲威电子项目，主要从事集成电路封装测试；德国威能国际分拨采购中心项目，主要产品为地暖设备及相关配件，产品60%出口。目前在谈项目包括日本雪谷化妆棉、中航发动机项目、埃马克保税维修检测项目、立达纺机全球分拨中心项目、德国Burkhardt（宝汉）保税展示项目。

【对外贸易】 园区利用综合保税区特殊功能政策，重点引进保税加工、保税物流和保税服务企业，共累计引进高博能源（A123）、捷迈巴奥米特医疗器械、英国庄信万丰电池材料、香港瑞声科技、加拿大福地亚、巴西马可波罗等14家先进制造企业，40家贸易物流企业。同时带动了雅柯斯动力、泰国三友等一批外资企业在高新区投资。累计吸引外商总投资8.92亿美元，注册外资3.89亿美元。

【经济发展】 2018年是常州综合保税区促进新兴产业引领、加快转型升级建设的关键一年。全年完成工业总产值21.82亿元；实现销售收入19.99亿元、利税2.83亿元；完成固定资产投资2.3亿元；实现进出口29.77亿元，其中出口16.93亿元；实现到账外资5 428.22万美元。

【改革创新】 争取“一般纳税人资格试点”。通过前期调研，与商务局、市国税局对接，召开专题座谈会和政策答疑会，区内3家企业和区外2家企业已进行财务测算，园区已向相关部门提交申请。

实施“货物分类监管”。分类监管业务正常开展，实现分类监管总面积达 1 万平方米，上海高览电气、俾斯麦文具、捷舜麦片、常州倚天等多家企业相继开展相关业务，累计进出区票数为 354 票，进出区货值为 1 967 万美元。

建设“掌上物流系统”。按照海关要求，引入移动互联网技术及高清智能光学识别等物联网技术，打造新型海关智能卡口验放模式。自启动掌上物流系统以来场站作业基本顺畅，车辆进出卡口效率提高至 3 分钟以内，实现了既能对特殊监管区域内的货物有效监管，又能有效促进加工贸易转型升级，大幅提升通关效率，降低企业贸易成本。

建设“跨境电商公共服务平台”。平台一期平稳运行，改版海关总署版接口对接工作有序推进，实现了多部门“单一窗口”作业。截至 2018 年 10 月，跨境电商直邮出口计 94 330 票，金额为 113.5 万美元。

建设“综合港务区”。常州综合保税区积极响应市区要求，服务综合港务区建设。牵头调研常州港、常州机场及常州奔牛港对于保税功能的需求，密切联系海关等职能部门，通过多式联运和创新监管方式，提升企业在常州口岸清关的体验度，从而引导企业外贸回流。此外，常州综合保税区还积极延展功能，探索保税研发、保税展示、保税维修等不同模式。

【发展趋势】 当前，国际国内宏观经济形势面临很多不确定性，但全球经济“一体化”、国际贸易和国际合作、产业梯度转移的大格局没有改变，我国经济仍处于上升期，综合保税区作为特殊开发区域，在促进国际贸易和国际合作、承接产业梯度转移中大有可为。从国内宏观经济形势看，我国经济周期性态势好转，但制约经济持续向好的结构性、深层次问题仍然突出。当前，国家深入推进“一带一路”建设，深化供给侧结构性改革，积极鼓励新产业、新模式、新业态发展，释放了深化改革开放的强烈信号。这对于综保区未来建设发展具有极其重要的指导意义，为综合保税区应对挑战、扩大开放提供了难得的历史机遇和广阔的发展空间。从海关特殊监管区域本身发展来看，综合保税区作为提升当地对外开放水平的重要载体，作为推动当地经济转型发展的重要引擎，有些特殊监管区域产业发展已经进入良性循环，并且能够持续不断地获得“加速度”，有些特殊区域在机制政策创新上已经先走一步，未来也就拥有了更多争取“先行先试”的机会，常州综合保税区面对这些机遇和挑战，将继续优化产业结构，加快创新驱动，集聚发展动能，不断推动园区经济高质量发展。

【机构设置】 常州高新区综合保税区管理局对常州综合保税区行使管理职能。综合保税区管理局下设 3 个工作部门，即综合管理部、运营保障部、项目招商部，每个部门设置相应处室。

【招商部门】 管理局项目招商部负责区域的招商引资工作。联系电话：0519－85169096、85169095，传真：0519－85106061，电子邮箱：czftz@czftz.com.cn。

武进综合保税区

WUJIN FREE TRADE ZONE

【开发建设】武进综合保税区前身是武进出口加工区，2015 年 1 月升格为综合保税区。园区位于武进国家高新区，批准面积 1.15 平方千米，实际围网验收面积 1.08 平方公里，东至凤林路，南至武进大道，西至淹城路，北至阳湖路。2018 年年底，因企业发展需要，晶品光电（常州）有限公司正式迁至区外，园区面积缩减至 0.95 平方公里。

【经济发展】武进综合保税区以光宝、晶品、瑞声等龙头企业为核心，突出对新能源新材料、LED 光电一体化、电子信息三个重点产业的招商，打造 IT、LED 照明、光电子芯片、电脑周边产品等上下游产业链，进而吸引相关配套企业在周边落户，建立一个辐射武进乃至全市的高端加工贸易集聚中心。

至 2018 年年底，园区完成工业总产值 133.85 亿元、进出区货值 72.11 亿美元，同比分别下降 13.6%、27.4%；完成实际进出口额 9.16 亿美元，同比下降 1.3%；完成保税物流实际进出口额 2.64 亿美元、进出区（不含进出境）34.12 亿美元，同比分别下降 12.2%、26.3%。

【投资环境】园区目前已有 2 个获批平台项目，分别为进口食品检验检疫监管样板、进口商品展示交易中心两大平台，具有仓储物流，对外贸易，国际采购、分销配送，商品展示等功能。武进综合保税区进口商品展示交易中心是踏出探索民生需求的第一步，也是今后服务方向的一大突破，现已吸引常州地区 10 多家进口商进行展示业务，已收录商品包括红酒、化妆品、母婴用品、食品等 200 多种，分别来自澳大利亚、美国、西班牙、新西兰等世界多个地方。2018 年成功举办多次综合保税商城惠民活动，吸引了众多消费者前来选购，极大地促进进口，下一步将围绕惠民生的服务宗旨，搭建更大范围的进口商品选购平台。

企业服务质量不断提高。自综合保税区实行政企分开，管理局依照“总牵头、总负责、总协调”的工作定位，全力做好海关、企业等的协调联络工作，通过定期召开联席会议，执行海关、国检、滨湖公司及管理局的四方联合巡察机制，落实协同联络机制等方式为企业解难题、办实事。2018 年，园区按照海关新政全力推进监管仓库的改造，不断优化通关和仓储环境。借助信息化建设手段，联合海关，成功上线海关物流创新项目“掌上物流 2.0”，将移动互联网地理信息位置服务与海关物流监控系统有机结合，使海关互联网 + 服务再次提档升级，为海关物流从业者带来更加精准、更加便捷的智能化通关体验，从以前的烦琐手续变为现如今直接刷车牌，一秒过关。

【招商引资】2018 年，园区加快招商引资，优化企业通关环境，加快产业转型升级和对外开放合作。全年新增进区生产型企业 1 家、物流服务型企业 6 家、贸易型企业 6

家，累计有各类企业45家。申请一般纳税人资格试点，与企业探讨增加保税维修检测等新兴业务，扩大保税展示的商品种类，拓展大宗物资保税仓储、分拨业务，推动园区企业转型升级，光宝光电（常州）有限公司、晶品光电（常州）有限公司、常州瑞声光学有限公司等企业继续扩大产能，成为重要的经济增长点。

【发展趋势】今后武进综合保税区将围绕“一体两翼、三大转变、五大中心”的总体发展规划创新思路，谋划发展。“一体两翼”即全力打造好武进综合保税区这个主体核心，向东利用好青洋物流园，作为区外物流、仓储配套和电商物流园，向西规划好国际商务区，形成“三园一中心”，打造跨境电商产业园、冷链物流园、配套产业园和展示交易中心。“三大转变”即加快实现从加工贸易向服务贸易转变，从区内为主向内外联动转变，从建设为主向服务为主转变。“五大中心”即打造制造中心、物流中心、贸易中心、研发中心、展示中心。

【招商部门】经济发展科负责牵头招商活动。联系人：干泽幸，联系电话：0519－86221203，传真：0519－86221200。

镇江综合保税区

ZHENJIANG COMPREHENSIVE BONDED ZONE

【开发建设】镇江综合保税区由镇江出口加工区原址整合优化设立，2015 年 12 月 2 日通过联合验收，总规划面积 2.53 平方公里，一期 0.91 平方公里封关运作。

生产配套。区内建有监管仓库 1 970 平方米，保税仓库 2 万平方米，货场 8 万平方米，标准厂房 9 万平方米，35 千伏变电所一座。

商务配套。在大港通港路西侧、镇大铁路南侧建成出口加工区商务配套中心，占地约 7 460 平方米，总建筑面积约 13 500 平方米，金融、报关代理、运输代理、外贸代理、人才招聘代理及快餐供应等服务机构可进驻，为进区企业提供方便周到的服务。

生活配套。在园区东侧建有约 12.99 万平方米的配套服务中心，建筑总面积约 20 万平方米，拥有白领公寓、综合商业广场、商务办公楼等。在园区的东北侧建有面积 18 792 平方米的员工公寓“四海家园”，配套的超市、食堂等设施已投入运营，可满足区内所有企业员工的住宿、生活及娱乐需求。

【投资环境】镇江综合保税区位于素有“天下第一江山”美誉的江苏省镇江市的东部，位于国家级经济技术开发区镇江新区内，既是长江三角洲重要的制造业基地，也是承接国际资本和产业转移的重要窗口。镇江市是长三角地区 16 个重点城市之一，曾获中国城市综合竞争力 100 强、国家历史文化名城、“福布斯”中国最佳商业城市、国家创新型试点市、国家级服务外包示范城市、十大中国民营经济最具活力城市等称号。镇江新区现有 30 余家世界 500 强和国际知名企业、近 10 家中央企业落户。

镇江综合保税区实行的是“境内关外”的管理模式，实行全封闭的海关监管管理，区内企业不仅享有海关提供的简单、快捷的通关便利，还享有国家级经济技术开发区和综合保税区的各项优惠政策，享有专职部门为落户企业提供的一切便捷的配套服务。区内建有一流的基础设施和配套设施，区外建有各种生活商务配套，可以满足企业的生产生活需求。

【总体定位】“十三五”期间，镇江综保区将全面贯彻落实“四个全面”战略布局，践行“五大发展理念”，抢抓“一带一路”、长江经济带、苏南国家自主创新示范区建设和“宁镇扬”一体化机遇，以供给侧结构性改革为主线，着力强化规划引领、特色发展、辐射带动、区港融合、改革创新、高效服务六大保障，在“十三五”期间，奋力打造“一区三中心”，加快成为江苏中部区域物流中心及“宁镇扬”外向型经济的窗口。“一区”，即现代产业集聚区，围绕新能源、新材料、电子信息等战略性新兴产业，延伸上下游产业链，并实现科技研发、维修检测等业务多触角互动并进。“三中心”即长三角有重要影响力的冷链物流中心、保税商品仓储分拨区域中心和知名电商重要枢纽中心，充分发挥综合保税区统筹两个市场、两种资源和辐射带动作用，着力打造特色鲜明的食品进出口及冷链物流产业名片，促进商贸物流和其他服务业的深度融合，促进知名电商建立分拨配送中心，打造立足新区、面向全市、辐射长三角的开放型经济高效综合服务平台。

【经济发展】 2018 年，镇江综合保税区管理局围绕“坚持开放创新、突出质量效益”主题，解放思想、当担奋进，在“聚项目、建平台、创特色、促融合”上下功夫，塑造新时代下综合保税区“二次创业”的新动力，园区经济平稳发展。

主要经济指标快速增长。2018 年园区实现海关监管货值 13.26 亿美元，同比增长 33%；实现进出口额 3.2 亿美元，同比增加 1.5%；完成一般财政预算收入 2 224 万元，同比增加 29.4%，两年实现翻番；完成关税及代征税 2.5 亿元；完成服务外包执行额 1 230 万美元，同比增长 76%；完成固定资产投入 2.84 亿元；完成物流企业主营业务收入 2.66 亿元，同比增长 63%。

政策瓶颈有效突破。1 月份获批全国海关特殊监管区域企业增值税一般纳税人试点资格，2 家企业（吉福装饰、华星美科）申报试点，5 月正式实施。全年开具增值税发票 547 份，开票金额为 2 637 万元，增值税额为 422 万元。吉福装饰运用该政策，将上海内销工厂整体搬迁至区内，产能扩大一倍，成功化解区内制造业内销瓶颈。

【招商引资】 “四新”项目有序推进。全年新注册企业 15 家，固定资产投资亿元及以上项目 4 家；新审批亿元项目 3 家（北山储能电站、中远海运仓储、富春供应链物流）；新开工亿元项目 2 家（北山储能电站、中远海运仓储）；新竣工亿元项目 2 家（北山储能电站、宝湾物流）。进口酒分装加工项目签约落户并开工，拓展了园区新业态类型。

物流产业形成集聚效应。富春网营物联供应链项目落户并即将开工。中远海运保税物流和跨境电商综合基地项目已桩基施工，外贸业务同步开展，实现进出口额约 6 000 万美元，着力打造长江经济带综合型平台。面积超 4 万平方米的爱库存华东供应链运营中心在宝湾物流内正式投入运行，提供从工厂到仓库、经销商、门店和消费者的全链路供应链优化。以汇鸿冷链物流为龙头，强化冷链品牌塑造。汇鸿冷链获市级进口商品交易中心授牌，积极创建省企业知识产权管理标准化示范企业；汇鸿冷链生鲜加工中心开机投产，“汇鸿优选”食品体验馆正式开馆，汇鸿冷库获中物联冷链委和链库组织授予“冷库设计创新奖”。

【贸易便利】 创新举措促进贸易便利化。南京海关重点改革项目“掌上物流”2.0 系统于 2018 年 7 月 23 日试运行，提升了卡口作业效率。分类监管仓库运营，实现非保税货物进出库 2 377 吨，货值 458 万美元。“金关”二期海关特殊监管区域管理系统上线实施，贸易便利化水平不断攀升。

配套设施不断完善。我国首个 10 万千瓦级电池储能电站于 2018 年 7 月 18 日正式并网投运，园区内北山电站是 8 个储能电站之一，创造了建设速度最快、运营管理最规范、可观效果最为理想多个第一，有效保障了镇江东部电网供电缺口问题。

【发展趋势】 2019 年是“十三五”规划执行的冲刺之年，也是加快推进全国综合保税区高水平开放高质量发展的始发之年。镇江综合保税区将以打造全省综合保税区具有影响力和竞争力的加工制造中心、物流分拨中心、检测维修中心“三个中心”为重点努力方向，转型升级、创新发展，以优异的成绩实现园区综合评价和新区目标考核的提档升级，为“四个新区”的建设做出园区应有的贡献。

【招商部门】镇江综合保税区管理局全面负责园区的招商引资工作。招商热线：0511－83371515、88901108，传真：0511－83373737，联系人：任晓锋，邮箱：77269157@qq.com。

泰州综合保税区

TAIZHOU FREE TRADE ZONE

【开发建设】 2015 年 5 月 6 日经国务院批准，原泰州出口加工区整合优化为综合保税区，总规划面积 1.76 平方公里，一期 1.08 平方公里，二期 0.5 平方公里，分别于 2015 年 12 月 1 日和 2017 年 12 月 7 日通过省联合验收组验收。目前，泰州综合保税区封关运作面积 1.58 平方公里。

园区基础设施不断完善，生产要素完备，配套条件优越。一期 10 万平方米的标准厂房全部投入使用；二期 13.6 万平米标准厂房建设工作顺利完成，部分投入使用。保税仓库二期 6 万平方米恒温恒湿库主体建设基本完工。高规格建成保税展示交易中心大楼，总建筑面积 3 万平方米，全方位满足跨境电商保税展示交易业务的需求。

【经济发展】 区内现有纬创资通（泰州）有限公司、纬立资讯配件（泰州）有限公司等 41 家企业，其中生产型企业 6 家，物流、报关企业 5 家，贸易企业 30 家。2018 年实现工业产值 27.39 亿元，同比增长 31.77%；实现进出区货值 18.98 亿美元，同比增长 34.76%；实际进出口 1.59 亿美元，同比增长 23.45%；区内物流企业实现主营业务收入 4 336 万元。

【招商引资】 泰州综合保税区围绕招商引资工作持续发力，坚定围绕“项目为王”，牢固树立高质量发展理念。聚焦电子信息和高端装备制造两个主导产业方向，参照现有优质规模以上企业的经济指标，制定新入驻项目的单位面积开票销售、单位面积纳税、单位面积投资强度等指标门槛，切实推动招商引资向“招商选资”转变。2018 年新注册项目 10 个；新增注册资本 1.98 亿元，其中内资 6 350 万元，外资 2 000 万美元。落户项目中生产型项目 2 个，分别是高端运动产品项目和窑炉生产制造项目，总投资 2 亿元。

【新型业务】 2018 年，泰州综合保税区密切关注海关总署政策动向，主动策应海关特殊监管区域的创新改革新政策，不断拓展园区的政策功能，深化新型业务试点工作。

率先开展委托加工业务。2018 年 7 月，园区在全省率先开展“委托加工”业务，帮助企业利用解除监管的保税设备，接受区外企业委托开展委托加工业务，有效释放闲置产能，进一步扩大产量。

重建跨境电商监管中心。根据海关跨境电商监管场所的最新建设标准，园区重新选址区内监管中心作为监管场所，并对其进行改造，同时将原先区外跨境电商监管中心的 2 台 X 光检机及相关配套设备搬迁至新址内，对光检机系统进行升级调试并对接公共服务平台系统。

推广货物按状态分类监管政策。区内鑫远物流、中外运物流、华轩电商公司充分利用改试点政策承接区内外业务，合理利用区内闲置仓储资源，增加业务量，有效节约企业运营成本。

【企业服务与管理】把服务企业摆首位，充分发扬“店小二”精神，提升服务质量，优化园区营商环境。全面建立覆盖从项目洽谈直至生产运营的全流程服务，常态化、高质量地服务区内企业，保障各类业务高效顺畅地开展。继续学习借鉴上海自贸试验区通关方面的创新经验，简化通关流程，提高通关效率，进一步优化通关环境。“掌上物流”系统改造完成并与南京海关对接成功，正式启用后，大大提升了卡口物流效率。与鑫发公司形成联合巡检制度，定期对园区公共建筑、道路、照明设施、围网及监控报警设施进行巡查。为切实保障园区安全生产保持良好状态，综合保税区管理局与区内企业签订“安全生产责任书”，采取重大节假日定期检查和平时不定期抽查相结合的方法，对区内企业进行安全检查，切实将安全责任落到实处。

南通综合保税区

NANTONG FREE TRADE ZONE

【开发建设】 南通综合保税区规划面积5.29平方公里，实行“一区两片”的发展格局。其中，A区规划面积1.5平方公里，着重发展大数据、研发、检测与维修、国际贸易等保税服务业，适当增加环境友好型保税加工业；B区规划面积3.79平方公里，紧邻通海港区集装箱码头，着力发展保税加工和现代智慧物流业。

【投资环境】 南通综合保税区位于国家级南通经济技术开发区内，处于中国沿海南北交通动脉和长江入海的枢纽位置。母城南通位于长江入海口北岸，与上海、苏州隔江相望，是长三角地区重要的工业基地和长江流域重要的枢纽城市，也是长三角地区距离上海自贸试验区最近的城市。南通经济技术开发区于1984年12月经国务院批准设立，是我国首批14个国家级经济技术开发区之一，辖区面积184平方公里，人口30万。南通经济技术开发区历经30多年发展，已成为长三角核心区域具有较强竞争力的现代产业园区，是长江经济带国家级转型升级发展示范开发区、国家生态工业示范园区、国家循环化改造示范试点园区、中国服务外包集聚园区，以及江苏省利用外资转型发展示范区。

南通经济技术开发区抢抓建设长江经济带战略支点和上海大都市北翼门户城市机遇，围绕“建设国际化、高端化的制造业集聚区和创新型、生态型的综合商务城”的定位，重点发展以大数据、智能制造为代表的“1+1”产业。累计兴办规模企业2000多家，吸引外商投资企业800多家，总投资200多亿美元，其中世界500强公司设立企业80多家，先后集聚了德国默克制药、德之馨香料，日本大王生活用品、武藏精机、米思米精机、爱信精机、丘比食品，美国美乐家健康科技，瑞典奥托立夫安全气囊，奥地利赫尔斯曼传感器等项目。瞄准新一轮发展机遇，南通经济技术开发区加快建设南通综合保税区、国际数据中心产业园、大数据产业园、智慧“芯谷”、感知元器件产业园等特色平台，转型升级迈出新步伐，逐步成为长三角利用外资集中的先进制造业基地和上海一小时经济圈重要的产业发展高地。

南通综合保税区基础设施建设实现“九通一平”。南通综合保税区B区商业配套中心规划总建筑面积15.67万平方米，商业办公、餐饮、职工公寓等商务配套设施一应俱全。与南通综合保税区B区相邻的通海港区集装箱作业区，岸线长约2 487米，陆域面积约360万平方米。一期工程三个集装箱泊位已竣工并由世界500强、大型央企中远海运集团管理运营，内贸航线增加南通—天津、南通—营口等航线；二期工程已经启动。

【招商引资】 2018年，南通综合保税区新注册项目29个，新增注册资本33.49亿元。

截至2018年年底，南通综合保税区累计注册企业482家，总投资363.11亿元，注册资本248.48亿元。其中，外商投资企业46家，总投资18.16亿美元，注册资本9.5亿美元。具体分行业来看，保税加工类企业33家，总投资47.77亿元；保税物流类企业25家，总投资69.1亿元；研发企业13家，总投资48.43亿元；商贸类企业69家，总投资24.2亿元；注册经济类企业339家，总投资168.38亿元。

【产业聚焦】 南通综合保税区重点发展以中远海运物流通海物流园、中仓国际物流园、中农控股现代物流园为龙头的现代智慧物流产业，以阿里巴巴江苏云计算数据中心、国动大数据中心、钛基大数据中心为龙头的大数据产业，以飞昂微电子科技南通有限公司、阿斯克勒庇俄斯医学（南通）有限公司为代表的检测研发等其他类型的服务产业，以南通延峰安道拓座椅面套有限公司、南通联亚药业有限公司、南通吉凯光电科技有限公司为代表的保税加工产业。已建成现代智慧物流园和国际数据中心产业园，正在逐步构建以集聚品牌产业和新型业态为区域特色的跨境电商全产业链平台。

【经济发展】 2018年，南通综合保税区实现经营收入142.12亿元，工业总产值18.58亿元；实现进出口额48.44亿元，在全省海关特殊监管区域排名比2017年前移两位，列苏中苏北第1位；实际利用外资1.15亿美元，列全省综合保税区第1位；合同利用外资2.12亿美元，列全省综合保税区第2位；完成税收5.85亿元，其中关税及海关代征税收2.73亿元。至2018年年底，南通综合保税区累计合同利用外资6.37亿美元，实际利用外资4.10亿美元；累计实现进出口额47.50亿美元，进出区监管货值96.1亿美元。

【发展趋势】 南通综合保税区将围绕保税加工、保税物流、口岸作业、保税服务四大产业，着力建设加工制造中心、研发设计中心、物流分拨中心、检测维修中心、销售服务中心五大中心，集聚形成大数据、现代智慧物流、龙头型保税加工等支柱产业，不断探索跨境电商、保税展示交易、期货交割等新业态，对标国际先进水平促进综合保税区升级，积极打造长三角高水平开放的新平台。

【机构设置】 南通综合保税区管理局是南通市经济技术开发区管委会的派出机构，下设行政部、招商部和经济发展部。

【招商部门】 南通综合保税区24小时招商服务热线：0513－85980289，网站：http://www.ntftz.com/。

盐城综合保税区

YANCHENG FREE TRADE ZONE

【开发建设】盐城综合保税区于2012年6月16日获国务院批准设立，辖区面积6.65平方公里，其中封关区规划面积2.28平方公里，封关区外配套区规划面积4.37平方公里。首期1.21平方公里封关区于2012年11月通过国家验收，2013年1月份封关运作；二期0.82平方公里封关区于2018年1月获批封关运作。

经过几年的建设和发展，封关区外建有24000平方米商务办公大楼；封关区内建有总建筑面积达100万平方米的各类标准厂（库）房，其中已建成面积83万平方米，在建面积17万平方米。电子信息、现代服务业等项目承载能力处于全省领先水平。已建成高标准多层电子厂房面积61万平方米，出租率达63.5%；保税仓库面积20万平方米，出租率达70.1%；冷链仓库2万平方米，出租率达100%。在建的17万平方米国投自贸园二期标准厂（库）房即将主体封顶，将于2019年年底前全部投入使用。

【投资环境】盐城综合保税区地处江苏沿海中部，位于盐城经济技术开发区，是国家级中韩（盐城）产业园核心区，拥有国家级中韩产业园、经济技术开发区和综合保税区所有政策功能，经济发展空间广阔、潜力无限。区内，高架、高速、高铁贯穿其中，10分钟可达南洋国际机场、高铁枢纽站、高速出口。南洋国际机场每天有航班直飞韩国、日本，以及香港、台湾、北京、上海、广州、深圳等40多条航线，每周有412个航班；通往青岛的高铁已开通，通往北京、上海、南京、杭州、西安等方向的高速铁路将相继建成，全面融入“北京一日商务圈”和上海“一小时经济圈”。

【招商引资】盐城综合保税区重点发展电子信息、新材料等先进制造业和国际贸易、国际检测维修、仓储物流、跨境电商等现代服务业。现有英锐半导体、耀崴科技等“四上”企业71家，其中规模以上工业定报企业41家，市三星级以上企业4家。拥有日本TIC孵化中心、江苏省汽车零部件进口贸易中心、跨境电商集聚区等功能平台5家。2018年，新开工英锐6寸晶圆、佛吉亚二期、光耀光学等工业项目4个，以及国际贸易、分拨中心等服务业项目13个，新增工业定报企业3家、非工业定报企业5家。

【经济发展】2018年，园区发展势头良好，实现规模以上工业开票销售83.5亿元，一般公共预算收入1.63亿元，注册外资实际到账3 761.2万美元，外贸进出口总额7.5亿美元；新开工、竣工亿元以上工业项目分别为4个、2个，新增“四上”企业8个（工业3个，非工业5个）。跨境电商单量总量位居全省前列。

【发展趋势】盐城综合保税区将始终坚持与同类园区走差别竞争、错位发展、特色取胜的发展思路，全力为国家开放型经济试政策、探路径、谋发展，努力培育和发展电子信息、智能制造等国家战略性新兴产业，建设投资自由化贸易便利化改革示范区，打造一流营商环境，完善产业配套服务，致力于营造高质量发展综合竞争新优势。

无锡高新区综合保税区

WUXI NEW DISTRICT FREE TRADE ZONE

【开发建设】无锡高新区综合保税区位于国家级无锡高新技术产业开发区内，是无锡外向型经济发展的重要板块。由原无锡出口加工区（2002 年 6 月批准设立）转型升级而来。无锡高新区综合保税区于 2012 年 4 月 28 日经国务院批准设立，2013 年 1 月 31 日通过国家十部委联合验收，实现封关运作，是江苏省第 4 家、全国第 20 家综合保税区，经过多年发展，各项经济指标位列全国特殊监管区域前列。园区规划控制面积 3. 497 平方公里，按照“统一规划、分期开发、滚动发展”的原则，共分为四个区块。区块一规划面积 0. 708 平方公里，四至范围为东至 312 国道，南至新锡路，西至锡兴路，北至高浪路；区块二规划面积 0. 823 平方公里，四至范围为东至 312 国道，南至高浪路，西至锡兴路，北至海力士—意法路；区块三规划面积 1. 754 平方公里，四至范围为东至 312 国道，南至新华路，西至锡兴路，北至新锡路；区块四规划面积 0. 212 平方公里，四至范围为东至行创三路，南至锡新二路，西至行创一路，北至锡新一路。目前已完成 2. 385 平方公里范围内的基础设施和监管设施的开发建设。

【投资环境】无锡高新区综合保税区具有优越的地理位置、便利的交通和完善的口岸服务。园区毗邻沪宁高速、312 国道，距无锡苏南国际机场仅 5 公里，距京沪高铁站和沪宁城际站均不到 10 公里。无锡地铁 1 号、2 号线已投入运营，3 号、4 号线正在建设中，建成后无锡轨道交通将与上海通过城际铁路无缝对接，另有京杭运河的辅助，组成周边良好的物流运输网络。近年来，无锡高新区综合保税区全面复制自贸试验区政策，拥有保税加工、保税服务、内路口岸、货物贸易及保税物流等多个功能。已成功复制自贸试验区“一般纳税人资格试点”“保税货物、非保税货物分类监管”“批次进出、集中申报”“全球维修”“保税展示交易”等海关创新监管制度。

【经济发展】2018 年，无锡高新区综合保税区紧紧围绕高新区“四个走在前列”目标定位，紧抓创新发展机遇，积极对标自贸试验区，加大招商引资力度，全力推进改革试点，营造智能制造大集聚、现代物流强辐射、口岸开放创一流、服务贸易争示范的对外开放环境。2018 年，园区主要经济指标实现高基数上的高增长，三项重点指标再上新台阶。一是外贸进出口规模再上新台阶。全年进出口总额首次突破 200 亿美元，达到 232 亿美元，同比增长 30. 2%，在全国已封关运作的综合保税区中进出口总值排名第 6 位。二是区域贡献份额再上新台阶。无锡高新区综合保税区占全市外贸进出口份额提高至 24. 6%，占新吴区份额提高至 45. 8%，成为推动全市和全区外贸增长的重要力量。三是财政税收收入再上新台阶。2018 年无锡高新区综合保税区财政总收入完成 17. 5

亿元，同比增长 56.3%；一般预算收入完成8.1 亿元，同比增长 58.8%；规模以上工业产值完成500 亿元，同比增长 14.5%。

2018 年，在保持土地集约利用评价全国开发区第一、累计投资总额位列全国综合保税区第一、单位面积财政总收入位列全国综合保税区第三的基础上，无锡高新区综合保税区集成电路产业园评为第一批省特色创新产业示范园区。

【产业建设】 经过多年发展，区内集聚了一批世界500 强、国际知名品牌和总投资超亿美元的项目。注册企业 53 家，其中生产型企业 26 家，规模以上生产企业 17 家，形成以 SK 海力士半导体、英飞凌科技、海太半导体为代表的大规模集成电路产业，以希捷国际、捷普电子、村田电子、威峰科技为代表的高端电子信息产业，以菲尼萨光电、理波光电为代表的光电通信三大高端制造主导产业，以及以中外运物流、ESR、佳利达物流为代表的物流产业和以海峰聚思为代表的云计算产业集群。

2018 年是无锡高新区综合保税区项目落地开工建设年，累计工业投入 146.6 亿元，共 11 个重点在建项目，创历史纪录，是园区工地繁忙程度最高的年份。SK 海力士二工厂厂房主体完成，菲尼萨三期、新聚思厂房全部竣工，威峰科技新地块、亨沃二期完成前期筹备工作，液化空气、村田二工厂启动新工厂的购地建设。新企业、新项目的注入加速了无锡高新区综合保税区产能提升，也优化了园区产业结构，为下阶段园区经济社会发展奠定了良好的基础。

【招商引资】 2018 年，无锡高新区综合保税区坚持“产业链招商”和“驻点式招商”共谋，实现存量扩产和增量落地“双线突破”。新增投资 4 200 万美元，美国应用材料半导体备件中心、东风股份澳洲尼平河品牌中国销售总部等项目成功签约。招商引资产业扩展至半导体、云计算、保税仓储物流、精密机械、高端电子等领域。累计吸引外商投资 88.7 亿美元，协议注册外资 39.4 亿美元，到位外资 36.05 亿美元。

【创新发展】 近年来，无锡高新区综合保税区全面复制推广自贸试验区经验，努力打造改革开放新高地，争取成为高新区外资外贸重地和改革创新政策试点示范区。一是增值税一般纳税人资格试点成功开展。SK 海力士、佳利达电子科技、法液空、康奈可、捷普电子 5 家企业开展了试点。随着试点的大力推进，园区彻底打通了国内增值税“免抵退”链条，极大提升了企业市场竞争力，提振了企业投资信心。二是全球维修检测业务试点实现新突破。捷普电子成为江苏省重点推荐的唯一一家入选单位，先期开展全球维修检测业务。三是非保税货物分类监管顺利试点。区内 9 家企业先后开展非报关货物进出区改革试点，进出库货值达到 21.8 亿元。分类监管的扩面与增量，使企业真正打通了内外贸易业务壁垒，充分发挥“境内关外”政策优势和对接国际、国内两个市场，为未来园区打造现代物流工业品零部件分拨中心奠定了坚实基础。

【管理与服务】 2018 年，无锡高新区综合保税区进一步提升服务水平，营造更好的营商环境，促进园区环境、经济建设共同“新发展”。一是组建城市管理工作站，落实责任制，全面提升园区精细化管理水平。二是服务管理“双管齐下”，保障在建项目顺利施工。强化在建工地的管理和服务，企业水、电、气等生产要素 100% 到位。三是改善基础设施建设，提升园区承载力。启动三期行政卡口建设，完成三期开闭所招标及施工，为企业提供优质的公共服务。四是强化现场监督管理，安全生产管理常抓不懈。全年无重大安全事故。未来，无锡高新区综合保税区将紧紧围绕“四个走在前列”的高质量发展要求，加快打造以先进制造业加工为中心、现代物流分拨为中心、服务贸易保税为中心、趋于口岸通关为平台的“三中心一平台”步伐，全面提升产业水平，进一步强化对全市外放型经济的支撑作用，成为重要的经济增长极。

上海漕河泾综合保税区

SHANGHAI CAOHEJING COMPREHENSIVE BONDED ZONE

【开发建设】漕河泾综合保税区是由原漕河泾出口加工区转型升级而来。漕河泾出口加工区于 2003 年 3 月经国务院批准设立，2004 年 3 月正式封关运作。自成立以来，加工区曾连续四次获得“上海品牌园区”荣誉称号，成为上海第一批自贸试验区创新制度复制推广的海关特殊监管区域，是上海海关批复开展跨境电商业务的试点单位和市商务委批准设立的上海市跨境电子商务示范园区。2018 年 4 月，漕河泾出口加工区经国务院批准升级为综合保税区，成为上海第一批转型升级为综合保税区的出口加工区。2018 年 11 月，漕河泾综合保税区通过由上海海关及上海市发展改革委、商务委等七部门组成的联合验收组的验收。2019 年 1 月 2 日，海关总署正式批复漕河泾综合保税区通过验收。2019 年 3 月 20 日，上海市政府举行了漕河泾综合保税区成立的揭牌仪式，标志着漕河泾综合保税区的发展进入新的时期。

【投资环境】上海漕河泾综合保税区是上海临港浦江国际科技城的重要组成部分，是上海市闵行区唯一一家海关特殊监管区域。临港浦江国际科技城兼具国家级经济技术开发区、国家级高新技术产业开发区和国家级综合保税区功能，重点围绕“电子商务”“生命健康”“先进制造”“文化创意”“检验检测”5 + X 的产业发展态势进行产业布局和升级，在人工智能、高端装备制造、生物医药、环保及新材料、新能源等领域形成产业集聚优势，是上海科创中心建设重要承载区和闵行“国家产城融合示范区”核心园区。漕河泾综合保税区位于上海市闵行区浦江镇，地理位置优越，交通便捷，是距离上海市中心最近的海关特殊监管区域。漕河泾综合保税区与临港浦江高科技园毗邻而建，既有高科技园办公、研发的优势，又有综合保税区生产、仓储、物流的优势，二者优势互补，为形成高端入区、周边配套、辐射带动、集聚发展创造了良好的产业基础。

【招商引资】截至 2018 年年底，上海漕河泾综合保税区累计引进外资企业 15 家，投资总额为 6.90 亿美元，合同利用外资额为 2.52 亿美元，实际利用外资额为 2.52 亿美元。在 15 家运营企业当中，11 家为外商独资企业，分别来自美国、日本、开曼群岛、中国香港等 8 个国家和地区。从行业上分，其中 12 家为制造型企业，3 家为仓储物流企业。

漕河泾综合保税区实现转型升级以后，区域功能从以往的以生产型和物流型企业为主，向生产型、物流型、服务型和贸易型功能拓展。《国务院关于促进综合保税区高水平开放高质量发展的若干意见》中提出，加快综合保税区创新升级，打造对外开放新高地，推动综合保税区发展成为具有全球影响力和竞争力的加工制造中心、研发设计中心、物流分拨中心、检测维修中心、销售服务中心。

这为综合保税区的招商引资提供了强有力的政策支撑。在此基础上，漕河泾综合保税区充分发挥综合保税区和浦江高科技园区地理位置的区位优势和优惠政策的叠加效应，引入更多的、优质的企业入驻综合保税区，实现双区联动，相互促进，共同发展。

【对外贸易】 2018 年，上海漕河泾综合保税区实现进出口总额 68.90 亿美元，同比增长 14.26%。其中，进口 27.16 亿美元，同比增长 21.25%；出口 41.74 亿美元，同比增长 10.13%。以台湾英业达集团为主的高科技电子通信、IT 企业的聚集，成为园区的主导产业，庞大的产出规模及良性的发展态势，对其上下游配套企业形成磁场效应，为园区的发展发挥了支柱作用。2008 年全球金融危机以来，综合保税区面临着国内外严峻的经济环境和形势，英业达集团的笔记本电脑产线逐步向重庆转移。2018 年以来，英业达、英华达的部分产线也实施了转移，在降低风险的同时，也实现企业技术创新型和劳动力密集型的合理布局，企业逐渐走出低谷重回稳步发展的轨道。与此同时，以美敦力和诺得卡为代表的一批新兴产业企业依靠其自身产品科技含量的提升与市场的开拓，保持总体运行的稳定和产量的不断增加，成为综合保税区可持续发展的新动力。

【经济发展】 2018 年，漕河泾综合保税区实现工业总产值 383.31 亿元，同比增长 16.9%；进出口总额 68.90 亿美元，同比增长 14.26%；海关关税及进口环节税收 18.93 亿元，同比增长 45.94%；工商税收 2.44 亿元，同比下降 2.9%。园区呈现出稳中有升的发展态势。

漕河泾综合保税区经历了 10 多年的发展，已经形成以电子通信设备制造为主，生物医疗、电子科技及保税物流配套的产业体系。在经历了近年来国内外严峻的经济形势后，围绕转型升级、功能拓展，大力挖掘新动能，克服各种不利因素，经济增长结构、贸易增长方式逐渐趋于合理，漕河泾综合保税区的主要经济指标呈现出企稳向好、逐步增长的发展态势。综合保税区是我国开放层次最高、优惠政策最多、功能最齐全、手续最简化的海关特殊监管区域，转型升级为综合保税区后，漕河泾综合保税区将在新起点上实现更大的发展。

【发展趋势】 上海漕河泾综合保税区在已经形成的电子信息制造和医疗器械制造两大产业的基础上，利用上海优越的区位优势，积极融入国家“一带一路”建设和上海“五个中心”建设，推动自贸试验区可复制可推广优惠政策在区内先行先试，一批有代表性的、新兴的医疗和电子产业及跨境电商业务逐渐成长壮大，为综合保税区的可持续发展提供了持续的动力和支撑。

漕河泾综合保税区将在原来以加工贸易为主的基础上进一步拓展，在政策上更加便利，在形式上更加多样，在业态上更加丰富，实现统筹国际和国内两个市场、保税和非保税两种资源，向保税加工、保税物流、保税服务及贸易功能等多元化方向发展，实现服务功能显著提升、创新能力明显提高、产业承载日渐增强，形成管理规范、通关便捷、用地集约、产业集聚、协调发展的新格局，成为拉动区域经济快速发展的强劲引擎。

【机构设置】 上海漕河泾综合保税区由上海漕河泾开发区经济技术发展有限公司负责日常管理运行、规划建设和招商引资等方面的工作。综合保税区管委会办公室是归口管理部门，负责综合保税区的进出口审批、职能部门协调与综合行政管理等工作。

【招商部门】 上海漕河泾开发区经济技术发展有限公司招商管理服务中心负责上海漕河泾综合保税区的招商引资工作，招商电话：021－64290000。

奉贤综合保税区

FENGXIAN COMPREHENSIVE BONDED ZONE

【开发建设】奉贤综合保税区于2018年4月18日经国务院批复同意设立，核准面积为1.88平方公里，四至范围为：东至环城西路，南至奉浦大道，西至南竹港，北至肖南港。2019年1月14日，奉贤综合保税区通过联合验收组正式验收，1月25日海关总署同意奉贤综合保税区正式封关运行；3月20日，奉贤综合保税区正式揭牌。

【经济发展】2018年，园区实现工业总产值52.4亿元，同比下降8.5%；实现增加值8.6亿元，同比增长98.9%；固定资产投资额为3 250万元，同步增长23.1%；实现地方税4 900万元，同比下降22.2%；进出口总额为55.38亿元，同比下降11.38%，其中进口额16.38亿元，同比增长0.06%，出口额39亿元，同比下降15.44%。

【投资环境】园区对标先进综合保税区管理水平优化投资环境。一是及时搭建完成组织架构。2018年6月，上海闵行出口加工区管委会更名为奉贤综合保税区管委会。同时，出口加工区管理部更名为综合保税区管理部。二是更新完善综合保税区管理制度。制定完成项目评审制度、联席会议制度等，明确申报仓储货物按状态分类监管流程、申请一般纳税人资格试点流程等。三是实现基础设施改造升级。完成卡口的智能化改造、视频监控系统更新、区内道路绿化改造等一系列基础设施设备改造升级。主卡口实现24小时自动化智能验放，园区所有的模拟监控设备升级为数字高清设备；道路和绿化改造既满足承载大量货运车辆的要求，又实现了园区环境生态的提升。四是整顿理顺管理体系。通过定点、定人、定时、定责，实现大物业精细化、规范化，管理效率提高。

【招商引资】奉贤综合保税区坚持把招商引资、项目建设作为发展的第一要务。一是组建综合保税区项目评审小组，为招商过程中的政策解读、企业准入等提供专业指导。二是实施精准招商策略，围绕产业项目建设需求，发挥特殊监管区域政策优势，挖掘存量资产资源潜力，通过区域联动、平台联合、产业链延展等招商方式，全方位、多层次推进招商引资工作。截至2018年，园区落户企业34家，其中外资企业16家，主要来自日本、澳大利亚、美国、新加坡等；投资总额为5.75亿美元，其中外商投资总额2.5亿美元，合同外资1.37亿美元。2018年，园区入驻张铁军翡翠保税展示交易项目和林登国际贸易项目，引进上海觉亚物联网科技有限公司，消化盘活仓储用房3万平方米。

【发展趋势】奉贤综保区将以美丽健康为主导产业，以“一平台三中心”为重点产业载体，建设“东方美谷”国际服务贸易集成平台、保税研发设计中心、保税展示交易中心和保税检测维修中心，打造长三角国际服务贸易的“美丽”集聚地和上海自贸新片区的奉贤主阵地。“东方美谷”国际服务贸易集成平台以贸易为主要功能，涵盖专业跨境电商平台、支付结算服务平台、商品分拨平台、跨境集采平台等多个子平台，同时结合物流仓储、信息技术、金融服务等配套功能，构建美丽健康产业集群优势。保税研发设计中心对新设的研发企业直接赋予最高信用等级，对企业用于研发进口货物、用于研发和展示的医疗器械给予简化办理手续的便利。保税展示交易中心利用系统对接“前店”与“后库”，实现线上线下同步运作。保税检测维修中心以高技术、高附加值、符合环保要求的保税检测和全球维修业务为主。围绕“美丽健康”产业，拓展进口美容、医疗器械等的保税检测维修和第三方进出口检验认证服务。

【机构设置】奉贤综合保税区管理部作为奉贤综合保税区的职能管理部门，承担日常事务管理、企业服务、产业发展、招商引资等职能。

【招商部门】奉贤综合保税区招商工作由上海市工业综合开发区招商中心和奉贤综合保税区管理部负责。招商中心联系人：胡晔峰，联系电话：021－33655888；奉贤综合保税区管理部联系人：张杨，联系电话：021－33655012。

威海综合保税区

WEIHAI FREE TRADE ZONE

【开发建设】 威海综合保税区于2016年5月31日经国务院批准设立，分为南北两个片区。南区为新设区域，位于威海大水泊国际机场东侧，大水泊镇驻地南部，东至威石路，北至大水泊村南河，西至机场路，南至309国道，封关区域1.37平方公里，发展规划面积18.75平方公里；北区为原威海出口加工区，2000年4月27日经国务院批准设立，封关区域0.88平方公里，2001年1月8日通过国务院八部委联合验收小组的验收，同年10月8日封关运行。2018年9月20日，威海综合保税区顺利通过海关总署牵头的联合验收组验收，正式封关运行。

以封关验收为重点，快速推进北区规划调整、升级改造，扎实推动南区征地拆迁、设施建设，顺利完成验收各项工作任务。累计完成投入4亿元，征用和流转土地约320万平方米，新建商务综合楼、查验仓库等各类设施3万多平方米，硬化道路17.5万平方米，绿化面积14.3万平方米，将两片区2.25平方公里封关区五大项设施全部打造到位，于6月29日和9月20日通过省、国家两级联合验收小组验收，顺利实现封关运行。年内，南区首单进出口业务和首单“一日游”业务正式开通。

【经济发展】 截至2018年年末，累计入区项目50个（北区43个，南区7个），总投资8.8亿美元，其中外资企业项目29个，实际到账外资3.3亿美元；累计实现工业总产值395亿元，年均增长20%；完成固定资产总额36.4亿元，年均增长2%；完成进出口额125亿美元，年均增长26%；完成税收6亿元，年均增长42%。自2009年3月出口加工区叠加保税物流功能后，区内物流企业累计完成进出区货值59.14亿美元。

2018年，威海综合保税区运营企业39家，其中电子企业12家，食品企业3家，汽车零部件企业4家，物流企业10家，服装企业3家，金属加工企业3家，医疗企业1家，其他企业3家，就业人数7 175人。2018年，园区实现工业总产值28.7亿元、外贸进出口总值71.7亿元，完成固定资产投资2亿元，实现税收6 040万元，实现保税物流进出区货值4.9亿美元。

【投资环境】 以“精致园区”为目标，按照“精当规划、精美设计、精心建设、精细管理”的思路抓园区建设，建设品位高端、特色鲜明、设施完备的国际化、现代化园区。与全国知名设计院中国城市规划设计研究院深圳分院和上海合城规划建筑设计有限公司合作，多次优化方案设计，形成《威海综合保税区总体规划》《威海综合保税区控制性详细规划》。推进落实综合保税区基础设施和公共服务设施PPP项目，保税仓库、保税车间、人才公寓等一批重点产业设施和配套设施开工建设，开工面积12万平方米。

【招商引资】 立足全市资源禀赋和产业基础，结合园区建设发展实际，提出了“4211”工作思路，即积极培育“国际贸易、现代物流、跨境电商、保税加工”四大业态，全力搭建“外贸综合服务、金融服务”两大平台，打造1个辐射胶东、面向全国的国际商品集散交易中心，1个以电子信息产业为主导的先进制造业基地。以商贸物流、先进制造、跨境电商等产业为重点，落实“专业招商+全员服务”的招商方式，建立招商服务大使制度，组建专业招商队伍，明确主攻产业和主攻区域，出台国际贸易和跨境电商产业扶持政策，实施定向招商、登门推介，有效增强对接实效性和成功率。年内重点在谈、在建项目8个，总投资达7.4亿元。其中，威海柱炫电子项目已落户北区，英国图丽氏纸业集团专用水转印纸项目已落户南区。

围绕跨境电商发展需求，规划了跨境电商产业园，谋划和推动“五中心一平台”功能体系建设（全模式跨境电商及快件监管中心、国际快件一级分拨中心、电商仓储物流中心、电商创业中心、国际商品保税展示交易中心、跨境电商综合服务平台），加强与线上知名平台对接，吸引龙头强企落地，构建全业态、全模式跨境电商产业体系。借助封关验收契机，成功举办“威海综合保税区封关运行暨韩国买手联盟双促大会”，64家韩国品牌商及1 500多名销售商参加，有效扩大了综合保税区的知名度和影响力。已引进韵达国际快件一级分拨中心及仓储物流项目，与阿里速卖通、EBAY、三宝科技等多家平台企业和DHL、东方嘉盛等知名物流企业达成战略合作意向。跨境电商创新产业园列入市级高端产业园区。

【机构设置】 威海综合保税区管委会为市政府派出机构，行使威海综合保税区的管理职能。2017年12月11日，威海市机构编制委员会批复将综合保税区管委会内设机构调整为6个（均为正科级规格），核定管委会事业编制40名；将威海经济技术开发区出口加工区管理局更名为威海综合保税区北区管理局，由隶属威海经济技术开发区管委会调整为隶属威海综合保税区管委会。

青岛西海岸综合保税区

QINGDAO WEST COAST COMPREHENSIVE BONDED AREA

【开发建设】 青岛西海岸综合保税区前身为青岛西海岸出口加工区，于2006年5月经国务院批准成立，规划面积2平方公里，2007年7月通过国家验收封关运营。2013年2月，按照青岛市区划调整，青岛西海岸出口加工区划归青岛前湾保税港区管理，2018年11月19日经国务院批复同意整合优化为青岛西海岸综合保税区。园区实行“境内关外”政策，开展保税加工、保税物流、保税服务等业务。

园区基础设施完善，累计投入超过10亿元，实现了“九通一平”，全域通过国家验收。拥有商务大厦2.15万平方米，可供企业前期办公使用；建设公共租赁房一期6万平方米、二期11万平方米，目前一期已投入使用，全部建成后可容纳人数达1.5万~2万人；周边热源厂、110千伏龙泉变电站、污水处理厂等配套齐全。2016年完工的环境优化提升工程，按照世界眼光、国际标准、创新设计、突出特色的原则，聘请国际知名的新加坡裕廊国际集团设计园区环境规划方案，全面提升园区环境档次，打造生态工业园区。

【投资环境】 青岛西海岸综合保税区位于太平洋西岸、山东半岛南端，东与韩国、日本隔海相望，是国家级青岛西海岸新区的重要园区。区位优势明显，紧邻青岛港，通过胶济铁路和青连铁路连接全国铁路网并辐射内陆。距离园区20公里的中铁联集青岛中心站，是中国特大集装箱中心站之一，与全国铁路近600个集装箱办理站开展运输业务，构建了园区“海陆空铁”多式联运的立体化综合交通体系。纵贯和横贯中国的高速公路沈海高速、青兰高速在此交汇。距青岛胶东国际机场25公里，距青岛流亭国际机场40公里。

自2014年9月以来，园区持续扩大政策优势，作为青岛海关关区首个复制推广自贸试验区创新制度的试点园区和首个通关一体化改革的试点园区，先后有“批次进出、集中申报”“统一备案清单”“简化随附单证”“先入区、后报关”等10余项制度落地运行，并将报关流程由转关改为一次性报关，大幅提高通关速度，减少企业通关成本。为保障自贸试验区创新制度在园区顺利复制推广，园区作为青岛海关关区唯一试点单位，率先运行新版信息化管理系统，大幅提升企业通关效率，改善了通关环境。同时，园区对卡口进行了智能化改造升级，依托集装箱箱号识别设备、电子车牌识别设备、安全智能锁识别设备实现通关全程智能化验放管理。

【招商引资】 2018年，青岛西海岸综合保税区全力实施“双招双引”，加快推进新旧动能转换。全年新引进项目39个。其中，内资项目36个，注册资本4.5亿元；外资项目3个，注册资本1.1亿美元。具体引进包括万洛仓储、木坤实业、盛鸿国际融资租赁和磐鼎融资租赁、建元利通贸易、如意贸易公司在内的多个规模较大项目，并储备了催化剂新材料、高科技纺织、珠宝加工、模拟机培训中心、航材保税仓储等多个在谈项目。

【对外贸易】2018年，园区实现进出口总额10.44亿美元，同比增长9.47%。其中，工业企业外贸额3.78亿美元，同比增长10.71%；服务业外贸总额6.66亿美元，同比增长8.77%。主要进出口商品为电子产品、石油焦、棉花、橡胶、汽车配件、食品等。

【经济发展】截至2018年年底，园区已吸引来自日本、韩国、美国、中国香港等国家和地区的131个项目落户，累计投资总额为13.41亿美元。2018年，园区实现业务总收入11.93亿元，同比增长2.77%；实现财政总收入6.59亿元，同比增长35.17%；完成固定资产投资额6 125万元，同比增长12.90%。园区已形成四大主导产业，分别是以三美电子为代表的“精密电子”产业，以裕龙和中韩物流为主导的“保税物流”产业，以北海石油海洋装备为代表的“机械装备”产业和以圣美尔纤维科技为代表的“高端棉纺织”产业。同时，园区进口商品、航空、跨境电商等新兴产业正在起步。

进口商品产业。区内绿辰进口商品展示推广交易平台已吸引来自国内外的上千家客商入驻，进口商品涉及近百个国家和地区的3万个单品，商品进口量连续三年排名全省第一，其中葡萄酒进口量位居全国第36位。此外，公司成功拓展文化贸易，启动了世界吉他顶级品牌吉普森吉他进口业务，成为北方最大的吉普森吉他进口分拨中心。

航空产业。2010年12月，山东省政府批准在园区设立山东通用航空产业园。结合自身现有的政策功能优势，园区确定了“一个基地和四个中心”的发展规划。一个基地指青少年航空科普教育基地，四个中心分别指国际飞行培训中心、航空器保税展示交易中心、航空器制造及维修中心、航材保税物流中心。园区积极打造产业发展载体，由国有公司整体租赁闲置厂房建设航空产业园，昊海、金瑞翔2家公司已正式入驻开展业务。目前已有昊海、雄飞、飞圣、金瑞翔、华夏、新丝路、万洛等多家通用航空企业注册落地；国际飞行培训中心项目顺利完成奠基；青岛航空、韩国宇航科技等单位已来区实地考察对接，正在接洽合作事宜。

跨境电商产业。跨境电商通关监管中心投入运营，监管中心引进国内技术最先进的通关查验流水线，配置了一站式在线查验和监管系统，为区内电商企业提供高效便捷的通关服务。实现了保税备货和直购业务落地，并率先与山东省电子口岸单一窗口完成数据对接及各项备案，2018年1月1日，完成省内首单跨境电商“1210”模式实货走单，实现了山东省跨境电商业务历史性突破。推进保税港区跨境电商综合服务平台落地运营，服务平台及数据交换平台已开发完成，并已与青岛海关数据分中心实现直连，做好最终上线的准备工作。区内已落户裕贸通、欧克利等10余家电商企业，初步形成集聚效应，并积极与京东、菜鸟等公司开展对接，争取国内大型电商尽快签约落户。

【发展趋势】自2018年11月19日国务院批复青岛西海岸出口加工区整合优化为青岛西海岸综合保税区，园区增加了国际转口贸易，国际采购、分销和配送，国际中转，商品展示和港口作业等多项新功能，有力推动园区向保税加工、保税物流、保税服务等多元化方向发展，更好地满足企业业务发展需求，吸引更多新兴业态入驻，促进园区产业转型升级，实现新旧动能转换。园区将进一步完善政策、创新制度、拓展功能、优化管理，塑造国际化、市场化、法制化的营商环境，充分发挥要素集聚和辐射带动作用，加快新旧动能承接转换，促进企业参与国际竞争，在实现高水平开放高质量发展进程中走在前列。

【机构设置】目前园区由青岛西海岸出口加工区管理局负责日常管理。

【招商部门】青岛西海岸出口加工区管理局经济发展处负责园区招商引资工作。电话：0532－83157002、83157667。邮箱：xihaian2006@163.com。网站：www.qwepz.gov.cn。

深圳盐田综合保税区

SHENZHEN YANTIAN FREE TRADE ZONE

【开发建设】深圳盐田综合保税区于2014年1月22日经国务院批准成立，规划面积2.17平方公里，由原沙头角保税区、盐田港保税物流园区、盐田港保税区整合而成。规划分两期建设：一期1.24平方公里于2016年1月15日通过国家验收，包括盐田片区和沙头角片区，其中盐田片区1.01平方公里，沙头角片区0.23平方公里；二期围网项目正抓紧推进，按要求将于2020年1月封关验收。

盐田综合保税区盐田片区原为盐田港保税区，1996年9月经国务院批准设立，规划面积0.85平方公里。其中占地0.17平方公里的南片区于1997年12月开始建设，1998年开始招商引资，到2002年基本开发建设完毕。2004年8月14日，经国务院批准，盐田港保税区与邻近港区开展“区港联动”试点，即设立盐田港保税物流园区。盐田港保税物流园区规划面积0.96平方公里（其中南片区0.17平方公里，北片区0.79平方公里）。原盐田港保税区0.85平方公里置换到盐田港保税物流园区后方。盐田港保税物流园区于2005年12月30日通过海关总署等国家八部委验收，2006年3月31日正式封关运作。

沙头角片区原为沙头角保税区，于1987年12月25日经深圳市人民政府批准创办，并于1991年5月28日经国务院正式批准设立，围网内面积近0.27平方公里。

【经济发展】2018年，由于受中美贸易摩擦影响传统工业（黄金珠宝、电子信息）产值下降等原因，盐田综合保税区营业收入、工业总产值、税务部门税收等指标出现下降。全年实现工业总产值186.57亿元，同比下降13.73%；实现经营总收入184.9亿元，同比下降23.2%；实现税务部门税收3.65亿元，同比下降26.2%。主要受畅联国际业务上升影响，2018年实现海关关税和代征税56.31亿元，同比增长41.3%；实现进出口额608.8亿元，同比增长4.8%。

【招商引资】盐田片区。截至2018年年底，盐田片区内注册企业及产业活动单位共102家，其中仓储物流企业58家，贸易企业11家，电子商务企业7家，从事报关、运输、装卸、科技、信息、咨询、云基地、光伏、溯源、物业管理、策划等业务的企业共26家。片区内从业人员4 000余人。规模以上企业19家，其中15家为物流企业。主要企业有盐田港物流、嘉里盐田港物流、新兴物流、中建投物流、中远盐田港物流、中海港口物流、日通储运、海格物流、百富新物流等。物流企业业务所涉及货物的种类主要包括平板电脑、办公电子设备、液晶显示屏玻璃、服装、鞋、玩具、日用品、红酒、洋酒等。

沙头角片区。截至2018年年底，沙头角片区内企业共计1 077家，其中注册在工厂区的企业332家分别为生产型企业121

家，其他类型企业211家。在121家生产型企业中，黄金加工企业72家，电子企业29家，服装企业8家，玩具企业4家，其他类型企业8家。规模以上企业43家，其中工业企业22家，贸易类企业10家，物流企业4家，其他类型的企业7家。片区内从业人员8 000多人。区内主要企业有才众电脑、众潮电科、粤豪珠宝、精茂进口商品展示交易中心、品新科技等，主要从事是黄金珠宝、电子信息、电动玩具、服装、研发、检测维修等产业。

【产业特点】 两大片区产业特色明显。由于沙头角片区的区位特点、产业基础及发展沿革，目前仍以保税制造为主，盐田综合保税区的工业总产值全部源于沙头角片区，2018年园区工业总产值占盐田区工业总产值的三分之一，区内有2018年深圳市工业百强企业两家。从沙头角片区的营业收入各行业占比来看，保税制造业占据片区经营总收入八成以上。区内工业企业主要从事珠宝首饰制造、计算机制造、服装制造、玩具制造等行业。根据盐田片区的用地规划和产业规划以及毗邻盐田港的区位优势，盐田片区主要以物流仓储企业为主。片区总用地面积1.01平方公里，均为仓储和物流用地。2018年盐田片区规模以上企业19家，有15家为物流企业，其中深圳市重点物流企业3家，AEO认证企业3家。从营业收入指标来看，物流企业占据区内各行业营业收入五成左右。

【重点项目】 重点物流企业落户盐田片区。得益于综合保税区的政策优势、“区港联动”的便利优势和毗邻世界级大港的区位优势，近三年众多重点物流供应链企业强烈申请入驻盐田综合保税区。2016～2018年3年期间，园区共有世纪物流园、中通百富新、腾邦、海格、盐田港现代物流中心二期5个项目开工建设，园区开发建设用地面积25万平方米，建筑面积68.1万平方米，分别占盐田片区总开发建设用地面积和建筑面积的38.4%和47.3%，实现了跨越式发展。此外，九立供应链公司和有信达供应链公司已于2018年通过重点产业项目遴选，在盐田片区分别取得用地面积2.07万平方米（建筑面积为8.29万平方米）和2.32万平方米（建筑面积为9.29万平方米）的物流用地使用权。

沙头角片区重点项目盐田科技大厦落成。盐田科技大厦是盐田区“十三五”规划重点工程项目，位于沙头角片区东南角。项目于2017年1月正式开工，2018年12月正式封顶，大厦主体建设宣告完成。建成后将成为综合保税区研发、生产加工、配送、公共服务等功能的综合体，将为高科技、高附加值公司入驻综合保税区创造有利条件，为优化综合保税区产业结构提供平台。

“16+1”农产品和其他产品电商物流中心与展示馆项目落户盐田片区。2018年11月，中国首家“16+1”农产品和其他产品电商物流中心与展示馆在盐田港现代物流中心开幕。该项目通过B2B开展跨境贸易展示交易、金融结算和物流集运一体化综合服务，搭建多方贸易平台，大力推动中国与中东欧国家的经贸合作。以中国—中东欧国家农业合作机制为依托，在保税区通过B2B+平台运营模式，提供保税展示、市场推广、渠道开发、产品准入中国的咨询等服务，同时提供跨境物流解决方案、协助办理产品准入手续、金融结算等一站式国际供应链服务。

【保税新业态】 酒类进口业务初步形成集聚效应。园区内已有11家企业从事酒类进口业务，葡萄酒进口业务量发展迅速。2018年全年完成进口酒类产品1887.73万升，货值1.74亿美元，进口量占深圳地区的18.9%（排第3位），其中葡萄酒进口量1 241.39万升，占深圳地区27.0%，在全市进口口岸排名第1位。园区从事酒类进口业务的代表企业有六通合供应链、光焰供应链等公司。六通合供应链2018年葡萄酒进口量占园区总量的90%。光焰供应链为2018年新入区的企业，2018年洋酒进口量大增。

增值税一般纳税人试点企业推进顺利。2016年10月，盐田综合保税区被纳入全国首批7个增值税一般纳税人试点海关特殊监管区域。现有增值税一般纳税人（简称一纳）试点企业9家，2018年试点企业非保税货物进出区150.42亿元，区内外向型企业采购国内料件出口获退税511.10万元。

货物分类监管业务顺利开展。园区目前有3家企业包括光焰供应链、盐田港物流、新兴物流已申请开通货物分类监管业务，其中有2家已实际开展业务。货物分类监管发挥综合保税区作为连接国内外两个市场的桥梁作用，有效盘活企业闲置的仓储资源，拓展企业经营范围，降低企业的仓储和物流成本。

保税展示展销业务的规模和形式多样化。目前园区内既有盐田港物流公司的西班牙馆和“16+1”馆等国家馆项目开展B2B展示业务，也有精茂城开展的保税展示交易业务。精茂城已经于2018年9月正式开展保税展示交易业务，采用“前店后厂”模式，充分利用保税展示交易的国际流通功能，降低经营成本，提高企业效率。

南宁综合保税区

NANNING COMPREHENSIVE FREE TRADE ZONE

【开发建设】南宁综合保税区于2015年9月30日获国务院批复设立，规划面积约8平方公里，一期围网面积0.897平方公里。2016年10月18日，南宁综合保税区一期顺利通过国家联合验收组验收，2017年4月13日正式封关运营。

区内已完成基础设施建设，建成6条道路、6 195米的巡逻专用道和隔离围网等监管设施，以及约37万平方米的标准厂房；区外的配套区已建成并交付使用2.3万平方米的公租房，正在加速推进公租房二期、商务中心、商品展示中心、学校等配套设施建设，为企业入驻提供良好的服务保障。

【投资环境】南宁综合保税区位于南宁市南面，五象新区西南端。周边有铁路、城市主干道、高速公路、地铁等交通设施。距南宁吴圩国际机场约27公里，距铁路货运玉洞站3公里，距南宁港牛湾作业区35公里，200公里以内，通达广西北海、钦州、防城港三大港，交通十分便利。

【经济发展】南宁综合保税区重点发展加工贸易、保税物流、跨境电商等产业，以及相关的研发、维修、检测、展示、交易、中转、国际快件分拨和保税仓储等业态。2018年，南宁综合保税区实现进出口总额23.09亿美元，同比增长591%，其中加工贸易进出口额为20.79亿美元。

【招商引资】目前园区累计有80家企业入驻，其中围网内58家（加工贸易10家，保税物流9家，跨境电商36家，其他物流服务企业3家），围网外22家。中国邮政、格思克实业、拓航科技、迪斯奥光电科技、和正顺兴珠宝、蓝水星通讯、众创盛兴科技、广西南大门等企业已投产运营。

【重大项目】中新南宁国际物流园。物流园广西推进西部陆海新通道建设的重点项目之一，规划面积约284.87万平方米，分三期建设。该项目将建设物流组团、加工组团、信息金融组团、配套生活组团四大功能组团和分拨中心、冷链中心、智慧供应链平台、供应链金融服务四个重点项目，逐步形成以物流为基础，服务于制造、采购分销、零售的供应链，最终建设成为集物流、加工、信息、商贸等功能为一体的综合型物流园。

中国（南宁）跨境电子商务综合试验区核心区。2018年7月，南宁获国务院批准成为国家第三批22个跨境电商综合试验区之一。为紧抓机遇，积极探索与跨境电商产业发达地区及龙头企业开展合作，加速推进跨境电商产业发展，南宁高新区、河南保税集团、广西邮政公司三方合资注册成立广西南大门跨境电商运营有限责任公司，负责运营中国—东盟（南宁）跨境电子商务产业园，打造中国（南宁）跨境电子商务综合试验区核心区。12月15日，中国（南宁）跨境电子商务综合试验区在全国第三批综合试验区城市中率先开区运营，南大门跨境电商保税直购中心正式开业。

【招商部门】南宁综合保税区管委会招商科。联系电话：0771－4898296。

吴江综合保税区

WUJIANG FREE TRADE ZONE

【开发建设】吴江综合保税区原为吴江出口加工区，位于吴江经济技术开发区内。2015年1月31日经国务院批准，整合升格为吴江综合保税区，规划面积1平方公里，2015年12月31日通过国家十部委联合验收。

【投资环境】吴江综合保税区区位优势独特，位于江、浙、沪交汇的长三角中心，位于国家级吴江经济技术开发区，东临上海，南依杭州，西濒太湖，北靠苏州，交通便捷。沪苏浙高速公路东西贯穿吴江全境；沪宁高速公路距吴江综合保税区仅10多公里；苏嘉杭高速公路南北贯穿吴江经济技术开发区，其吴江南出口距吴江综合保税区仅500米；318国道、227省道贯穿吴江全境，与京沪铁路、京沪高速铁路相距22公里；一步之遥的京杭大运河可通航500吨级船舶，年水运量达1亿吨；苏州地铁4号线开通至吴江经济技术开发区。

吴江综合保税区内基础设施完善，区内道路、雨污水管网、电力、通信、供水、供气达到一流园区水平；已建成标准厂房10万平方米，保税仓库6.1万平方米；区内监管场站总占地面积2.5万平方米，其中监管仓库5 000平方米，场地面积2万平方米，可容纳90辆40尺集装箱车辆同时停放。配套生活服务区包括8万平方米的员工宿舍、银行、邮政、餐饮、超市、购物等一系列配套服务设施；综合保税区综合服务楼建筑面积13 000平方米，入驻单位有综合保税区管理局、海关、报关行、物流公司、贸易公司和跨境电商等，为企业提供便捷、高效的一站式服务。

【经济发展】2018年，综合保税区管理局紧扣高质量发展要求，围绕吴江经济技术开发区“立足南苏州、再造千亿级”战略目标，聚力招商引资，优化服务保障，推进载体升级，推动新政落实，严守安全红线，强化党建引领，为园区经济创新转型和持续健康发展提供了有力保障。

吴江综保区全年完成进出口监管货值约160.08亿美元，同比增长9.95%。其中，一线进出口40.81亿美元，同比增长25.08%；二线进出口119.27亿美元，同比增长5.57%。完成工业销售19.25亿元。

吴江综合保税区大力促进跨境电商业务发展，率先正式走通“1210”模式第一票，并开始批量试运行。在吴江海关的大力支持和配合下，8月开始业务量逐步增长，10月开始每天出货量稳定在1 000单以上，共出区包裹20多万件，货值1 288万，涉税145万元。其中“双十一”期间出区包裹达5万个，位于江苏省第一。

积极推进“企业增值税一般纳税人资格”试点。根据国家税务总局、财政部、海关总署公告2018年第5号，自2018年2月1日起赋予吴江综合保税区“海关特殊监管区域企业增值税一般纳税人资格试点”。园区从年初起就积极宣传落实该政策，吸引区内多家公司加入试点。2018 年 3 月 12 日，开出江苏省第二批试点的海关特殊监管区域的第一张一般纳税人资格试点增值税发票。

【招商引资】吴江综合保税区以“企业增值税一般纳税人资格试点”及“跨境电商免通关单”为契机，在坚持引进先进制造业项目的同时，大力拓展跨境电子商务、保税物流、保税贸易、服务等新业态，各项工作均取得阶段性成果，总共引进项目 9 个。

【机构设置】吴江综合保税区管理局内设招商科、经济管理科、综合科 3 个职能部门，分别负责招商引资、区内综合行政管理、进出口审批、数据统计、安全生产管理、区内企业服务等。

【招商部门】吴江综合保税区管理局下设招商科，主要负责综合保税区的招商引资工作。招商电话：0512－66086608、66086610。

哈尔滨综合保税区

HAERBIN COMPREHENSIVE BONDED ZONE

【开发建设】 哈尔滨综合保税区于2014年启动综合保税区申建工作，2016年3月7日由国务院正式批准设立，于2017年3月通过国家正式验收，同年7月封关运营，规划面积3.29平方公里，一期用地面积1.38平方公里，网内面积1.127平方公里。园区立足于为黑龙江省外向型经济发展提供功能齐全的新载体，着力打造东北地区独具特色的国际商品展示贸易中心、现代化国际物流中心、高端进出口制造加工中心和新型现代服务贸易及研发中心，努力构建以保税物流和保税加工为基础，货物贸易和服务贸易为特色的现代产业体系。空间布局由综合服务区、口岸作业区、保税加工区、保税物流区、商务配套区“五大功能区”组成，通过8.8公里的内部路网连接，整体拉伸起园区核心框架。

园区承载功能逐步完善。一是基础设施功能完备。园区一期整体达到“七通一平”，综合服务、口岸作业、保税物流、保税加工四大功能区都已建成投用，5.7万平方米标准化仓库、3.12万平方米标准化厂房、1万平方米的重型机械加工标准化厂房建成投用。二是口岸业务功能不断拓展。综合保税区口岸业务已获得国家海关总署批复，园区整体纳入哈尔滨铁路口岸作业四至范围，获批口岸代码，具备开展口岸通关业务条件。粮食、冰鲜水产品进境口岸已向海关总署报批申建，按照先建后批的要求已启动口岸建设前期工作。三是政策功能持续完善。成功获批国家第三批海关特殊监管区域企业增值税一般纳税人资格试点，打通区内企业货物内销通道，有效降低企业生产经营和货物监管成本。积极复制自贸试验区经验，成功实施委内加工、货物状态分类监管等创新举措。作为跨境电商综试区核心承载区，启动保税备货模式跨境电商业务。

【投资环境】 哈尔滨综合保税区区位优势明显，是黑龙江对外开放的重要战略节点，能够同时辐射25个贸易口岸，具备全方位、立体化对俄开放物流体系，面向国内形成快速直达的运输网络，面向国外形成西接欧洲、东接东北亚乃至北美地区的国际运输大通道。哈尔滨综合保税区距离哈尔滨太平国际机场44公里，哈尔滨太平国际机场是中国距离北美最近的航空港，已实现72小时过境免签，开通东北首条第五航权航线，对俄通航城市已达11个，已开通多条对俄货运包机航线，可通过俄罗斯叶卡捷琳堡的大型海外仓辐射俄罗斯全境。园区紧邻哈尔滨四环路，距离哈同、哈大、京哈等主要高速公路入口车程均在15分钟以内。哈尔滨国际铁路集装箱中心站与全国其他17个中心站干线直连，境内可实现集装箱货运直达运输。中欧班列哈尔滨至德国汉堡和俄罗斯叶卡捷琳堡专线，是国内运距最短、成本最低的中欧国际货运线路，平均只需15天即可抵达德国汉堡，平均只需8~10天即可抵达叶卡捷琳堡。哈绥俄亚陆海航运通道的全面打通，标志着地处内陆的哈尔滨拥有了“出海口”，货物可通过铁路经绥芬河口岸到达俄罗斯东方港，再由海运到达终点韩国釜山港。

哈尔滨现已实行四省区（黑龙江、吉林、辽宁、内蒙古）海关通关和检验检疫一体化模式，哈尔滨海关与大连、沈阳、长春、呼和浩特、满洲里海关可实现一地查验、四省区六海关直接放行的便捷通关。通过哈尔滨多式联运海关监管中心，企业可根据物流需求，自由选择空运、铁路、陆路等多种运输方式联运，途中的货物换装、拆拼作业，不再分别进行转关申报，实行物流全程“一次申报、一次查验”。

【招商引资】根据国务院提出的“特殊监管区域要拓展业务类型，向保税加工、保税物流、保税服务等多元化方向发展”的要求，哈尔滨综合保税区结合哈尔滨市产业特色、区位优势和资源禀赋，重点打造高端装备制造、国际贸易、保税仓储物流、跨境电子商务和电子信息产品制造产业。截至 2018 年年末，已累计签约及注册企业 90 户。在提升对俄联邦合作层级方面，综合保税区与雅库特共和国签署合作协议，成为雅库特共和国猛犸象牙进口中国的唯一授权合作方，合作打造俄罗斯猛玛象牙和宝玉厂产业园。在拓展保税加工业务领域方面，黑龙江君诚木结构保税加工项目、凯帝威俄罗斯糖果加工项目成功落地。在高新技术产业培育方面，哈尔滨龙赫无人机制造项目，上海星地通通讯科技有限公司芯片加工、手机装配等部分产能正在向综合保税区转移。在商贸流通提档升级方面，谋划建立俄罗斯腐殖酸生产基地和营销中心项目，开展腐殖酸进口、加工及销售业务；在跨境电商合作平台发展方面，在哈尔滨陆港跨境电商平台的基础上，启动了以航天信和为主体的第二条跨境电商平台建设并投入运营，同时积极引入辽商集团、俄运通开展电商平台的系统技术研发工作，打造多平台跨境电商运营模式。

【经济发展】哈尔滨综合保税区自封关运行至 2018 年年末，签约注册企业 90 户。2018 年实现进出口总额 2 847.79 万美元，完成海关税收及代征税 323 万元，实现工业总产值 2 486 万元。园区已初步形成以航天信和、哈尔滨陆港为龙头的跨境电商产业，以德国豪狮为龙头的进口农机装备加工制造产业，以上海东浩兰生为龙头的国际贸易综合服务产业，以黑河丰泰、信和实业为龙头的进口粮油食品加工产业，以上海星地通、思禾公司为龙头的电子信息产品加工制造和检测维修等产业集聚。

【发展趋势】哈尔滨综合保税区将紧抓我国推进共建“一带一路”和自贸试验区制度政策向综合保税区复制推广的重要契机，立足哈尔滨市“建设东北亚地区具有重要影响的现代化城市和哈长城市群核心城市”的总体定位，全面推动区内国际贸易功能升级、业态升级和价值链升级，实现高水平开放、高质量发展。一是提升国际贸易集成功能，集聚国际化高能级贸易商，发展新型贸易方式和交易平台，打造黑龙江省区域性进口商品采购分销基地，建设国家级跨境电商示范区。二是培育依托保税环境的战略性新兴产业，强化区港联动，大力发展航空装备、智能装备、精密电子、保税物流等，建设智慧型综合保税区，推动保税产业向高端领域延伸。三是依托保税区创新型产业，发展跨境电商、生产性服务贸易、离岸金融、服务外包等服务业，加快口岸经济转型升级。

【招商部门】哈尔滨综合保税区招商工作由管委会招商服务中心负责。招商负责人：马知贤，联系电话：0451－51900138、51059188，电子邮箱：mazx_leon@163.com。

合肥综合保税区

HEFEI COMPREHENSIVE BONDED ZONE

【概况】合肥综合保税区是安徽省第一个综合保税区，于2014年3月17日获国务院批准设立，2015年3月17日通过海关总署等国家十部委的联合验收，2015年6月29日正式封关运行。合肥综合保税区选址于合肥新站高新区核心地段，围网内规划用地面积2.6平方公里，拓展区及配套项目规划用地面积2平方公里，定位以保税加工、保税贸易、保税物流等相关业务为主。

【战略定位】合肥综合保税区致力于建设成为全球领先的集成电路和新型显示产业研发制造基地，全国重要的现代服务业创新基地，引领合肥市乃至安徽省开放发展的重要平台，安徽省申报国家自贸试验区的重要支点。

【园区发展】合肥综合保税区规划有大型工业项目用地、仓储物流区域，建设有标准化工业厂房、恒温和冷冻仓库，以及跨境电商监管仓库等。目前，园区内注册企业49家，总投资超过250亿元，涵盖集成电路、半导体、液晶面板整机等新兴产业领域，还涉及供应链服务、融资租赁、跨境贸易等充分体现综合保税区开放平台特色的项目。

【招商引资】围绕合肥综合保税区中长期产业规划，以集成电路、新型显示等产业为支撑，重点引进影响力大、带动性强的保税加工项目。同时，依托融资租赁、跨境电商等保税服务及贸易项目，不断扩展综合保税区业态功能。

【企业服务】积极落实新政，释放改革红利，提升服务水平。构建企业与海关、建设规划、市场监管、城市管理、税务等部门的沟通渠道，协调解决项目建设和运营中有关报批报建、资金扶持、要素保障、员工住宿、就医就学、人才招聘等生产生活多方面问题，不断优化营商环境。

【发展方向】重点打造有世界级影响力的三大产业：TFT－LCD产业、集成电路产业、智能制造装备产业。

重点发展配套三大产业的服务业：保税研发类企业，保税检测、维修、培训类企业，进口材料、设备的国际中转、分销类企业，工贸企业跨境贸易投资区域总部。

重点发展趋势性及创新性服务业：跨境电商类企业，大宗商品贸易类企业，融资租赁类企业。

合肥经济技术开发区综合保税区

HEFEI ECONOMIC AND TECHNOLOGICAL DEVELOPMENT COMPREHENSIVE BONDED ZONE

【概况】 合肥经济技术开发区综合保税区位于合肥市西南，前身为安徽合肥出口加工区，2010 年 7 月 5 日经国务院批准设立，2012 年 8 月 21 日正式封关运行。2017 年 1 月，合肥经济技术开发区启动加工区升级综保区申报工作，2019 年 4 月，国务院正式批复同意合肥出口加工区整合优化为合肥经济技术开发区综合保税区，规划面积 1.40 平方公里。

【投资环境】 合肥是安徽省省会，位于安徽省中部，承东启西、连南接北，是长三角经济区的重要城市之一。以合肥为圆心，半径 500 公里范围内，基本涵盖中国东、中部七省一市。合肥科教优势突出，拥有以中科院合肥物质科学研究院为代表的各类研究开发机构 500 余个，以中国科学技术大学为代表的各类高等院校近 60 所；每万人拥有专业技术人才的比例及城市人均拥有大学生数量，均居全国城市前列。

合肥经济技术开发区综合保税区交通优势明显，通巢湖达长江，铁路专用线直通港区，312 国道、沪蓉高速、合九铁路、宁西铁路和沪汉蓉高速铁路环伺周边。

为有效解决入驻园区项目员工的居住生活问题，为企业运营解决后顾之忧，合肥经济技术开发区综合保税区公租房项目于 2011 年 11 月 15 日破土动工。公租房内规划设配套功能服务区，可满足近 2 万人的住宿需求。随着各功能区商家的陆续入驻，该区域已形成大型综合性示范区，产业工人拎包入住的“一站式”生活社区将得以实现。

【经济发展】 2018 年，合肥经济技术开发区综合保税区实现规模以上工业产值 701 亿元，同比增长 24.2%；缴纳各类税收约 29 亿元，同比增长 46.8%；完成进出口总额 68.69 亿美元，同比增长 49.2%，进出口总额占省、市进出口总额比重分别达 10.9%、22.3%，与同期相比分别提高 2.3 个、3.9 个百分点。

【招商引资】 发展先进制造业，打造千亿战新产业集群。自封关运行以来，园区加工贸易业务规模实现快速增长，截至 2018 年年底，已聚集联宝科技、胜利电子、海晨仓储、新宁供应链等 23 家电子信息上下游配套企业，形成以联宝科技为龙头的电子信息产业集群。作为联想集团全球最大 PC 机研发生产基地，联宝科技在区内占地，主要生产联想笔记本电脑和一体台式机产品，2012 年 12 月企业正式投产，产品销往全球 5 个区域、13 个分区、120 余个国家。

发展现代服务业，打造跨境电商安徽第一区。2018 年 1 月，跨境电商监管过渡期政策落地合肥，园区积极试单并于 5 月 18 日在全市率先正式开通跨境电商保税进口免通关单业务。按照坚持招引行业引领性企业目标，重点瞄准国内外大型跨境电商领军企业，力求通过大商吸引小商的集聚发展思路，全力推进跨境电商上游品牌供应商和下游区域物流商、金融配套企业集聚发展，现已吸引江苏舜天中创供应链、邮境通等30余家跨境电商及关联企业入驻并开展业务。2018年，园区获批省级跨境电子商务产业园。

【机构设置】2017年，经安徽省机构编制委员会办公室批复，合肥出口加工区管理局由合肥经济技术开发区管委会内设副处级机构调整为管委会直属机构，正处级建制。

【招商部门】招商电话：0551－63751172。网址：http：//www.hetda.gov.cn/。

统计资料篇

保税区（保税物流园区）

2018 年全国保税区下分贸易方式进出口贸易额统计表

地区	贸易方式	出口（美元）	进口（美元）
		2018 年 1 月至 12 月	2018 年 1 月至 12 月
天津港保税区	合计	2 208 514 218	9 332 683 705
	一般贸易	1 446 600 051	5 446 293 208
	来料加工装配贸易	619 334	2 032 434
	进料加工贸易	107 631 035	27 092 387
	对外承包工程出口货物	2 328 720	0
	保税监管场所进出境货物	142 187	69 788 385
	海关特殊监管区域物流货物	649 418 112	3 786 878 556
	其他贸易	1 774 779	598 735
上海外高桥保税区	合计	31 431 688 583	93 087 647 823
	一般贸易	7 398 058 627	31 490 808 768
	来料加工装配贸易	3 167 433 836	273 963 368
	进料加工贸易	3 782 483 846	3 697 034 519
	加工贸易进口设备	0	12 075 648
	对外承包工程出口货物	56 805 128	0
	租赁贸易	76 800	45 588
	外商投资企业作为投资进口的设备、物品	0	109 990 461
	保税监管场所进出境货物	15 557 915	439 385 801
	海关特殊监管区域物流货物	16 937 760 843	56 931 637 686
	其他贸易	73 511 588	132 705 984
宁波北仑港保税区	合计	2 902 871 754	6 982 335 160
	一般贸易	1 753 480 181	5 476 839 730
	来料加工装配贸易	15 582 912	12 313 214
	进料加工贸易	761 996 915	583 347 392
	保税监管场所进出境货物	0	69 937
	海关特殊监管区域物流货物	358 000 927	900 922 038
	海关特殊监管区域进口设备	0	7 966 397
	其他贸易	13 810 819	876 452

续表

地区	贸易方式	出口（美元）	进口（美元）
		2018 年 1 月至 12 月	2018 年 1 月至 12 月
福建马尾保税区	合计	257 499 498	122 104 073
	一般贸易	253 764 200	115 885 691
	来料加工装配贸易	3 735 298	1 325 817
	保税监管场所进出境货物	0	4 546 394
	海关特殊监管区域物流货物	0	337 334
	其他贸易	0	8 837
厦门象屿保税区	合计	2 905 678 829	3 393 242 738
	一般贸易	641 691 900	604 130 709
	来料加工装配贸易	3 286 240	1 593 536
	进料加工贸易	254 819 390	232 065 170
	保税监管场所进出境货物	0	545 520
	海关特殊监管区域物流货物	1 999 227 276	2 546 966 514
	其他贸易	6 654 023	7 941 289
广州保税区	合计	439 058 877	1 663 291 781
	一般贸易	41 099 232	1 152 540 147
	来料加工装配贸易	20 458 026	8 497 128
	进料加工贸易	330 344 693	196 010 571
	加工贸易进口设备	0	124 435
	外商投资企业作为投资进口的设备、物品	0	6 469 400
	保税监管场所进出境货物	0	98 211
	海关特殊监管区域物流货物	47 024 826	299 365 294
	其他贸易	132 100	186 595
福田盐田沙头角保税区	合计	23 100 831 685	32 685 839 630
	一般贸易	1 918 924 893	5 123 007 446
	来料加工装配贸易	45 734 181	42 058 874
	进料加工贸易	9 071 125 057	2 464 592 741
	保税监管场所进出境货物	55 916 757	6 575 814
	海关特殊监管区域物流货物	12 009 114 041	25 049 334 674
	其他贸易	16 756	270 081

续表

地区	贸易方式	出口（美元）	进口（美元）
		2018 年 1 月至 12 月	2018 年 1 月至 12 月
珠海保税区	合计	857 021 915	1 511 695 213
	一般贸易	61 662 329	42 392 918
	来料加工装配贸易	51 755 446	57 217 185
	进料加工贸易	651 524 269	290 406 071
	海关特殊监管区域物流货物	92 078 921	1 121 666 747
	其他贸易	950	12 292
汕头保税区	合计	86 371 841	110 389 435
	一般贸易	37 664 954	27 388 475
	进料加工贸易	40 211 037	18 290 040
	保税监管场所进出境货物	40 869	2 442 146
	海关特殊监管区域物流货物	8 454 981	62 263 679
	其他贸易	0	5 095
大连大窑湾保税区	合计	405 207 030	1 361 727 766
	一般贸易	260 622 811	734 530 614
	来料加工装配贸易	31 445 344	13 095 566
	进料加工贸易	100 414 860	78 475 404
	加工贸易进口设备	0	11 717
	保税监管场所进出境货物	7 666	27 566 230
	海关特殊监管区域物流货物	12 407 515	507 129 219
	其他贸易	308 834	919 016

2018 年全国保税区经济指标统计情况表

指标	单位	合计		
		2018 年累计	增幅（%）	历年累计
增加值	万元	39 107 391	4.1	458 618 752
经营总收入	万元	311 727 241	13.9	3 155 310 259
其中：技术服务收入	万元	5 098 657	140.2	12 430 878
工业总产值	万元	33 322 697	27.0	475 694 941
其中：高新技术产业	万元	10 009 197	5.9	166 634 546
物流企业经营收入	万元	10 078 999	20.1	378 531 761
商品销售额	万元	272 099 009	12.4	2 491 128 348
企业利润总额	万元	10 463 680	—	11 097 566
综合能源耗费量	吨标准煤	2 761 171	—	3 593 041
新设企业数	个	9 027	28.0	91 453
其中：加工企业	个	87	123.1	2 195
物流企业	个	264	30.0	4 119
贸易企业	个	6 107	23.8	60 589
其他服务类企业	个	1 726	22.4	17 489
新设外资企业数	个	679	-38.0	15 574
内资企业注册资本	万元	4 803 646	-26.6	171 509 142
合同利用外资	万美元	490 648	-1.5	11 946 383
实际利用外资	万美元	245 031	-51.7	2 765 540
已投产运作企业数	个	6 418	—	34 192
其中：已投产加工企业	个	220	—	1 120
已投产物流企业	个	820	—	2 959
已投产贸易企业	个	3 315	—	13 573
已投产其他服务类企业	个	1 040	—	8 769
其中：注册资本 1 000 万美元以上	个	156	—	506
固定资产投资额	万元	2 033 587	4.9	55 985 844
其中：基础设施投资	万元	216 159	99.7	8 721 296
已建成城镇建设用地面积	万平方米	146	—	227 802
房屋竣工建筑面积	平方米	3 441 855	122.0	49 627 417
其中：已建成厂房面积	平方米	1 099 019	—	5 022 670
税务部门税收	万元	9 050 397	22.5	84 377 133
期末从业人员	人	528 763	17.9	528 763
期末批准面积	平方公里	33.78	-0.3	33.78
期末验收封关面积	平方公里	32.68	-0.3	32.68
跨境电商企业数	个	14	—	205
业务票数	票	24 215	—	6 949 797
销售额	万元	675	—	134 087
融资租赁企业数	个	1 874	—	1 874
租赁资产总额	万元	0	—	102 070 000
货物状态分类监管企业数	个	0	—	0
国内货物进出区货值	万元	0	—	0
一般纳税人资格试点企业数	个	0	—	0
试点企业内销金额	万元	0	—	0
试点企业增值税纳税额	万元	0	—	0

续表

指标	单位	天津港保税区		
		2018 年累计	增幅（%）	历年累计
增加值	万元	3 930 066	-39.8	153 588 513
经营总收入	万元	21 851 049	-17.0	685 696 501
其中：技术服务收入	万元	200 184	—	704 053
工业总产值	万元	4 025 056	-7.8	150 169 715
其中：高新技术产业	万元	364 005	-47.5	62 965 413
物流企业经营收入	万元	1 651 604	-18.4	63 773 689
商品销售额	万元	16 893 126	-9.5	349 571 636
企业利润总额	万元	249 516	—	249 516
综合能源耗费量	吨标准煤	394 006	—	394 006
新设企业数	个	599	11.1	8 067
其中：加工企业	个	2	-33.3	194
物流企业	个	45	66.7	852
贸易企业	个	434	5.9	5 088
其他服务类企业	个	105	—	1 379
新设外资企业数	个	4	-42.9	722
内资企业注册资本	万元	531 660	—	10 298 771
合同利用外资	万美元	5 206	-54.7	403 986
实际利用外资	万美元	0	-100.0	298 420
已投产运作企业数	个	3 290	—	3 290
其中：已投产加工企业	个	113	—	113
已投产物流企业	个	560	—	560
已投产贸易企业	个	1 999	—	1 999
已投产其他服务类企业	个	527	—	527
其中：注册资本 1 000 万美元以上	个	117	—	117
固定资产投资额	万元	17 900	-81.0	30 381 797
其中：基础设施投资	万元	10 800	217.6	4 422 258
已建成城镇建设用地面积	万平方米	0	—	453
房屋竣工建筑面积	平方米	0	—	35 607 162
其中：已建成厂房面积	平方米	0	—	918 539
税务部门税收	万元	447 742	2.3	14 286 628
期末从业人员	人	37 334	-7.5	37 334
期末批准面积	平方公里	5	0.0	5
期末验收封关面积	平方公里	5	0.0	5
跨境电商企业数	个	0	—	191
业务票数	票	0	—	6 904 068
销售额	万元	0	—	133 072
融资租赁企业数	个	0	—	0
租赁资产总额	万元	0	—	0
货物状态分类监管企业数	个	0	—	0
国内货物进出区货值	万元	0	—	0
一般纳税人资格试点企业数	个	0	—	0
试点企业内销金额	万元	0	—	0
试点企业增值税纳税额	万元	0	—	0

续表

指标	单位	大连保税区		
		2018 年累计	增幅（%）	历年累计
增加值	万元	0	—	0
经营总收入	万元	0	—	0
其中：技术服务收入	万元	0	—	0
工业总产值	万元	0	—	84 161
其中：高新技术产业	万元	0	—	0
物流企业经营收入	万元	0	—	0
商品销售额	万元	0	—	0
企业利润总额	万元	0	—	0
综合能源耗费量	吨标准煤	0	—	7 163
新设企业数	个	2 108	—	13 712
其中：加工企业	个	68	—	517
物流企业	个	51	—	525
贸易企业	个	882	—	6 876
其他服务类企业	个	410	—	672
新设外资企业数	个	0	—	0
内资企业注册资本	万元	0	—	0
合同利用外资	万美元	0	—	0
实际利用外资	万美元	0	—	0
已投产运作企业数	个	0	—	0
其中：已投产加工企业	个	0	—	0
已投产物流企业	个	0	—	0
已投产贸易企业	个	0	—	0
已投产其他服务类企业	个	0	—	0
其中：注册资本 1 000 万美元以上	个	0	—	0
固定资产投资额	万元	0	—	0
其中：基础设施投资	万元	0	—	0
已建成城镇建设用地面积	万平方米	0	—	0
房屋竣工建筑面积	平方米	0	—	0
其中：已建成厂房面积	平方米	0	—	0
税务部门税收	万元	42 070	—	128 655
期末从业人员	人	0	—	0
期末批准面积	平方公里	1.95	—	1.95
期末验收封关面积	平方公里	1.95	—	1.95
跨境电商企业数	个	0	—	0
业务票数	票	0	—	0
销售额	万元	0	—	0
融资租赁企业数	个	0	—	0
租赁资产总额	万元	0	—	0
货物状态分类监管企业数	个	0	—	0
国内货物进出区货值	万元	0	—	0
一般纳税人资格试点企业数	个	0	—	0
试点企业内销金额	万元	0	—	0
试点企业增值税纳税额	万元	0	—	0

续表

指标	单位	上海外高桥保税区		
		2018 年累计	增幅（%）	历年累计
增加值	万元	25 690 000	10.5	222 894 400
经营总收入	万元	182 872 100	9.6	1 614 936 800
其中：技术服务收入	万元	2 460 000	15.9	9 132 200
工业总产值	万元	5 343 800	0.2	103 095 718
其中：高新技术产业	万元	1 282 400	5.1	16 138 100
物流企业经营收入	万元	2 696 700	12.3	271 002 500
商品销售额	万元	168 348 500	10.5	1 431 415 300
企业利润总额	万元	7 528 900	4.3	7 678 900
综合能源耗费量	吨标准煤	164 500	—	164 500
新设企业数	个	1 729	-42.1	34 970
其中：加工企业	个	0	-100.0	346
物流企业	个	98	-4.9	1 666
贸易企业	个	838	-42.9	17 989
其他服务类企业	个	793	-43.8	14 969
新设外资企业数	个	564	-43.7	11 387
内资企业注册资本	万元	2 978 628	-54.5	136 741 817
合同利用外资	万美元	402 713	-8.8	9 556 418
实际利用外资	万美元	218 312	-8.7	1 342 000
已投产运作企业数	个	0	—	15 067
其中：已投产加工企业	个	0	—	311
已投产物流企业	个	0	—	1 039
已投产贸易企业	个	0	—	8 403
已投产其他服务类企业	个	0	—	5 314
其中：注册资本 1 000 万美元以上	个	0	—	0
固定资产投资额	万元	270 500	-35.2	6 720 300
其中：基础设施投资	万元	0	—	1 119 798
已建成城镇建设用地面积	万平方米	0	—	964
房屋竣工建筑面积	平方米	666 277	41.7	3 801 477
其中：已建成厂房面积	平方米	0	—	0
税务部门税收	万元	6 479 356	19.8	54 248 877
期末从业人员	人	279 600	3.1	279 600
期末批准面积	平方公里	10	0.0	10
期末验收封关面积	平方公里	8.9	0.0	8.9
跨境电商企业数	个	14	—	14
业务票数	票	24 215	—	45 729
销售额	万元	675	—	1 015
融资租赁企业数	个	1 874	—	1 874
租赁资产总额	万元	0	—	102 070 000
货物状态分类监管企业数	个	0	—	0
国内货物进出区货值	万元	0	—	0
一般纳税人资格试点企业数	个	0	—	0
试点企业内销金额	万元	0	—	0
试点企业增值税纳税额	万元	0	—	0

续表

指标	单位	张家港保税区		
		2018 年累计	增幅（%）	历年累计
增加值	万元	5 019 772	7.9	47 024 382
经营总收入	万元	59 164 122	16.0	485 256 434
其中：技术服务收入	万元	2 140 687	—	2 296 839
工业总产值	万元	10 891 367	1.8	123 635 850
其中：高新技术产业	万元	3 376 524	4.6	29 026 941
物流企业经营收入	万元	1 516 601	7.7	11 492 134
商品销售额	万元	57 205 533	15.9	457 645 290
企业利润总额	万元	1 470 604	—	1 838 255
综合能源耗费量	吨标准煤	1 888 246	—	2 659 638
新设企业数	个	1 280	-6.4	12 023
其中：加工企业	个	5	-73.7	395
物流企业	个	58	45.0	728
贸易企业	个	886	-32.3	10 554
其他服务类企业	个	315	—	344
新设外资企业数	个	12	-33.3	676
内资企业注册资本	万元	882 522	—	12 433 922
合同利用外资	万美元	30 377	5.5	1 064 851
实际利用外资	万美元	17 533	-32.6	613 136
已投产运作企业数	个	1 133	—	10 289
其中：已投产加工企业	个	5	—	371
已投产物流企业	个	56	—	451
已投产贸易企业	个	793	—	886
已投产其他服务类企业	个	269	—	1 306
其中：注册资本 1 000 万美元以上	个	24	—	110
固定资产投资额	万元	852 156	10.5	11 927 615
其中：基础设施投资	万元	127 978	45.1	2406 648
已建成城镇建设用地面积	万平方米	0	—	800
房屋竣工建筑面积	平方米	264 085	-74.4	3 466 917
其中：已建成厂房面积	平方米	236 153	—	2 798 985
税务部门税收	万元	934 260	8.4	7 229 102
期末从业人员	人	66 596	6.2	66 596
期末批准面积	平方公里	4.1	0.0	4.1
期末验收封关面积	平方公里	4.1	0.0	4.1
跨境电商企业数	个	0	—	0
业务票数	票	0	—	0
销售额	万元	0	—	0
融资租赁企业数	个	0	—	0
租赁资产总额	万元	0	—	0
货物状态分类监管企业数	个	0	—	0
国内货物进出区货值	万元	0	—	0
一般纳税人资格试点企业数	个	0	—	0
试点企业内销金额	万元	0	—	0
试点企业增值税纳税额	万元	0	—	0

续表

指标	单位	宁波保税区		
		2018 年累计	增幅（%）	历年累计
增加值	万元	1 918 116	10.0	20 941 809
经营总收入	万元	19 083 995	-11.6	262 570 785
其中：技术服务收入	万元	0	—	0
工业总产值	万元	3 267 020	2.3	56 689 901
其中：高新技术产业	万元	2 477 265	-0.2	42 556 040
物流企业经营收入	万元	1 576 449	27.1	8 127 822
商品销售额	万元	15 693 000	-10.7	199 474 313
企业利润总额	万元	499 466	—	562 199
综合能源耗费量	吨标准煤	183 287	—	222 684
新设企业数	个	3 024	55.3	17 162
其中：加工企业	个	0	—	337
物流企业	个	0	—	38
贸易企业	个	2 988	78.4	16 961
其他服务类企业	个	0	—	0
新设外资企业数	个	54	68.8	1 219
内资企业注册资本	万元	0	—	903 406
合同利用外资	万美元	28 474	266.8	506 427
实际利用外资	万美元	6 258	269.9	243 028
已投产运作企业数	个	0	—	0
其中：已投产加工企业	个	0	—	0
已投产物流企业	个	0	—	0
已投产贸易企业	个	0	—	0
已投产其他服务类企业	个	0	—	0
其中：注册资本 1 000 万美元以上	个	0	—	0
固定资产投资额	万元	127 219	24.9	2 737 240
其中：基础设施投资	万元	0	—	229 558
已建成城镇建设用地面积	万平方米	0	—	0
房屋竣工建筑面积	平方米	0	-100.0	3 254 012
其中：已建成厂房面积	平方米	0	—	0
税务部门税收	万元	605 499	23.2	5 415 354
期末从业人员	人	31 925	0.2	31 925
期末批准面积	平方公里	2.3	0.0	2.3
期末验收封关面积	平方公里	2.3	0.0	2.3
跨境电商企业数	个	0	—	0
业务票数	票	0	—	0
销售额	万元	0	—	0
融资租赁企业数	个	0	—	0
租赁资产总额	万元	0	—	0
货物状态分类监管企业数	个	0	—	0
国内货物进出区货值	万元	0	—	0
一般纳税人资格试点企业数	个	0	—	0
试点企业内销金额	万元	0	—	0
试点企业增值税纳税额	万元	0	—	0

续表

指标	单位	广州保税区		
		2018 年累计	增幅（%）	历年累计
增加值	万元	495 901	4.0	5 176 125
经营总收入	万元	5 103 413	5.1	49 355 619
其中：技术服务收入	万元	0	—	0
工业总产值	万元	549 295	8.3	12 311 800
其中：高新技术产业	万元	206 024	-1.8	6 158 478
物流企业经营收入	万元	1 247 868	-1.1	8 716 417
商品销售额	万元	3 334 265	8.5	32 574 329
企业利润总额	万元	77 932	—	93 164
综合能源耗费量	吨标准煤	25 971	—	31 627
新设企业数	个	55	-16.7	3 637
其中：加工企业	个	0	—	66
物流企业	个	0	-100.0	82
贸易企业	个	3	-86.4	2 471
其他服务类企业	个	0	—	22
新设外资企业数	个	3	-25.0	800
内资企业注册资本	万元	3 455	—	55 508
合同利用外资	万美元	1 378	30.2	116 400
实际利用外资	万美元	0	—	80 951
已投产运作企业数	个	1 045	—	2 930
其中：已投产加工企业	个	58	—	173
已投产物流企业	个	190	—	549
已投产贸易企业	个	505	—	1 424
已投产其他服务类企业	个	222	—	644
其中：注册资本 1 000 万美元以上	个	0	—	0
固定资产投资额	万元	12 721	-95.0	1 546 422
其中：基础设施投资	万元	0	—	127 099
已建成城镇建设用地面积	万平方米	0	—	0
房屋竣工建筑面积	平方米	0	—	0
其中：已建成厂房面积	平方米	0	—	0
税务部门税收	万元	90 592	-5.2	1 609 550
期末从业人员	人	17 736	-4.1	17 736
期末批准面积	平方公里	1.4	0.0	1.4
期末验收封关面积	平方公里	1.4	0.0	1.4
跨境电商企业数	个	0	—	0
业务票数	票	0	—	0
销售额	万元	0	—	0
融资租赁企业数	个	0	—	0
租赁资产总额	万元	0	—	0
货物状态分类监管企业数	个	0	—	0
国内货物进出区货值	万元	0	—	0
一般纳税人资格试点企业数	个	0	—	0
试点企业内销金额	万元	0	—	0
试点企业增值税纳税额	万元	0	—	0

续表

指标	单位	珠海保税区		
		2018 年累计	增幅（%）	历年累计
增加值	万元	609 883	-10.2	4 382 754
经营总收入	万元	2 658 546	1.4	30 461 563
其中：技术服务收入	万元	0	—	0
工业总产值	万元	1 692 619	8.7	16 835 934
其中：高新技术产业	万元	1 421 330	6.7	7 061 287
物流企业经营收入	万元	12 933	-4.8	13 018 116
商品销售额	万元	814 071	-20.5	9 267 304
企业利润总额	万元	179 612	—	217 882
综合能源耗费量	吨标准煤	39 470	—	47 732
新设企业数	个	46	-58.2	1 333
其中：加工企业	个	2	-71.4	196
物流企业	个	4	-84.6	180
贸易企业	个	18	-40.0	424
其他服务类企业	个	21	—	21
新设外资企业数	个	27	-12.9	553
内资企业注册资本	万元	140 198	—	140 198
合同利用外资	万美元	3 610	-46.8	147 484
实际利用外资	万美元	1 384	-74.2	97 701
已投产运作企业数	个	851	—	851
其中：已投产加工企业	个	0	—	78
已投产物流企业	个	0	—	26
已投产贸易企业	个	0	—	318
已投产其他服务类企业	个	0	—	312
其中：注册资本 1 000 万美元以上	个	0	—	75
固定资产投资额	万元	510 413	116.7	1 759 425
其中：基础设施投资	万元	51 263	216.8	271 475
已建成城镇建设用地面积	万平方米	0	—	0
房屋竣工建筑面积	平方米	0	—	101 799
其中：已建成厂房面积	平方米	0	—	0
税务部门税收	万元	176 180	135.2	996 679
期末从业人员	人	21 757	9.7	21 757
期末批准面积	平方公里	3	0.0	3
期末验收封关面积	平方公里	3	0.0	3
跨境电商企业数	个	0	—	0
业务票数	票	0	—	0
销售额	万元	0	—	0
融资租赁企业数	个	0	—	0
租赁资产总额	万元	0	—	0
货物状态分类监管企业数	个	0	—	0
国内货物进出区货值	万元	0	—	0
一般纳税人资格试点企业数	个	0	—	0
试点企业内销金额	万元	0	—	0
试点企业增值税纳税额	万元	0	—	0

续表

指标	单位	汕头保税区		
		2018 年累计	增幅（%）	历年累计
增加值	万元	250 615	5.4	3 417 731
经营总收入	万元	721 141	27.5	6 759 682
其中：技术服务收入	万元	0	—	0
工业总产值	万元	494 141	-4.4	5 812 463
其中：高新技术产业	万元	327 546	22.7	2 174 184
物流企业经营收入	万元	42 174	0.9	1 066 413
商品销售额	万元	223 374	164.5	1 593 036
企业利润总额	万元	16 855	—	16 855
综合能源耗费量	吨标准煤	22 660	—	22 660
新设企业数	个	55	37.5	418
其中：加工企业	个	10	66.7	143
物流企业	个	8	300.0	41
贸易企业	个	11	-45.0	179
其他服务类企业	个	25	—	25
新设外资企业数	个	2	0.0	204
内资企业注册资本	万元	42 235	—	485 179
合同利用外资	万美元	2 639	318.9	36 851
实际利用外资	万美元	135	-62.4	26 352
已投产运作企业数	个	93	—	93
其中：已投产加工企业	个	44	—	44
已投产物流企业	个	14	—	14
已投产贸易企业	个	17	—	17
已投产其他服务类企业	个	18	—	18
其中：注册资本 1 000 万美元以上	个	15	—	15
固定资产投资额	万元	90 258	42.7	760 625
其中：基础设施投资	万元	3 755	693.9	122 097
已建成城镇建设用地面积	万平方米	11	—	225 545
房屋竣工建筑面积	平方米	111 493	533.5	996 050
其中：已建成厂房面积	平方米	14 866	—	457 146
税务部门税收	万元	24 127	32.5	211 717
期末从业人员	人	4 171	0.0	4 171
期末批准面积	平方公里	2.25	0.0	2.25
期末验收封关面积	平方公里	2.25	0.0	2.25
跨境电商企业数	个	0	—	0
业务票数	票	0	—	0
销售额	万元	0	—	0
融资租赁企业数	个	0	—	0
租赁资产总额	万元	0	—	0
货物状态分类监管企业数	个	0	—	0
国内货物进出区货值	万元	0	—	0
一般纳税人资格试点企业数	个	0	—	0
试点企业内销金额	万元	0	—	0
试点企业增值税纳税额	万元	0	—	0

续表

指标	单位	福田保税区		
		2018 年累计	增幅（%）	历年累计
增加值	万元	1 193 038	—	1 193 038
经营总收入	万元	20 272 875	—	20 272 875
其中：技术服务收入	万元	297 786	—	297 786
工业总产值	万元	7 059 399	—	7 059 399
其中：高新技术产业	万元	554 103	—	554 103
物流企业经营收入	万元	1 334 670	—	1 334 670
商品销售额	万元	9 587 140	—	9 587 140
企业利润总额	万元	440 795	—	440 795
综合能源耗费量	吨标准煤	43 031	—	43 031
新设企业数	个	131	—	131
其中：加工企业	个	0	—	1
物流企业	个	0	—	7
贸易企业	个	47	—	47
其他服务类企业	个	57	—	57
新设外资企业数	个	13	—	13
内资企业注册资本	万元	224 948	—	10 450 341
合同利用外资	万美元	16 251	—	113 966
实际利用外资	万美元	1 409	—	63 952
已投产运作企业数	个	6	—	1 672
其中：已投产加工企业	个	0	—	30
已投产物流企业	个	0	—	320
已投产贸易企业	个	1	—	526
已投产其他服务类企业	个	4	—	648
其中：注册资本 1 000 万美元以上	个	0	—	189
固定资产投资额	万元	152 420	—	152 420
其中：基础设施投资	万元	22 363	—	22 363
已建成城镇建设用地面积	万平方米	135	—	135
房屋竣工建筑面积	平方米	2 400 000	—	2 400 000
其中：已建成厂房面积	平方米	848 000	—	848 000
税务部门税收	万元	250 571	—	250 571
期末从业人员	人	69 644	—	69 644
期末批准面积	平方公里	1. 35	—	1. 35
期末验收封关面积	平方公里	1. 35	—	1. 35
跨境电商企业数	个	0	—	0
业务票数	票	0	—	0
销售额	万元	0	—	0
融资租赁企业数	个	0	—	0
租赁资产总额	万元	0	—	0
货物状态分类监管企业数	个	0	—	0
国内货物进出区货值	万元	0	—	0
一般纳税人资格试点企业数	个	0	—	0
试点企业内销金额	万元	0	—	0
试点企业增值税纳税额	万元	0	—	0

上海外高桥保税区统计数据表

（1）2018 年上海外高桥保税区主要经济指标完成情况表

指标名称	计量单位	2018 年	比上年增长（%）
经营总收入	万元	182 872 100	9.6
工业总产值	万元	5 343 800	0.2
物流企业经营收入	万元	2 696 700	12.3
商品销售额	万元	168 348 500	10.5
企业利润总额	万元	7 528 900	4.3
新设企业数	个	1 729	-42.1
其中：加工企业	个	0	-100.0
物流企业	个	98	-4.9
贸易企业	个	838	-42.9
其他服务类企业	个	793	-43.8
新设外资企业数	个	564	-43.7
内资企业注册资本	万元	2 978 628	-54.5
合同利用外资	万美元	402 713	-8.8
实际利用外资	万美元	218 312	-8.7
税务部门税收	万元	6 479 356	19.8
固定资产投资额	万元	270 500	-35.2
期末已建成城镇建设用地面积	万平方米	869	—
期末从业人员	人	279 600	3.1
期末批准面积	平方公里	10	0.0
期末验收封关面积	平方公里	8.9	0.0

（2）截至 2018 年上海外高桥保税区历年招商引资情况表

指标	单位	历年累计
工商在册企业数	个	34 970
其中：外资企业数	个	11 428
内资企业注册资本	万元	136 740 000
合同利用外资	万美元	9 556 400
实际利用外资	万美元	1 342 000

（3）2018 年上海外高桥保税区出口加工企业工业产值排名表

单位：万元

序号	行业类别	工业总产值	比重（%）
	合计	5 343 770	100.0
1	计算机、通信和其他电子设备制造业	2 550 105	47.7
2	汽车制造业	949 603	17.8
3	化学原料和化学制品制造业	534 022	10.0
4	通用设备制造业	413 075	7.7
5	专用设备制造业	185 548	3.5
6	橡胶和塑料制品业	169 190	3.2
7	仪器仪表制造业	137 453	2.6
8	金属制品业	97 130	1.8
9	有色金属冶炼和压延加工业	77 229	1.4
10	非金属矿物制品业	58 340	1.1
11	家具制造业	44 777	0.8
12	电气机械和器材制造业	41 630	0.8
13	电力、热力生产和供应业	15 928	0.3
14	铁路、船舶、航空航天和其他运输设备制造业	33 185	0.6
15	金属制品、机械和设备修理业	12 676	0.2
16	造纸和纸制品业	7 922	0.1
17	食品制造业	5 337	0.1
18	纺织服装、服饰业	4 480	0.1
19	印刷和记录媒介复制业	3 286	0.1
20	纺织业	2 856	0.1

（4）2018 年上海外高桥保税区贸易企业商品销售额排名表

单位：亿元

序号	行业类别	商品销售额	比重（%）
	外高桥保税区合计	16 834.85	100.0
1	机械设备、五金交电及电子产品批发	9 440.09	56.1
2	矿产品、建材及化工产品批发	3 767.22	22.4
4	医药及医疗器材批发	1 487.9	8.8
3	服装、纺织及日用品批发	916.59	5.4
5	食品、饮料及烟草制品批发	674.53	4.0
6	农畜产品批发	240.14	1.4
7	文化、体育用品及器材批发	208.45	1.2
8	其他产品批发	94.31	0.6
9	贸易经纪与代理	5.61	0.0

广州保税区统计数据表

（1）2018年广州保税区主要经济指标完成情况表

指标名称	计量单位	2018年	比上年增长（%）
增加值	万元	495 901	4.0
经营总收入	万元	5 103 413	5.1
技术服务收入	万元	—	—
工业总产值	万元	549 295	8.3
其中：高新技术产业	万元	206 024	-1.8
物流企业经营收入	万元	1 247 868	-1.1
商品销售额	万元	3 334 265	8.5
企业利润总额	万元	77932	—
综合能源耗费量	吨标准煤	25 971	12.6
新设企业数	个	55	-16.7
其中：加工企业	个	0	—
物流企业	个	0	-100.0
贸易企业	个	3	-86.4
其他服务类企业	个	0	—
新设外资企业数	个	3	-25.0
内资企业注册资本	万元	3 455	—
合同利用外资	万美元	1 378	30.3
实际利用外资	万美元	0	—
期末已投产运作企业数	个	1 045	—
其中：已投产加工企业	个	58	—
已投产物流企业	个	190	—
已投产贸易企业	个	505	—
已投产其他服务类企业	个	222	—
其中：注册资本1 000万美元以上	个	—	—
固定资产投资额	万元	12 721	-95.0
其中：基础设施投资	万元	0	—
期末已建成城镇建设用地面积	万平方米	—	—
房屋竣工建筑面积	平方米	—	—
其中：已建成厂房面积	平方米	—	—
税务部门税收	万元	90 592	-5.2
期末从业人员	人	17 736	-4.1
期末批准面积	平方公里	1.4	0.0
期末验收封关面积	平方公里	1.4	0.0

（2）-1　截至2018年广州保税区历年招商引资情况表

指标	单位	历年累计
工商在册企业数	个	3 637
其中：外资企业数	个	800
内资企业注册资本	万元	55 508
合同利用外资	万美元	116 400
实际利用外资	万美元	80 951

（2）-2　截至2018年广州保税区历年主要外商投资情况表

按项目数排列			按注册资本排列		
序号	国别（地区）	项目数（个）	序号	国别（地区）	注册资本（万美元）
1	中国香港	165	1	中国香港	33 376
2	英属维尔京群岛	32	2	英属维尔京群岛	19 919
3	日本	26	3	巴巴多斯	5 640
4	中国台湾	19	4	开曼群岛	4 721
5	美国	15	5	日本	3 615
6	新加坡	10	6	塞浦路斯	2 999
7	韩国	7	7	美国	1 928
8	马来西亚	6	8	马来西亚	1 838
9	开曼群岛	5	9	澳大利亚	1 468
10	德国	5	10	荷兰	1 282

（3）2018年广州保税区工业产值排名表

单位：万元

序号	企业名称	序号	企业名称
1	广合科技（广州）有限公司	10	广州科莱瑞迪医疗器材股份有限公司
2	海瑞克（广州）隧道设备有限公司	11	广州华微电子有限公司
3	广上科技（广州）有限公司	12	广州鸿森材料有限公司
4	盛势达（广州）化工有限公司	13	广州卓德嘉薄膜有限公司
5	卡尔蔡司光学科技（广州）有限公司	14	广州融达电源材料有限公司
6	珐玛珈（广州）包装设备有限公司	15	广东科玮生物技术股份有限公司
7	广大科技（广州）有限公司	16	卡尔蔡司（广州）太阳镜片有限公司
8	广天科技（广州）有限公司	17	广州飞虹友益电子科技有限公司
9	费森尤斯卡比（广州）医疗用品有限公司	18	广州利时德控制拉索有限公司

（4）2018 年广州保税区贸易企业商品销售额排名表

单位：万元

序号	企业名称	序号	企业名称
1	丰田通商（广州）有限公司	16	广州津渝兴贸易有限公司
2	广州住友商事有限公司	17	旭化成塑料（广州）有限公司
3	广州中邮普泰移动通信设备有限责任公司	18	广州保税区中油中穗石油化工有限公司
4	广州菱宝工程塑料贸易有限公司	19	广州市意图石油化工有限公司
5	广州日产国际贸易有限公司	20	广州金和阳粮油贸易有限公司
6	广州稻畑产业贸易有限公司	21	广东美胶物产有限公司
7	爱思开综合化学国际贸易（广州）有限公司	22	广州迪爱生贸易有限公司
8	广州辉和贸易有限公司	23	广州阪和贸易有限公司
9	广州中储国际贸易有限公司	24	广州保税区怡壮贸易有限公司
10	广州鑫丰润能源科技有限公司	25	富昱（广州）贸易有限公司
11	广州宏协贸易有限公司	26	保世高（广州）贸易有限公司
12	广州市安利悦享荟电子商务有限公司	27	旭尚工（广州）贸易有限公司
13	邓禄普轮胎销售（广州）有限公司	28	佳集（广州）贸易有限公司
14	广州冈谷钢机贸易有限公司	29	创菱（广州）贸易有限公司
15	广州宝力机械科技有限公司	30	广州惠盛化工产品有限公司

（5）2018 年广州保税区物流企业营业收入排名表

单位：万元

序号	企业名称	序号	企业名称
1	广州百润捷物流有限公司	15	广州正营交通运输有限公司
2	广州捷世通物流股份有限公司	16	广州柏赋程国际货运代理有限公司
3	广州鼎胜物流有限公司	17	世天威物流（广州）有限公司
4	广州保税区洪翔物流有限公司	18	广州捷飞物流有限公司
5	广州源天供应链管理有限公司	19	广州昊丰物流有限公司
6	广州市途胜物流有限公司	20	广州保税区新纪元物流有限公司
7	广州市挚翔物流有限公司	21	广东邦尔达国际物流有限公司
8	广州宝陆国际货运代理有限公司	22	广州宏启汽车运输服务有限公司
9	广州市联铖船务有限公司	23	广州顺舟物流有限公司
10	广州保税区兴华国际运输有限公司	24	广州志联国际货运代理有限公司
11	广州挚翔信息科技有限公司	25	广州市广商保税仓储有限公司
12	广州保税区拓新物流服务有限公司	26	广州世达国际货运有限公司
13	广州保税区公共商业仓有限公司	27	广州保税区喆联贸易有限公司
14	广州三晟国际货运代理有限公司	28	拓亚仓储服务有限公司

2018 年全国保税物流园区下分贸易方式进出口贸易额统计表

地区	贸易方式	出口（美元）	进口（美元）
		2018 年 1 月至 12 月	2018 年 1 月至 12 月
合计		3 788 461 999	4 811 678 763
天津保税物流园区	合计	224 988 883	1 933 788 959
	一般贸易	6 829 151	10 561 082
	海关特殊监管区域物流货物	218 158 981	1 923 227 381
	其他贸易	751	496
上海外高桥保税物流园区	合计	1 531 242 199	1 809 751 337
	一般贸易	2 791 955	32 631 850
	海关特殊监管区域物流货物	1 528 396 971	1 777 113 451
	其他贸易	53 273	6 036
厦门象屿保税物流园区	合计	1 534 113 083	103 328 852
	一般贸易	5 534 192	15 332 166
	保税监管场所进出境货物	398 796 769	3 061 067
	海关特殊监管区域物流货物	1 129 775 807	84 930 791
	其他贸易	6 315	4 828
广州保税物流园区	合计	497 341 885	964 809 615
	一般贸易	507 668	30 094 303
	保税监管场所进出境货物	80 728	0
	海关特殊监管区域物流货物	496 753 489	934 715 183
	其他贸易	0	129
深圳盐田保税物流园区	合计	775 949	0
	海关特殊监管区域物流货物	775 949	0

2018 年全国保税物流园区经济指标统计情况表

指标	单位	合计		
		2018 年累计	增幅（%）	历年累计
增加值	万元	60 279	74.3	579 638
经营总收入	万元	505 662	59.7	5 725 093
其中：技术服务收入	万元	3 068	—	48 412
工业总产值	万元	0	—	0
其中：高新技术产业	万元	0	—	0
物流企业经营收入	万元	164 830	99.8	985 567
商品销售额	万元	359 511	216.7	382 811
企业利润总额	万元	14 037	198.7	14 037
综合能源耗费量	吨标准煤	908	—	3 225
新设企业数	个	5	-28.6	279
其中：加工企业	个	0	—	2
物流企业	个	0	—	90
贸易企业	个	2	-33.3	129
其他服务类企业	个	3	-25.0	52
新设外资企业数	个	0	—	100
内资企业注册资本	万元	4 800	—	218 860
合同利用外资	万美元	0	—	38 899
实际利用外资	万美元	0	—	5 441
已投产运作企业数	个	2	—	237
其中：已投产加工企业	个	0	—	3
已投产物流企业	个	1	—	77
已投产贸易企业	个	0	—	114
已投产其他服务类企业	个	1	—	38
其中：注册资本 1 000 万美元以上	个	0	—	10
固定资产投资额	万元	27 700	64.9	369 967
其中：基础设施投资	万元	0	—	132 552
已建成城镇建设用地面积	万平方米	0	—	211
房屋竣工建筑面积	平方米	0	—	480 093
其中：已建成厂房面积	平方米	0	—	0
税务部门税收	万元	12 790	-11.1	378 244
期末从业人员	人	2 109	-1.9	2 109
期末批准面积	平方公里	2.53	0.0	2.53
期末验收封关面积	平方公里	1.63	0.0	1.63

续表

指标	单位	上海外高桥保税物流园区		
		2018 年累计	增幅（%）	历年累计
增加值	万元	27 860	0.6	255 514
经营总收入	万元	198 700	1.2	3 335 088
其中：技术服务收入	万元	0	—	0
工业总产值	万元	0	—	0
其中：高新技术产业	万元	0	—	0
物流企业经营收入	万元	91 100	10.4	99 000
商品销售额	万元	104 800	-7.7	128 100
企业利润总额	万元	11 700	148.9	11 700
综合能源耗费量	吨标准煤	0	—	0
新设企业数	个	2	100.0	84
其中：加工企业	个	0	—	1
物流企业	个	0	—	44
贸易企业	个	0	-100.0	28
其他服务类企业	个	2	—	11
新设外资企业数	个	0	—	41
内资企业注册资本	万元	3 500	—	65 635
合同利用外资	万美元	0	—	33 300
实际利用外资	万美元	0	—	0
已投产运作企业数	个	0	—	0
其中：已投产加工企业	个	0	—	0
已投产物流企业	个	0	—	0
已投产贸易企业	个	0	—	0
已投产其他服务类企业	个	0	—	0
其中：注册资本 1 000 万美元以上	个	0	—	0
固定资产投资额	万元	27 700	64.9	346 326
其中：基础设施投资	万元	0	—	129 643
已建成城镇建设用地面积	万平方米	0	—	94
房屋竣工建筑面积	平方米	0	—	117 200
其中：已建成厂房面积	平方米	0	—	0
税务部门税收	万元	5 147	-21.9	59 117
期末从业人员	人	820	-4.0	820
期末批准面积	平方公里	1.03	0.0	1.03
期末验收封关面积	平方公里	1.03	0.0	1.03

续表

指标	单位	天津保税物流园区		
		2018 年累计	增幅（%）	历年累计
增加值	万元	32 419	370.7	324 124
经营总收入	万元	306 962	154.9	2 390 005
其中：技术服务收入	万元	3 068	—	48 412
工业总产值	万元	0	—	0
其中：高新技术产业	万元	0	—	0
物流企业经营收入	万元	73 730	—	886 567
商品销售额	万元	254 711	—	254 711
企业利润总额	万元	2 337	—	2 337
综合能源耗费量	吨标准煤	908	—	3 225
新设企业数	个	3	-50.0	195
其中：加工企业	个	0	—	1
物流企业	个	0	—	46
贸易企业	个	2	0.0	101
其他服务类企业	个	1	-75.0	41
新设外资企业数	个	0	—	59
内资企业注册资本	万元	1 300	—	153 225
合同利用外资	万美元	0	—	5 599
实际利用外资	万美元	0	—	5 441
已投产运作企业数	个	2	—	237
其中：已投产加工企业	个	0	—	3
已投产物流企业	个	1	—	77
已投产贸易企业	个	0	—	114
已投产其他服务类企业	个	1	—	38
其中：注册资本 1 000 万美元以上	个	0	—	10
固定资产投资额	万元	0	—	23 641
其中：基础设施投资	万元	0	—	2 909
已建成城镇建设用地面积	万平方米	0	—	117
房屋竣工建筑面积	平方米	0	—	362 893
其中：已建成厂房面积	平方米	0	—	0
税务部门税收	万元	7 643	-2.0	319 127
期末从业人员	人	1 289	-0.5	1 289
期末批准面积	平方公里	1.5	0.0	1.5
期末验收封关面积	平方公里	0.6	0.0	0.6

上海外高桥保税物流园区统计数据表

（1）2018 年上海外高桥保税物流园区主要经济指标完成情况表

指标名称	计量单位	2018 年	比上年增长（%）
经营总收入	万元	198 700	1.2
物流企业经营收入	万元	91 100	10.4
商品销售额	万元	104 800	-7.7
企业利润总额	万元	11 700	148.9
新设企业数	个	2	100.0
其中：加工企业	个	0	—
物流企业	个	0	—
贸易企业	个	0	-100.0
新设外资企业数	个	0	—
内资企业注册资本	万元	3 500	—
税务部门税收	万元	5 147	-21.9
固定资产投资额	万元	27 700	64.9
期末已建成城镇建设用地面积	万平方米	94	—
期末从业人员	人	820	-4.0
期末批准面积	平方公里	1.03	0.0
期末验收封关面积	平方公里	1.03	0.0

（2）截至 2018 年上海外高桥保税物流园区历年招商引资情况表

指标	单位	历年累计
工商在册企业数	个	84
其中：外资企业数	个	38
内资企业注册资本	万元	65 600

出口加工区

2018 年全国出口加工区下分贸易方式进出口贸易额统计表

地区	贸易方式	出口（美元）	进口（美元）
		2018 年 1 月至 12 月	2018 年 1 月至 12 月
合计		58 896 662 617	37 365 681 205
天津出口加工区	合计	127 565 907	162 566 484
	进料加工贸易	70 914 733	3 899 303
	海关特殊监管区域物流货物	56 650 379	158 568 591
	海关特殊监管区域进口设备	0	98 217
	其他贸易	795	373
河北秦皇岛出口加工区	合计	282 289 082	32 250 748
	一般贸易	2 136	1 739 841
	来料加工装配贸易	11 056 530	7 295 410
	进料加工贸易	21 788 018	825 301
	海关特殊监管区域物流货物	249 442 398	22 267 141
	海关特殊监管区域进口设备	0	14 095
	其他贸易	0	108 960
河北廊坊出口加工区	合计	20 793 443	11 859 441
	进料加工贸易	20 206 295	0
	海关特殊监管区域物流货物	583 038	11 859 401
	其他贸易	4 110	40
内蒙古呼和浩特出口加工区	合计	7 565 337	5 961 580
	来料加工装配贸易	650 837	3 517 370
	进料加工贸易	5 522 821	1 703 354
	加工贸易进口设备	0	69 476
	海关特殊监管区域物流货物	1 385 670	671 380
	其他贸易	6 009	0
辽宁大连出口加工区	合计	3 896 064 640	1 723 037 249
	一般贸易	14 856	5 063 552
	来料加工装配贸易	19 779 332	745 779
	进料加工贸易	3 861 699 715	345 959 208
	海关特殊监管区域物流货物	14 553 259	7 826 861
	海关特殊监管区域进口设备	0	1 363 436 654
	其他贸易	17 478	5 195

续表

地区	贸易方式	出口（美元）	进口（美元）
		2018 年 1 月至 12 月	2018 年 1 月至 12 月
吉林珲春出口加工区	合计	181 900 880	181 414 227
	一般贸易	466 503	0
	进料加工贸易	150 468 862	46 904 853
	海关特殊监管区域物流货物	30 965 515	134 475 839
	海关特殊监管区域进口设备	0	33 535
上海漕河泾出口加工区	合计	4 065 375 258	2 597 165 728
	一般贸易	1 366	355 355
	来料加工装配贸易	0	131 826
	进料加工贸易	3 941 378 901	2 306 899 367
	海关特殊监管区域物流货物	123 936 289	264 188 794
	海关特殊监管区域进口设备	0	25 571 710
	其他贸易	58 702	18 676
上海嘉定出口加工区	合计	161 169 692	599 428 332
	一般贸易	0	94 915 770
	进料加工贸易	130 632 682	728 226
	海关特殊监管区域物流货物	30 537 010	503 449 333
	海关特殊监管区域进口设备	0	331 831
	其他贸易	0	3 172
上海闵行出口加工区	合计	587 213 944	247 861 458
	一般贸易	17 990 679	303 829
	来料加工装配贸易	38 314 212	22 145 575
	进料加工贸易	521 930 462	85 303 478
	海关特殊监管区域物流货物	8 963 324	139 818 536
	海关特殊监管区域进口设备	0	288 091
	其他贸易	15 267	1 949
上海松江出口加工区及 B 区	合计	20 272 408 807	7 323 611 078
	一般贸易	12 222 853	226 886 717
	来料加工装配贸易	151 812	10 071
	进料加工贸易	19 822 010 264	4 310 644 458
	海关特殊监管区域物流货物	438 019 746	2 522 235 638
	海关特殊监管区域进口设备	0	263 764 952
	其他贸易	4 132	69 242

续表

地区	贸易方式	出口（美元）	进口（美元）
		2018 年 1 月至 12 月	2018 年 1 月至 12 月
上海青浦出口加工区	合计	424 738 559	784 045 227
	一般贸易	143 327	37 418 295
	来料加工装配贸易	329 720	2 222 020
	进料加工贸易	368 140 109	558 351 885
	海关特殊监管区域物流货物	56 115 509	73 676 574
	海关特殊监管区域进口设备	0	112 371 108
	其他贸易	9 894	5 345
上海金桥出口加工区	合计	281 590 020	1 255 441 436
	一般贸易	1 451	130 787
	进料加工贸易	203 465 879	1 223 672 075
	海关特殊监管区域物流货物	78 102 884	217
	海关特殊监管区域进口设备	0	31 601 193
	其他贸易	19 806	37 164
江苏南京出口加工区	合计	139 719 770	26 120
	一般贸易	139 717 504	24 142
	其他贸易	2 266	1 978
江苏无锡出口加工区	合计	0	5 841
	其他贸易	0	5 841
江苏常州出口加工区	合计	383 219	12 977
	海关特殊监管区域物流货物	379 503	0
	其他贸易	3 716	12 977
江苏南通出口加工区	合计	0	203
	其他贸易	0	203
江苏连云港出口加工区	合计	169 135 405	95 232 230
	来料加工装配贸易	22 582 349	17 496 784
	进料加工贸易	89 681 979	9 456 261
	海关特殊监管区域物流货物	56 871 077	68 092 092
	海关特殊监管区域进口设备	0	186 986
	其他贸易	0	107
江苏淮安出口加工区	合计	5 189	2 160
	其他贸易	5 189	2 160

续表

地区	贸易方式	出口（美元）	进口（美元）
		2018 年 1 月至 12 月	2018 年 1 月至 12 月
江苏扬州出口加工区	合计	385 357 207	205 381 793
	一般贸易	143 040	0
	来料加工装配贸易	95 942 305	25 819 807
	进料加工贸易	278 010 425	163 999 300
	海关特殊监管区域物流货物	11 261 436	3 815 895
	海关特殊监管区域进口设备	0	11 746 219
	其他贸易	1	572
江苏泰州出口加工区	合计	0	2 846
	其他贸易	0	2 846
江苏常熟出口加工区	合计	776	2 371
	其他贸易	776	2 371
江苏昆山出口加工区	合计	1 820	7 461
	其他贸易	1 820	7 461
江苏吴江出口加工区	合计	0	547
	其他贸易	0	547
浙江杭州出口加工区	合计	1 286 345 419	1 945 667 679
	一般贸易	122 925	1 511 935 494
	来料加工装配贸易	875 507	29 017
	进料加工贸易	1 062 261 579	111 870 083
	海关特殊监管区域物流货物	222 740 145	312 889 994
	海关特殊监管区域进口设备	0	8 930 133
	其他贸易	345 263	12 958
浙江宁波出口加工区	合计	715 563 763	1 519 826 646
	一般贸易	641 493	16 256 577
	来料加工装配贸易	1 246 856	5 177 261
	进料加工贸易	378 737 968	974 699 382
	海关特殊监管区域物流货物	334 932 237	490 075 939
	海关特殊监管区域进口设备	0	33 611 481
	其他贸易	5 209	6 006
浙江嘉兴出口加工区	合计	0	192
	其他贸易	0	192

续表

地区	贸易方式	出口（美元）	进口（美元）
		2018 年 1 月至 12 月	2018 年 1 月至 12 月
浙江慈溪出口加工区	合计	21 246 290	429 316 930
	一般贸易	1 440 476	356 704 257
	进料加工贸易	1 178 786	175 192
	保税监管场所进出境货物	832	0
	海关特殊监管区域物流货物	18 626 196	72 437 481
安徽合肥出口加工区	合计	4 695 143 487	2 175 202 297
	一般贸易	0	942 979
	进料加工贸易	3 758 073 918	1 334 494 319
	海关特殊监管区域物流货物	937 069 569	822 270 621
	海关特殊监管区域进口设备	0	17 488 156
	其他贸易	0	6 222
安徽芜湖出口加工区	合计	1 417 888	5 683
	海关特殊监管区域物流货物	1 417 656	0
	其他贸易	232	5 683
福建福州福清出口加工区	合计	64 249 722	78 880 321
	一般贸易	4 297 372	68 035 637
	来料加工装配贸易	54 515 307	65 039
	进料加工贸易	4 021 135	4 569 395
	海关特殊监管区域物流货物	1 415 908	6 205 035
	其他贸易	0	5 215
福建泉州出口加工区	合计	405 822 067	463 223 381
	一般贸易	174 511	87 365
	来料加工装配贸易	146 349 196	146 671 149
	进料加工贸易	253 858 180	304 084 674
	海关特殊监管区域物流货物	5 440 172	12 303 020
	海关特殊监管区域进口设备	0	77 173
	其他贸易	8	0
江西九江出口加工区	合计	78 457 462	35 360 846
	进料加工贸易	62 606 265	11 834 108
	保税监管场所进出境货物	0	23 487 445
	海关特殊监管区域物流货物	15 851 197	0
	海关特殊监管区域进口设备	0	39 293

续表

地区	贸易方式	出口（美元）	进口（美元）
		2018年1月至12月	2018年1月至12月
江西井冈山出口加工区	合计	7 694 033	0
	进料加工贸易	7 694 033	0
山东济南出口加工区	合计	0	39
	其他贸易	0	39
山东青岛出口加工区	合计	792 418 173	1 080 416 365
	一般贸易	7 142 368	9 253 774
	来料加工装配贸易	172 523 211	97 155 276
	进料加工贸易	543 169 981	206 650 064
	保税监管场所进出境货物	4 560	26 402 080
	海关特殊监管区域物流货物	69 556 274	725 831 342
	海关特殊监管区域进口设备	0	15 097 430
	其他贸易	21 779	26 399
山东潍坊出口加工区	合计	3 926	0
	其他贸易	3 926	0
山东威海出口加工区	合计	482 831 302	577 825 605
	来料加工装配贸易	206 585 521	125 230 627
	进料加工贸易	224 757 459	373 471 837
	保税监管场所进出境货物	0	13 420 905
	海关特殊监管区域物流货物	51 483 630	31 013 136
	海关特殊监管区域进口设备	0	34 686 083
	其他贸易	4 692	3 017
河南郑州出口加工区	合计	63 938 895	242 831 996
	一般贸易	1 002 212	22 963
	来料加工装配贸易	13 233 610	11 257 158
	进料加工贸易	32 051 252	32 836 043
	海关特殊监管区域物流货物	17 644 010	154 665 843
	海关特殊监管区域进口设备	0	44 049 989
	其他贸易	7 811	0
湖北武汉出口加工区	合计	13 690 555	496 139
	一般贸易	0	187 019
	进料加工贸易	9 486 681	36 000
	海关特殊监管区域物流货物	4 203 874	273 120
湖南郴州出口加工区	合计	180 049 955	150 771 552
	进料加工贸易	179 706 428	126 663 749
	保税监管场所进出境货物	0	23 688 439

续表

地区	贸易方式	出口（美元）	进口（美元）
		2018 年 1 月至 12 月	2018 年 1 月至 12 月
	海关特殊监管区域物流货物	343 527	0
	海关特殊监管区域进口设备	0	419 348
	其他贸易	0	16
广东广州出口加工区	合计	404 726 798	92 595 628
	一般贸易	13 265	147 208
	进料加工贸易	186 158 099	91 382 603
	海关特殊监管区域物流货物	218 555 434	776 611
	海关特殊监管区域进口设备	0	289 206
广东深圳出口加工区	合计	2 960 369 991	2 721 056 058
	进料加工贸易	596 828 310	204 723 079
	海关特殊监管区域物流货物	2 363 541 581	2 455 524 818
	海关特殊监管区域进口设备	0	60 806 832
	其他贸易	100	1 329
广西北海出口加工区	合计	604 489 212	571 137 280
	来料加工装配贸易	33 192 240	41 081 458
	进料加工贸易	568 117 728	482 160 401
	海关特殊监管区域物流货物	3 179 244	26 143 962
	海关特殊监管区域进口设备	0	21 751 459
四川绵阳出口加工区	合计	87 370 654	12 529 224
	进料加工贸易	87 370 654	12 307 203
	海关特殊监管区域进口设备	0	222 021
云南昆明出口加工区	合计	23 061	0
	进料加工贸易	23 061	0
陕西西安出口加工区	合计	15 019 191 420	10 043 218 912
	一般贸易	16 054 871	2 500 503
	来料加工装配贸易	14 522 294 260	9 463 964 646
	进料加工贸易	356 970 712	146 040 010
	海关特殊监管区域物流货物	123 868 932	288 460 548
	海关特殊监管区域进口设备	0	141 804 467
	其他贸易	2 645	448 738
新疆乌鲁木齐出口加工区	合计	8 339 589	895
	一般贸易	0	895
	进料加工贸易	7 692 934	0
	海关特殊监管区域物流货物	646 655	0

2018 年全国出口加工区经济指标统计情况表

指标	单位	合计		
		2018 年累计	增幅（%）	历年累计
增加值	万元	2 799 003	-18.1	40 777 418
经营总收入	万元	46 625 677	21.5	541 921 000
其中：技术服务收入	万元	56 678	-95.0	6 079 593
工业总产值	万元	53 419 504	24.7	558 375 995
其中：高新技术产业	万元	9 702 403	-22.3	156 078 657
物流企业经营收入	万元	263 957	9.5	1 878 008
商品销售额	万元	3 569 712	—	6 330 814
企业利润总额	万元	617 165	14.5	9 027 135.5
综合能源耗费量	吨标准煤	500 538	18.3	4 567 967
新设企业数	个	292	50.5	2 069
其中：加工企业	个	22	-26.7	824
物流企业	个	23	-72.0	708
贸易企业	个	52	—	53
其他服务类企业	个	117	—	126
新设外资企业数	个	22	100.0	719
内资企业注册资本	万元	255 299	—	1 096 993
合同利用外资	万美元	15 910	-56.1	1 087 024
实际利用外资	万美元	22 817	6.2	822 930
已投产运作企业数	个	164	368.6	1 248
其中：已投产加工企业	个	88	780.0	750
已投产物流企业	个	61	205.0	433
已投产贸易企业	个	5	—	9
已投产其他服务类企业	个	10	—	12
其中：注册资本 1 000 万美元以上	个	33	—	73
固定资产投资额	万元	507 102	-38.3	13 077 397
其中：基础设施投资	万元	48 654	-42.8	2 153 028
已建成城镇建设用地面积	万平方米	306	—	306
房屋竣工建筑面积	平方米	1 783 357	3 028.9	14 302 174
其中：已建成厂房面积	平方米	1 773 357	4 333.4	13 472 947
税务部门税收	万元	339 057	10.2	2 457 992
期末从业人员	人	210 708	2.4	210 708
期末批准面积	平方公里	72.55	-9.9	72.55
期末验收封关面积	平方公里	45.89	-10.5	45.89
跨境电商企业数	个	156	—	156
业务票数	票	106 016 879	—	106 696 105
销售额	万元	1 912 708	—	1 968 845
融资租赁企业数	个	1	—	1
租赁资产总额	万元	0	—	69
货物状态分类监管企业数	个	4	—	4
国内货物进出区货值	万元	1 197 255	—	1 289 535
一般纳税人资格试点企业数	个	17	—	17
试点企业内销金额	万元	85 831	—	85 831
试点企业增值税纳税额	万元	6 226	—	6 420

续表

指标	单位	天津出口加工区		
		2018 年累计	增幅（%）	历年累计
增加值	万元	4 590	-42.5	27 337
经营总收入	万元	9 407	-95.0	894 232
其中：技术服务收入	万元	273	—	273
工业总产值	万元	41 251	-78.0	4 210 937
其中：高新技术产业	万元	0	—	134 677
物流企业经营收入	万元	1 168	109.7	4 215
商品销售额	万元	0	—	0
企业利润总额	万元	-2 245	—	284 851
综合能源耗费量	吨标准煤	8 640	—	64 850
新设企业数	个	0	-100.0	34
其中：加工企业	个	0	-100.0	20
物流企业	个	0	-100.0	14
贸易企业	个	0	—	0
其他服务类企业	个	0	—	0
新设外资企业数	个	0	—	13
内资企业注册资本	万元	0	—	0
合同利用外资	万美元	0	—	9 697
实际利用外资	万美元	0	—	9 847
已投产运作企业数	个	0	-100.0	31
其中：已投产加工企业	个	0	—	19
已投产物流企业	个	0	-100.0	12
已投产贸易企业	个	0	—	0
已投产其他服务类企业	个	0	—	0
其中：注册资本 1 000 万美元以上	个	0	—	0
固定资产投资额	万元	0	—	94 446
其中：基础设施投资	万元	0	—	12 076
已建成城镇建设用地面积	万平方米	0	—	0
房屋竣工建筑面积	平方米	0	—	255 879
其中：已建成厂房面积	平方米	0	—	231 979
税务部门税收	万元	31	—	42 142
期末从业人员	人	5 116	0.0	5 116
期末批准面积	平方公里	2.54	0.0	2.54
期末验收封关面积	平方公里	1.43	0.0	1.43
跨境电商企业数	个	0	—	0
业务票数	票	0	—	0
销售额	万元	0	—	0
融资租赁企业数	个	0	—	0
租赁资产总额	万元	0	—	0
货物状态分类监管企业数	个	0	—	0
国内货物进出区货值	万元	0	—	0
一般纳税人资格试点企业数	个	0	—	0
试点企业内销金额	万元	0	—	0
试点企业增值税纳税额	万元	0	—	0

续表

指标	单位	河北秦皇岛出口加工区		
		2018 年累计	增幅（%）	历年累计
增加值	万元	5 077	7.8	44 379
经营总收入	万元	15 210	7.0	166 551
其中：技术服务收入	万元	0	—	0
工业总产值	万元	14 655	3.7	165 681
其中：高新技术产业	万元	0	—	0
物流企业经营收入	万元	555	611.5	899
商品销售额	万元	14 655	—	14 655
企业利润总额	万元	1 448	54.7	4 373
综合能源耗费量	吨标准煤	1 100	-23.1	14 953
新设企业数	个	1	0.0	24
其中：加工企业	个	0	-100.0	13
物流企业	个	0	—	11
贸易企业	个	0	—	0
其他服务类企业	个	0	—	0
新设外资企业数	个	0	—	6
内资企业注册资本	万元	0	—	200
合同利用外资	万美元	0	—	706
实际利用外资	万美元	0	—	508
已投产运作企业数	个	0	—	14
其中：已投产加工企业	个	0	—	8
已投产物流企业	个	0	—	6
已投产贸易企业	个	0	—	0
已投产其他服务类企业	个	0	—	0
其中：注册资本 1 000 万美元以上	个	0	—	0
固定资产投资额	万元	1 700	0.0	34 623
其中：基础设施投资	万元	100	-93.8	28 100
已建成城镇建设用地面积	万平方米	0	—	0
房屋竣工建筑面积	平方米	0	—	133 366
其中：已建成厂房面积	平方米	0	—	51 781
税务部门税收	万元	0	—	231 979
期末从业人员	人	242	-7.6	1 274
期末批准面积	平方公里	896	-0.2	896
期末验收封关面积	平方公里	2.5	0.0	2.5
跨境电商企业数	个	0.67	0.0	0.67
业务票数	票	0	—	0
销售额	万元	0	—	0
融资租赁企业数	个	0	—	0
租赁资产总额	万元	0	—	0
货物状态分类监管企业数	个	0	—	0
国内货物进出区货值	万元	0	—	0
一般纳税人资格试点企业数	个	0	—	0
试点企业内销金额	万元	0	—	0
试点企业增值税纳税额	万元	0	—	0

续表

指标	单位	河北廊坊出口加工区		
		2018 年累计	增幅（%）	历年累计
增加值	万元	364	-68.8	21 156
经营总收入	万元	14 314	-33.0	173 894
其中：技术服务收入	万元	0	—	3
工业总产值	万元	12 113	-34.1	174 921
其中：高新技术产业	万元	0	-100.0	62 334
物流企业经营收入	万元	0	-100.0	946
商品销售额	万元	0	—	0
企业利润总额	万元	61	-3.2	-324
综合能源耗费量	吨标准煤	8	-87.1	6 960
新设企业数	个	2	100.0	6
其中：加工企业	个	0	—	2
物流企业	个	2	—	4
贸易企业	个	0	—	0
其他服务类企业	个	0	—	0
新设外资企业数	个	1	—	4
内资企业注册资本	万元	100	—	100
合同利用外资	万美元	4 800	—	6 262
实际利用外资	万美元	1 700	26.2	3 009
已投产运作企业数	个	1	—	5
其中：已投产加工企业	个	0	—	2
已投产物流企业	个	1	—	3
已投产贸易企业	个	0	—	0
已投产其他服务类企业	个	0	—	0
其中：注册资本 1 000 万美元以上	个	0	—	0
固定资产投资额	万元	13 000	8.3	26 332
其中：基础设施投资	万元	13 000	8.3	19 420
已建成城镇建设用地面积	万平方米	31	—	31
房屋竣工建筑面积	平方米	0	—	32 882
其中：已建成厂房面积	平方米	0	—	28 090
税务部门税收	万元	790	—	874
期末从业人员	人	48	-4.0	48
期末批准面积	平方公里	0.5	0.0	0.5
期末验收封关面积	平方公里	0.49	0.0	0.49
跨境电商企业数	个	0	—	0
业务票数	票	0	—	0
销售额	万元	0	—	0
融资租赁企业数	个	0	—	0
租赁资产总额	万元	0	—	0
货物状态分类监管企业数	个	0	—	0
国内货物进出区货值	万元	0	—	0
一般纳税人资格试点企业数	个	0	—	0
试点企业内销金额	万元	0	—	0
试点企业增值税纳税额	万元	0	—	0

续表

指标	单位	内蒙古呼和浩特出口加工区		
		2018 年累计	增幅（%）	历年累计
增加值	万元	1 473	-3.4	166 206
经营总收入	万元	11 641	75.8	213 867
其中：技术服务收入	万元	0	—	0
工业总产值	万元	5 988	-13.1	499 559
其中：高新技术产业	万元	0	—	32 413
物流企业经营收入	万元	162	406.3	334
商品销售额	万元	5 321	—	5 321
企业利润总额	万元	1 187	—	589
综合能源耗费量	吨标准煤	1 327	-34.0	60 758
新设企业数	个	0	—	29
其中：加工企业	个	0	—	5
物流企业	个	0	—	3
贸易企业	个	0	—	0
其他服务类企业	个	0	—	0
新设外资企业数	个	0	—	3
内资企业注册资本	万元	0	—	0
合同利用外资	万美元	0	—	2 080
实际利用外资	万美元	0	—	1 811
已投产运作企业数	个	0	—	7
其中：已投产加工企业	个	0	—	4
已投产物流企业	个	0	—	1
已投产贸易企业	个	0	—	0
已投产其他服务类企业	个	0	—	0
其中：注册资本 1 000 万美元以上	个	0	—	0
固定资产投资额	万元	0	-100.0	103 639
其中：基础设施投资	万元	0	—	53 731
已建成城镇建设用地面积	万平方米	0	—	0
房屋竣工建筑面积	平方米	0	—	68 639
其中：已建成厂房面积	平方米	0	—	52 787
税务部门税收	万元	243	86.9	2 652
期末从业人员	人	455	4.6	455
期末批准面积	平方公里	2.21	0.0	2.21
期末验收封关面积	平方公里	1.04	0.0	1.04
跨境电商企业数	个	0	—	0
业务票数	票	0	—	0
销售额	万元	0	—	0
融资租赁企业数	个	0	—	0
租赁资产总额	万元	0	—	0
货物状态分类监管企业数	个	0	—	0
国内货物进出区货值	万元	0	—	0
一般纳税人资格试点企业数	个	0	—	0
试点企业内销金额	万元	0	—	0
试点企业增值税纳税额	万元	0	—	0

续表

指标	单位	上海漕河泾出口加工区		
		2018 年累计	增幅（%）	历年累计
增加值	万元	0	—	1 518 343
经营总收入	万元	3 763 425	15.8	78 938 948
其中：技术服务收入	万元	0	—	0
工业总产值	万元	3 833 143	16.9	79 592 143
其中：高新技术产业	万元	3 801 106	18.7	46 000 042
物流企业经营收入	万元	4 975	-13.1	15 904
商品销售额	万元	0	—	0
企业利润总额	万元	30 118	-53.3	496 278
综合能源耗费量	吨标准煤	54 553	1.8	654 453
新设企业数	个	0	—	28
其中：加工企业	个	0	—	16
物流企业	个	0	—	4
贸易企业	个	0	—	0
其他服务类企业	个	0	—	0
新设外资企业数	个	0	—	17
内资企业注册资本	万元	0	—	14 250
合同利用外资	万美元	0	—	25 442
实际利用外资	万美元	0	—	25 442
已投产运作企业数	个	0	—	18
其中：已投产加工企业	个	0	—	12
已投产物流企业	个	0	—	0
已投产贸易企业	个	0	—	0
已投产其他服务类企业	个	0	—	0
其中：注册资本 1 000 万美元以上	个	0	—	0
固定资产投资额	万元	0	—	370 074
其中：基础设施投资	万元	0	—	236 051
已建成城镇建设用地面积	万平方米	0	—	0
房屋竣工建筑面积	平方米	0	—	581 700
其中：已建成厂房面积	平方米	0	—	581 700
税务部门税收	万元	24 378	-2.9	222 928
期末从业人员	人	27 512	27.3	27 512
期末批准面积	平方公里	3	0.0	3
期末验收封关面积	平方公里	0.9	0.0	0.9
跨境电商企业数	个	1	—	1
业务票数	票	197	—	197
销售额	万元	0	—	0
融资租赁企业数	个	0	—	0
租赁资产总额	万元	0	—	0
货物状态分类监管企业数	个	2	—	2
国内货物进出区货值	万元	0	—	0
一般纳税人资格试点企业数	个	0	—	0
试点企业内销金额	万元	0	—	0
试点企业增值税纳税额	万元	0	—	0

续表

指标	单位	上海嘉定出口加工区		
		2018 年累计	增幅（%）	历年累计
增加值	万元	3 066	-76.1	132 612
经营总收入	万元	109 637	-67.5	1 057 148
其中：技术服务收入	万元	0	—	0
工业总产值	万元	75 208	13.6	745 298
其中：高新技术产业	万元	0	—	0
物流企业经营收入	万元	5 125	—	6 510
商品销售额	万元	171 081	—	171 081
企业利润总额	万元	3 913	-12.7	65 049
综合能源耗费量	吨标准煤	7 618	55.8	53 551
新设企业数	个	62	—	73
其中：加工企业	个	0	—	2
物流企业	个	0	—	6
贸易企业	个	0	—	0
其他服务类企业	个	0	—	0
新设外资企业数	个	0	—	2
内资企业注册资本	万元	6 952	—	13 462
合同利用外资	万美元	0	—	4 000
实际利用外资	万美元	0	—	2 108
已投产运作企业数	个	0	—	11
其中：已投产加工企业	个	0	—	2
已投产物流企业	个	0	—	9
已投产贸易企业	个	0	—	0
已投产其他服务类企业	个	0	—	0
其中：注册资本 1 000 万美元以上	个	0	—	0
固定资产投资额	万元	0	-100.0	91 261
其中：基础设施投资	万元	0	—	57 540
已建成城镇建设用地面积	万平方米	0	—	0
房屋竣工建筑面积	平方米	0	—	51 781
其中：已建成厂房面积	平方米	0	—	51 729
税务部门税收	万元	2 000	762.1	3 451
期末从业人员	人	1 324	1.8	1 324
期末批准面积	平方公里	3	0.0	3
期末验收封关面积	平方公里	1	0.0	1
跨境电商企业数	个	41	—	41
业务票数	票	857 870	—	15 35 639
销售额	万元	37 152	—	69 728
融资租赁企业数	个	0	—	0
租赁资产总额	万元	0	—	0
货物状态分类监管企业数	个	0	—	0
国内货物进出区货值	万元	0	—	0
一般纳税人资格试点企业数	个	0	—	0
试点企业内销金额	万元	0	—	0
试点企业增值税纳税额	万元	0	—	0

续表

指标	单位	上海闵行出口加工区		
		2018 年累计	增幅（%）	历年累计
增加值	万元	85 939	98.8	883 334
经营总收入	万元	606 783	6.0	8 609 886
其中：技术服务收入	万元	5 166	—	5 166
工业总产值	万元	523 638	-8.5	8 568 176
其中：高新技术产业	万元	0	—	0
物流企业经营收入	万元	4 946	—	8 079
商品销售额	万元	94 161	—	543 176
企业利润总额	万元	43 303	964.7	206 439
综合能源耗费量	吨标准煤	4 509	11.7	83 754
新设企业数	个	0	—	45
其中：加工企业	个	0	—	15
物流企业	个	0	—	4
贸易企业	个	0	—	0
其他服务类企业	个	0	—	0
新设外资企业数	个	0	—	17
内资企业注册资本	万元	0	—	63 060
合同利用外资	万美元	0	—	11 603
实际利用外资	万美元	0	—	10 055
已投产运作企业数	个	0	—	19
其中：已投产加工企业	个	0	—	16
已投产物流企业	个	0	—	3
已投产贸易企业	个	0	—	0
已投产其他服务类企业	个	0	—	0
其中：注册资本 1 000 万美元以上	个	0	—	5
固定资产投资额	万元	3 250	23.1	369 518
其中：基础设施投资	万元	0	-100.0	50 623
已建成城镇建设用地面积	万平方米	0	—	0
房屋竣工建筑面积	平方米	0	—	463 016
其中：已建成厂房面积	平方米	0	—	433 280
税务部门税收	万元	4 891	-22.2	50 123
期末从业人员	人	3 876	-0.7	3 876
期末批准面积	平方公里	3	0.0	3
期末验收封关面积	平方公里	1.88	-1.1	1.88
跨境电商企业数	个	0	—	0
业务票数	票	0	—	0
销售额	万元	0	—	0
融资租赁企业数	个	0	—	0
租赁资产总额	万元	0	—	0
货物状态分类监管企业数	个	2	—	2
国内货物进出区货值	万元	273 980	—	273 980
一般纳税人资格试点企业数	个	1	—	1
试点企业内销金额	万元	59 664	—	59 664
试点企业增值税纳税额	万元	0	—	194

续表

指标	单位	上海松江出口加工区		
		2018 年累计	增幅（%）	历年累计
增加值	万元	752 188	-6.2	11 213 572
经营总收入	万元	14 279 735	-10.2	250 546 224
其中：技术服务收入	万元	0	-100.0	5 776 084
工业总产值	万元	14 666 279	-5.1	252 062 260
其中：高新技术产业	万元	0	—	22 906 867
物流企业经营收入	万元	64 050	5.1	426 520
商品销售额	万元	245 793	—	245 793
企业利润总额	万元	53 941	-44.7	1 991 857
综合能源耗费量	吨标准煤	86 882	-0.1	1 117 691
新设企业数	个	14	55.6	156
其中：加工企业	个	8	0.0	107
物流企业	个	1	0.0	26
贸易企业	个	4	—	4
其他服务类企业	个	1	—	1
新设外资企业数	个	2	—	87
内资企业注册资本	万元	0	—	0
合同利用外资	万美元	0	—	109 516
实际利用外资	万美元	0	—	84 327
已投产运作企业数	个	92	1 214.3	279
其中：已投产加工企业	个	72	1 100.0	214
已投产物流企业	个	18	1 700.0	57
已投产贸易企业	个	1	—	2
已投产其他服务类企业	个	1	—	2
其中：注册资本 1 000 万美元以上	个	27	—	54
固定资产投资额	万元	100 539	114.7	1 442 972
其中：基础设施投资	万元	0	—	151 641
已建成城镇建设用地面积	万平方米	0	—	0
房屋竣工建筑面积	平方米	1 537 657	—	4 143 153
其中：已建成厂房面积	平方米	1 537 657	—	4 143 153
税务部门税收	万元	0	-100.0	589 187
期末从业人员	人	61 413	15.2	61 413
期末批准面积	平方公里	5.96	0.0	5.96
期末验收封关面积	平方公里	4.18	0.0	4.18
跨境电商企业数	个	1	—	1
业务票数	票	11 552 679	—	11 552 679
销售额	万元	158 140	—	158 140
融资租赁企业数	个	0	—	0
租赁资产总额	万元	0	—	0
货物状态分类监管企业数	个	0	—	0
国内货物进出区货值	万元	0	—	0
一般纳税人资格试点企业数	个	13	—	13
试点企业内销金额	万元	16 881	—	16 881
试点企业增值税纳税额	万元	4 788	—	4 788

续表

指标	单位	上海青浦出口加工区		
		2018 年累计	增幅（%）	历年累计
增加值	万元	141 656	27.3	1 015 836
经营总收入	万元	696 072	4.9	3 829 036
其中：技术服务收入	万元	0	—	0
工业总产值	万元	681 595	4.4	5 140 153
其中：高新技术产业	万元	658 942	5.2	3 511 282
物流企业经营收入	万元	8 477	16.4	40 807
商品销售额	万元	138 781	—	166 001
企业利润总额	万元	42 726	67.7	250 485
综合能源耗费量	吨标准煤	32 210	10.7	265 949
新设企业数	个	5	—	40
其中：加工企业	个	0	—	15
物流企业	个	0	—	5
贸易企业	个	0	—	0
其他服务类企业	个	5	—	9
新设外资企业数	个	0	—	25
内资企业注册资本	万元	0	—	4
合同利用外资	万美元	0	—	32 767
实际利用外资	万美元	0	—	18 501
已投产运作企业数	个	0	—	18
其中：已投产加工企业	个	0	—	13
已投产物流企业	个	0	—	5
已投产贸易企业	个	0	—	0
已投产其他服务类企业	个	0	—	0
其中：注册资本 1 000 万美元以上	个	0	—	0
固定资产投资额	万元	0	—	254 317
其中：基础设施投资	万元	0	—	66 101
已建成城镇建设用地面积	万平方米	0	—	0
房屋竣工建筑面积	平方米	0	—	206 970
其中：已建成厂房面积	平方米	0	—	191 664
税务部门税收	万元	15 742	6.9	98 882
期末从业人员	人	3 316	2.0	3 316
期末批准面积	平方公里	3	0.0	3
期末验收封关面积	平方公里	1.6	0.0	1.6
跨境电商企业数	个	40	—	40
业务票数	票	2 410 691	—	2 410 691
销售额	万元	166 001	—	166 001
融资租赁企业数	个	0	—	0
租赁资产总额	万元	0	—	0
货物状态分类监管企业数	个	0	—	0
国内货物进出区货值	万元	0	—	0
一般纳税人资格试点企业数	个	0	—	0
试点企业内销金额	万元	0	—	0
试点企业增值税纳税额	万元	0	—	0

续表

指标	单位	上海金桥出口加工区		
		2018 年累计	增幅（%）	历年累计
增加值	万元	0	—	239 785
经营总收入	万元	1 041 962	269.9	3 013 657
其中：技术服务收入	万元	0	—	0
工业总产值	万元	1 110 668	260.3	3 031 094
其中：高新技术产业	万元	246 864	20.9	1 528 061
物流企业经营收入	万元	16 473.5	-23.8	152 176.5
商品销售额	万元	0	—	0
企业利润总额	万元	25 588	272.5	205 472.5
综合能源耗费量	吨标准煤	18 851	35.6	117 662
新设企业数	个	0	—	36
其中：加工企业	个	0	—	33
物流企业	个	0	—	3
贸易企业	个	0	—	0
其他服务类企业	个	0	—	0
新设外资企业数	个	0	—	32
内资企业注册资本	万元	0	—	0
合同利用外资	万美元	0	—	60 133
实际利用外资	万美元	0	—	60 133
已投产运作企业数	个	0	—	26
其中：已投产加工企业	个	0	—	25
已投产物流企业	个	0	—	1
已投产贸易企业	个	0	—	0
已投产其他服务类企业	个	0	—	0
其中：注册资本 1 000 万美元以上	个	0	—	0
固定资产投资额	万元	0	—	236 461
其中：基础设施投资	万元	0	—	102 539
已建成城镇建设用地面积	万平方米	0	—	0
房屋竣工建筑面积	平方米	0	—	225 322
其中：已建成厂房面积	平方米	0	—	225 322
税务部门税收	万元	137 772	149.2	402 301
期末从业人员	人	1 536	-29.2	1 536
期末批准面积	平方公里	2.8	0.0	2.8
期末验收封关面积	平方公里	1.55	0.0	1.55
跨境电商企业数	个	0	—	0
业务票数	票	0	—	0
销售额	万元	0	—	0
融资租赁企业数	个	0	—	0
租赁资产总额	万元	0	—	0
货物状态分类监管企业数	个	0	—	0
国内货物进出区货值	万元	0	—	0
一般纳税人资格试点企业数	个	0	—	0
试点企业内销金额	万元	0	—	0
试点企业增值税纳税额	万元	0	—	0

续表

指标	单位	江苏连云港出口加工区		
		2018 年累计	增幅（%）	历年累计
增加值	万元	23 857	6. 2	195 116
经营总收入	万元	74 605	16. 2	824 183
其中：技术服务收入	万元	416	8. 1	1 813
工业总产值	万元	107 154	7. 5	891 230
其中：高新技术产业	万元	421	8. 2	47 283
物流企业经营收入	万元	8 996	9. 1	51 268
商品销售额	万元	0	—	0
企业利润总额	万元	657	41. 0	17 482
综合能源耗费量	吨标准煤	431	-31. 4	13 067
新设企业数	个	3	0. 0	38
其中：加工企业	个	1	-50. 0	16
物流企业	个	2	100. 0	22
贸易企业	个	0	—	0
其他服务类企业	个	0	—	0
新设外资企业数	个	2	—	18
内资企业注册资本	万元	5 000	—	5 000
合同利用外资	万美元	2 200	—	13 536
实际利用外资	万美元	500	—	10 265
已投产运作企业数	个	4	0. 0	36
其中：已投产加工企业	个	1	0. 0	14
已投产物流企业	个	3	0. 0	22
已投产贸易企业	个	0	—	0
已投产其他服务类企业	个	0	—	0
其中：注册资本 1 000 万美元以上	个	1	—	1
固定资产投资额	万元	11 736	36. 3	108 793
其中：基础设施投资	万元	6 468	258. 3	43 623
已建成城镇建设用地面积	万平方米	0	—	0
房屋竣工建筑面积	平方米	0	—	345 631
其中：已建成厂房面积	平方米	0	—	335 063
税务部门税收	万元	354	125. 5	6 470
期末从业人员	人	1 223	2. 4	1 223
期末批准面积	平方公里	2. 97	0. 0	2. 97
期末验收封关面积	平方公里	2. 97	0. 0	2. 97
跨境电商企业数	个	0	—	0
业务票数	票	0	—	0
销售额	万元	0	—	0
融资租赁企业数	个	0	—	0
租赁资产总额	万元	0	—	0
货物状态分类监管企业数	个	0	—	0
国内货物进出区货值	万元	0	—	0
一般纳税人资格试点企业数	个	0	—	0
试点企业内销金额	万元	0	—	0
试点企业增值税纳税额	万元	0	—	0

续表

指标	单位	浙江杭州出口加工区		
		2018 年累计	增幅（%）	历年累计
增加值	万元	0	-100.0	1 476 770
经营总收入	万元	937 906	-6.1	17 749 166
其中：技术服务收入	万元	0	—	0
工业总产值	万元	926 508	-6.4	17 634 878
其中：高新技术产业	万元	772 726	14.5	1 550 346
物流企业经营收入	万元	11 398	25.4	114 289
商品销售额	万元	1 175 556	—	1 175 556
企业利润总额	万元	23 912	-22.7	395 109
综合能源耗费量	吨标准煤	28 456	-16.6	244 740
新设企业数	个	0	-100.0	150
其中：加工企业	个	0	—	25
物流企业	个	0	-100.0	124
贸易企业	个	0	—	0
其他服务类企业	个	0	—	0
新设外资企业数	个	0	—	40
内资企业注册资本	万元	0	—	0
合同利用外资	万美元	0	-100.0	27 681
实际利用外资	万美元	0	—	21 101
已投产运作企业数	个	0	—	125
其中：已投产加工企业	个	0	—	25
已投产物流企业	个	0	—	99
已投产贸易企业	个	0	—	0
已投产其他服务类企业	个	0	—	0
其中：注册资本 1 000 万美元以上	个	0	—	0
固定资产投资额	万元	0	-100.0	440 533
其中：基础设施投资	万元	0	—	115 118
已建成城镇建设用地面积	万平方米	0	—	0
房屋竣工建筑面积	平方米	0	—	584 187
其中：已建成厂房面积	平方米	0	—	575 729
税务部门税收	万元	15 755	-10.3	196 158
期末从业人员	人	7 497	7.2	7 497
期末批准面积	平方公里	2.92	0.0	2.92
期末验收封关面积	平方公里	2	0.0	2
跨境电商企业数	个	31	—	31
业务票数	票	56 460 852	—	56 460 852
销售额	万元	1 102 429	—	1 102 429
融资租赁企业数	个	0	—	0
租赁资产总额	万元	0	—	0
货物状态分类监管企业数	个	0	—	0
国内货物进出区货值	万元	0	—	0
一般纳税人资格试点企业数	个	0	—	0
试点企业内销金额	万元	0	—	0
试点企业增值税纳税额	万元	0	—	0

续表

指标	单位	浙江宁波出口加工区		
		2018 年累计	增幅（%）	历年累计
增加值	万元	313 777	11.8	4 140 242
经营总收入	万元	2 252 361	8.0	40 999 796
其中：技术服务收入	万元	0	—	0
工业总产值	万元	2 282 264	4.8	42 236 581
其中：高新技术产业	万元	1 985 570	4.8	36 883 269
物流企业经营收入	万元	69 688	23.3	474 646
商品销售额	万元	0	—	0
企业利润总额	万元	123 013	74.1	1 182 228
综合能源耗费量	吨标准煤	128 040	12.0	997 454
新设企业数	个	0	—	43
其中：加工企业	个	0	—	35
物流企业	个	0	—	5
贸易企业	个	0	—	0
其他服务类企业	个	0	—	0
新设外资企业数	个	0	—	42
内资企业注册资本	万元	0	—	0
合同利用外资	万美元	0	—	98 705
实际利用外资	万美元	0	—	55 285
已投产运作企业数	个	0	—	23
其中：已投产加工企业	个	0	—	20
已投产物流企业	个	0	—	3
已投产贸易企业	个	0	—	0
已投产其他服务类企业	个	0	—	0
其中：注册资本 1 000 万美元以上	个	0	—	0
固定资产投资额	万元	46 209	-11.5	1 326 247
其中：基础设施投资	万元	0	—	42 969
已建成城镇建设用地面积	万平方米	0	—	0
房屋竣工建筑面积	平方米	0	—	1 001 000
其中：已建成厂房面积	平方米	0	—	1 001 000
税务部门税收	万元	0	—	1 200
期末从业人员	人	16 747	-2.4	16 747
期末批准面积	平方公里	3	0.0	3
期末验收封关面积	平方公里	3	0.0	3
跨境电商企业数	个	0	—	0
业务票数	票	0	—	0
销售额	万元	0	—	0
融资租赁企业数	个	0	—	0
租赁资产总额	万元	0	—	0
货物状态分类监管企业数	个	0	—	0
国内货物进出区货值	万元	0	—	0
一般纳税人资格试点企业数	个	0	—	0
试点企业内销金额	万元	0	—	0
试点企业增值税纳税额	万元	0	—	0

续表

指标	单位	浙江慈溪出口加工区		
		2018 年累计	增幅（%）	历年累计
增加值	万元	5 502	17.2	34 444
经营总收入	万元	18 580	22.2	111 621
其中：技术服务收入	万元	0	—	0
工业总产值	万元	8 352	-5.8	82 470
其中：高新技术产业	万元	0	—	0
物流企业经营收入	万元	3 265	-9.9	17 915
商品销售额	万元	263 754	—	263 754
企业利润总额	万元	566	-37.6	4 317
综合能源耗费量	吨标准煤	94	176.5	510
新设企业数	个	0	-100.0	36
其中：加工企业	个	0	—	4
物流企业	个	0	-100.0	32
贸易企业	个	0	—	0
其他服务类企业	个	0	—	0
新设外资企业数	个	0	—	8
内资企业注册资本	万元	0	—	0
合同利用外资	万美元	0	—	11 329
实际利用外资	万美元	0	—	4 047
已投产运作企业数	个	44	—	69
其中：已投产加工企业	个	8	—	11
已投产物流企业	个	33	—	55
已投产贸易企业	个	0	—	0
已投产其他服务类企业	个	3	—	3
其中：注册资本 1 000 万美元以上	个	3	—	3
固定资产投资额	万元	11 000	36.6	138 055
其中：基础设施投资	万元	10 700	47.6	131 047
已建成城镇建设用地面积	万平方米	0	—	0
房屋竣工建筑面积	平方米	100 000	—	268 102
其中：已建成厂房面积	平方米	90 000	—	253 002
税务部门税收	万元	15 259.52	4 428.0	16 431.52
期末从业人员	人	200	8.1	200
期末批准面积	平方公里	2	0.0	2
期末验收封关面积	平方公里	0.7	0.0	0.7
跨境电商企业数	个	2	—	2
业务票数	票	20 639 801	—	20 639 801
销售额	万元	263 450	—	263 450
融资租赁企业数	个	0	—	0
租赁资产总额	万元	0	—	0
货物状态分类监管企业数	个	0	—	0
国内货物进出区货值	万元	797 638	—	797 638
一般纳税人资格试点企业数	个	0	—	0
试点企业内销金额	万元	0	—	0
试点企业增值税纳税额	万元	0	—	0

续表

指标	单位	安徽合肥出口加工区		
		2018 年累计	增幅（%）	历年累计
增加值	万元	0	—	0
经营总收入	万元	6 869 283	29.6	26 598 068
其中：技术服务收入	万元	0	—	0
工业总产值	万元	7 014 161	24.3	27 354 826
其中：高新技术产业	万元	0	—	0
物流企业经营收入	万元	14 516	30.1	63 026
商品销售额	万元	0	—	0
企业利润总额	万元	-13 208	—	14 334
综合能源耗费量	吨标准煤	6 217	17.8	29 258
新设企业数	个	0	—	16
其中：加工企业	个	0	—	4
物流企业	个	0	—	12
贸易企业	个	0	—	0
其他服务类企业	个	0	—	0
新设外资企业数	个	0	—	3
内资企业注册资本	万元	0	—	0
合同利用外资	万美元	0	—	27 100
实际利用外资	万美元	0	—	26 850
已投产运作企业数	个	0	—	11
其中：已投产加工企业	个	0	—	3
已投产物流企业	个	0	—	8
已投产贸易企业	个	0	—	0
已投产其他服务类企业	个	0	—	0
其中：注册资本 1 000 万美元以上	个	0	—	0
固定资产投资额	万元	0	—	365 429
其中：基础设施投资	万元	0	—	7 645
已建成城镇建设用地面积	万平方米	0	—	0
房屋竣工建筑面积	平方米	0	—	312 514
其中：已建成厂房面积	平方米	0	—	197 067
税务部门税收	万元	10 450	-40.4	81 425
期末从业人员	人	11 248	38.1	11 248
期末批准面积	平方公里	1.42	0.0	1.42
期末验收封关面积	平方公里	1.42	0.0	1.42
跨境电商企业数	个	0	—	0
业务票数	票	3 078 856	—	3 078 856
销售额	万元	0	—	0
融资租赁企业数	个	0	—	0
租赁资产总额	万元	0	—	0
货物状态分类监管企业数	个	0	—	0
国内货物进出区货值	万元	0	—	0
一般纳税人资格试点企业数	个	0	—	0
试点企业内销金额	万元	0	—	0
试点企业增值税纳税额	万元	0	—	0

续表

指标	单位	福建福州出口加工区		
		2018 年累计	增幅（%）	历年累计
增加值	万元	2 835	11.8	32 718
经营总收入	万元	21 785	-0.3	149 280
其中：技术服务收入	万元	0	—	0
工业总产值	万元	17 105	-18.0	140 135
其中：高新技术产业	万元	0	—	0
物流企业经营收入	万元	3 180	9.0	14 997
商品销售额	万元	47 812	—	47 812
企业利润总额	万元	450	-30.2	4 721
综合能源耗费量	吨标准煤	525	13.9	2 717
新设企业数	个	121	3.4	353
其中：加工企业	个	0	—	12
物流企业	个	4	-91.5	154
贸易企业	个	44	—	44
其他服务类企业	个	65	—	65
新设外资企业数	个	8	-11.1	39
内资企业注册资本	万元	105 300	—	105 300
合同利用外资	万美元	1 320	-32.3	12 090
实际利用外资	万美元	3 040	57.5	7 797
已投产运作企业数	个	13	-18.8	69
其中：已投产加工企业	个	0	—	2
已投产物流企业	个	5	-54.5	53
已投产贸易企业	个	4	—	4
已投产其他服务类企业	个	4	—	4
其中：注册资本 1 000 万美元以上	个	0	—	0
固定资产投资额	万元	37 530	-20.6	234 972
其中：基础设施投资	万元	215	-72.8	30 899
已建成城镇建设用地面积	万平方米	0	—	0
房屋竣工建筑面积	平方米	61 700	—	203 150
其中：已建成厂房面积	平方米	61 700	—	151 458
税务部门税收	万元	637	16.5	6 642
期末从业人员	人	580	8.4	580
期末批准面积	平方公里	1.14	0.0	1.14
期末验收封关面积	平方公里	0.659	49.8	0.659
跨境电商企业数	个	35	—	35
业务票数	票	3 078 856	—	3 078 856
销售额	万元	45 908	—	45 908
融资租赁企业数	个	0	—	0
租赁资产总额	万元	0	—	0
货物状态分类监管企业数	个	0	—	0
国内货物进出区货值	万元	125 300	—	217 580
一般纳税人资格试点企业数	个	0	—	0
试点企业内销金额	万元	0	—	0
试点企业增值税纳税额	万元	0	—	0

续表

指标	单位	江西九江出口加工区		
		2018 年累计	增幅（%）	历年累计
增加值	万元	12 128	-33.7	167 429
经营总收入	万元	73 477	-61.7	1 953 613
其中：技术服务收入	万元	0	—	0
工业总产值	万元	78 560	-62.6	2 509 856
其中：高新技术产业	万元	0	—	0
物流企业经营收入	万元	305	-6.7	2 235
商品销售额	万元	0	—	0
企业利润总额	万元	1 693	-9.5	33 927
综合能源耗费量	吨标准煤	4 632	-20.3	27 168
新设企业数	个	0	—	36
其中：加工企业	个	0	—	30
物流企业	个	0	—	6
贸易企业	个	0	—	0
其他服务类企业	个	0	—	0
新设外资企业数	个	0	—	22
内资企业注册资本	万元	0	—	0
合同利用外资	万美元	0	—	74 882
实际利用外资	万美元	0	—	17 915
已投产运作企业数	个	0	—	30
其中：已投产加工企业	个	0	—	25
已投产物流企业	个	0	—	5
已投产贸易企业	个	0	—	0
已投产其他服务类企业	个	0	—	0
其中：注册资本 1 000 万美元以上	个	0	—	0
固定资产投资额	万元	622	-27.4	123 001
其中：基础设施投资	万元	0	-100.0	20 652
已建成城镇建设用地面积	万平方米	0	—	0
房屋竣工建筑面积	平方米	0	—	230 383
其中：已建成厂房面积	平方米	0	—	189 516
税务部门税收	万元	331	4.4	4 164
期末从业人员	人	1 025	-35.8	1 025
期末批准面积	平方公里	0.99	0.0	0.99
期末验收封关面积	平方公里	0.99	0.0	0.99
跨境电商企业数	个	0	—	0
业务票数	票	0	—	0
销售额	万元	0	—	0
融资租赁企业数	个	0	—	0
租赁资产总额	万元	0	—	0
货物状态分类监管企业数	个	0	—	0
国内货物进出区货值	万元	0	—	0
一般纳税人资格试点企业数	个	0	—	0
试点企业内销金额	万元	0	—	0
试点企业增值税纳税额	万元	0	—	0

续表

指标	单位	山东青岛出口加工区		
		2018 年累计	增幅（%）	历年累计
增加值	万元	111 514	1.9	1 369 305
经营总收入	万元	525 129	6.2	5 248 145
其中：技术服务收入	万元	799	8.3	3 565
工业总产值	万元	538 212	6.4	5 376 768
其中：高新技术产业	万元	127 463	76.0	1 385 129
物流企业经营收入	万元	1 002	-8.6	8 185
商品销售额	万元	1 863	—	1 863
企业利润总额	万元	56 821	1.7	835 109
综合能源耗费量	吨标准煤	8 186	-2.2	79 779
新设企业数	个	11	120.0	107
其中：加工企业	个	4	33.3	89
物流企业	个	3	200.0	13
贸易企业	个	1	—	1
其他服务类企业	个	3	—	3
新设外资企业数	个	3	—	79
内资企业注册资本	万元	26 065	—	26 065
合同利用外资	万美元	1 010	—	83 572
实际利用外资	万美元	1 719	8.4	52 326
已投产运作企业数	个	1	—	71
其中：已投产加工企业	个	1	—	63
已投产物流企业	个	0	—	8
已投产贸易企业	个	0	—	0
已投产其他服务类企业	个	0	—	0
其中：注册资本 1 000 万美元以上	个	1	—	1
固定资产投资额	万元	14 116	24.3	420 983
其中：基础设施投资	万元	0	-100.0	72 242
已建成城镇建设用地面积	万平方米	145	—	145
房屋竣工建筑面积	平方米	0	—	501 000
其中：已建成厂房面积	平方米	0	—	459 719
税务部门税收	万元	18 125	9.0	128 379
期末从业人员	人	7 300	-5.2	7 300
期末批准面积	平方公里	2.8	0.0	2.8
期末验收封关面积	平方公里	1.7	0.0	1.7
跨境电商企业数	个	1	—	1
业务票数	票	66 358	—	66 358
销售额	万元	1 863	—	1 863
融资租赁企业数	个	0	—	0
租赁资产总额	万元	0	—	0
货物状态分类监管企业数	个	0	—	0
国内货物进出区货值	万元	0	—	0
一般纳税人资格试点企业数	个	0	—	0
试点企业内销金额	万元	0	—	0
试点企业增值税纳税额	万元	0	—	0

续表

指标	单位	山东青岛西海岸出口加工区		
		2018 年累计	增幅（%）	历年累计
增加值	万元	33 165	6.1	295 607
经营总收入	万元	119 321	2.8	1 142 649
其中：技术服务收入	万元	0	—	1 305
工业总产值	万元	96 348	-5.8	1 089 017
其中：高新技术产业	万元	22 142	4.3	77 921
物流企业经营收入	万元	8 283	-33.9	66 980
商品销售额	万元 259 704	1 194	—	1 194
企业利润总额	万元	8 050	51.8	80 239
综合能源耗费量	吨标准煤	4 697	-28.5	29 355
新设企业数	个	50	163.2	144
其中：加工企业	个	1	0.0	22
物流企业	个	8	-50.0	62
贸易企业	个	0	—	0
其他服务类企业	个	41	—	41
新设外资企业数	个	3	200.0	25
内资企业注册资本	万元	87 881	—	87 881
合同利用外资	万美元	4 519	1 191.1	68 174
实际利用外资	万美元	1 512	0.0	47 052
已投产运作企业数	个	5	66.7	26
其中：已投产加工企业	个	2	—	10
已投产物流企业	个	1	-66.7	13
已投产贸易企业	个	0	—	0
已投产其他服务类企业	个	2	—	2
其中：注册资本 1 000 万美元以上	个	0	—	0
固定资产投资额	万元	6 125	12.9	190 782
其中：基础设施投资	万元	0	-100.0	53 184
已建成城镇建设用地面积	万平方米	0	—	0
房屋竣工建筑面积	平方米	0	-100.0	623 716
其中：已建成厂房面积	平方米	0	—	586 278
税务部门税收	万元	4 041	-28.3	28 560
期末从业人员	人	1 285	-60.9	1 285
期末批准面积	平方公里	2	0.0	2
期末验收封关面积	平方公里	2	0.0	2
跨境电商企业数	个	3	—	3
业务票数	票	19 575	—	21 032
销售额	万元	1 119	—	1 194
融资租赁企业数	个	1	—	1
租赁资产总额	万元	0	—	0
货物状态分类监管企业数	个	0	—	0
国内货物进出区货值	万元	0	—	0
一般纳税人资格试点企业数	个	0	—	0
试点企业内销金额	万元	0	—	0
试点企业增值税纳税额	万元	0	—	0

续表

指标	单位	山东威海出口加工区		
		2018 年累计	增幅（%）	历年累计
增加值	万元	65 975	-3.7	1 117 621
经营总收入	万元	286 472	-3.6	3 970 545
其中：技术服务收入	万元	0	—	0
工业总产值	万元	286 851	-3.7	3 978 217
其中：高新技术产业	万元	105 925	7.9	754 042
物流企业经营收入	万元	3 798	18.6	22 004
商品销售额	万元	259 704	—	259 704
企业利润总额	万元	3 042	-77.5	40 419
综合能源耗费量	吨标准煤	3 006	-3.7	44 448
新设企业数	个	2	—	91
其中：加工企业	个	2	—	76
物流企业	个	0	—	15
贸易企业	个	0	—	0
其他服务类企业	个	0	—	0
新设外资企业数	个	2	—	68
内资企业注册资本	万元	0	—	0
合同利用外资	万美元	780	—	76 933
实际利用外资	万美元	227	-94.3	51 675
已投产运作企业数	个	0	—	49
其中：已投产加工企业	个	0	—	44
已投产物流企业	个	0	—	6
已投产贸易企业	个	0	—	0
已投产其他服务类企业	个	0	—	0
其中：注册资本 1 000 万美元以上	个	0	—	0
固定资产投资额	万元	14 817	-13.5	376 110
其中：基础设施投资	万元	600	-78.1	196 564
已建成城镇建设用地面积	万平方米	0	—	0
房屋竣工建筑面积	平方米	0	—	459 552
其中：已建成厂房面积	平方米	0	—	452 860
税务部门税收	万元	4 084	-28.6	59 988
期末从业人员	人	8 239	-0.4	8 239
期末批准面积	平方公里	2.6	0.0	2.6
期末验收封关面积	平方公里	1.34	0.0	1.34
跨境电商企业数	个	0	—	0
业务票数	票	0	—	0
销售额	万元	0	—	0
融资租赁企业数	个	0	—	0
租赁资产总额	万元	0	—	0
货物状态分类监管企业数	个	0	—	0
国内货物进出区货值	万元	0	—	0
一般纳税人资格试点企业数	个	0	—	0
试点企业内销金额	万元	0	—	0
试点企业增值税纳税额	万元	0	—	0

续表

指标	单位	河南郑州出口加工区		
		2018 年累计	增幅（%）	历年累计
增加值	万元	273 414	-0.5	1 009 091
经营总收入	万元	1 037 975	2.6	6 258 291
其中：技术服务收入	万元	0	—	0
工业总产值	万元	1 184 465	-0.2	6 629 508
其中：高新技术产业	万元	1 114 998	-0.3	3 812 344
物流企业经营收入	万元	1 914	17.4	8 459
商品销售额	万元	1 037 477	—	1 037 477
企业利润总额	万元	25 942	1.4	103 986
综合能源耗费量	吨标准煤	24 755	-0.7	92 860
新设企业数	个	7	-22.2	65
其中：加工企业	个	1	-50.0	29
物流企业	个	3	0.0	37
贸易企业	个	1	—	1
其他服务类企业	个	2	—	2
新设外资企业数	个	0	—	9
内资企业注册资本	万元	19 400	—	739 174
合同利用外资	万美元	0	—	29 942
实际利用外资	万美元	3 255	—	31 784
已投产运作企业数	个	0	-100.0	24
其中：已投产加工企业	个	0	-100.0	13
已投产物流企业	个	0	—	11
已投产贸易企业	个	0	—	0
已投产其他服务类企业	个	0	—	0
其中：注册资本 1 000 万美元以上	个	0	—	0
固定资产投资额	万元	172 490	-59.2	1 048 687
其中：基础设施投资	万元	14 492	-33.8	105 455
已建成城镇建设用地面积	万平方米	89	—	89
房屋竣工建筑面积	平方米	0	—	734 713
其中：已建成厂房面积	平方米	0	—	589 121
税务部门税收	万元	26 280	-33.2	131 902
期末从业人员	人	18 442	-28.5	18 442
期末批准面积	平方公里	2.7	0.0	2.7
期末验收封关面积	平方公里	2.66	0.0	2.66
跨境电商企业数	个	1	—	1
业务票数	票	10 930 000	—	10 930 000
销售额	万元	136 646	—	136 646
融资租赁企业数	个	0	—	0
租赁资产总额	万元	0	—	0
货物状态分类监管企业数	个	0	—	0
国内货物进出区货值	万元	0	—	0
一般纳税人资格试点企业数	个	3	—	3
试点企业内销金额	万元	7 976	—	7 976
试点企业增值税纳税额	万元	1 321	—	1 321

续表

指标	单位	湖北武汉出口加工区		
		2018 年累计	增幅（%）	历年累计
增加值	万元	9 287	13.0	62 881
经营总收入	万元	22 280	-17.9	8 006 118
其中：技术服务收入	万元	3 177	-44.0	10 704
工业总产值	万元	8 325	-34.4	5 107 471
其中：高新技术产业	万元	7 023	-36.5	3 293 627
物流企业经营收入	万元	473	-13.4	2 689
商品销售额	万元	6 431	—	9 934
企业利润总额	万元	1 146	1 810.0	12 250
综合能源耗费量	吨标准煤	1 285	51.5	13 324
新设企业数	个	0	—	16
其中：加工企业	个	0	—	9
物流企业	个	0	—	7
贸易企业	个	0	—	0
其他服务类企业	个	0	—	0
新设外资企业数	个	0	—	6
内资企业注册资本	万元	0	—	37 894
合同利用外资	万美元	0	-100.0	40 252
实际利用外资	万美元	0	-100.0	13 360
已投产运作企业数	个	0	—	62
其中：已投产加工企业	个	0	—	27
已投产物流企业	个	0	—	10
已投产贸易企业	个	0	—	3
已投产其他服务类企业	个	0	—	1
其中：注册资本 1 000 万美元以上	个	0	—	1
固定资产投资额	万元	41 966	331.0	87 422
其中：基础设施投资	万元	0	-100.0	25 755
已建成城镇建设用地面积	万平方米	0	—	0
房屋竣工建筑面积	平方米	0	—	369 814
其中：已建成厂房面积	平方米	0	—	281 832
税务部门税收	万元	4 103	279.9	29 057
期末从业人员	人	442	-0.7	442
期末批准面积	平方公里	1.3	0.0	1.3
期末验收封关面积	平方公里	1.3	0.0	1.3
跨境电商企业数	个	0	—	0
业务票数	票	0	—	0
销售额	万元	0	—	0
融资租赁企业数	个	0	—	0
租赁资产总额	万元	0	—	0
货物状态分类监管企业数	个	0	—	0
国内货物进出区货值	万元	0	—	0
一般纳税人资格试点企业数	个	0	—	0
试点企业内销金额	万元	0	—	0
试点企业增值税纳税额	万元	0	—	0

续表

指标	单位	广东广州出口加工区		
		2018 年累计	增幅（%）	历年累计
增加值	万元	59 897	-12.4	759 552
经营总收入	万元	270 319	-18.1	4 040 108
其中：技术服务收入	万元	0	—	0
工业总产值	万元	268 597	-18.8	4 085 706
其中：高新技术产业	万元	0	—	0
物流企业经营收入	万元	0	—	0
商品销售额	万元	0	—	0
企业利润总额	万元	7 001	-33.1	90 048
综合能源耗费量	吨标准煤	2 633	-1.2	42 894
新设企业数	个	0	—	1
其中：加工企业	个	0	—	1
物流企业	个	0	—	0
贸易企业	个	0	—	0
其他服务类企业	个	0	—	0
新设外资企业数	个	0	—	1
内资企业注册资本	万元	0	—	0
合同利用外资	万美元	0	—	5 400
实际利用外资	万美元	0	—	5 338
已投产运作企业数	个	0	—	1
其中：已投产加工企业	个	0	—	1
已投产物流企业	个	0	—	0
已投产贸易企业	个	0	—	0
已投产其他服务类企业	个	0	—	0
其中：注册资本 1 000 万美元以上	个	0	—	0
固定资产投资额	万元	0	—	1 141 000
其中：基础设施投资	万元	0	—	58 800
已建成城镇建设用地面积	万平方米	0	—	0
房屋竣工建筑面积	平方米	0	—	0
其中：已建成厂房面积	平方米	0	—	0
税务部门税收	万元	0	—	0
期末从业人员	人	753	-2.5	753
期末批准面积	平方公里	3	0.0	3
期末验收封关面积	平方公里	0.9	0.0	0.9
跨境电商企业数	个	0	—	0
业务票数	票	0	—	0
销售额	万元	0	—	0
融资租赁企业数	个	0	—	0
租赁资产总额	万元	0	—	0
货物状态分类监管企业数	个	0	—	0
国内货物进出区货值	万元	0	—	0
一般纳税人资格试点企业数	个	0	—	0
试点企业内销金额	万元	0	—	0
试点企业增值税纳税额	万元	0	—	0

续表

指标	单位	广东深圳出口加工区		
		2018 年累计	增幅（%）	历年累计
增加值	万元	102 102	-51.5	3 554 113
经营总收入	万元	504 434	-40.1	14 892 071
其中：技术服务收入	万元	0	—	0
工业总产值	万元	508 986	-39.6	15 052 838
其中：高新技术产业	万元	70 046	-1.6	6 344 380
物流企业经营收入	万元	0	—	0
商品销售额	万元	0	—	0
企业利润总额	万元	0	—	787 071
综合能源耗费量	吨标准煤	16 809	590.3	141 599
新设企业数	个	1	-85.7	158
其中：加工企业	个	1	-80.0	22
物流企业	个	0	-100.0	82
贸易企业	个	0	—	1
其他服务类企业	个	0	—	3
新设外资企业数	个	0	—	2
内资企业注册资本	万元	1	—	1
合同利用外资	万美元	0	—	47 849
实际利用外资	万美元	0	—	36 331
已投产运作企业数	个	0	—	7
其中：已投产加工企业	个	0	—	0
已投产物流企业	个	0	—	7
已投产贸易企业	个	0	—	0
已投产其他服务类企业	个	0	—	0
其中：注册资本 1 000 万美元以上	个	0	—	0
固定资产投资额	万元	0	—	180 755
其中：基础设施投资	万元	0	—	84 984
已建成城镇建设用地面积	万平方米	0	—	0
房屋竣工建筑面积	平方米	0	—	57 290
其中：已建成厂房面积	平方米	0	—	57 290
税务部门税收	万元	22 280	—	44 067
期末从业人员	人	0	—	0
期末批准面积	平方公里	2.98	-0.7	2.98
期末验收封关面积	平方公里	2.98	-0.7	2.98
跨境电商企业数	个	0	—	0
业务票数	票	0	—	0
销售额	万元	0	—	0
融资租赁企业数	个	0	—	0
租赁资产总额	万元	0	—	0
货物状态分类监管企业数	个	0	—	0
国内货物进出区货值	万元	0	—	0
一般纳税人资格试点企业数	个	0	—	0
试点企业内销金额	万元	0	—	0
试点企业增值税纳税额	万元	0	—	0

续表

指标	单位	广西北海出口加工区		
		2018 年累计	增幅（%）	历年累计
增加值	万元	197 640	1.2	1 756 286
经营总收入	万元	1 027 848	1.9	8 448 207
其中：技术服务收入	万元	0	—	75 500
工业总产值	万元	1 044 864	0.9	8 708 525
其中：高新技术产业	万元	26 798	—	26 798
物流企业经营收入	万元	2 176	0.9	17 315
商品销售额	万元	1 310	—	1 310
企业利润总额	万元	143 977	1.2	1 238 700
综合能源耗费量	吨标准煤	6 010	0.5	63 815
新设企业数	个	8	14.3	105
其中：加工企业	个	1	-66.7	82
物流企业	个	0	-100.0	13
贸易企业	个	1	—	1
其他服务类企业	个	0	—	0
新设外资企业数	个	0	—	45
内资企业注册资本	万元	0	—	0
合同利用外资	万美元	0	—	34 750
实际利用外资	万美元	9 583	33.3	60 340
已投产运作企业数	个	4	—	46
其中：已投产加工企业	个	4	—	38
已投产物流企业	个	0	—	5
已投产贸易企业	个	0	—	0
已投产其他服务类企业	个	0	—	0
其中：注册资本 1 000 万美元以上	个	1	—	1
固定资产投资额	万元	15 124	79.1	319 898
其中：基础设施投资	万元	0	—	86 747
已建成城镇建设用地面积	万平方米	0	—	0
房屋竣工建筑面积	平方米	0	—	744 244
其中：已建成厂房面积	平方米	0	—	744 244
税务部门税收	万元	8 900	-22.8	106 831
期末从业人员	人	18 875	0.0	18 875
期末批准面积	平方公里	1.45	0.0	1.45
期末验收封关面积	平方公里	1.13	0.0	1.13
跨境电商企业数	个	0	—	0
业务票数	票	0	—	0
销售额	万元	0	—	0
融资租赁企业数	个	0	—	0
租赁资产总额	万元	0	—	0
货物状态分类监管企业数	个	0	—	0
国内货物进出区货值	万元	337	—	337
一般纳税人资格试点企业数	个	0	—	0
试点企业内销金额	万元	1 310	—	1 310
试点企业增值税纳税额	万元	117	—	117

续表

指标	单位	四川绵阳出口加工区		
		2018 年累计	增幅（%）	历年累计
增加值	万元	45 223	21.4	297 351
经营总收入	万元	92 965	-0.6	648 995
其中：技术服务收入	万元	0	—	0
工业总产值	万元	93 787	-0.6	859 142
其中：高新技术产业	万元	0	—	0
物流企业经营收入	万元	43	-33.8	550
商品销售额	万元	100 456	—	100 456
企业利润总额	万元	5 053	-23.0	38 306
综合能源耗费量	吨标准煤	912	1.3	11 818
新设企业数	个	0	-100.0	8
其中：加工企业	个	0	—	5
物流企业	个	0	-100.0	3
贸易企业	个	0	—	0
其他服务类企业	个	0	—	0
新设外资企业数	个	0	—	2
内资企业注册资本	万元	0	—	0
合同利用外资	万美元	0	—	310
实际利用外资	万美元	0	—	656
已投产运作企业数	个	0	—	7
其中：已投产加工企业	个	0	—	5
已投产物流企业	个	0	—	2
已投产贸易企业	个	0	—	0
已投产其他服务类企业	个	0	—	0
其中：注册资本 1 000 万美元以上	个	0	—	0
固定资产投资额	万元	1 328	-19.1	43 873
其中：基础设施投资	万元	0	—	2 000
已建成城镇建设用地面积	万平方米	0	—	0
房屋竣工建筑面积	平方米	0	—	105 804
其中：已建成厂房面积	平方米	0	—	98 724
税务部门税收	万元	447	-7.5	7 099
期末从业人员	人	2 506	-6.6	2 506
期末批准面积	平方公里	0.56	0.0	0.56
期末验收封关面积	平方公里	0.15	0.0	0.15
跨境电商企业数	个	0	—	0
业务票数	票	0	—	0
销售额	万元	0	—	23 486
融资租赁企业数	个	0	—	0
租赁资产总额	万元	0	—	69
货物状态分类监管企业数	个	0	—	0
国内货物进出区货值	万元	0	—	0
一般纳税人资格试点企业数	个	0	—	0
试点企业内销金额	万元	0	—	0
试点企业增值税纳税额	万元	0	—	0

续表

指标	单位	陕西西安出口加工区 A 区		
		2018 年累计	增幅（%）	历年累计
增加值	万元	547 428	10.8	4 149 794
经营总收入	万元	2 274 133	-7.1	17 596 851
其中：技术服务收入	万元	5 994	5.0	19 958
工业总产值	万元	2 093 968	-8.3	15 786 393
其中：高新技术产业	万元	762 379	-13.8	6 189 854
物流企业经营收入	万元	28 963	-6.5	322 121
商品销售额	万元	0	—	0
企业利润总额	万元	1 779	-70.3	84 692
综合能源耗费量	吨标准煤	8 630	-17.0	75 739
新设企业数	个	1	-66.7	76
其中：加工企业	个	0	-100.0	62
物流企业	个	0	—	12
贸易企业	个	0	—	0
其他服务类企业	个	0	—	0
新设外资企业数	个	0	—	22
内资企业注册资本	万元	3 000	—	3 000
合同利用外资	万美元	0	—	13 549
实际利用外资	万美元	0	—	13 110
已投产运作企业数	个	0	-100.0	58
其中：已投产加工企业	个	0	-100.0	46
已投产物流企业	个	0	—	12
已投产贸易企业	个	0	—	0
已投产其他服务类企业	个	0	—	0
其中：注册资本 1 000 万美元以上	个	0	—	0
固定资产投资额	万元	6 550	-91.4	1 679 729
其中：基础设施投资	万元	3 079	-41.7	196 425
已建成城镇建设用地面积	万平方米	0	—	0
房屋竣工建筑面积	平方米	0	—	456 162
其中：已建成厂房面积	平方米	0	—	425 282
税务部门税收	万元	2 921	-6.3	31 720
期末从业人员	人	3 532	-7.1	3 532
期末批准面积	平方公里	1.46	0.0	1.46
期末验收封关面积	平方公里	0.75	0.0	0.75
跨境电商企业数	个	0	—	0
业务票数	票	0	—	0
销售额	万元	0	—	0
融资租赁企业数	个	0	—	0
租赁资产总额	万元	0	—	0
货物状态分类监管企业数	个	0	—	0
国内货物进出区货值	万元	0	—	0
一般纳税人资格试点企业数	个	0	—	0
试点企业内销金额	万元	0	—	0
试点企业增值税纳税额	万元	0	—	0

续表

指标	单位	陕西西安出口加工区 B 区		
		2018 年累计	增幅（%）	历年累计
增加值	万元	0	-100.0	3 372 296
经营总收入	万元	9 663 572	439.7	29 501 966
其中：技术服务收入	万元	40 853	50.6	185 222
工业总产值	万元	15 891 434	147.1	40 172 108
其中：高新技术产业	万元	0	-100.0	21 442 286
物流企业经营收入	万元	0	-100.0	21 379
商品销售额	万元	0	—	2 281 364
企业利润总额	万元	26 925	24.4	353 210
综合能源耗费量	吨标准煤	39 421	—	101 087
新设企业数	个	2	—	45
其中：加工企业	个	2	—	12
物流企业	个	0	—	21
贸易企业	个	0	—	0
其他服务类企业	个	0	—	0
新设外资企业数	个	0	—	11
内资企业注册资本	万元	1 000	—	1 002
合同利用外资	万美元	0	—	103 102
实际利用外资	万美元	0	—	102 850
已投产运作企业数	个	0	—	37
其中：已投产加工企业	个	0	—	22
已投产物流企业	个	0	—	14
已投产贸易企业	个	0	—	0
已投产其他服务类企业	个	0	—	0
其中：注册资本 1 000 万美元以上	个	0	—	7
固定资产投资额	万元	0	-100.0	627 639
其中：基础设施投资	万元	0	—	3 382
已建成城镇建设用地面积	万平方米	0	—	0
房屋竣工建筑面积	平方米	0	—	343 000
其中：已建成厂房面积	平方米	0	—	243 000
税务部门税收	万元	18 205	231.8	78 111
期末从业人员	人	5 125	-15.2	5 125
期末批准面积	平方公里	1.34	0.0	1.34
期末验收封关面积	平方公里	0.79	0.0	0.79
跨境电商企业数	个	0	—	0
业务票数	票	0	—	0
销售额	万元	0	—	0
融资租赁企业数	个	0	—	0
租赁资产总额	万元	0	—	0
货物状态分类监管企业数	个	0	—	0
国内货物进出区货值	万元	0	—	0
一般纳税人资格试点企业数	个	0	—	0
试点企业内销金额	万元	0	—	0
试点企业增值税纳税额	万元	0	—	0

续表

指标	单位	江西井冈山出口加工区		
		2018 年累计	增幅（%）	历年累计
增加值	万元	906	-29.3	2 188
经营总收入	万元	5 046	-25.8	11 850
其中：技术服务收入	万元	0	—	0
工业总产值	万元	5 025	-25.8	11 798
其中：高新技术产业	万元	0	—	0
物流企业经营收入	万元	26	-16.1	57
商品销售额	万元	4 363	—	4 363
企业利润总额	万元	306	—	197
综合能源耗费量	吨标准煤	101	-54.9	383
新设企业数	个	1	-66.7	4
其中：加工企业	个	1	-50.0	3
物流企业	个	0	-100.0	1
贸易企业	个	0	—	0
其他服务类企业	个	0	—	0
新设外资企业数	个	1	0.0	2
内资企业注册资本	万元	600	—	600
合同利用外资	万美元	1 281	83.0	1 981
实际利用外资	万美元	1 281	83.0	1 981
已投产运作企业数	个	0	-100.0	2
其中：已投产加工企业	个	0	-100.0	1
已投产物流企业	个	0	-100.0	1
已投产贸易企业	个	0	—	0
已投产其他服务类企业	个	0	—	0
其中：注册资本 1 000 万美元以上	个	0	—	0
固定资产投资额	万元	9 000	-58.8	30 825
其中：基础设施投资	万元	0	-100.0	20 000
已建成城镇建设用地面积	万平方米	41	—	41
房屋竣工建筑面积	平方米	84 000	65.0	134 894
其中：已建成厂房面积	平方米	84 000	110.0	124 000
税务部门税收	万元	23	-54.0	73
期末从业人员	人	197	-30.1	197
期末批准面积	平方公里	2.25	0.0	2.25
期末验收封关面积	平方公里	0.63	0.0	0.63
跨境电商企业数	个	0	—	0
业务票数	票	0	—	0
销售额	万元	0	—	0
融资租赁企业数	个	0	—	0
租赁资产总额	万元	0	—	0
货物状态分类监管企业数	个	0	—	0
国内货物进出区货值	万元	0	—	0
一般纳税人资格试点企业数	个	0	—	0
试点企业内销金额	万元	0	—	0
试点企业增值税纳税额	万元	0	—	0

河北秦皇岛出口加工区统计数据表

（1）2018 年河北秦皇岛出口加工区主要经济指标完成情况表

指标名称	单位	2018 年	比上年增长（%）
增加值	万元	5 077	7.8
经营总收入	万元	15 210	7.0
技术服务收入	万元	0	—
工业总产值	万元	14 655	3.7
其中：高新技术产业	万元	0	—
物流企业营业收入	万元	555	611.5
商品销售额	万元	14 655	—
企业利润总额	万元	1 448	54.7
综合能源耗费量	吨标准煤	1 100	-23.1
新设企业数	个	1	0.0
其中：加工企业	个	0	—
物流企业	个	0	—
贸易企业	个	0	—
其他服务类企业	个	0	—
新设外资企业数	个	0	—
内资企业注册资本	万元	0	—
合同利用外资	万美元	0	—
实际利用外资	万美元	0	—
期末已投产运作企业数	个	0	—
其中：已投产加工企业	个	0	—
已投产物流企业	个	0	—
已投产贸易企业	个	0	—
已投产其他服务类企业	个	0	—
其中：注册资本 1 000 万美元以上	个	0	—
固定资产投资额	万元	1 700	0.0
其中：基础设施投资	万元	100	-93.8
期末已建成城镇建设用地面积	万平方米	0	—
房屋竣工建筑面积	平方米	0	—
其中：已建成厂房面积	平方米	0	—

续表

指标名称	单位	2018 年	比上年增长（%）
税务部门税收	万元	242	-7.6
期末从业人员	人	896	-0.2
期末批准面积	平方公里	2.5	0.0
期末验收封关面积	平方公里	0.67	0.0
创新业态统计指标			
跨境电商：期末企业数	个	0	—
业务票数	票	0	—
销售额	万元	0	—
融资租赁：期末企业数	个	0	—
租赁资产总额	万元	0	—
货物状态分类监管：期末企业数	个	0	—
国内货物进出区货值	万元	0	—
一般纳税人资格试点：期末企业数	个	0	—
试点企业内销金额	万元	0	—
试点企业增值税纳税额	万元	0	—

（2）截至 2018 年河北秦皇岛出口加工区历年招商引资情况表

指标	单位	历年累计
工商在册企业数	个	24
其中：外资企业	个	6
内资企业注册资本	万元	200
合同外资额	万美元	706
实际利用外资	万美元	508

（3）2018 年河北秦皇岛出口加工区出口加工企业工业产值排名表

单位：万元

序号	企业名称	序号	企业名称
1	秦皇岛关东针织有限公司	5	秦皇岛嘉泰钢绳有限公司
2	秦皇岛飞凯特金属制品有限公司	6	秦皇岛舒适家用品有限公司
3	秦皇岛一心西服有限公司	7	秦皇岛优泰汽车镜制造有限公司
4	秦皇岛罗普钢索有限公司		

(4) 2018 年河北秦皇岛出口加工区贸易企业商品销售额排名表

单位：万元

序号	企业名称	序号	企业名称
1	秦皇岛关东针织有限公司	5	秦皇岛嘉泰钢绳有限公司
2	秦皇岛飞凯特金属制品有限公司	6	秦皇岛舒适家用品有限公司
3	秦皇岛一心西服有限公司	7	秦皇岛优泰汽车镜制造有限公司
4	秦皇岛罗普钢索有限公司		

(5) 2018 年河北秦皇岛出口加工区物流企业营业收入排名表

单位：万元

序号	企业名称	序号	企业名称
1	秦皇岛海东青物流有限公司	4	秦皇岛先恒保税物流有限公司
2	秦皇岛信立仓储服务有限公司	5	秦皇岛海源保税物流有限公司
3	秦皇岛信达保税物流有限公司	6	秦皇岛雅各兄弟保税物流有限公司

江苏连云港出口加工区统计数据表

（1）2018 年连云港出口加工区主要经济指标完成情况表

指标名称	单位	2018 年	比上年增长（%）
增加值	万元	23 857	6.2
经营总收入	万元	74 605	16.2
其中：技术服务收入	万元	416	8.1
工业总产值	万元	107 154	7.5
其中：高新技术产业	万元	421	8.2
物流企业经营收入	万元	8 996	9.1
商品销售额	万元	0	—
企业利润总额	万元	657	50.0
综合能源耗费量	吨标准煤	431	-31.4
新设企业数	个	3	0.0
其中：加工企业	个	1	-50.0
物流企业	个	2	100.0
贸易企业	个	0	—
其他服务类企业	个	0	—
新设外资企业数	个	2	—
内资企业注册资本	万元	5 000	—
合同利用外资	万美元	2 200	—
实际利用外资	万美元	500	—
已投产运作企业数	个	4	0.0
其中：已投产加工企业	个	1	0.0
已投产物流企业	个	3	0.0
已投产贸易企业	个	0	—
已投产其他服务类企业	个	0	—
其中：注册资本 1 000 万美元以上	个	1	—
固定资产投资额	万元	11 736	36.3
其中：基础设施投资	万元	6 468	258.3
已建成城镇建设用地面积	万平方米	0	—
房屋竣工建筑面积	平方米	0	—
其中：已建成厂房面积	平方米	0	—
税务部门税收	万元	354	125.5
期末从业人员	人	1 223	2.4
期末批准面积	平方公里	2.97	0.0
期末验收封关面积	平方公里	2.97	0.0

（2）-1 截至2018年江苏连云港出口加工区历年招商引资情况表

指标	单位	历年累计
批准企业	个	38
其中：外资企业		18
投资总额	万美元	45 345
其中：外商投资总额		26 541
合同外资额		13 536
实际利用外资		10 265

（2）-2 截至2018年江苏连云港出口加工区历年主要外商投资情况表

按项目数排列			按投资额排列		
序号	国别（地区）	项目数（个）	序号	国别（地区）	投资额（万美元）
1	美国	6	1	美国	8 069
2	中国香港	2	2	韩国	5 400
3	加拿大	2	3	土耳其	3 000
4	韩国	1	4	日本	1 230
5	日本	1	5	中国香港	1 100

（3）2018年江苏连云港出口加工区出口加工企业工业产值排名表

单位：万元

序号	企业名称	工业总产值	序号	企业名称	工业总产值
1	重山风力设备（连云港）有限公司	60 460	4	连云港柏科医用制品有限公司	3 182
2	连云港艾业无纺布制品有限公司	38 449	5	杰亮电子科技（连云港）有限公司	412
3	连云港中奥铝业有限公司	4 651			

（4）2018年江苏连云港出口加工区物流企业经营收入排名表

单位：万元

序号	企业名称	营业收入	序号	企业名称	营业收入
1	连云港中外运储运有限公司	4 496	3	连云港汉华保税仓储有限公司	1 227
2	江苏锦达保税仓储服务有限公司	2 842	4	新世嘉（连云港）保税仓储有限公司	431

山东青岛出口加工区统计数据表

（1）2018 年山东青岛出口加工区主要经济指标完成情况表

指标名称	单位	2018 年	比上年增长（%）
增加值	万元	111 514	1.9
工业总产值	万元	538 212	6.4
其中：高新技术产业	万元	127 463	76.0
工业产品销售额	万元	1 863	0.0
企业利润总额	万元	56 821	1.7
物流企业营业收入	万元	1 002	-8.6
综合能源耗费量	吨标准煤	8 186	-2.2
当年批准企业数	个	11	120.0
其中：外资企业	个	3	—
仓储物流企业	个	3	200.0
当年合同利用外资	万美元	1 010	—
实际利用外资	万美元	1 719	8.4
固定资产投资额	万元	14 116	24.3
其中：基础设施投资	万元	0	-100.0
开发公司投资	万元	—	—
期末施工房屋面积	平方米	0	—
其中：期末在建厂房面积	平方米	0	—
房屋竣工面积	平方米	0	—
其中：已建成厂房面积	平方米	0	—
已建成仓库面积	平方米	0	—
历年已投产物流企业	个	8	—
历年已投产工业企业	个	63	—
其中：投资额 1 000 万美元（含）以上	个	25	—
税收总额	万元	18 125	9.0
期末从业人员	人	7 300	-5.2
期末出口加工区批准面积	平方公里	2.8	0.0
期末出口加工区验收封关面积	平方公里	1.7	0.0

（2）-1　截至2018年山东青岛出口加工区历年招商引资情况表

指标	单位	历年累计
批准企业	个	107
其中：外资企业		79
合同外资额	万美元	83 572
实际利用外资		52 326

（2）-2　截至2018年山东青岛出口加工区历年主要外商投资情况表

按项目数排列			按投资额排列		
序号	国别（地区）	项目数（个）	序号	国别（地区）	投资额（万美元）
1	中国香港	17	1	日本	28 733
2	日本	14	2	中国香港	19 298
3	韩国	8	3	韩国	8 565
4	美国	3	4	德国	8 344
5	德国	2	5	新加坡	6 000

（3）2018年山东青岛出口加二区出口加工企业工业产值排名表

单位：万元

序号	企业名称	工业总产值	序号	企业名称	工业总产值
1	安德烈斯蒂尔动力工具(青岛)有限公司	193 551	7	青岛天湾电机有限公司	8 700
2	泰科电子（青岛）有限公司	98 636	8	高丽精线合金（青岛）有限公司	8 516
3	洋马发动机（山东）有限公司	84 443	9	青岛尖能办公用品有限公司	7 548
4	星电高科技（青岛）有限公司	55 820	10	青岛天银织物科技有限公司	6 742
5	青岛奥技科光学有限公司	38 234	11	青岛恩利旺精密工业有限公司	6 678
6	马斯奇奥（青岛）农机制造有限公司	27 676			

（4）2018年山东青岛出口加工区物流企业营业收入排名表

单位：万元

序号	企业名称	序号	企业名称
1	青岛德尔达国际物流有限公司	4	青岛千汇升供应链物流公司
2	青岛泰维纺织实业有限公司	5	青岛福晋供应链管理有限公司
3	青岛运新物流有限公司（中外运投资）		

河南郑州出口加工区统计数据表

（1）2018 年河南郑州出口加工区主要经济指标完成情况表

指标名称	单位	2018 年	比上年增长（%）
增加值	万元	273 414	-0.5
工业总产值	万元	1 184 465	-0.2
其中：高新技术产业	万元	1 114 998	-0.3
电子信息产业	万元	1 102 513	0.0
工业产品销售额	万元	1 036 061	2.5
企业利润总额	万元	25 942	1.4
物流企业营业收入	万元	1 914	17.4
综合能源耗费量	吨标准煤	24 755	-0.7
当年批准企业数	个	7	-22.2
其中：外资企业	个	0	0.0
仓储物流企业	个	3	0.0
当年批准投资总额	万美元	3 286	-90.1
其中：外资项目投资额	万美元	0	—
增资额	万美元	0	—
当年合同利用外资	万美元	0	—
其中：增资额	万美元	0	—
当年企业实际到位资金	万美元	31 000	—
其中：实际利用外资	万美元	0	—
固定资产投资额	万元	172 490	-59.2
其中：基础设施投资	万元	14 492	-33.8
开发公司投资	万元	0	—
期末施工房屋面积	平方米	0	—
其中：期末在建厂房面积	平方米	0	—
房屋竣工面积	平方米	0	-100.0
其中：已建成厂房面积	平方米	0	-100.0
已建成仓库面积	平方米	0	—
土地实际已租售面积	平方米	0	-100.0
历年已投产物流企业	个	13	18.2

续表

指标名称	单位	2018 年	比上年增长（%）
历年已投产工业企业	个	15	15.4
其中：投资额 1 000 万美元（含）以上	个	6	-14.2
税收总额	万元	59 333	-25.0
其中：海关部门税收及代征税	万元	33 053	-17.0
工商税收	万元	26 280	-33.2
期末从业人员	人	18 442	-28.6
其中：期末外资企业从业人员	人	203	-99.0
期末出口加工区批准面积	平方公里	2.7	0.0
期末出口加工区验收封关面积	平方公里	2.66	0.0

（2）-1　截至 2018 年河南郑州出口加工区历年招商引资情况表

指标	单位	历年累计
批准企业	个	45
其中：外资企业		6
投资总额	万美元	125 426
其中：外商投资总额		2 694
合同外资额		533
实际利用外资		533

（2）-2　截至 2018 年河南郑州出口加工区历年主要外商投资情况表

按项目数排列			按投资额排列		
序号	国别（地区）	项目数（个）	序号	国别（地区）	投资额（万美元）
1	中国香港	2	1	中国香港	1 390
2	中国台湾	2	2	美国	600
3	美国	1	3	英属维尔京群岛	538
4	英属维尔京群岛	1	4	中国台湾	166

（3）2018 年河南郑州出口加工区出口加工企业工业产值排名表

单位：万元

序号	企业名称	序号	企业名称
1	富泰华精密电子（郑州）有限公司	6	华晶精密制造有限公司
2	河南科隆实业有限公司	7	郑州朝歌纺纱有限公司
3	郑州裕腾精密科技有限公司	8	河南瑞蓝斯机械零配件有限公司
4	郑州官田电子科技有限公司	9	郑州硕达钻石有限公司
5	河南省豫星微钻有限公司	10	台钻科技（郑州）有限公司

（4）2018年河南郑州出口加工区物流企业营业收入排名表

单位：万元

序号	企业名称	序号	企业名称
1	瞻航保税物流服务（郑州）有限公司	6	郑州酒港供应链管理有限公司
2	郑州润嘉食品有限公司	7	河南荷赛仓储服务有限公司
3	郑州思博雅保税仓储服务有限公司	8	河南中部保税物流中心有限公司
4	郑州大华天诚进出口有限公司	9	郑州想创供应链管理有限公司
5	郑州领域保税仓储有限公司	10	郑州天皓保税仓储服务有限公司

江西九江出口加工区统计数据表

（1）2018 年江西九江出口加工区主要经济指标完成情况表

指标名称	计量单位	2018 年	比上年增长（%）
增加值	万元	12 128	-33.7
经营总收入	万元	73 477	0
技术服务收入	万元	0	0
工业总产值	万元	78 560	-62.6
其中：高新技术产业	万元	0	0
物流企业经营收入	万元	305	-6.7
商品销售额	万元	0	0
企业利润总额	万元	1 693	-9.5
综合能源耗费量	吨标准煤	4 632	-20.3
新设企业数	个	0	0
其中：加工企业	个	0	0
物流企业	个	0	0
贸易企业	个	0	0
其他服务类企业	个	0	0
新设外资企业数	个	0	0
内资企业注册资本	万元	0	0
合同利用外资	万美元	0	0
实际利用外资	万美元	0	0
期末已投产运作企业数	个	0	0
其中：已投产加工企业	个	0	0
已投产物流企业	个	0	0
已投产贸易企业	个	0	0
已投产其他服务类企业	个	0	0
其中：注册资本 1 000 万美元以上	个	0	0
固定资产投资额	万元	622	-27.4
其中：基础设施投资	万元	0	0
期末已建成城镇建设用地面积	万平方米	0	0
房屋竣工建筑面积	平方米	0	0
其中：已建成厂房面积	平方米	0	0

续表

指标名称	计量单位	2018 年	比上年增长（%）
税务部门税收	万元	331	4.4
期末从业人员	人	1025	-35.8
期末批准面积	平方公里	0.99	0
期末验收封关面积	平方公里	0.99	0

（2）-1 截至 2018 年江西九江出口加工区历年招商引资情况表

指标	单位	历年累计
工商在册企业数	个	36
其中：外资企业数	个	22
内资企业注册资本	万元	—
合同利用外资	万美元	74 882
实际利用外资	万美元	17 915

（2）-2 截至 2018 年江西九江出口加工区历年主要外商投资情况表

按项目数排列		
序号	国别（地区）	项目数（个）
1	中国台湾	9
2	中国香港	7
3	美国	2
4	波兰	1
5	沙特	1

（3）2018 年江西九江出口加工区出口加工企业工业产值排名表

单位：万元

序号	企业名称	序号	企业名称
1	九江铨讯电子有限公司	2	九江中浩纺织有限公司

（5）2018 年江西九江出口加工区物流企业营业收入排名表

单位：万元

序号	企业名称	序号	企业名称
1	江西思必得海铁联运有限公司	2	德科（九江）企业服务有限公司

广东广州出口加工区统计数据表

（1）2018 年广东广州出口加工区主要经济指标完成情况表

指标名称	单位	2018 年	比上年增长（%）
增加值	万元	59 897	-12.4
经营总收入	万元	270 319	-18.1
工业总产值	万元	268 597	-18.8
企业利润总额	万元	7 001	-33.1
综合能源耗费量	吨标准煤	2 633	-1.2
历年已投产工业企业	个	—	—
期末从业人员	人	753	-2.5
期末批准面积	平方公里	3.0	0.0
期末验收封关面积	平方公里	0.9	0.0

（2）-1 截至 2018 年广东广州出口加工区历年招商引资情况表

指标	单位	历年累计
批准企业	个	1
其中：外资企业		1
投资总额	万美元	12 500
其中：外商投资总额		12 500
合同外资额		5 400
实际利用外资		5 338

（2）-2 截至 2018 年广东广州出口加工区历年主要外商投资情况表

按项目数排列			按投资额排列		
序号	国别（地区）	项目数（个）	序号	国别（地区）	投资额（万美元）
1	日本	1	1	日本	5 400

（3）2018 年广东广州出口加工区出口加工企业工业产值排名表

单位：万元

序号	企业名称
1	本田汽车（中国）有限公司

四川绵阳出口加工区统计数据表

（1）2018年四川绵阳口加工区主要经济指标完成情况表

指标名称	单　位	2018年	比上年增长（%）
增加值	万元	45 223	21.4
工业总产值	万元	93 787	-0.6
其中：高新技术产业	万元	0	—
电子信息产业	万元	0	—
工业产品销售额	万元	100 456	—
企业利润总额	万元	5 053	-23.0
物流企业营业收入	万元	43	-33.9
综合能源耗费量	吨标准煤	912	1.3
当年批准企业数	个	0	—
其中：外资企业	个	0	—
仓储物流企业	个	0	—
当年批准投资总额	万美元	0	—
其中：外资项目投资额	万美元	0	—
增资额	万美元	0	—
当年合同利用外资	万美元	0	—
其中：增资额	万美元	0	—
当年企业实际到位资金	万美元	0	—
其中：实际利用外资	万美元	0	—
固定资产投资额	万元	1 328	-19.1
其中：基础设施投资	万元	0	—
开发公司投资	万元	0	—
期末施工房屋面积	平方米	0	—
其中：期末在建厂房面积	平方米	0	—
房屋竣工面积	平方米	0	—
其中：已建成厂房面积	平方米	0	—
已建成仓库面积	平方米	0	—
土地实际已租售面积	平方米	0	—
历年已投产物流企业	个	0	—
历年已投产工业企业	个	0	—

续表

指标名称	单 位	2018 年	比上年增长（%）
其中：投资额 1 000 万美元（含）以上	个	0	—
税收总额	万元	447	-7.5
其中：海关部门税收及代征税	万元	0	—
工商税收	万元	0	—
期末从业人员	人	2 506	-6.6
其中：期末外资企业从业人员	人	0	—
期末出口加工区批准面积	平方公里	0.56	—
期末出口加工区验收封关面积	平方公里	0.15	—

（2）-1 截至 2018 年四川绵阳出口加工区历年招商引资情况表

指标	单位	历年累计
批准企业	个	9
其中：外资企业		2
投资总额	万美元	3 970
其中：外商投资总额		1 194
合同外资额		310
实际利用外资		656

（2）-2 截至 2018 年四川绵阳出口加工区历年主要外商投资情况表

按项目数排列			按投资额排列		
序号	国别（地区）	项目数（个）	序号	国别（地区）	投资额（万美元）
1	美国	1	1	美国	210
2	中国台湾	1	2	中国台湾	100

（3）2018 年四川绵阳出口加工区出口加工企业工业产值排名表

单位：万元

序号	企业名称	工业总产值	序号	企业名称	工业总产值
1	绵阳普思电子有限公司	37 161	2	虹锐电工有限责任公司	56 630

（4）2018 年四川绵阳出口加工区物流企业营业收入排名表

单位：万元

序号	企业名称	序号	企业名称
1	绵阳出口加工区华泰物流有限公司	3	绵阳市新兴源物流有限公司
2	中外运发展股份有限公司绵阳分公司		

陕西西安出口加工区 A 区统计数据表

（1）2018 年陕西西安出口加工区 A 区主要经济指标完成情况表

指标名称	指标单位	2018 年	比上年增长（%）
增加值	万元	547 428	10.8
经营总收入	万元	2 274 133	-7.1
其中：技术服务收入	万元	5 994	5.0
工业总产值	万元	2 093 968	-8.3
其中：高新技术产业	万元	762 379	-13.8
物流企业经营收入	万元	28 963	-6.5
商品销售额	万元	0	—
企业利润总额	万元	1 779	-70.3
综合能源耗费量	吨标准煤	8 630	-17.0
新设企业数	个	1	-66.7
其中：加工企业	个	0	-100.0
物流企业	个	0	—
贸易企业	个	0	—
其他服务类企业	个	0	—
新设外资企业数	个	0	—
内资企业注册资本	万元	3 000	—
合同利用外资	万美元	0	—
实际利用外资	万美元	0	—
已投产运作企业数	个	0	-100.0
其中：已投产加工企业	个	0	-100.0
已投产物流企业	个	0	—
已投产贸易企业	个	0	—
已投产其他服务类企业	个	0	—
其中：注册资本 1 000 万美元以上	个	0	—
固定资产投资额	万元	6 550	-91.4
其中：基础设施投资	万元	3 079	-41.7
已建成城镇建设用地面积	万平方米	0	—
房屋竣工建筑面积	平方米	0	—
其中：已建成厂房面积	平方米	0	—
税务部门税收	万元	2 921	-6.3
期末从业人员	人	3 532	-7.1
期末批准面积	平方公里	1.46	0.0
期末验收封关面积	平方公里	0.75	0.0

（2）-1 截至2018年陕西西安口加工区A区招商引资情况表

指标	单位	历年累计
批准企业	个	76
其中：外资企业		22
投资总额	万美元	96 143
其中：外商投资总额		16 949
合同外资额		13 549
实际利用外资		13 110

（2）-2 截至2018年陕西西安口加工区A区历年主要外商投资情况表

按项目数排列			按投资额排列		
序号	国别（地区）	项目数（个）	序号	国别（地区）	投资额（万美元）
1	美国	4	1	中国香港	3 989
2	中国香港	3	2	英国	2 980
3	中国台湾	2	3	法国	1 860
4	英国	1	4	日本	1 456
5	法国	1	5	中国台湾	640

（3）2018年陕西西安口加工区A区出口加工企业工业产值排名表

单位：万元

序号	企业名称	序号	企业名称
1	西安庆安航空机械制造有限公司	11	西安西罗涡轮制造有限公司
2	西安西航集团莱特航空制造技术有限公司	12	时硕科技（西安）有限公司
3	西安祺创太阳能科技有限公司	13	西安海博云天网络技术有限公司
4	西安天祺光电技术有限公司	14	西安金耘特殊金属有限公司
5	西安沃迈特航材有限公司	15	西安阿美瑞肯生物工程有限公司
6	西安龙辉钻石加工有限公司	16	西安华欧精密机械有限责任公司
7	西安富鑫珠宝有限公司	17	蒂森克虏伯航空材料（西安）有限公司
8	西安商泰机械制造有限公司	18	西安西飞国际科技发展有限公司
9	西安赛威短舱有限公司	19	米斯尔钻石加工（西安）有限公司
10	龙腾半导体有限公司	20	陕西国圣科工贸有限公司

（4）2018年陕西西安口加工区A区物流企业营业收入排名表

单位：万元

序号	企业名称	序号	企业名称
1	西安盈和展宏物流有限公司	6	西安碧瑞祥物流有限公司
2	陕西云通国际物流有限公司	7	易通国际物流（西安）有限公司
3	西安陆海恒利物流服务有限公司	8	陕西易通国际货运有限公司
4	西安凯迪克航材物流有限公司	9	西安昊通供应链服务有限公司
5	西安普润斯国际货运有限公司	10	西安秦嘉物流供应链有限公司

保税港区（综合保税区）

2018 年全国保税港区下分贸易方式进出口贸易额统计表

地区	贸易方式	出口（美元）	进口（美元）
		2018 年 1 月至 12 月	2018 年 1 月至 12 月
合计		37 148 570 908	71 550 622 854
天津东疆保税港区	合计	1 607 415 956	18 317 846 433
	一般贸易	1 384 107 178	2 250 336 977
	进料加工贸易	479 534	0
	租赁贸易	21 396	0
	保税监管场所进出境货物	0	10 212 405
	海关特殊监管区域物流货物	222 535 963	16 051 434 885
	海关特殊监管区域进口设备	0	4 557 076
	其他贸易	271 885	1 305 090
大窑湾保税港区	合计	1 486 393 381	4 889 798 923
	一般贸易	13 086 591	1 947 715
	来料加工装配贸易	1 180 758	0
	进料加工贸易	5 704 179	0
	保税监管场所进出境货物	507 834 824	834 529 505
	海关特殊监管区域物流货物	958 539 463	4 053 240 318
	其他贸易	47 566	81 385
洋山保税港区	合计	4 111 161 528	8 856 141 187
	一般贸易	825 849 861	1 988 623 365
	进料加工贸易	17 698 743	675 375
	保税监管场所进出境货物	17 505 956	204 722 969
	海关特殊监管区域物流货物	3 246 227 095	6 648 783 857
	海关特殊监管区域进口设备	0	12 525 276
	其他贸易	3 879 873	810 345
张家港保税港区	合计	160 013 504	1 875 451 064
	一般贸易	0	5 942 087
	保税监管场所进出境货物	1 925 783	0
	海关特殊监管区域物流货物	158 087 721	1 869 008 405
	海关特殊监管区域进口设备	0	499 958
	其他贸易	0	614

续表

地区	贸易方式	出口（美元）	进口（美元）
		2018 年 1 月至 12 月	2018 年 1 月至 12 月
宁波梅山保税港区	合计	216 502 145	756 336 370
	一般贸易	15 841 859	92 143 186
	进料加工贸易	0	12 325 778
	保税监管场所进出境货物	32 298	19 022 766
	海关特殊监管区域物流货物	200 627 988	631 838 000
	海关特殊监管区域进口设备	0	1 003 113
	其他贸易	0	3 527
福州保税港区	合计	113 286 668	391 727 229
	一般贸易	92 317 732	144 836 091
	进料加工贸易	8 859 168	11 730 977
	海关特殊监管区域物流货物	12 101 565	235 157 633
	其他贸易	8 203	2 528
厦门海沧保税港区	合计	2 141 169 521	818 701 700
	一般贸易	295 736 169	190 676 093
	来料加工装配贸易	40 841 623	62 268 985
	进料加工贸易	808 489 879	151 816 220
	保税监管场所进出境货物	329 137 850	0
	海关特殊监管区域物流货物	666 938 441	410 351 072
	海关特殊监管区域进口设备	0	2 995 541
	其他贸易	25 559	593 789
山东青岛保税港区（旧）	合计	1 252 210 363	5 583 176 092
	一般贸易	732 996 620	1 875 024 722
	来料加工装配贸易	108 925 748	50 930 566
	进料加工贸易	191 930 748	87 792 353
	加工贸易进口设备	0	135 497
	保税监管场所进出境货物	53 848 976	1 945 056 272
	海关特殊监管区域物流货物	164 327 969	1 620 340 871
	其他贸易	180 302	3 895 811
青岛前湾保税港区	合计	891 777 612	3 184 011 331
	一般贸易	190 645 924	627 479 569
	进料加工贸易	141 538	17 653
	保税监管场所进出境货物	8 042 880	921 556 153

续表

地区	贸易方式	出口（美元）	进口（美元）
		2018 年 1 月至 12 月	2018 年 1 月至 12 月
	海关特殊监管区域物流货物	692 852 285	1 627 620 544
	海关特殊监管区域进口设备	0	7 229 327
	其他贸易	94 985	108 085
烟台保税港区	合计	6 739 427 762	5 525 366 841
	一般贸易	423 264	232 292
	来料加工装配贸易	103 784 013	59 615 958
	进料加工贸易	6 272 158 265	2 484 184 314
	海关特殊监管区域物流货物	363 061 976	2 970 096 782
	海关特殊监管区域进口设备	0	11 235 839
	其他贸易	244	1 656
深圳前海湾保税港区	合计	3 807 492 969	9 332 960 522
	一般贸易	360 691 453	765 943 474
	保税监管场所进出境货物	124 000	105 600
	海关特殊监管区域物流货物	3 446 432 181	8 566 680 205
	海关特殊监管区域进口设备	0	229 851
	其他贸易	245 335	1 392
广州南沙保税港区	合计	3 653 949 386	6 063 850 888
	一般贸易	629 935 382	2 435 629 678
	进料加工贸易	68 352 078	37 466 836
	保税监管场所进出境货物	73 298 664	0
	海关特殊监管区域物流货物	1 276 544 605	3 588 229 174
	海关特殊监管区域进口设备	0	2 523 497
	其他贸易	1 605 818 657	1 703
广西钦州保税港区	合计	229 682 383	509 856 829
	一般贸易	1 309 250	29 645 975
	来料加工装配贸易	215 140 034	376 836 723
	进料加工贸易	4 364 126	5 620 801
	边境小额贸易	0	1 002 668
	海关特殊监管区域物流货物	8 868 973	95 716 308
	海关特殊监管区域进口设备	0	993 712
	其他贸易	0	40 642
海南洋浦保税港区	合计	688 998	62 824 583
	一般贸易	37 593	57 913 548

续表

地区	贸易方式	出口（美元）	进口（美元）
		2018年1月至12月	2018年1月至12月
	海关特殊监管区域物流货物	651 405	4 910 379
	其他贸易	0	656
重庆两路寸滩保税港区（水港）	合计	230 451 935	785 121 596
	一般贸易	161 958 959	600 792 998
	进料加工贸易	0	66 696
	保税监管场所进出境货物	31 692 922	67 342 570
	海关特殊监管区域物流货物	36 791 465	116 902 084
	其他贸易	8 589	17 248
重庆两路寸滩保税港区（空港）	合计	10 506 946 797	4 597 451 266
	一般贸易	1 887 014	101 714 813
	进料加工贸易	10 214 607 875	1 280 513 476
	海关特殊监管区域物流货物	290 416 761	3 180 332 050
	海关特殊监管区域进口设备	0	34 880 856
	其他贸易	35 147	10 071

2018 年全国保税港区经济指标统计情况表

指标	单位	合计		
		2018 年累计	增幅（%）	历年累计
增加值	万元	8 468 711	0.8	49 354 862
经营总收入	万元	80 977 536	4.5	467 504 670
其中：技术服务收入	万元	1 076	—	394 329
工业总产值	万元	15 458 933	21.1	146 990 190
其中：高新技术产业	万元	686 753	17.5	8 681 616
物流企业经营收入	万元	18 233 710	12.8	114 026 608
商品销售额	万元	50 106 591	—	124 644 456
企业利润总额	万元	3 022 960	66.1	5 918 995
综合能源耗费量	吨标准煤	53 227	89.2	483 459
新设企业数	个	4 767	-0.3	29 075
其中：加工企业	个	7	-53.3	447
物流企业	个	136	-30.6	4 151
贸易企业	个	615	2 360.0	15 705
其他服务类企业	个	289	389.8	2 197
新设外资企业数	个	351	6.7	4 322
内资企业注册资本	万元	8 347 932	—	33 782 575
合同利用外资	万美元	746 423	-18.8	5 888 067
实际利用外资	万美元	244 674	70.4	1 516 087
已投产运作企业数	个	2 804	1 931.9	14 688
其中：已投产加工企业	个	35	6.1	199
已投产物流企业	个	40	-7.0	2 427
已投产贸易企业	个	414	—	4 516
已投产其他服务类企业	个	69	—	586
其中：注册资本 1 000 万美元以上	个	2	—	97
固定资产投资额	万元	1 463 258	52.0	14 729 968
其中：基础设施投资	万元	462 059	26.9	5 391 461
已建成城镇建设用地面积	万平方米	115	—	2 064.43
房屋竣工建筑面积	平方米	0	—	10 043 519
其中：已建成厂房面积	平方米	0	—	6 368 931
税务部门税收	万元	4 187 625	44.2	17 033 900
期末从业人员	人	215 203	9.6	215 203
期末批准面积	平方公里	108.125	4.0	108.125
期末验收封关面积	平方公里	76.374	8.7	76.374
跨境电商企业数	个	434	—	434
业务票数	票	4 868 143	—	5 196 137
销售额	万元	106 612	—	97 018
融资租赁企业数	个	50	—	50
租赁资产总额	万元	0	—	0
货物状态分类监管企业数	个	0	—	0
国内货物进出区货值	万元	92 856	—	882 856
一般纳税人资格试点企业数	个	3	—	3
试点企业内销金额	万元	0	—	0
试点企业增值税纳税额	万元	0	—	0

续表

指标	单位	天津东疆保税港区		
		2018 年累计	增幅（%）	历年累计
增加值	万元	0	-100.0	1 740 000
经营总收入	万元	0	-100.0	13 990 000
其中：技术服务收入	万元	0	—	0
工业总产值	万元	0	—	0
其中：高新技术产业	万元	0	—	0
物流企业经营收入	万元	0	—	0
商品销售额	万元	0	—	0
企业利润总额	万元	0	—	0
综合能源耗费量	吨标准煤	0	—	0
新设企业数	个	2 552	-8.5	15 733
其中：加工企业	个	0	—	26
物流企业	个	91	-16.5	1 344
贸易企业	个	32	—	598
其他服务类企业	个	0	—	1 545
新设外资企业数	个	258	1.2	1 859
内资企业注册资本	万元	7 611 098	—	7 611 098
合同利用外资	万美元	594 218	-12.9	4 379 678
实际利用外资	万美元	50 042	-6.9	305 558
已投产运作企业数	个	2 200	—	6 800
其中：已投产加工企业	个	0	—	0
已投产物流企业	个	0	—	800
已投产贸易企业	个	0	—	0
已投产其他服务类企业	个	0	—	0
其中：注册资本 1 000 万美元以上	个	0	—	0
固定资产投资额	万元	6 821	-88.8	2 245 511
其中：基础设施投资	万元	0	-100.0	700 114
已建成城镇建设用地面积	万平方米	0	—	0
房屋竣工建筑面积	平方米	0	—	804 089
其中：已建成厂房面积	平方米	0	—	754 889
税务部门税收	万元	1 690 707	31.4	5 232 137
期末从业人员	人	25 000	25.0	25 000
期末批准面积	平方公里	10	0.0	10
期末验收封关面积	平方公里	10	0.0	10
跨境电商企业数	个	0	—	0
业务票数	票	0	—	0
销售额	万元	0	—	0
融资租赁企业数	个	0	—	0
租赁资产总额	万元	0	—	0
货物状态分类监管企业数	个	0	—	0
国内货物进出区货值	万元	0	—	0
一般纳税人资格试点企业数	个	0	—	0
试点企业内销金额	万元	0	—	0
试点企业增值税纳税额	万元	0	—	0

续表

指标	单位	大连大窑湾保税港区		
		2018 年累计	增幅（%）	历年累计
增加值	万元	0	—	1 286 397
经营总收入	万元	0	—	3 309 266
其中：技术服务收入	万元	0	—	0
工业总产值	万元	0	—	14 343
其中：高新技术产业	万元	0	—	0
物流企业经营收入	万元	0	—	808 984
商品销售额	万元	0	—	0
企业利润总额	万元	0	—	102 598
综合能源耗费量	吨标准煤	0	—	119 254
新设企业数	个	0	—	223
其中：加工企业	个	0	—	4
物流企业	个	0	—	87
贸易企业	个	0	—	0
其他服务类企业	个	0	—	1
新设外资企业数	个	0	—	49
内资企业注册资本	万元	0	—	0
合同利用外资	万美元	0	—	133 296
实际利用外资	万美元	0	—	113 476
已投产运作企业数	个	0	—	80
其中：已投产加工企业	个	0	—	2
已投产物流企业	个	0	—	77
已投产贸易企业	个	0	—	0
已投产其他服务类企业	个	0	—	0
其中：注册资本 1 000 万美元以上	个	0	—	0
固定资产投资额	万元	0	-100.0	699 742
其中：基础设施投资	万元	0	-100.0	107 652
已建成城镇建设用地面积	万平方米	0	—	0
房屋竣工建筑面积	平方米	0	—	1 010 438
其中：已建成厂房面积	平方米	0	—	1 009 088
税务部门税收	万元	21 031	303.4	156 049
期末从业人员	人	0	—	0
期末批准面积	平方公里	6.88	0.0	6.88
期末验收封关面积	平方公里	3.06	0.0	3.06
跨境电商企业数	个	0	—	0
业务票数	票	0	—	0
销售额	万元	0	—	0
融资租赁企业数	个	0	—	0
租赁资产总额	万元	0	—	0
货物状态分类监管企业数	个	0	—	0
国内货物进出区货值	万元	0	—	0
一般纳税人资格试点企业数	个	0	—	0
试点企业内销金额	万元	0	—	0
试点企业增值税纳税额	万元	0	—	0

续表

指标	单位	洋山保税港区		
		2018 年累计	增幅（%）	历年累计
增加值	万元	4 650 000	22.4	17 704 500
经营总收入	万元	34 922 300	13.2	223 786 688
其中：技术服务收入	万元	0	—	0
工业总产值	万元	0	—	0
其中：高新技术产业	万元	0	—	0
物流企业经营收入	万元	12 911 400	11.7	79 652 564
商品销售额	万元	21 574 600	—	40 028 696
企业利润总额	万元	2 039 600	29.4	2 039 600
综合能源耗费量	吨标准煤	0	—	0
新设企业数	个	90	-10.9	2 046
其中：加工企业	个	0	—	0
物流企业	个	15	-11.8	949
贸易企业	个	37	48.0	41
其他服务类企业	个	38	-35.6	68
新设外资企业数	个	12	-33.3	338
内资企业注册资本	万元	178 390	—	15 395 305
合同利用外资	万美元	0	-100.0	238 531
实际利用外资	万美元	47 308	180.1	451 174
已投产运作企业数	个	0	—	1 323
其中：已投产加工企业	个	0	—	0
已投产物流企业	个	0	—	717
已投产贸易企业	个	0	—	347
已投产其他服务类企业	个	0	—	259
其中：注册资本 1 000 万美元以上	个	0	—	0
固定资产投资额	万元	52 300	515.3	2 582 000
其中：基础设施投资	万元	0	—	115 900
已建成城镇建设用地面积	万平方米	0	—	1 073
房屋竣工建筑面积	平方米	0	—	0
其中：已建成厂房面积	平方米	0	—	0
税务部门税收	万元	1 185 787	12.7	6 110 986
期末从业人员	人	46 016	8.5	46 016
期末批准面积	平方公里	14.16	0.0	14.16
期末验收封关面积	平方公里	14.16	0.0	14.16
跨境电商企业数	个	15	—	15
业务票数	票	4 266 501	—	4 594 495
销售额	万元	85 556	—	75 962
融资租赁企业数	个	0	—	0
租赁资产总额	万元	0	—	0
货物状态分类监管企业数	个	0	—	0
国内货物进出区货值	万元	0	—	0
一般纳税人资格试点企业数	个	0	—	0
试点企业内销金额	万元	0	—	0
试点企业增值税纳税额	万元	0	—	0

续表

指标	单位	张家港保税港区		
		2018 年累计	增幅（%）	历年累计
增加值	万元	1 230 171	1 647.0	1 845 122
经营总收入	万元	15 252 117	983.1	26 625 160
其中：技术服务收入	万元	0	—	0
工业总产值	万元	0	—	0
其中：高新技术产业	万元	0	—	45 477
物流企业经营收入	万元	1 516 601	7.7	11 457 710
商品销售额	万元	15 252 117	—	26 369 989
企业利润总额	万元	0	—	0
综合能源耗费量	吨标准煤	0	—	0
新设企业数	个	431	17.8	4 212
其中：加工企业	个	0	-100.0	2
物流企业	个	1	-91.7	152
贸易企业	个	378	—	4 025
其他服务类企业	个	25	—	33
新设外资企业数	个	0	-100.0	105
内资企业注册资本	万元	301 524	—	329 462
合同利用外资	万美元	0	-100.0	73 356
实际利用外资	万美元	0	—	26 759
已投产运作企业数	个	431	—	4 212
其中：已投产加工企业	个	0	—	0
已投产物流企业	个	1	—	152
已投产贸易企业	个	378	—	4 025
已投产其他服务类企业	个	25	—	33
其中：注册资本 1 000 万美元以上	个	0	—	1
固定资产投资额	万元	0	—	0
其中：基础设施投资	万元	0	—	0
已建成城镇建设用地面积	万平方米	0	—	118
房屋竣工建筑面积	平方米	0	—	833 700
其中：已建成厂房面积	平方米	0	—	334 200
税务部门税收	万元	24 964	63.2	67 307
期末从业人员	人	11 417	12.8	11 417
期末批准面积	平方公里	4.1	0.0	4.1
期末验收封关面积	平方公里	1.53	0.0	1.53
跨境电商企业数	个	0	—	0
业务票数	票	0	—	0
销售额	万元	0	—	0
融资租赁企业数	个	0	—	0
租赁资产总额	万元	0	—	0
货物状态分类监管企业数	个	0	—	0
国内货物进出区货值	万元	0	—	0
一般纳税人资格试点企业数	个	0	—	0
试点企业内销金额	万元	0	—	0
试点企业增值税纳税额	万元	0	—	0

续表

指标	单位	宁波梅山保税港区		
		2018 年累计	增幅（%）	历年累计
增加值	万元	0	—	1 065 206
经营总收入	万元	3 341 370	54.5	12 866 639
其中：技术服务收入	万元	0	—	0
工业总产值	万元	0	—	0
其中：高新技术产业	万元	0	—	0
物流企业经营收入	万元	732 330	75.2	2 216 755
商品销售额	万元	0	—	0
企业利润总额	万元	0	—	0
综合能源耗费量	吨标准煤	0	—	0
新设企业数	个	4	0.0	317
其中：加工企业	个	0	—	0
物流企业	个	0	-100.0	142
贸易企业	个	0	—	1
其他服务类企业	个	0	—	1
新设外资企业数	个	0	—	35
内资企业注册资本	万元	0	—	0
合同利用外资	万美元	0	—	25 836
实际利用外资	万美元	0	—	25 344
已投产运作企业数	个	0	-100.0	316
其中：已投产加工企业	个	0	—	0
已投产物流企业	个	0	-100.0	142
已投产贸易企业	个	0	—	1
已投产其他服务类企业	个	0	—	0
其中：注册资本 1 000 万美元以上	个	0	—	0
固定资产投资额	万元	478 314	113.9	2 636 316
其中：基础设施投资	万元	216 336	9.5	2 343 408
已建成城镇建设用地面积	万平方米	0	—	0
房屋竣工建筑面积	平方米	0	—	404 605
其中：已建成厂房面积	平方米	0	—	210 986
税务部门税收	万元	283 352	174.7	880 522
期末从业人员	人	1 532	0.8	1 532
期末批准面积	平方公里	7.7	0.0	7.7
期末验收封关面积	平方公里	2.5	0.0	2.5
跨境电商企业数	个	0	—	0
业务票数	票	0	—	0
销售额	万元	0	—	0
融资租赁企业数	个	0	—	0
租赁资产总额	万元	0	—	0
货物状态分类监管企业数	个	0	—	0
国内货物进出区货值	万元	0	—	0
一般纳税人资格试点企业数	个	0	—	0
试点企业内销金额	万元	0	—	0
试点企业增值税纳税额	万元	0	—	0

续表

指标	单位	厦门海沧保税港区		
		2018 年累计	增幅（%）	历年累计
增加值	万元	192 059	-6.5	1 621 069
经营总收入	万元	691 043	2.7	4 419 523
其中：技术服务收入	万元	0	—	0
工业总产值	万元	494 225	2.9	5 827 301
其中：高新技术产业	万元	0	—	0
物流企业经营收入	万元	181 233	1.3	1 124 693
商品销售额	万元	420	—	420
企业利润总额	万元	13 852	-73.0	522 687
综合能源耗费量	吨标准煤	3 797	-45.9	110 516
新设企业数	个	0	—	84
其中：加工企业	个	0	—	45
物流企业	个	0	—	37
贸易企业	个	0	—	0
其他服务类企业	个	0	—	0
新设外资企业数	个	0	—	48
内资企业注册资本	万元	0	—	0
合同利用外资	万美元	3 200	-22.0	54 940
实际利用外资	万美元	0	—	39 094
已投产运作企业数	个	64	0.0	194
其中：已投产加工企业	个	31	0.0	95
已投产物流企业	个	19	0.0	71
已投产贸易企业	个	0	—	0
已投产其他服务类企业	个	0	—	0
其中：注册资本 1 000 万美元以上	个	0	—	0
固定资产投资额	万元	5 730	-53.1	419 584
其中：基础设施投资	万元	5 730	-53.1	341 877
已建成城镇建设用地面积	万平方米	0	—	0
房屋竣工建筑面积	平方米	0	—	813 408
其中：已建成厂房面积	平方米	0	—	795 870
税务部门税收	万元	20 879	1.1	121 883
期末从业人员	人	10 951	-5.4	10 951
期末批准面积	平方公里	9.51	0.0	9.51
期末验收封关面积	平方公里	5.52	0.0	5.52
跨境电商企业数	个	1	—	1
业务票数	票	11 118	—	11 118
销售额	万元	420	—	420
融资租赁企业数	个	0	—	0
租赁资产总额	万元	0	—	0
货物状态分类监管企业数	个	0	—	0
国内货物进出区货值	万元	0	—	0
一般纳税人资格试点企业数	个	0	—	0
试点企业内销金额	万元	0	—	0
试点企业增值税纳税额	万元	0	—	0

续表

指标	单位	广州南沙保税港区		
		2018 年累计	增幅（%）	历年累计
增加值	万元	143 465	6.0	1 007 422
经营总收入	万元	316 221	-5.7	2 410 421
其中：技术服务收入	万元	0	—	0
工业总产值	万元	63 726	-23.7	527 734
其中：高新技术产业	万元	0	—	0
物流企业经营收入	万元	237 423	-4.2	1 909 900
商品销售额	万元	0	—	1 815 000
企业利润总额	万元	13 319	-70.8	260 481
综合能源耗费量	吨标准煤	175	-29.4	5 723
新设企业数	个	0	—	292
其中：加工企业	个	0	—	5
物流企业	个	0	—	271
贸易企业	个	0	—	8
其他服务类企业	个	0	—	0
新设外资企业数	个	0	—	13
内资企业注册资本	万元	0	—	385 389
合同利用外资	万美元	0	—	106 035
实际利用外资	万美元	0	—	46 352
已投产运作企业数	个	0	—	370
其中：已投产加工企业	个	0	—	9
已投产物流企业	个	0	—	311
已投产贸易企业	个	0	—	30
已投产其他服务类企业	个	0	—	10
其中：注册资本 1 000 万美元以上	个	0	—	2
固定资产投资额	万元	5 935	-5.3	276 540
其中：基础设施投资	万元	3 066	-51.0	123 314
已建成城镇建设用地面积	万平方米	0	—	0
房屋竣工建筑面积	平方米	0	—	736 689
其中：已建成厂房面积	平方米	0	—	736 689
税务部门税收	万元	16 999	31.9	111 473
期末从业人员	人	2 341	-2.9	2 341
期末批准面积	平方公里	7.06	0.0	7.06
期末验收封关面积	平方公里	3.7	0.0	3.7
跨境电商企业数	个	0	—	0
业务票数	票	0	—	0
销售额	万元	0	—	0
融资租赁企业数	个	0	—	0
租赁资产总额	万元	0	—	0
货物状态分类监管企业数	个	0	—	0
国内货物进出区货值	万元	0	—	0
一般纳税人资格试点企业数	个	0	—	0
试点企业内销金额	万元	0	—	0
试点企业增值税纳税额	万元	0	—	0

续表

指标	单位	烟台保税港区		
		2018 年累计	增幅（%）	历年累计
增加值	万元	460 273	7.9	5 394 928
经营总收入	万元	4 740 699	1.0	74 086 898
其中：技术服务收入	万元	0	—	0
工业总产值	万元	4 728 897	0.8	76 772 915
其中：高新技术产业	万元	14 989	1 006.2	3 382 106
物流企业经营收入	万元	59 389	28.6	284 393
商品销售额	万元	0	—	0
企业利润总额	万元	14 298	-21.3	1 360 088
综合能源耗费量	吨标准煤	12 302	-41.0	206 820
新设企业数	个	5	25.0	200
其中：加工企业	个	2	—	79
物流企业	个	0	-100.0	102
贸易企业	个	0	—	5
其他服务类企业	个	2	—	2
新设外资企业数	个	3	200.0	91
内资企业注册资本	万元	1 950	—	3 750
合同利用外资	万美元	1 444	229.7	61 785
实际利用外资	万美元	390	85.7	44 500
已投产运作企业数	个	2	0.0	119
其中：已投产加工企业	个	0	—	70
已投产物流企业	个	0	-100.0	45
已投产贸易企业	个	0	—	2
已投产其他服务类企业	个	2	—	2
其中：注册资本 1 000 万美元以上	个	0	—	0
固定资产投资额	万元	7 400	-59.0	473 044
其中：基础设施投资	万元	5 450	-69.8	107 564
已建成城镇建设用地面积	万平方米	0	—	0
房屋竣工建筑面积	平方米	0	—	1 142 118
其中：已建成厂房面积	平方米	0	—	465 054
税务部门税收	万元	5 902	-74.7	297 275
期末从业人员	人	42 825	-1.4	42 825
期末批准面积	平方公里	6.21	-14.5	6.21
期末验收封关面积	平方公里	6.21	0.0	6.21
跨境电商企业数	个	0	—	0
业务票数	票	0	—	0
销售额	万元	0	—	0
融资租赁企业数	个	0	—	0
租赁资产总额	万元	0	—	0
货物状态分类监管企业数	个	0	—	0
国内货物进出区货值	万元	0	—	0
一般纳税人资格试点企业数	个	0	—	0
试点企业内销金额	万元	0	—	0
试点企业增值税纳税额	万元	0	—	0

续表

指标	单位	重庆两路寸滩保税港区		
		2018 年累计	增幅（%）	历年累计
增加值	万元	0	—	0
经营总收入	万元	7 706 500	16.7	45 379 379
其中：技术服务收入	万元	0	—	393 253
工业总产值	万元	7 706 500	19.8	52 487 356
其中：高新技术产业	万元	0	—	0
物流企业经营收入	万元	0	-100.0	1 621 575
商品销售额	万元	0	—	0
企业利润总额	万元	1	—	2
综合能源耗费量	吨标准煤	3	—	4
新设企业数	个	275	-21.4	2 110
其中：加工企业	个	0	-100.0	29
物流企业	个	9	-81.3	262
贸易企业	个	122	—	122
其他服务类企业	个	107	—	107
新设外资企业数	个	0	—	39
内资企业注册资本	万元	2	—	2
合同利用外资	万美元	2	—	151 519
实际利用外资	万美元	109 100	72.6	245 750
已投产运作企业数	个	58	-9.4	491
其中：已投产加工企业	个	0	-100.0	2
已投产物流企业	个	1	-94.7	55
已投产贸易企业	个	30	—	30
已投产其他服务类企业	个	22	—	22
其中：注册资本 1 000 万美元以上	个	0	—	0
固定资产投资额	万元	644 000	41.4	1 748 700
其中：基础设施投资	万元	118 300	128.8	170 000
已建成城镇建设用地面积	万平方米	0	—	0
房屋竣工建筑面积	平方米	0	—	0
其中：已建成厂房面积	平方米	0	—	0
税务部门税收	万元	225 230	67.6	1 330 879
期末从业人员	人	30 000	15.4	30 000
期末批准面积	平方公里	8.37	0.0	8.37
期末验收封关面积	平方公里	8.37	0.0	8.37
跨境电商企业数	个	0	—	0
业务票数	票	0	—	0
销售额	万元	0	—	0
融资租赁企业数	个	0	—	0
租赁资产总额	万元	0	—	0
货物状态分类监管企业数	个	0	—	0
国内货物进出区货值	万元	0	—	0
一般纳税人资格试点企业数	个	0	—	0
试点企业内销金额	万元	0	—	0
试点企业增值税纳税额	万元	0	—	0

续表

指标	单位	广西钦州保税港区		
		2018 年累计	增幅（%）	历年累计
增加值	万元	397	—	397
经营总收入	万元	0	—	0
其中：技术服务收入	万元	0	—	0
工业总产值	万元	3 621	-97.5	157 744
其中：高新技术产业	万元	0	—	0
物流企业经营收入	万元	0	—	0
商品销售额	万元	0	—	0
企业利润总额	万元	1	—	1
综合能源耗费量	吨标准煤	1	—	2
新设企业数	个	1	-97.0	438
其中：加工企业	个	0	—	11
物流企业	个	0	—	78
贸易企业	个	0	—	0
其他服务类企业	个	0	—	0
新设外资企业数	个	0	—	25
内资企业注册资本	万元	0	—	0
合同利用外资	万美元	0	—	0
实际利用外资	万美元	0	—	0
已投产运作企业数	个	0	—	43
其中：已投产加工企业	个	0	—	2
已投产物流企业	个	0	—	23
已投产贸易企业	个	0	—	0
已投产其他服务类企业	个	0	—	0
其中：注册资本 1 000 万美元以上	个	0	—	0
固定资产投资额	万元	31 359	-38.7	1 899 795
其中：基础设施投资	万元	0	-100.0	1 125 100
已建成城镇建设用地面积	万平方米	0	—	0
房屋竣工建筑面积	平方米	0	—	172 103
其中：已建成厂房面积	平方米	0	—	31 470
税务部门税收	万元	10 981	19.7	58 484
期末从业人员	人	790	3.1	790
期末批准面积	平方公里	10	0.0	10
期末验收封关面积	平方公里	6.34	0.0	6.34
跨境电商企业数	个	0	—	0
业务票数	票	0	—	0
销售额	万元	0	—	0
融资租赁企业数	个	0	—	0
租赁资产总额	万元	0	—	0
货物状态分类监管企业数	个	0	—	0
国内货物进出区货值	万元	0	—	0
一般纳税人资格试点企业数	个	0	—	0
试点企业内销金额	万元	0	—	0
试点企业增值税纳税额	万元	0	—	0

续表

指标	单位	洋浦保税港区		
		2018 年累计	增幅（%）	历年累计
增加值	万元	3 645	-99.0	1 763 481
经营总收入	万元	150 809	-98.0	37 681 798
其中：技术服务收入	万元	0	—	0
工业总产值	万元	9 248	—	82 089
其中：高新技术产业	万元	0	—	0
物流企业经营收入	万元	2 630	8.7	78 892
商品销售额	万元	150 765	—	150 765
企业利润总额	万元	0	-100.0	648 246
综合能源耗费量	吨标准煤	266	—	4 457
新设企业数	个	25	-13.8	135
其中：加工企业	个	5	-58.3	20
物流企业	个	4	0.0	13
贸易企业	个	10	—	90
其他服务类企业	个	6	—	12
新设外资企业数	个	1	-50.0	7
内资企业注册资本	万元	58 960	—	1 320 509
合同利用外资	万美元	194	—	4 632
实际利用外资	万美元	110	—	3 428
已投产运作企业数	个	5	25.0	22
其中：已投产加工企业	个	3	—	3
已投产物流企业	个	0	-100.0	3
已投产贸易企业	个	2	—	13
已投产其他服务类企业	个	0	—	3
其中：注册资本 1 000 万美元以上	个	0	—	4
固定资产投资额	万元	44 471	564.1	154 942
其中：基础设施投资	万元	718	19.1	39 029
已建成城镇建设用地面积	万平方米	115	—	115
房屋竣工建筑面积	平方米	0	—	175 407
其中：已建成厂房面积	平方米	0	—	108 485
税务部门税收	万元	2 539	-96.6	310 474
期末从业人员	人	661	-2.1	661
期末批准面积	平方公里	2.258	0.0	2.258
期末验收封关面积	平方公里	2.258	0.0	2.258
跨境电商企业数	个	0	—	0
业务票数	票	0	—	0
销售额	万元	0	—	0
融资租赁企业数	个	0	—	0
租赁资产总额	万元	0	—	0
货物状态分类监管企业数	个	0	—	0
国内货物进出区货值	万元	0	—	0
一般纳税人资格试点企业数	个	0	—	0
试点企业内销金额	万元	0	—	0
试点企业增值税纳税额	万元	0	—	0

续表

指标	单位	福州保税港区		
		2018 年累计	增幅（%）	历年累计
增加值	万元	29 552	—	29 552
经营总收入	万元	820 655	—	820 655
其中：技术服务收入	万元	1 076	—	1 076
工业总产值	万元	259 185	—	259 185
其中：高新技术产业	万元	0	—	0
物流企业经营收入	万元	847	—	847
商品销售额	万元	4 735 194	—	4 735 194
企业利润总额	万元	13 890	—	13 890
综合能源耗费量	吨标准煤	4 523	—	4 523
新设企业数	个	0	—	35
其中：加工企业	个	0	—	15
物流企业	个	0	—	12
贸易企业	个	0	—	7
其他服务类企业	个	0	—	1
新设外资企业数	个	0	—	11
内资企业注册资本	万元	0	—	117 663
合同利用外资	万美元	0	—	18 935
实际利用外资	万美元	0	—	12 674
已投产运作企业数	个	0	—	35
其中：已投产加工企业	个	0	—	15
已投产物流企业	个	0	—	12
已投产贸易企业	个	0	—	7
已投产其他服务类企业	个	0	—	1
其中：注册资本 1 000 万美元以上	个	0	—	12
固定资产投资额	万元	24 857	—	528 917
其中：基础设施投资	万元	5 610	—	5 610
已建成城镇建设用地面积	万平方米	0	—	758. 43
房屋竣工建筑面积	平方米	0	—	2 153 400
其中：已建成厂房面积	平方米	0	—	1 922 200
税务部门税收	万元	220 440	—	220 440
期末从业人员	人	10 07	—	10 07
期末批准面积	平方公里	9. 26	—	9. 26
期末验收封关面积	平方公里	2. 43	—	2. 43
跨境电商企业数	个	13	—	13
业务票数	票	182 481	—	182 481
销售额	万元	6 114	—	6 114
融资租赁企业数	个	0	—	0
租赁资产总额	万元	0	—	0
货物状态分类监管企业数	个	0	—	0
国内货物进出区货值	万元	92 856	—	92 856
一般纳税人资格试点企业数	个	0	—	0
试点企业内销金额	万元	0	—	0
试点企业增值税纳税额	万元	0	—	0

续表

指标	单位	青岛前湾保税港区		
		2018 年累计	增幅（%）	历年累计
增加值	万元	1 759 149	5.6	15 896 788
经营总收入	万元	10 835 164	19.2	19 927 585
其中：技术服务收入	万元	0	—	0
工业总产值	万元	1 009 820	8.7	9 677 812
其中：高新技术产业	万元	671 764	15.2	5 254 033
物流企业经营收入	万元	1 731 065	-12.5	14 009 503
商品销售额	万元	8 393 495	—	51 544 392
企业利润总额	万元	927 995	—	1 073 896
综合能源耗费量	吨标准煤	32 156	—	32 156
新设企业数	个	1 221	10.2	2 329
其中：加工企业	个	0	—	210
物流企业	个	0	—	314
贸易企业	个	0	—	10 696
其他服务类企业	个	0	—	7
新设外资企业数	个	72	46.9	1 697
内资企业注册资本	万元	0	—	1 780 800
合同利用外资	万美元	145 009	40.1	637 168
实际利用外资	万美元	12 102	26.8	176 356
已投产运作企业数	个	0	—	114
其中：已投产加工企业	个	0	—	0
已投产物流企业	个	0	—	0
已投产贸易企业	个	0	—	0
已投产其他服务类企业	个	0	—	0
其中：注册资本 1 000 万美元以上	个	0	—	14
固定资产投资额	万元	66 210	10.9	969 016
其中：基础设施投资	万元	19 202	1 304.7	124 246
已建成城镇建设用地面积	万平方米	0	—	0
房屋竣工建筑面积	平方米	0	—	1 797 562
其中：已建成厂房面积	平方米	0	—	0
税务部门税收	万元	158 961	-4.6	1 816 138
期末从业人员	人	37 906	1.0	37 906
期末批准面积	平方公里	9.72	0.0	9.72
期末验收封关面积	平方公里	9.12	14.9	9.12
跨境电商企业数	个	405	—	405
业务票数	票	408 043	—	408 043
销售额	万元	14 522	—	14 522
融资租赁企业数	个	50	—	50
租赁资产总额	万元	0	—	0
货物状态分类监管企业数	个	0	—	0
国内货物进出区货值	万元	0	—	790 000
一般纳税人资格试点企业数	个	3	—	3
试点企业内销金额	万元	0	—	0
试点企业增值税纳税额	万元	0	—	0

续表

指标	单位	深圳前海湾保税港区		
		2018 年累计	增幅（%）	历年累计
增加值	万元	0	—	0
经营总收入	万元	2 200 658	—	2 200 658
其中：技术服务收入	万元	0	—	0
工业总产值	万元	1 183 711. 2	—	1 183 711. 2
其中：高新技术产业	万元	0	—	0
物流企业经营收入	万元	860 792	—	860 792
商品销售额	万元	0	—	0
企业利润总额	万元	4	—	4
综合能源耗费量	吨标准煤	4	—	4
新设企业数	个	163	—	921
其中：加工企业	个	0	—	1
物流企业	个	16	—	388
贸易企业	个	36	—	112
其他服务类企业	个	111	—	420
新设外资企业数	个	5	—	5
内资企业注册资本	万元	196 008. 47	—	6 838 597. 47
合同利用外资	万美元	2 356	—	2 356
实际利用外资	万美元	25 622. 45	—	25 622. 45
已投产运作企业数	个	44	—	649
其中：已投产加工企业	个	1	—	1
已投产物流企业	个	19	—	19
已投产贸易企业	个	4	—	61
已投产其他服务类企业	个	20	—	256
其中：注册资本 1 000 万美元以上	个	2	—	64
固定资产投资额	万元	95 861	—	95 861
其中：基础设施投资	万元	87 647	—	87 647
已建成城镇建设用地面积	万平方米	0	—	0
房屋竣工建筑面积	平方米	0	—	0
其中：已建成厂房面积	平方米	0	—	0
税务部门税收	万元	319 853	—	319 853
期末从业人员	人	4 757	—	4 757
期末批准面积	平方公里	2. 897	—	2. 897
期末验收封关面积	平方公里	1. 176	—	1. 176
跨境电商企业数	个	0	—	0
业务票数	票	0	—	0
销售额	万元	0	—	0
融资租赁企业数	个	0	—	0
租赁资产总额	万元	0	—	0
货物状态分类监管企业数	个	0	—	0
国内货物进出区货值	万元	0	—	0
一般纳税人资格试点企业数	个	0	—	0
试点企业内销金额	万元	0	—	0
试点企业增值税纳税额	万元	0	—	0

洋山保税港区统计数据表

（1）2018 年洋山保税港区主要经济指标完成情况表

指标名称	计量单位	2018 年	比上年增长（%）
经营总收入	万元	34 922 300	13.2
物流企业经营收入	万元	12 911 400	11.7
商品销售额	万元	21 574 600	15.6
企业利润总额	万元	2 039 600	29.4
新设企业数	个	90	-10.9
其中：加工企业	个	0	——
物流企业	个	15	-11.8
贸易企业	个	37	48.0
其他服务类企业	个	38	-35.6
新设外资企业数	个	12	-33.3
内资企业注册资本	万元	178 390	-22.2
合同利用外资	万美元	—	—
实际利用外资	万美元	47 308	1.8 倍
税务部门税收	万元	1 185 787	12.7
固定资产投资额	万元	52 300	5.2 倍
期末已建成城镇建设用地面积	万平方米	1 073	—
期末从业人员	人	46 016	8.5
期末批准面积	平方公里	14.16	0.0
期末验收封关面积	平方公里	14.16	0.0

（2）截至 2018 年洋山保税港区历年招商引资情况表

指标	单位	历年累计
工商在册企业数	个	1 899
其中：外资企业数	个	291
内资企业注册资本	万元	15 395 300
合同利用外资	万美元	238 531

青岛前湾保税港区统计数据表

（1）2018 年青岛前湾保税港区主要经济指标完成情况表

指标名称	计量单位	2018 年	比上年增长（%）
增加值	万元	1 759 149	5.6
经营总收入	万元	10 835 164	19.2
技术服务收入	万元	0	—
工业总产值	万元	1 009 820	8.7
其中：高新技术产业	万元	671 764	15.2
物流企业经营收入	万元	1 731 065	-12.6
商品销售额	万元	8 393 495	—
企业利润总额	万元	927 995	—
综合能源耗费量	吨标准煤	32156	—
新设企业数	个	1221	10.2
其中：加工企业	个	0	—
物流企业	个	0	—
贸易企业	个	0	—
其他服务类企业	个	0	—
新设外资企业数	个	72	46.9
内资企业注册资本	万元	0	—
合同利用外资	万美元	145 009	40.1
实际利用外资	万美元	12 102	26.8
期末已投产运作企业数	个	0	—
其中：已投产加工企业	个	0	—
已投产物流企业	个	0	—
已投产贸易企业	个	0	—
已投产其他服务类企业	个	0	—
其中：注册资本 1 000 万美元以上	个	0	—
固定资产投资额	万元	66 210	10.9
其中：基础设施投资	万元	19 202	1 304.7
期末已建成城镇建设用地面积	万平方米	0	—
房屋竣工建筑面积	平方米	0	—

续表

指标名称	单位	2018 年	比上年增长（%）
其中：已建成厂房面积	平方米	0	—
税务部门税收	万元	158 961	-4.6
期末从业人员	人	37 906	1.0
期末批准面积	平方公里	9.72	0.00
期末验收封关面积	平方公里	9.12	14.9
创新业态统计指标			
跨境电商：期末企业数	个	405	—
业务票数	票	408043	—
销售额	万元	14522	—
融资租赁：期末企业数	个	50	—
租赁资产总额	万元	0	—

（2）-1 截至 2018 年青岛前湾保税港区历年招商引资情况表

指标	单位	历年累计
工商在册企业数	个	11 931
其中：外资企业数	个	1 697
内资企业注册资本	万元	895 592
合同利用外资	万美元	637 481
实际利用外资	万美元	176 356

（2）-2 截至 2018 年青岛前湾保税港区历年主要外商投资情况表

按项目数排列			按注册资本排列		
序号	国别（地区）	项目数（个）	序号	国别（地区）	注册资本（万美元）
1	韩国	258	1	中国香港	735 568
2	中国香港	257	2	马来西亚	27 262
3	日本	102	3	韩国	26 422
4	美国	88	4	澳大利亚	21 757
5	中国台湾	41	5	新加坡	18 013
6	新加坡	27	6	美国	17 075
7	澳大利亚	21	7	中国台湾	16 352
8	加拿大	17	8	日本	9 455
9	马来西亚	16	9	英属维尔京群岛	6 914
10	英属维尔京群岛	16	10	加拿大	6 682

（3）2018 年青岛前湾保税港区出口加工企业工业产值排名表

单位：万元

序号	企业名称	工业总产值	序号	企业名称	工业总产值
1	安德烈斯蒂尔动力工具（青岛）有限公司	193 551	16	青岛双飞汽车线束系统有限公司	11 574
2	青岛松下电子部品（保税区）有限公司	182 421	17	青岛澳波泰克安全设备有限责任公司	10 229
3	泰科电子（青岛）有限公司	98 636	18	青岛天湾电机有限公司	8 701
4	洋马发动机（山东）有限公司	84 443	19	高丽精线合金（青岛）有限公司	8 516
5	青岛三美电子有限公司	65 723	20	青岛光盈光电技术有限责任公司	8 215
6	星电高科技青岛有限公司	55 820	21	青岛尖能办公用品有限公司	7 549
7	青岛奥技科光学有限公司	38 234	22	青岛三昌精密加工有限公司	7 103
8	马斯奇奥（青岛）农机制造有限公司	27 676	23	青岛天银纺织科技有限公司	6 743
9	青岛贝里塑料有限公司	27 563	24	青岛恩利旺精密工业有限公司	6 679
10	青岛优先出锐工具有限公司	26 833	25	青岛晓成金刚石工具有限公司	6 605
11	青岛圣美尔纤维科技有限公司	19 272	26	青岛桂格精工科技有限公司	5 848
12	青岛乔瑟食品有限公司	15 628	27	青岛俪徕精细化工有限公司	5 785
13	青岛吉母皮亚珠宝有限公司	14 111	28	青岛保税区天合精密铸造有限公司	5 622
14	青岛澳科仪器有限责任公司	13 489	29	青岛美家圣达高科技材料有限公司	5 219
15	青岛新韩金刚石工业有限公司	12 885	30	青岛来易特机电科技有限公司	4 858

（4）2018 年青岛前湾保税港区贸易企业商品销售额排名表

单位：万元

序号	企业名称	商品销售额	序号	企业名称	商品销售额
1	青岛中联油进出口有限公司	2 393 651	16	青岛润生荣国际贸易有限公司	66 632
2	青岛中垠瑞丰国际贸易有限公司	2 033 079	17	青岛宏锦国际贸易有限公司	62 843
3	青岛保税区中兖贸易有限公司	1 226 183	18	青岛点石矿业有限公司	60 425
4	青岛盛泰丰国际贸易有限公司	936 845	19	青岛益杰橡胶轮胎有限公司	58 782
5	青岛新润丰石油贸易有限公司	926 623	20	青岛保税区首益物流有限公司	57 023
6	山东物流集团（青岛）有限公司	644 663	21	青岛宏永益国际贸易有限公司	53 495
7	中能源（青岛）矿业有限公司	419 645	22	增石（青岛）国际贸易有限公司	28 595
8	青岛裕龙东雍国际物流有限公司	339 464	23	青岛极洋贸易有限公司	24 350
9	青岛鸿凯常赢国际贸易有限公司	258 804	24	海龙泉集团有限公司	20 108
10	青岛住友商事有限公司	235 953	25	青岛裕富伟业国际贸易有限公司	19 221
11	青岛保税区济钢国际物流有限公司	161 366	26	青岛赛瑞特国际物流有限公司	17 419
12	百丽国际鞋业（青岛）有限公司	100 484	27	青岛益嘉汇国际物联中心有限公司	13 289
13	青岛保税区宏轮工贸有限公司	73 580	28	青岛沃丰能源有限公司	12 320
14	青岛万嘉众合能源有限公司	73 000	29	青岛捷成地毯贸易有限公司	11 246
15	青岛佳德弘业国际贸易有限公司	70 720	30	青岛泰明金瑞实业有限责任公司	9 318

（5）2018 年青岛前湾保税港区物流企业营业收入排名表

单位：万元

序号	企业名称	营业收入	序号	企业名称	营业收入
1	山东准时达供应链管理有限公司	52 729	16	山东国储东部物流发展有限公司	3 818
2	青岛港陆物流有限公司	40 192	17	青岛检疫处理有限公司	2 906
3	青岛菲尔斯特物流有限公司	13 492	18	青岛恒盛丰国际物流有限公司	2 779
4	青岛中外运供应链管理有限公司	13 156	19	青岛飞世达国际物流有限公司	2 696
5	青岛众和通达物流有限公司	11 663	20	青岛西岸鑫通物流有限公司	2 638
6	青岛万嘉集运物流有限公司	10 266	21	青岛裕龙橡胶交易中心有限公司	2 222
7	青岛克运物流有限公司	10 249	22	青岛中远海运物流国际储运有限公司	2 045
8	青岛贝瑞和康医学检验所有限公司	6 261	23	青岛颐航宏运船务代理有限公司	1 976
9	青岛纺检检验有限公司	5 825	24	青岛致通海运有限公司	1 902
10	青岛保税物流园区思锐佳德国际物流有限公司	4 903	25	青岛澳科软件有限公司	1 842
11	青岛怡坤物流有限公司	4 345	26	青岛美睿康信息咨询有限公司	1 740
12	青岛中外运联丰国际物流有限公司	4 136	27	《老年生活报》有限责任公司	1 529
13	青岛山九亚太物流有限公司	3 954	28	青岛尚世通报关有限公司	1 203
14	青岛华腾国际物流有限公司	3 903	29	欧图（青岛）质量检测有限公司	1 060
15	青岛诚业国际物流有限公司	3 821	30	青岛谦和通物流有限公司	933

2018 年全国综合保税区下分贸易方式进出口贸易额统计表

地区	贸易方式	出口（美元）	进口（美元）
		2018 年 1 月至 12 月	2018 年 1 月至 12 月
合计		218 268 791 358	131 823 143 878
北京天竺综合保税区	合计	596 975 386	6 320 843 493
	一般贸易	2 377 094	32 724 401
	其他捐赠物资	202 427	0
	来料加工装配贸易	66 691 961	19 255 940
	进料加工贸易	149 249 901	141 566 619
	保税监管场所进出境货物	0	65 752 203
	海关特殊监管区域物流货物	378 434 881	6 046 638 828
	海关特殊监管区域进口设备	0	14 214 931
	其他贸易	19 122	690 571
天津滨海新区综合保税区	合计	656 915 116	3 832 799 367
	一般贸易	26 563 108	33 164 096
	来料加工装配贸易	332 968 537	3 539 848 202
	进料加工贸易	47 252 319	44 426 034
	保税监管场所进出境货物	0	65 100
	海关特殊监管区域物流货物	250 127 124	203 263 257
	海关特殊监管区域进口设备	0	11 884 036
	其他贸易	4 028	148 642
石家庄综合保税区	合计	168 116 349	204 439 457
	来料加工装配贸易	160 135 062	147 458 085
	海关特殊监管区域物流货物	7 878 720	56 964 476
	海关特殊监管区域进口设备	0	16 896
	其他贸易	102 567	0
曹妃甸综合保税区	合计	9 703 978	22 858 280
	一般贸易	3 177 781	15 775 519
	海关特殊监管区域物流货物	6 526 197	6 772 598
	其他贸易	0	310 163
太原武宿综合保税区	合计	1 189 619	4 698 213
	一般贸易	1 139 304	465 506

续表

地区	贸易方式	出口（美元）	进口（美元）
		2018 年 1 月至 12 月	2018 年 1 月至 12 月
	进料加工贸易	50 315	0
	海关特殊监管区域物流货物	0	1 464 805
	其他贸易	0	2 767 902
满洲里综合保税区	合计	183 554	6 859 481
	一般贸易	0	691 040
	进料加工贸易	0	136 897
	边境小额贸易	0	52 148
	海关特殊监管区域物流货物	183 554	5 979 396
沈阳综合保税区	合计	92 756 243	102 748 119
	一般贸易	157 727	321 657
	来料加工装配贸易	1 082 806	845 885
	进料加工贸易	87 657 486	50 627 001
	海关特殊监管区域物流货物	3 856 432	47 641 500
	海关特殊监管区域进口设备	0	3 300 691
	其他贸易	1 792	11 385
长春兴隆综合保税区	合计	64 960 130	87 395 553
	一般贸易	23 274 561	1 130 098
	进料加工贸易	32 085 955	0
	保税监管场所进出境货物	852 275	0
	海关特殊监管区域物流货物	8 747 339	85 768 157
	海关特殊监管区域进口设备	0	173 993
	其他贸易	0	323 305
哈尔滨综合保税区	合计	8 917 814	15 550 026
	一般贸易	8 767 899	9 882 854
	边境小额贸易	0	69 098
	海关特殊监管区域物流货物	107 620	2 532 268
	海关特殊监管区域进口设备	0	1 914 500
	其他贸易	42 295	1 151 306
黑龙江绥芬河综合保税区	合计	49 053 606	204 189 338
	一般贸易	17 989 988	127 299 828
	进料加工贸易	0	341 472
	边境小额贸易	29 952 138	70 433 921

续表

地区	贸易方式	出口（美元）	进口（美元）
		2018 年 1 月至 12 月	2018 年 1 月至 12 月
	租赁贸易	16 800	0
	海关特殊监管区域物流货物	1 094 680	5 842 943
	其他贸易	0	271 174
上海浦东机场综合保税区	合计	4 082 276 189	3 942 639 975
	一般贸易	417 520	57 468 439
	进料加工贸易	0	113 131 396
	海关特殊监管区域物流货物	4 081 823 722	3 754 155 782
	海关特殊监管区域进口设备	0	17 723 882
	其他贸易	34 947	160 476
南京综合保税区（龙潭片）	合计	4 033 514 037	1 764 134 044
	一般贸易	139 931	1 124 230
	来料加工装配贸易	0	829 879 131
	进料加工贸易	3 147 366 391	324 792 214
	海关特殊监管区域物流货物	885 996 380	592 452 987
	海关特殊监管区域进口设备	0	15 872 420
	其他贸易	11 335	13 062
无锡高新区综合保税区	合计	13 773 692 902	10 350 235 066
	一般贸易	0	545 504
	来料加工装配贸易	2 059 392 861	2 530 278 251
	进料加工贸易	5 693 641 343	4 269 908 675
	海关特殊监管区域物流货物	6 020 646 853	992 323 621
	海关特殊监管区域进口设备	0	2 557 165 262
	其他贸易	11 845	13 753
常州综合保税区	合计	227 484 299	193 670 273
	一般贸易	334	76 598
	进料加工贸易	163 326 492	76 630 783
	海关特殊监管区域物流货物	64 157 473	91 853 672
	海关特殊监管区域进口设备	0	25 098 272
	其他贸易	0	10 948
苏州工业园综合保税区	合计	38 204 716 126	13 217 106 325
	一般贸易	126 823 485	254 681 019
	来料加工装配贸易	2 272 131 378	1 528 346 881

续表

地区	贸易方式	出口（美元）	进口（美元）
		2018年1月至12月	2018年1月至12月
	进料加工贸易	15 902 682 048	7 508 882 828
	保税监管场所进出境货物	0	29 734 354
	海关特殊监管区域物流货物	19 902 947 414	3 696 122 026
	海关特殊监管区域进口设备	0	198 505 549
	其他贸易	131 801	833 668
南通综合保税区	合计	310 164 113	423 046 999
	一般贸易	204 973	180 608 999
	进料加工贸易	119 676 477	59 791 588
	保税监管场所进出境货物	0	14 421 185
	海关特殊监管区域物流货物	190 282 126	163 329 672
	海关特殊监管区域进口设备	0	4 894 438
	其他贸易	537	1 117
淮安综合保税区	合计	243 121 930	172 807 634
	一般贸易	1 780 315	1 543 287
	来料加工装配贸易	562 665	0
	进料加工贸易	224 610 706	160 672 207
	海关特殊监管区域物流货物	16 168 244	66 126
	海关特殊监管区域进口设备	0	10 522 433
	其他贸易	0	3 581
盐城综合保税区	合计	30 309 556	93 886 074
	进料加工贸易	30 027 999	27 718 683
	海关特殊监管区域物流货物	281 557	9 732 008
	海关特殊监管区域进口设备	0	56 435 383
镇江综合保税区	合计	7 429 199	275 334 038
	一般贸易	29 475	86 681
	来料加工装配贸易	0	8 431
	进料加工贸易	4 880 245	29 157 373
	保税监管场所进出境货物	21 717	21 717
	海关特殊监管区域物流货物	2 497 762	245 048 391
	海关特殊监管区域进口设备	0	1 011 445
泰州综合保税区	合计	65 842 248	93 504 328
	一般贸易	5 391 225	250

续表

地区	贸易方式	出口（美元）	进口（美元）
		2018年1月至12月	2018年1月至12月
	进料加工贸易	16 316 944	23 933 442
	海关特殊监管区域物流货物	44 134 079	69 316 669
	海关特殊监管区域进口设备	0	253 967
常熟综合保税区（A区）	合计	66 183 286	173 950 147
	来料加工装配贸易	33 507 601	8 043 503
	进料加工贸易	27 601 465	6 112 545
	海关特殊监管区域物流货物	5 074 220	143 961 377
	海关特殊监管区域进口设备	0	15 802 054
	其他贸易	0	30 668
昆山综合保税区	合计	35 011 678 916	16 245 479 701
	一般贸易	40 597 840	19 271 459
	来料加工装配贸易	5 260 916	60 084 731
	进料加工贸易	23 340 244 271	8 765 016 023
	海关特殊监管区域物流货物	11 625 556 399	7 113 196 953
	海关特殊监管区域进口设备	0	287 836 086
	其他贸易	19 490	74 449
吴江综合保税区	合计	3 604 044 104	462 030 516
	一般贸易	236 285	2 203 902
	进料加工贸易	291 469 261	9 752 403
	海关特殊监管区域物流货物	3 312 338 558	450 074 211
太仓港综合保税区	合计	216 638 067	391 529 784
	一般贸易	429 016	8 574 912
	海关特殊监管区域物流货物	216 209 051	382 874 023
	海关特殊监管区域进口设备	0	79 200
	其他贸易	0	1 649
武进综合保税区	合计	373 930 438	513 939 858
	一般贸易	1 269	0
	进料加工贸易	347 359 839	251 386 561
	海关特殊监管区域物流货物	26 569 330	239 129 764
	海关特殊监管区域进口设备	0	23 419 272
	其他贸易	0	4 261
嘉兴综合保税区	合计	79 444 123	194 345 985
	进料加工贸易	66 852 251	34 701 940

续表

地区	贸易方式	出口（美元）	进口（美元）
		2018 年 1 月至 12 月	2018 年 1 月至 12 月
	海关特殊监管区域物流货物	12 591 872	151 628 435
	海关特殊监管区域进口设备	0	8 015 586
	其他贸易	0	24
杭州金义综合保税区	合计	4 271 249	157 345 206
	一般贸易	0	106 358
	海关特殊监管区域物流货物	4 271 249	127 291 079
	其他贸易	0	29 947 769
舟山港综合保税区	合计	101 424 492	1 401 387 365
	一般贸易	0	30 893
	来料加工装配贸易	0	116 131 877
	进料加工贸易	1 074 000	2 884 733
	海关特殊监管区域物流货物	100 350 492	1 267 878 473
	海关特殊监管区域进口设备	0	14 459 936
	其他贸易	0	1 453
合肥综合保税区	合计	41 902 080	636 594 245
	一般贸易	0	250 347
	进料加工贸易	31 277 250	32 753 814
	海关特殊监管区域物流货物	10 624 830	272 859 694
	海关特殊监管区域进口设备	0	330 730 373
	其他贸易	0	17
芜湖综合保税区	合计	549 486 407	433 869 456
	一般贸易	7 324	2 687
	进料加工贸易	355 592 874	127 115 834
	海关特殊监管区域物流货物	193 886 209	302 973 197
	海关特殊监管区域进口设备	0	3 775 991
	其他贸易	0	1 747
马鞍山综合保税区	合计	0	62 983
	一般贸易	0	37 981
	海关特殊监管区域进口设备	0	25 002
泉州综合保税区	合计	290 277 952	328 063 031
	一般贸易	0	59 252
	来料加工装配贸易	89 733 976	90 488 667

续表

地区	贸易方式	出口（美元）	进口（美元）
		2018 年 1 月至 12 月	2018 年 1 月至 12 月
	进料加工贸易	196 739 040	225 905 301
	海关特殊监管区域物流货物	3 804 936	11 555 069
	海关特殊监管区域进口设备	0	36 591
	其他贸易	0	18 151
南昌综合保税区	合计	274 814 771	377 874 306
	一般贸易	0	1 260
	进料加工贸易	267 279 763	300 340 175
	海关特殊监管区域物流货物	7 535 008	19 854 466
	海关特殊监管区域进口设备	0	57 678 405
赣州综合保税区	合计	16 242 128	55 039 670
	一般贸易	0	1 476 524
	进料加工贸易	13 362 500	15 820 116
	海关特殊监管区域物流货物	2 879 628	1 224 984
	海关特殊监管区域进口设备	0	36 518 046
济南综合保税区	合计	72 646 272	72 888 803
	一般贸易	880 617	2 947 754
	来料加工装配贸易	3 161 737	1 320 969
	进料加工贸易	43 874 042	5 983 739
	海关特殊监管区域物流货物	24 729 831	61 678 552
	海关特殊监管区域进口设备	0	950 753
	其他贸易	45	7 036
东营综合保税区	合计	217 777 330	83 935 363
	一般贸易	23 714	418
	海关特殊监管区域物流货物	217 753 616	83 934 945
潍坊综合保税区	合计	625 791 544	288 229 187
	来料加工装配贸易	9 323 153	2 062 012
	进料加工贸易	598 217 380	181 165 283
	海关特殊监管区域物流货物	18 246 321	102 602 726
	海关特殊监管区域进口设备	0	2 399 145
	其他贸易	4 690	21
威海综合保税区北区	合计	2 065 244	1 229 001
	海关特殊监管区域物流货物	2 064 744	1 228 976
	其他贸易	500	25

续表

地区	贸易方式	出口（美元）	进口（美元）
		2018 年 1 月至 12 月	2018 年 1 月至 12 月
临沂综合保税区	合计	212 405 204	334 910 866
	一般贸易	87 261	0
	来料加工装配贸易	0	95 169
	进料加工贸易	11 826 630	1 088 977
	海关特殊监管区域物流货物	200 430 089	333 726 720
	其他贸易	61 224	0
威海综合保税区南区	合计	0	5 831 173
	海关特殊监管区域物流货物	0	5 831 173
新郑综合保税区	合计	31 849 889 783	19 193 810 461
	一般贸易	5 731 453	290 628 471
	进料加工贸易	31 707 382 306	18 373 482 666
	海关特殊监管区域物流货物	136 524 379	416 687 005
	海关特殊监管区域进口设备	0	113 012 319
	其他贸易	251 645	0
南阳卧龙综合保税区	合计	21 041 018	9 776 266
	一般贸易	148 795	0
	进料加工贸易	1 481 830	0
	海关特殊监管区域物流货物	19 410 393	6 014 437
	海关特殊监管区域进口设备	0	3 761 829
武汉东湖综合保税区	合计	2 394 685 045	406 357 047
	一般贸易	843 115 599	21 823 023
	来料加工装配贸易	1 561 235	118 419
	进料加工贸易	843 050 551	5 761 279
	保税监管场所进出境货物	23 533 323	23 763 500
	海关特殊监管区域物流货物	683 423 626	351 980 082
	海关特殊监管区域进口设备	0	2 240 000
	其他贸易	711	670 744
武汉新港空港综合保税区	合计	15 334 451	366 778 535
	一般贸易	1 146 463	2 081 778
	海关特殊监管区域物流货物	14 187 988	364 662 868
	其他贸易	0	33 889
黄花综合保税区	合计	1 484 662 914	715 070 382
	一般贸易	968 303 033	38 065 845

续表

地区	贸易方式	出口（美元）	进口（美元）
		2018 年 1 月至 12 月	2018 年 1 月至 12 月
	来料加工装配贸易	104 130 690	102 512 002
	进料加工贸易	393 642 188	449 434 268
	保税监管场所进出境货物	8 621 297	1 232 076
	海关特殊监管区域物流货物	9 803 139	91 951 564
	海关特殊监管区域进口设备	0	31 363 840
	其他贸易	162 567	510 787
湘潭综合保税区	合计	111 551 373	43 198 001
	一般贸易	18 342 372	1 177 522
	来料加工装配贸易	21 987 314	19 480 812
	进料加工贸易	30 723 636	19 959 105
	海关特殊监管区域物流货物	40 498 051	2 580 562
衡阳综合保税区	合计	64 112 012	500 002 159
	一般贸易	16 000	463 292 597
	来料加工装配贸易	569 800	655 000
	进料加工贸易	63 195 941	36 054 562
	海关特殊监管区域物流货物	330 271	0
岳阳城陵矶综合保税区	合计	973 539 153	210 538 296
	一般贸易	891 397 625	114 331 951
	来料加工装配贸易	5 544 529	6 727 656
	进料加工贸易	3 883 516	114 425
	保税监管场所进出境货物	56 674 021	307 950
	海关特殊监管区域物流货物	16 039 462	88 226 985
	海关特殊监管区域进口设备	0	829 329
郴州综合保税区	合计	362 917 069	292 063 761
	一般贸易	19 866 340	0
	来料加工装配贸易	156 314 655	156 237 900
	进料加工贸易	186 569 435	134 409 837
	海关特殊监管区域物流货物	166 639	0
	海关特殊监管区域进口设备	0	1 416 024
广州白云机场综合保税区	合计	933 381 202	932 579 135
	一般贸易	424 002 958	197 671 421
	海关特殊监管区域物流货物	509 378 244	734 906 822
	其他贸易	0	892

续表

地区	贸易方式	出口（美元）	进口（美元）
		2018 年 1 月至 12 月	2018 年 1 月至 12 月
深圳盐田综合保税区	合计	7 980 840 939	3 963 245 244
	一般贸易	165 317 204	193 686 946
	进料加工贸易	1 845 056 478	1 625 945 245
	海关特殊监管区域物流货物	5 970 459 984	2 138 701 254
	海关特殊监管区域进口设备	0	4 908 374
	其他贸易	7 273	3 425
南宁综合保税区	合计	1 021 328 365	1 033 911 949
	一般贸易	155 559	880 110
	进料加工贸易	1 021 162 806	1 031 728 971
	海关特殊监管区域物流货物	10 000	8 024
	海关特殊监管区域进口设备	0	1 294 844
广西凭祥综合保税区	合计	3 688 413 372	720 274 153
	一般贸易	1 211 863	33 159 722
	进料加工贸易	2 631 444	1 188 482
	边境小额贸易	3 030 820 689	12 203 446
	海关特殊监管区域物流货物	653 749 376	673 144 503
	海关特殊监管区域进口设备	0	528 667
	其他贸易	0	49 333
海口综合保税区	合计	14 334 263	55 906 381
	一般贸易	4 466 106	24 987 746
	来料加工装配贸易	0	3 030
	海关特殊监管区域物流货物	9 855 069	30 430 137
	其他贸易	13 088	485 468
重庆西永综合保税区	合计	22 801 247 601	8 468 126 321
	一般贸易	536 700	279 776 293
	来料加工装配贸易	1 992 856 624	1 487 199 562
	进料加工贸易	20 459 175 254	2 245 241 160
	海关特殊监管区域物流货物	348 679 023	4 261 765 124
	海关特殊监管区域进口设备	0	194 144 182
重庆江津综合保税区	合计	132 356	0
	海关特殊监管区域物流货物	132 356	0
成都高新综合保税区	合计	29 725 133 690	23 503 668 846
	一般贸易	4 381	6 906 555

续表

地区	贸易方式	出口（美元）	进口（美元）
		2018 年 1 月至 12 月	2018 年 1 月至 12 月
	来料加工装配贸易	9 086 693 528	14 185 215 272
	进料加工贸易	13 975 542 404	6 870 700 660
	海关特殊监管区域物流货物	6 662 893 377	1 619 441 285
	海关特殊监管区域进口设备	0	821 399 165
	其他贸易	0	5 909
贵阳综合保税区	合计	151 075 867	141 889 287
	一般贸易	5 776 811	8 081 414
	来料加工装配贸易	3 849 495	3 768 750
	进料加工贸易	138 986 311	125 957 502
	海关特殊监管区域物流货物	2 463 150	4 077 779
	其他贸易	100	3 842
遵义综合保税区	合计	20 000	8 933 448
	海关特殊监管区域物流货物	20 000	104 783
	海关特殊监管区域进口设备	0	8 828 665
贵安综合保税区	合计	287 851 362	309 636 162
	一般贸易	9 363	0
	进料加工贸易	287 756 317	268 790 594
	海关特殊监管区域物流货物	85 682	2 561 561
	海关特殊监管区域进口设备	0	38 284 007
昆明综合保税区	合计	6 372 757	3 867 192
	一般贸易	376 910	1 729 616
	海关特殊监管区域物流货物	5 995 847	1 494 916
	海关特殊监管区域进口设备	0	642 660
云南红河综合保税区	合计	841 583 073	802 894 332
	一般贸易	5 171 689	0
	来料加工装配贸易	747 715 296	703 736 756
	进料加工贸易	85 521 461	90 801 164
	海关特殊监管区域物流货物	3 174 627	7 368 515
	海关特殊监管区域进口设备	0	987 897
西安综合保税区和西安高新综合保税区	合计	7 947 605 119	6 087 501 324
	一般贸易	58 700 157	386 983 180
	进料加工贸易	2 934 434 053	4 194 470 515

续表

地区	贸易方式	出口（美元）	进口（美元）
		2018 年 1 月至 12 月	2018 年 1 月至 12 月
	海关特殊监管区域物流货物	4 954 469 696	198 806 237
	海关特殊监管区域进口设备	0	1 307 163 414
	其他贸易	1 213	77 978
兰州新区综合保税区	合计	83 652 631	52 959 967
	一般贸易	37 936 127	1 760 680
	进料加工贸易	38 592 162	48 877 159
	海关特殊监管区域物流货物	7 124 342	1 050 540
	海关特殊监管区域进口设备	0	1 262 700
	其他贸易	0	8 888
银川综合保税区	合计	908 123 606	187 797 896
	一般贸易	713 796 899	3 187 617
	来料加工装配贸易	148 170 430	158 978 641
	进料加工贸易	31 610 218	21 937 939
	海关特殊监管区域物流货物	14 546 059	3 688 367
	其他贸易	0	5 332
乌鲁木齐综合保税区	合计	72 546 303	146 527 509
	一般贸易	3 658 696	4 212 938
	进料加工贸易	499 649	4 106 651
	边境小额贸易	65 978 494	0
	海关特殊监管区域物流货物	2 409 464	138 207 920
阿拉山口综合保税区	合计	136 370 744	158 105 201
	一般贸易	7 106 495	34 249 879
	进料加工贸易	0	38 078 605
	边境小额贸易	129 061 947	28 477 078
	海关特殊监管区域物流货物	202 302	57 267 284
	海关特殊监管区域进口设备	0	32 355
喀什综合保税区	合计	2 699 289	20 441 894
	一般贸易	0	662 732
	进料加工贸易	87 331	3 349 096
	边境小额贸易	2 115 448	0
	海关特殊监管区域物流货物	496 510	14 900 066
	海关特殊监管区域进口设备	0	1 530 000

2018 年全国综合保税区经济指标统计情况表

指标	单位	合计		
		2018 年累计	增幅（%）	历年累计
增加值	万元	11 477 820	-33.2	104 948 034
经营总收入	万元	148 758 182	0.7	915 558 032
其中：技术服务收入	万元	1 180 605	-32.0	6 035 453
工业总产值	万元	124 788 260	11.9	888 254 167
其中：高新技术产业	万元	18 269 531	5.7	122 901 738
物流企业经营收入	万元	3 047 173	18.2	21 635 235
商品销售额	万元	27 364 928	—	42 314 271
企业利润总额	万元	3 262 269	-22.9	23 818 346
综合能源耗费量	吨标准煤	11 173 023	1 011.1	18 802 017
新设企业数	个	5 160	104.6	22 086
其中：加工企业	个	74	45.1	1 069
物流企业	个	232	-43.6	1 812
贸易企业	个	2 527	10 887.0	8 191
其他服务类企业	个	2 225	772.5	7 757
新设外资企业数	个	175	157.4	1 546
内资企业注册资本	万元	8 990 447	—	30 774 399
合同利用外资	万美元	174 038	-54.1	3 325 282
实际利用外资	万美元	90 124	-53.1	2 372 551
已投产运作企业数	个	969	64.5	6 073
其中：已投产加工企业	个	78	-41.8	890
已投产物流企业	个	131	70.1	766
已投产贸易企业	个	499	16 533.3	2 264
已投产其他服务类企业	个	213	7 000.0	1 726
其中：注册资本 1 000 万美元以上	个	23	—	170
固定资产投资额	万元	6 651 264	-21.6	55 924 092.96
其中：基础设施投资	万元	645 747	36.6	8 559 679
已建成城镇建设用地面积	万平方米	329	6 480.0	2 254.515
房屋竣工建筑面积	平方米	16 651 09	173.5	31 582 214
其中：已建成厂房面积	平方米	1 303 709	121.3	25 145 019
税务部门税收	万元	1 758 831	68.5	7 442 773.58
期末从业人员	人	733 365	10.4	736 916
期末批准面积	平方公里	151.88	20.6	151.88
期末验收封关面积	平方公里	103.585	27.0	103.585
跨境电商企业数	个	283	—	283
业务票数	票	25 347 116	—	31 533 712
销售额	万元	386 927	—	568 012
融资租赁企业数	个	1	—	1
租赁资产总额	万元	1 020 360	—	3 391 469
货物状态分类监管企业数	个	31	—	31
国内货物进出区货值	万元	2 262 875	—	2 858 961
一般纳税人资格试点企业数	个	25	—	27
试点企业内销金额	万元	354 577	—	552 522
试点企业增值税纳税额	万元	56 834	—	86 253

续表

指标	单位	北京天竺综合保税区		
		2018 年累计	增幅（%）	历年累计
增加值	万元	0	—	3 144 869
经营总收入	万元	2 092 521	-3.6	13 670 598
其中：技术服务收入	万元	28 681	34.7	133 835
工业总产值	万元	254 915	-0.9	2 098 361
其中：高新技术产业	万元	222 888	-0.4	604 572
物流企业经营收入	万元	291 684	-35.5	5 732 865
商品销售额	万元	1 477 140	—	1 477 140
企业利润总额	万元	248 657	-31.0	1 618 238
综合能源耗费量	吨标准煤	35 735	-11.9	307 977
新设企业数	个	82	64.0	435
其中：加工企业	个	0	—	43
物流企业	个	12	1 100.0	74
贸易企业	个	33	—	33
其他服务类企业	个	37	—	37
新设外资企业数	个	0	-100.0	64
内资企业注册资本	万元	38 793	—	182 769
合同利用外资	万美元	0	—	99 770
实际利用外资	万美元	0	—	57 143
已投产运作企业数	个	0	—	71
其中：已投产加工企业	个	0	—	18
已投产物流企业	个	0	—	27
已投产贸易企业	个	0	—	0
已投产其他服务类企业	个	0	—	0
其中：注册资本 1 000 万美元以上	个	0	—	0
固定资产投资额	万元	45 437	-25.7	875 114
其中：基础设施投资	万元	0	-100.0	68 632
已建成城镇建设用地面积	万平方米	0	—	0
房屋竣工建筑面积	平方米	0	—	923 000
其中：已建成厂房面积	平方米	0	—	0
税务部门税收	万元	132 867	41.9	723 133
期末从业人员	人	0	-100.0	0
期末批准面积	平方公里	5.94	0.0	5.94
期末验收封关面积	平方公里	3.17	0.0	3.17
跨境电商企业数	个	0	—	0
业务票数	票	0	—	0
销售额	万元	0	—	0
融资租赁企业数	个	0	—	0
租赁资产总额	万元	0	—	2 371 109
货物状态分类监管企业数	个	0	—	0
国内货物进出区货值	万元	0	—	0
一般纳税人资格试点企业数	个	0	—	0
试点企业内销金额	万元	0	—	0
试点企业增值税纳税额	万元	0	—	0

续表

指标	单位	天津滨海新区综合保税区		
		2018 年累计	增幅（%）	历年累计
增加值	万元	100 395	-39.8	3 420 794
经营总收入	万元	892 866	-22.3	15 789 762
其中：技术服务收入	万元	7 232	—	143 695
工业总产值	万元	356 266	69.1	14 027 356
其中：高新技术产业	万元	130 225	-38.2	13 770 509
物流企业经营收入	万元	760	-7.1	366 399
商品销售额	万元	524 279	—	1 664 740
企业利润总额	万元	1 492	—	1 156 816
综合能源耗费量	吨标准煤	15 564	—	22 914
新设企业数	个	4	—	5 988
其中：加工企业	个	0	—	42
物流企业	个	1	—	200
贸易企业	个	1	—	1 734
其他服务类企业	个	2	—	3 603
新设外资企业数	个	0	—	167
内资企业注册资本	万元	142 000	—	8 312 480
合同利用外资	万美元	0	—	250 645
实际利用外资	万美元	0	—	91 786
已投产运作企业数	个	16	—	1 424
其中：已投产加工企业	个	0	—	20
已投产物流企业	个	0	—	29
已投产贸易企业	个	4	—	300
已投产其他服务类企业	个	8	—	856
其中：注册资本 1 000 万美元以上	个	3	—	46
固定资产投资额	万元	0	—	1 630 228
其中：基础设施投资	万元	0	—	0
已建成城镇建设用地面积	万平方米	0	—	97
房屋竣工建筑面积	平方米	0	—	65 957
其中：已建成厂房面积	平方米	0	—	65 957
税务部门税收	万元	46 215	54.8	163 092
期末从业人员	人	2 000	4.5	2 000
期末批准面积	平方公里	1.96	0.0	1.96
期末验收封关面积	平方公里	1.96	0.0	1.96
跨境电商企业数	个	0	—	0
业务票数	票	0	—	0
销售额	万元	0	—	0
融资租赁企业数	个	0	—	0
租赁资产总额	万元	0	—	0
货物状态分类监管企业数	个	0	—	0
国内货物进出区货值	万元	0	—	0
一般纳税人资格试点企业数	个	0	—	0
试点企业内销金额	万元	0	—	0
试点企业增值税纳税额	万元	0	—	0

续表

指标	单位	上海浦东机场综合保税区		
		2018 年累计	增幅（%）	历年累计
增加值	万元	686 000	15.5	2 129 300
经营总收入	万元	1 799 100	28.0	9 852 437
其中：技术服务收入	万元	0	—	0
工业总产值	万元	0	—	0
其中：高新技术产业	万元	0	—	0
物流企业经营收入	万元	669 100	11.5	2 726 348
商品销售额	万元	111 000	61.6	111 000
企业利润总额	万元	342 100	2.0	342 100
综合能源耗费量	吨标准煤	0	—	0
新设企业数	个	43	0.0	1 064
其中：加工企业	个	0	—	0
物流企业	个	7	-36.4	107
贸易企业	个	4	-42.9	282
其他服务类企业	个	32	28.0	32
新设外资企业数	个	1	-88.9	244
内资企业注册资本	万元	23 320	-2.4	1 961 937
合同利用外资	万美元	23 668	-65.6	401 838
实际利用外资	万美元	14 894	-50.8	279 982
已投产运作企业数	个	0	—	494
其中：已投产加工企业	个	0	—	1
已投产物流企业	个	0	—	54
已投产贸易企业	个	0	—	100
已投产其他服务类企业	个	0	—	339
其中：注册资本 1 000 万美元以上	个	0	—	0
固定资产投资额	万元	112 200	1 437.0	770 000
其中：基础设施投资	万元	0	—	0
已建成城镇建设用地面积	万平方米	0	—	135
房屋竣工建筑面积	平方米	0	—	0
其中：已建成厂房面积	平方米	0	—	0
税务部门税收	万元	266 370	28.4	785 212
期末从业人员	人	3 512	9.2	3 512
期末批准面积	平方公里	3.59	0.0	3.59
期末验收封关面积	平方公里	3.59	0.0	3.59
跨境电商企业数	个	231	—	231
业务票数	票	4 755 354	—	10 322 880
销售额	万元	141 838	—	320 753
融资租赁企业数	个	0	—	0
租赁资产总额	万元	0	—	0
货物状态分类监管企业数	个	0	—	0
国内货物进出区货值	万元	0	—	0
一般纳税人资格试点企业数	个	0	—	0
试点企业内销金额	万元	0	—	0
试点企业增值税纳税额	万元	0	—	0

续表

指标	单位	苏州工业园综合保税区		
		2018 年累计	增幅（%）	历年累计
增加值	万元	0	—	0
经营总收入	万元	5 086 612	39.8	30 502 779
其中：技术服务收入	万元	0	—	0
工业总产值	万元	3 736 911	7.5	24 713 229
其中：高新技术产业	万元	947 755	—	947 755
物流企业经营收入	万元	158 833	10.7	1 051 491
商品销售额	万元	2 216 029	—	2 216 029
企业利润总额	万元	323 500	2.6	1 691 814
综合能源耗费量	吨标准煤	54 926	13.8	98 289
新设企业数	个	14	-36.4	360
其中：加工企业	个	4	0.0	149
物流企业	个	6	500.0	61
贸易企业	个	3	—	3
其他服务类企业	个	1	—	1
新设外资企业数	个	2	—	176
内资企业注册资本	万元	13 401	—	206 711
合同利用外资	万美元	116	-90.6	139 548
实际利用外资	万美元	912	4 966.7	131 567
已投产运作企业数	个	14	—	162
其中：已投产加工企业	个	4	—	59
已投产物流企业	个	6	—	35
已投产贸易企业	个	3	—	64
已投产其他服务类企业	个	1	—	4
其中：注册资本 1 000 万美元以上	个	0	—	0
固定资产投资额	万元	12 959	-81.2	358 678
其中：基础设施投资	万元	1 115	—	4 385
已建成城镇建设用地面积	万平方米	0	—	0
房屋竣工建筑面积	平方米	0	—	1 875 180
其中：已建成厂房面积	平方米	0	—	1 482 980
税务部门税收	万元	240 214	—	396 492
期末从业人员	人	22 400	-26.2	22 400
期末批准面积	平方公里	5.28	0.0	5.28
期末验收封关面积	平方公里	4.86	0.0	4.86
跨境电商企业数	个	0	—	0
业务票数	票	0	—	0
销售额	万元	0	—	0
融资租赁企业数	个	0	—	0
租赁资产总额	万元	0	—	0
货物状态分类监管企业数	个	0	—	0
国内货物进出区货值	万元	0	—	0
一般纳税人资格试点企业数	个	0	—	0
试点企业内销金额	万元	0	—	0
试点企业增值税纳税额	万元	0	—	0

续表

指标	单位	苏州高新区综合保税区		
		2018 年累计	增幅（%）	历年累计
增加值	万元	503 482	0. 2	3 591 012
经营总收入	万元	7 532 469	13. 6	38 406 564
其中：技术服务收入	万元	18 385	-93. 4	642 156
工业总产值	万元	7 451 746	19. 3	49 168 148
其中：高新技术产业	万元	6 834 441	20. 7	28 584 765
物流企业经营收入	万元	155 036	-43. 0	903 342
商品销售额	万元	100	—	100
企业利润总额	万元	105 319	-13. 2	544 871
综合能源耗费量	吨标准煤	87 967	0. 7	832 432
新设企业数	个	1	0. 0	98
其中：加工企业	个	0	—	74
物流企业	个	0	-100. 0	20
贸易企业	个	1	—	1
其他服务类企业	个	0	—	0
新设外资企业数	个	0	—	75
内资企业注册资本	万元	1 000	—	1 000
合同利用外资	万美元	0	-100. 0	129 931
实际利用外资	万美元	0	-100. 0	102 960
已投产运作企业数	个	1	0. 0	64
其中：已投产加工企业	个	0	—	50
已投产物流企业	个	0	-100. 0	13
已投产贸易企业	个	1	—	1
已投产其他服务类企业	个	0	—	0
其中：注册资本 1 000 万美元以上	个	0	—	0
固定资产投资额	万元	33 959	-63. 6	2 015 127
其中：基础设施投资	万元	0	-100. 0	134 312
已建成城镇建设用地面积	万平方米	0	—	0
房屋竣工建筑面积	平方米	0	—	1 858 361
其中：已建成厂房面积	平方米	0	—	1 838 515
税务部门税收	万元	12 830	-24. 0	148 197
期末从业人员	人	35 242	-11. 0	35 242
期末批准面积	平方公里	3. 51	0. 0	3. 51
期末验收封关面积	平方公里	3. 51	0. 0	3. 51
跨境电商企业数	个	0	—	0
业务票数	票	8	—	8
销售额	万元	100	—	100
融资租赁企业数	个	0	—	0
租赁资产总额	万元	123 360	—	123 360
货物状态分类监管企业数	个	0	—	0
国内货物进出区货值	万元	2 795	—	2 795
一般纳税人资格试点企业数	个	0	—	0
试点企业内销金额	万元	0	—	0
试点企业增值税纳税额	万元	0	—	0

续表

指标	单位	昆山综合保税区		
		2018 年累计	增幅（%）	历年累计
增加值	万元	1 454 115	10.8	13 410 344
经营总收入	万元	35 651 986	7.1	303 612 507
其中：技术服务收入	万元	577 497	-20.9	2 745 333
工业总产值	万元	28 655 900	-1.3	290 803 756
其中：高新技术产业	万元	254 315	9.2	8 446 598
物流企业经营收入	万元	124 193	30.4	847 319
商品销售额	万元	6 280 226	—	6 280 226
企业利润总额	万元	351 332	-7.4	3 773 267
综合能源耗费量	吨标准煤	113 051	4.6	1 147 862
新设企业数	个	4	-69.2	145
其中：加工企业	个	2	-33.3	80
物流企业	个	0	-100.0	49
贸易企业	个	2	—	10
其他服务类企业	个	0	—	6
新设外资企业数	个	2	—	78
内资企业注册资本	万元	200	—	161 484
合同利用外资	万美元	3 700	-63.0	150 157
实际利用外资	万美元	11 200	64.7	140 037
已投产运作企业数	个	2	-33.3	120
其中：已投产加工企业	个	2	—	68
已投产物流企业	个	0	—	44
已投产贸易企业	个	0	—	6
已投产其他服务类企业	个	0	—	2
其中：注册资本 1 000 万美元以上	个	0	—	35
固定资产投资额	万元	155 515	-9.3	2 567 022
其中：基础设施投资	万元	1 022	-25.4	78 967
已建成城镇建设用地面积	万平方米	0	—	523
房屋竣工建筑面积	平方米	0	-100.0	3 391 208
其中：已建成厂房面积	平方米	0	-100.0	3 391 208
税务部门税收	万元	175 825	105.9	1 121 124
期末从业人员	人	142 691	-2.4	142 691
期末批准面积	平方公里	5.86	0.0	5.86
期末验收封关面积	平方公里	5.86	0.0	5.86
跨境电商企业数	个	0	—	0
业务票数	票	0	—	0
销售额	万元	0	—	0
融资租赁企业数	个	0	—	0
租赁资产总额	万元	0	—	0
货物状态分类监管企业数	个	0	—	0
国内货物进出区货值	万元	0	—	0
一般纳税人资格试点企业数	个	15	—	15
试点企业内销金额	万元	350 128	—	520 395
试点企业增值税纳税额	万元	56 187	—	84 934

续表

指标	单位	成都高新综合保税区		
		2018 年累计	增幅（%）	历年累计
增加值	万元	3 751 195	-55.3	29 648 605
经营总收入	万元	15 241 205	-40.2	92 759 116
其中：技术服务收入	万元	175 448	-49.2	1 003 367
工业总产值	万元	23 480 792	24.2	160 024 496
其中：高新技术产业	万元	340 105	-86.0	12 562 889
物流企业经营收入	万元	16 823	-62.7	204 898
商品销售额	万元	36 932	—	36 932
企业利润总额	万元	226 061	-83.0	3 378 808
综合能源耗费量	吨标准煤	48 875	-67.5	1 041 538
新设企业数	个	3	—	43
其中：加工企业	个	1	—	23
物流企业	个	2	—	20
贸易企业	个	0	—	0
其他服务类企业	个	0	—	0
新设外资企业数	个	1	—	26
内资企业注册资本	万元	0	—	0
合同利用外资	万美元	0	—	89 576
实际利用外资	万美元	0	—	89 576
已投产运作企业数	个	35	—	35
其中：已投产加工企业	个	20	—	20
已投产物流企业	个	15	—	15
已投产贸易企业	个	0	—	0
已投产其他服务类企业	个	0	—	0
其中：注册资本 1 000 万美元以上	个	0	—	0
固定资产投资额	万元	2 486 180	-46.0	13 360 135
其中：基础设施投资	万元	0	—	95 651
已建成城镇建设用地面积	万平方米	0	—	0
房屋竣工建筑面积	平方米	0	—	1 759 308
其中：已建成厂房面积	平方米	0	—	1 279 003
税务部门税收	万元	9 600	-95.8	746 200
期末从业人员	人	101 346	33.6	101 346
期末批准面积	平方公里	4.68	0.0	4.68
期末验收封关面积	平方公里	4.68	0.0	4.68
跨境电商企业数	个	0	—	0
业务票数	票	0	—	0
销售额	万元	0	—	0
融资租赁企业数	个	0	—	0
租赁资产总额	万元	0	—	0
货物状态分类监管企业数	个	0	—	0
国内货物进出区货值	万元	0	—	0
一般纳税人资格试点企业数	个	0	—	0
试点企业内销金额	万元	0	—	0
试点企业增值税纳税额	万元	0	—	0

续表

指标	单位	广西凭祥综合保税区		
		2018 年累计	增幅（%）	历年累计
增加值	万元	4 435	-49.0	47 923
经营总收入	万元	280 072	-34.6	2 155 606
其中：技术服务收入	万元	0	—	5 500
工业总产值	万元	7 750	-79.8	177 372
其中：高新技术产业	万元	0	—	0
物流企业经营收入	万元	20 112	64.5	54 511
商品销售额	万元	4 770	—	4 770
企业利润总额	万元	2 887	-62.3	33 165
综合能源耗费量	吨标准煤	307	—	388
新设企业数	个	82	46.4	351
其中：加工企业	个	9	28.6	29
物流企业	个	43	115.0	126
贸易企业	个	15	—	15
其他服务类企业	个	12	—	12
新设外资企业数	个	0	—	1
内资企业注册资本	万元	91 926	—	91 926
合同利用外资	万美元	0	—	151
实际利用外资	万美元	0	—	151
已投产运作企业数	个	21	0.0	164
其中：已投产加工企业	个	4	100.0	15
已投产物流企业	个	8	0.0	59
已投产贸易企业	个	4	—	4
已投产其他服务类企业	个	5	—	5
其中：注册资本 1 000 万美元以上	个	2	—	2
固定资产投资额	万元	14 433	-55.4	144 419
其中：基础设施投资	万元	10 764	-58.3	80 459
已建成城镇建设用地面积	万平方米	59	—	59
房屋竣工建筑面积	平方米	35 647	-8.1	231 522
其中：已建成厂房面积	平方米	35 647	65.0	140 298
税务部门税收	万元	1 620	-48.9	10 205
期末从业人员	人	7 775	447.5	7 775
期末批准面积	平方公里	1.01	-88.1	1.01
期末验收封关面积	平方公里	1.01	0.0	1.01
跨境电商企业数	个	1	—	1
业务票数	票	22 210	—	22 210
销售额	万元	500	—	500
融资租赁企业数	个	0	—	0
租赁资产总额	万元	0	—	0
货物状态分类监管企业数	个	0	—	0
国内货物进出区货值	万元	0	—	0
一般纳税人资格试点企业数	个	0	—	0
试点企业内销金额	万元	0	—	0
试点企业增值税纳税额	万元	0	—	0

续表

指标	单位	海口综合保税区		
		2018 年累计	增幅（%）	历年累计
增加值	万元	15 757	-82.1	145 425
经营总收入	万元	1 115 871	-80.0	24 080 920
其中：技术服务收入	万元	301 905	8.8	878 478
工业总产值	万元	897	79.0	37 580
其中：高新技术产业	万元	0	-100.0	18 560
物流企业经营收入	万元	140	79.5	4 389 386
商品销售额	万元	3 922	—	4 147
企业利润总额	万元	16 729	-88.6	200 778
综合能源耗费量	吨标准煤	123	-24.1	293
新设企业数	个	289	275.3	1 278
其中：加工企业	个	3	50.0	6
物流企业	个	20	-73.3	206
贸易企业	个	37	—	37
其他服务类企业	个	229	—	229
新设外资企业数	个	25	525.0	124
内资企业注册资本	万元	1 767 427	—	1 767 427
合同利用外资	万美元	5 787	—	34 280
实际利用外资	万美元	3 255	—	32 284
已投产运作企业数	个	2	100.0	5
其中：已投产加工企业	个	0	-100.0	3
已投产物流企业	个	0	—	1
已投产贸易企业	个	0	—	0
已投产其他服务类企业	个	0	—	1
其中：注册资本 1 000 万美元以上	个	1	—	1
固定资产投资额	万元	180 921	155.9	625 798
其中：基础设施投资	万元	28 249	-55.7	202 324
已建成城镇建设用地面积	万平方米	0	—	0
房屋竣工建筑面积	平方米	0	-100.0	441 131
其中：已建成厂房面积	平方米	0	-100.0	344 112
税务部门税收	万元	41 107	117.6	104 456
期末从业人员	人	5 811	6.6	5 811
期末批准面积	平方公里	1.93	0.0	1.93
期末验收封关面积	平方公里	1.93	0.0	1.93
跨境电商企业数	个	0	—	0
业务票数	票	8 273	—	8 273
销售额	万元	96	—	96
融资租赁企业数	个	0	—	0
租赁资产总额	万元	0	—	0
货物状态分类监管企业数	个	0	—	0
国内货物进出区货值	万元	0	—	0
一般纳税人资格试点企业数	个	0	—	0
试点企业内销金额	万元	0	—	0
试点企业增值税纳税额	万元	0	—	0

续表

指标	单位	郑州新郑综合保税区		
		2018 年累计	增幅（%）	历年累计
增加值	万元	829 885	-68.5	18 348 239
经营总收入	万元	29 757 773	8.5	162 120 717
其中：技术服务收入	万元	0	—	150 252
工业总产值	万元	38 220 405	39.7	171 175 205
其中：高新技术产业	万元	0	—	0
物流企业经营收入	万元	189 555	1.9	424 753
商品销售额	万元	223 006	—	223 006
企业利润总额	万元	529 793	71.7	3 119 284
综合能源耗费量	吨标准煤	92 095	-39.9	628 425
新设企业数	个	0	—	47
其中：加工企业	个	0	—	2
物流企业	个	0	—	20
贸易企业	个	0	—	0
其他服务类企业	个	0	—	0
新设外资企业数	个	0	—	6
内资企业注册资本	万元	0	—	0
合同利用外资	万美元	0	-100.0	456 088
实际利用外资	万美元	0	-100.0	460 372
已投产运作企业数	个	0	-100.0	70
其中：已投产加工企业	个	0	-100.0	11
已投产物流企业	个	0	-100.0	59
已投产贸易企业	个	0	—	0
已投产其他服务类企业	个	0	—	0
其中：注册资本 1 000 万美元以上	个	0	—	0
固定资产投资额	万元	400 000	-67.8	9 862 010
其中：基础设施投资	万元	0	—	180 672
已建成城镇建设用地面积	万平方米	0	—	0
房屋竣工建筑面积	平方米	0	—	2 000 000
其中：已建成厂房面积	平方米	0	—	2 000 000
税务部门税收	万元	54 211	-33.7	824 994
期末从业人员	人	222 065	29.1	222 065
期末批准面积	平方公里	5.07	0.0	5.07
期末验收封关面积	平方公里	5.07	0.0	5.07
跨境电商企业数	个	5	—	5
业务票数	票	19 807 581	—	19 807 581
销售额	万元	223 006	—	223 006
融资租赁企业数	个	0	—	0
租赁资产总额	万元	0	—	0
货物状态分类监管企业数	个	0	—	0
国内货物进出区货值	万元	0	—	0
一般纳税人资格试点企业数	个	0	—	0
试点企业内销金额	万元	0	—	0
试点企业增值税纳税额	万元	0	—	0

续表

指标	单位	无锡高新区综合保税区		
		2018 年累计	增幅（%）	历年累计
增加值	万元	1 502 167	15.1	13 754 835
经营总收入	万元	6 890 098	6.1	47 441 515
其中：技术服务收入	万元	0	—	0
工业总产值	万元	6 915 401	8.4	47 925 849
其中：高新技术产业	万元	4 802 058	12.4	34 257 286
物流企业经营收入	万元	53 408	4.7	353 147.44
商品销售额	万元	1 187	—	1 187
企业利润总额	万元	443 201	39.6	3 139 945.6
综合能源耗费量	吨标准煤	494 163	204.6	2 511 177
新设企业数	个	7	75.0	67
其中：加工企业	个	0	-100.0	42
物流企业	个	0	-100.0	17
贸易企业	个	0	—	0
其他服务类企业	个	4	—	6
新设外资企业数	个	0	-100.0	41
内资企业注册资本	万元	0	—	500
合同利用外资	万美元	4 200	89.2	390 212
实际利用外资	万美元	4 200	-25.0	327 009
已投产运作企业数	个	0	-100.0	51
其中：已投产加工企业	个	0	-100.0	29
已投产物流企业	个	0	-100.0	16
已投产贸易企业	个	0	—	0
已投产其他服务类企业	个	0	—	1
其中：注册资本 1 000 万美元以上	个	0	—	0
固定资产投资额	万元	1 461 288	67.3	11 948 644
其中：基础设施投资	万元	322 173	2 619.7	519 977
已建成城镇建设用地面积	万平方米	0	—	0
房屋竣工建筑面积	平方米	0	—	1 115 290
其中：已建成厂房面积	平方米	0	—	1 115 290
税务部门税收	万元	169 664	51.5	980 580
期末从业人员	人	39 804	0.8	39 804
期末批准面积	平方公里	3.5	0.0	3.5
期末验收封关面积	平方公里	2.39	0.0	2.39
跨境电商企业数	个	0	—	0
业务票数	票	0	—	0
销售额	万元	0	—	0
融资租赁企业数	个	0	—	0
租赁资产总额	万元	0	—	0
货物状态分类监管企业数	个	3	—	3
国内货物进出区货值	万元	181 685	—	181 685
一般纳税人资格试点企业数	个	4	—	4
试点企业内销金额	万元	1 187	—	1 187
试点企业增值税纳税额	万元	156	—	156

续表

指标	单位	南通综合保税区		
		2018 年累计	增幅（%）	历年累计
增加值	万元	40 622	3. 1	233 252
经营总收入	万元	1 421 158	2. 5	5 115 179
其中：技术服务收入	万元	1 489	-42. 7	15 211
工业总产值	万元	185 820	0. 9	1 039 052
其中：高新技术产业	万元	24 788	18. 7	84 482
物流企业经营收入	万元	33 726	85. 3	75 696
商品销售额	万元	1 200 089	—	3 229 428
企业利润总额	万元	7 703	-56. 1	45 941
综合能源耗费量	吨标准煤	9 838	4. 5	36 110
新设企业数	个	19	280. 0	235
其中：加工企业	个	2	-33. 3	34
物流企业	个	7	600. 0	24
贸易企业	个	3	—	103
其他服务类企业	个	7	—	74
新设外资企业数	个	5	—	34
内资企业注册资本	万元	160 160	—	893 788
合同利用外资	万美元	21 200	—	63 739
实际利用外资	万美元	11 488	7 990. 1	40 998
已投产运作企业数	个	7	600. 0	167
其中：已投产加工企业	个	0	—	26
已投产物流企业	个	1	—	17
已投产贸易企业	个	3	—	83
已投产其他服务类企业	个	3	—	41
其中：注册资本 1 000 万美元以上	个	1	—	26
固定资产投资额	万元	272 060	1 714. 1	469 392
其中：基础设施投资	万元	4 000	300. 0	45 960
已建成城镇建设用地面积	万平方米	38	—	179
房屋竣工建筑面积	平方米	101 506	—	486 448
其中：已建成厂房面积	平方米	42 074	—	361 831
税务部门税收	万元	34 805	511. 8	50 330
期末从业人员	人	2 303	12. 9	2 303
期末批准面积	平方公里	5. 29	0. 0	5. 29
期末验收封关面积	平方公里	2. 15	0. 0	2. 15
跨境电商企业数	个	0	—	0
业务票数	票	0	—	0
销售额	万元	0	—	0
融资租赁企业数	个	0	—	0
租赁资产总额	万元	0	—	0
货物状态分类监管企业数	个	2	—	2
国内货物进出区货值	万元	209 250	—	209 250
一般纳税人资格试点企业数	个	0	—	0
试点企业内销金额	万元	0	—	0
试点企业增值税纳税额	万元	0	—	0

续表

指标	单位	黑龙江绥芬河综合保税区		
		2018 年累计	增幅（%）	历年累计
增加值	万元	0	-100.0	18 514
经营总收入	万元	0	-100.0	23 291
其中：技术服务收入	万元	0	—	37
工业总产值	万元	0	-100.0	333 011
其中：高新技术产业	万元	0	—	0
物流企业经营收入	万元	324	40.9	2 966
商品销售额	万元	0	—	0
企业利润总额	万元	0	-100.0	2 713
综合能源耗费量	吨标准煤	0	-100.0	3 156
新设企业数	个	66	-7.0	673
其中：加工企业	个	3	—	19
物流企业	个	1	—	24
贸易企业	个	56	—	61
其他服务类企业	个	4	—	4
新设外资企业数	个	1	—	10
内资企业注册资本	万元	81 329	—	86 079
合同利用外资	万美元	0	—	63
实际利用外资	万美元	6 000	—	6 020
已投产运作企业数	个	61	335.7	192
其中：已投产加工企业	个	14	40.0	128
已投产物流企业	个	5	150.0	26
已投产贸易企业	个	28	—	28
已投产其他服务类企业	个	2	—	2
其中：注册资本 1 000 万美元以上	个	0	—	0
固定资产投资额	万元	105 152	510.1	156 104
其中：基础设施投资	万元	94 305	923.4	113 286
已建成城镇建设用地面积	万平方米	10	—	10
房屋竣工建筑面积	平方米	9 000	—	9 000
其中：已建成厂房面积	平方米	0	—	8 700
税务部门税收	万元	5 831	166.4	23 778
期末从业人员	人	2 700	0.0	2 700
期末批准面积	平方公里	1.8	0.0	1.8
期末验收封关面积	平方公里	1.8	0.0	1.8
跨境电商企业数	个	0	—	0
业务票数	票	0	—	0
销售额	万元	0	—	0
融资租赁企业数	个	0	—	0
租赁资产总额	万元	0	—	0
货物状态分类监管企业数	个	0	—	0
国内货物进出区货值	万元	0	—	0
一般纳税人资格试点企业数	个	0	—	0
试点企业内销金额	万元	0	—	0
试点企业增值税纳税额	万元	0	—	0

续表

指标	单位	济南综合保税区		
		2018 年累计	增幅（%）	历年累计
增加值	万元	30 611	-21.7	278 021
经营总收入	万元	270 247	1.5	1 621 575
其中：技术服务收入	万元	0	—	0
工业总产值	万元	225 139	-0.4	1 640 641
其中：高新技术产业	万元	10 624	-1.9	73 139
物流企业经营收入	万元	13 852	22.5	198 451
商品销售额	万元	1 847	—	1 847
企业利润总额	万元	5 390	-59.5	96 660
综合能源耗费量	吨标准煤	297	7.2	2 724
新设企业数	个	11	10.0	137
其中：加工企业	个	2	-50.0	33
物流企业	个	1	-66.7	39
贸易企业	个	8	—	8
其他服务类企业	个	0	—	0
新设外资企业数	个	2	—	14
内资企业注册资本	万元	57 703	—	57 703
合同利用外资	万美元	1 000	—	31 245
实际利用外资	万美元	9	—	8 189
已投产运作企业数	个	6	200.0	41
其中：已投产加工企业	个	0	-100.0	21
已投产物流企业	个	1	—	11
已投产贸易企业	个	5	—	5
已投产其他服务类企业	个	0	—	0
其中：注册资本 1 000 万美元以上	个	1	—	1
固定资产投资额	万元	228 046	-42.1	1 951 837
其中：基础设施投资	万元	0	—	22 814
已建成城镇建设用地面积	万平方米	0	—	0
房屋竣工建筑面积	平方米	0	—	348 035
其中：已建成厂房面积	平方米	0	—	310 995
税务部门税收	万元	179	175.4	10 186
期末从业人员	人	1 152	-0.7	1 152
期末批准面积	平方公里	5.22	0.0	5.22
期末验收封关面积	平方公里	2.02	0.0	2.02
跨境电商企业数	个	4	—	4
业务票数	票	0	—	0
销售额	万元	0	—	0
融资租赁企业数	个	0	—	0
租赁资产总额	万元	0	—	0
货物状态分类监管企业数	个	3	—	3
国内货物进出区货值	万元	0	—	0
一般纳税人资格试点企业数	个	0	—	0
试点企业内销金额	万元	0	—	0
试点企业增值税纳税额	万元	0	—	0

续表

指标	单位	南京综合保税区（龙潭）		
		2018 年累计	增幅（%）	历年累计
增加值	万元	2 282	54.3	9 185
经营总收入	万元	6 292	-19.3	32 444
其中：技术服务收入	万元	0	—	0
工业总产值	万元	0	—	0
其中：高新技术产业	万元	0	—	0
物流企业经营收入	万元	6 071	-22.1	32 112
商品销售额	万元	0	—	0
企业利润总额	万元	77	-81.9	3 149
综合能源耗费量	吨标准煤	0	—	1
新设企业数	个	1	-50.0	21
其中：加工企业	个	0	—	0
物流企业	个	1	0.0	15
贸易企业	个	0	—	6
其他服务类企业	个	0	—	0
新设外资企业数	个	0	-100.0	1
内资企业注册资本	万元	500	—	43 999
合同利用外资	万美元	0	-100.0	5 551
实际利用外资	万美元	0	-100.0	1 216
已投产运作企业数	个	0	-100.0	20
其中：已投产加工企业	个	0	—	0
已投产物流企业	个	0	-100.0	14
已投产贸易企业	个	0	—	6
已投产其他服务类企业	个	0	—	0
其中：注册资本 1 000 万美元以上	个	0	—	2
固定资产投资额	万元	8 000	-68.3	352 908
其中：基础设施投资	万元	8 000	257.1	310 500
已建成城镇建设用地面积	万平方米	0	—	62
房屋竣工建筑面积	平方米	0	-100.0	194 373
其中：已建成厂房面积	平方米	0	-100.0	156 163
税务部门税收	万元	608	-17.8	2 107
期末从业人员	人	272	13.3	272
期末批准面积	平方公里	3.83	0.0	3.83
期末验收封关面积	平方公里	1.15	0.0	1.15
跨境电商企业数	个	0	—	0
业务票数	票	0	—	0
销售额	万元	0	—	0
融资租赁企业数	个	0	—	0
租赁资产总额	万元	0	—	0
货物状态分类监管企业数	个	4	—	4
国内货物进出区货值	万元	1 465 591	—	1 845 941
一般纳税人资格试点企业数	个	0	—	0
试点企业内销金额	万元	0	—	0
试点企业增值税纳税额	万元	0	—	0

续表

指标	单位	舟山港综合保税区		
		2018 年累计	增幅（%）	历年累计
增加值	万元	0	—	0
经营总收入	万元	25 806 000	110.8	45 114 517
其中：技术服务收入	万元	0	—	0
工业总产值	万元	60 078	-48.0	128 881
其中：高新技术产业	万元	0	—	0
物流企业经营收入	万元	533 305	1.5	2 831 024
商品销售额	万元	7 167 666	—	16 265 151
企业利润总额	万元	0	—	0
综合能源耗费量	吨标准煤	1 803	—	2 057
新设企业数	个	4 201	101.5	9 748
其中：加工企业	个	3	50.0	8
物流企业	个	84	33.3	498
贸易企业	个	2 227	—	5 583
其他服务类企业	个	1 837	—	3 609
新设外资企业数	个	108	237.5	183
内资企业注册资本	万元	6 270 916	—	15 667 867
合同利用外资	万美元	8 078	-31.1	50 482
实际利用外资	万美元	8 078	-11.8	29 257
已投产运作企业数	个	588	58.1	2 061
其中：已投产加工企业	个	0	-100.0	4
已投产物流企业	个	30	36.4	124
已投产贸易企业	个	401	—	1 531
已投产其他服务类企业	个	162	—	402
其中：注册资本 1 000 万美元以上	个	0	—	0
固定资产投资额	万元	19 478	-83.1	610 908
其中：基础设施投资	万元	15 691	-77.6	445 819
已建成城镇建设用地面积	万平方米	0	—	70
房屋竣工建筑面积	平方米	0	-100.0	439 846
其中：已建成厂房面积	平方米	0	-100.0	135 759
税务部门税收	万元	129 900	210.1	284 691
期末从业人员	人	13 438	70.2	13 438
期末批准面积	平方公里	5.85	0.0	5.85
期末验收封关面积	平方公里	3.51	0.0	3.51
跨境电商企业数	个	0	—	0
业务票数	票	0	—	0
销售额	万元	0	—	0
融资租赁企业数	个	1	—	1
租赁资产总额	万元	897 000	—	897 000
货物状态分类监管企业数	个	0	—	0
国内货物进出区货值	万元	0	—	203 115
一般纳税人资格试点企业数	个	0	—	0
试点企业内销金额	万元	0	—	0
试点企业增值税纳税额	万元	0	—	0

续表

指标	单位	哈尔滨综合保税区		
		2018 年累计	增幅（%）	历年累计
增加值	万元	0	—	0
经营总收入	万元	2 512	224.5	3 337
其中：技术服务收入	万元	0	—	0
工业总产值	万元	2 486	54.0	4 100
其中：高新技术产业	万元	0	—	0
物流企业经营收入	万元	0	—	0
商品销售额	万元	157	—	1 322
企业利润总额	万元	-94	—	-95
综合能源耗费量	吨标准煤	0	—	2
新设企业数	个	30	15.4	69
其中：加工企业	个	4	100.0	5
物流企业	个	1	-75.0	3
贸易企业	个	24	50.0	24
其他服务类企业	个	1	—	1
新设外资企业数	个	4	0.0	10
内资企业注册资本	万元	35 380	—	54 250
合同利用外资	万美元	0	—	0
实际利用外资	万美元	0	-100.0	214
已投产运作企业数	个	0	-100.0	7
其中：已投产加工企业	个	0	-100.0	2
已投产物流企业	个	0	—	0
已投产贸易企业	个	0	—	5
已投产其他服务类企业	个	0	—	0
其中：注册资本 1 000 万美元以上	个	0	—	0
固定资产投资额	万元	7 990	-89.7	124 159
其中：基础设施投资	万元	7 940	-89.8	124 084
已建成城镇建设用地面积	万平方米	0	—	0
房屋竣工建筑面积	平方米	10 940	-87.6	98 860
其中：已建成厂房面积	平方米	10 940	-87.6	98 860
税务部门税收	万元	18	260.0	36
期末从业人员	人	60	252.9	60
期末批准面积	平方公里	3.29	0.0	3.29
期末验收封关面积	平方公里	1.127	0.0	1.127
跨境电商企业数	个	4	—	4
业务票数	票	18 749	—	18 749
销售额	万元	523	—	523
融资租赁企业数	个	0	—	0
租赁资产总额	万元	0	—	0
货物状态分类监管企业数	个	0	—	0
国内货物进出区货值	万元	0	—	0
一般纳税人资格试点企业数	个	0	—	0
试点企业内销金额	万元	0	—	0
试点企业增值税纳税额	万元	0	—	0

续表

指标	单位	南京综合保税区（江宁）		
		2018 年累计	增幅（%）	历年累计
增加值	万元	0	—	366 352
经营总收入	万元	547 585	-88.8	18 753 925
其中：技术服务收入	万元	0	—	0
工业总产值	万元	2 471 211.5	-28.8	16 645 923.78
其中：高新技术产业	万元	48 304	170.3	66 174
物流企业经营收入	万元	2 153	-68.8	26 624
商品销售额	万元	912 001.7	—	912 001.7
企业利润总额	万元	21 192	134.0	23 685.1
综合能源耗费量	吨标准煤	5 714	-20.5	79 931.24
新设企业数	个	0	-100.0	45
其中：加工企业	个	0	-100.0	32
物流企业	个	0	-100.0	11
贸易企业	个	0	—	0
其他服务类企业	个	0	—	0
新设外资企业数	个	0	-100.0	35
内资企业注册资本	万元	0	—	0
合同利用外资	万美元	0	-100.0	28 729
实际利用外资	万美元	0	-100.0	16 495
已投产运作企业数	个	0	—	12
其中：已投产加工企业	个	0	—	9
已投产物流企业	个	0	—	3
已投产贸易企业	个	0	—	0
已投产其他服务类企业	个	0	—	0
其中：注册资本 1 000 万美元以上	个	0	—	0
固定资产投资额	万元	10 000	-37.5	67 799
其中：基础设施投资	万元	9 000	-43.8	58 173
已建成城镇建设用地面积	万平方米	0	—	0
房屋竣工建筑面积	平方米	0	-100.0	687 358
其中：已建成厂房面积	平方米	0	-100.0	269 558
税务部门税收	万元	17 138	3 073.7	41 289
期末从业人员	人	16 559	10.4	16 559
期末批准面积	平方公里	0.85	0.0	0.85
期末验收封关面积	平方公里	0.85	0.0	0.85
跨境电商企业数	个	0	—	0
业务票数	票	0	—	0
销售额	万元	0	—	0
融资租赁企业数	个	0	—	0
租赁资产总额	万元	0	—	0
货物状态分类监管企业数	个	0	—	0
国内货物进出区货值	万元	0	—	0
一般纳税人资格试点企业数	个	0	—	0
试点企业内销金额	万元	0	—	0
试点企业增值税纳税额	万元	0	—	0

续表

指标	单位	常州综合保税区		
		2018 年累计	增幅（%）	历年累计
增加值	万元	52 855	10.0	354 787
经营总收入	万元	225 006	9.1	1 601 701
其中：技术服务收入	万元	0	—	0
工业总产值	万元	218 216	9.0	1 565 491
其中：高新技术产业	万元	216 547	21.2	569 881
物流企业经营收入	万元	6 790	12.6	33 178
商品销售额	万元	237	—	1 920
企业利润总额	万元	7 736	-64.5	126 294
综合能源耗费量	吨标准煤	4 180	-34.6	58 955
新设企业数	个	13	550.0	45
其中：加工企业	个	1	0.0	15
物流企业	个	0	—	16
贸易企业	个	8	—	8
其他服务类企业	个	4	—	4
新设外资企业数	个	1	-50.0	18
内资企业注册资本	万元	3 758	—	3 758
合同利用外资	万美元	58 741	1 074.8	88 228
实际利用外资	万美元	5 647	413.4	29 493
已投产运作企业数	个	1	0.0	15
其中：已投产加工企业	个	1	0.0	12
已投产物流企业	个	0	—	3
已投产贸易企业	个	0	—	10
已投产其他服务类企业	个	0	—	2
其中：注册资本 1 000 万美元以上	个	0	—	5
固定资产投资额	万元	22 734	13.5	269 649
其中：基础设施投资	万元	17 392	1.4	188 067
已建成城镇建设用地面积	万平方米	0	—	0
房屋竣工建筑面积	平方米	89 300	224.0	351 336
其中：已建成厂房面积	平方米	89 300	224.0	351 336
税务部门税收	万元	25 077	456.3	64 544
期末从业人员	人	1 424	12.6	1 424
期末批准面积	平方公里	1.66	0.0	1.66
期末验收封关面积	平方公里	1.33	0.0	1.33
跨境电商企业数	个	6	—	6
业务票数	票	94 000	—	94 000
销售额	万元	768	—	768
融资租赁企业数	个	0	—	0
租赁资产总额	万元	0	—	0
货物状态分类监管企业数	个	10	—	10
国内货物进出区货值	万元	12 710	—	12 710
一般纳税人资格试点企业数	个	0	—	0
试点企业内销金额	万元	0	—	0
试点企业增值税纳税额	万元	0	—	0

续表

指标	单位	武进综合保税区		
		2018 年累计	增幅（%）	历年累计
增加值	万元	253 667	-19.1	1 278 581
经营总收入	万元	1 114 458	-8.0	5 987 545
其中：技术服务收入	万元	0	—	0
工业总产值	万元	1 338 548	-13.6	8 009 203
其中：高新技术产业	万元	1 313 417	-12.6	7 475 292
物流企业经营收入	万元	8 755	18.7	45 203
商品销售额	万元	1 105 703	—	1 105 703
企业利润总额	万元	84 789	-36.7	453 256
综合能源耗费量	吨标准煤	9 768 100	49 416.4	9 866 572
新设企业数	个	3	50.0	3
其中：加工企业	个	1	0.0	1
物流企业	个	0	—	13
贸易企业	个	2	—	2
其他服务类企业	个	0	—	0
新设外资企业数	个	1	0.0	12
内资企业注册资本	万元	700	—	700
合同利用外资	万美元	0	-100.0	88 926
实际利用外资	万美元	8 511	1 559.1	60 129
已投产运作企业数	个	47	683.3	76
其中：已投产加工企业	个	9	200.0	9
已投产物流企业	个	18	—	18
已投产贸易企业	个	16	—	16
已投产其他服务类企业	个	4	—	4
其中：注册资本 1 000 万美元以上	个	8	—	8
固定资产投资额	万元	69 105	-9.4	69 105
其中：基础设施投资	万元	6 427	—	23 083
已建成城镇建设用地面积	万平方米	0	—	0
房屋竣工建筑面积	平方米	0	—	549 388
其中：已建成厂房面积	平方米	0	—	464 687
税务部门税收	万元	69 992	123.7	140 593
期末从业人员	人	12 853	-50.1	12 853
期末批准面积	平方公里	0.95	-17.4	0.95
期末验收封关面积	平方公里	0.95	-12.0	0.95
跨境电商企业数	个	0	—	0
业务票数	票	0	—	0
销售额	万元	0	—	0
融资租赁企业数	个	0	—	0
租赁资产总额	万元	0	—	0
货物状态分类监管企业数	个	0	—	0
国内货物进出区货值	万元	0	—	0
一般纳税人资格试点企业数	个	0	—	0
试点企业内销金额	万元	0	—	0
试点企业增值税纳税额	万元	0	—	0

续表

指标	单位	吴中综合保税区		
		2018 年累计	增幅（%）	历年累计
增加值	万元	7 526	-93.4	429 626
经营总收入	万元	44 973	-27.0	2 443 162
其中：技术服务收入	万元	0	—	315
工业总产值	万元	33 852	-22.0	2 341 791
其中：高新技术产业	万元	0	—	0
物流企业经营收入	万元	10 126	-19.3	62 591
商品销售额	万元	0	—	32 600
企业利润总额	万元	-1 421	—	-83 830
综合能源耗费量	吨标准煤	3 950	-40.0	53 971
新设企业数	个	3	200.0	39
其中：加工企业	个	2	—	10
物流企业	个	1	0.0	28
贸易企业	个	0	—	0
其他服务类企业	个	0	—	0
新设外资企业数	个	0	—	4
内资企业注册资本	万元	15 500	—	15 500
合同利用外资	万美元	0	—	32 808
实际利用外资	万美元	0	—	10 418
已投产运作企业数	个	3	200.0	28
其中：已投产加工企业	个	2	—	6
已投产物流企业	个	1	0.0	21
已投产贸易企业	个	0	—	0
已投产其他服务类企业	个	0	—	0
其中：注册资本 1 000 万美元以上	个	0	—	0
固定资产投资额	万元	652	-76.6	271 102
其中：基础设施投资	万元	0	—	86 903
已建成城镇建设用地面积	万平方米	0	—	0
房屋竣工建筑面积	平方米	0	—	344 404
其中：已建成厂房面积	平方米	0	—	344 404
税务部门税收	万元	730	-46.1	9 979
期末从业人员	人	849	-41.1	849
期末批准面积	平方公里	3	0.0	3
期末验收封关面积	平方公里	1.38	0.0	1.38
跨境电商企业数	个	0	—	0
业务票数	票	0	—	0
销售额	万元	0	—	0
融资租赁企业数	个	0	—	0
租赁资产总额	万元	0	—	0
货物状态分类监管企业数	个	0	—	0
国内货物进出区货值	万元	0	—	0
一般纳税人资格试点企业数	个	0	—	0
试点企业内销金额	万元	0	—	0
试点企业增值税纳税额	万元	0	—	0

续表

指标	单位	淮安综合保税区		
		2018 年累计	增幅（%）	历年累计
增加值	万元	186 218	-74.7	6 188 786
经营总收入	万元	1 274 344	-84.2	48 586 728
其中：技术服务收入	万元	0	—	0
工业总产值	万元	1 268 141	-84.2	48 956 581
其中：高新技术产业	万元	395 106	—	395 106
物流企业经营收入	万元	2 367	9.9	11 600
商品销售额	万元	466 377	—	466 377
企业利润总额	万元	44 586	-79.9	1 706 889
综合能源耗费量	吨标准煤	43 394	-66.3	1 053 003
新设企业数	个	0	—	18
其中：加工企业	个	0	—	14
物流企业	个	0	—	4
贸易企业	个	0	—	0
其他服务类企业	个	0	—	0
新设外资企业数	个	0	—	13
内资企业注册资本	万元	0	—	0
合同利用外资	万美元	0	-100.0	188 373
实际利用外资	万美元	0	-100.0	61 494
已投产运作企业数	个	0	—	15
其中：已投产加工企业	个	0	—	11
已投产物流企业	个	0	—	4
已投产贸易企业	个	0	—	0
已投产其他服务类企业	个	0	—	0
其中：注册资本 1 000 万美元以上	个	0	—	0
固定资产投资额	万元	4 000	-64.9	644 601
其中：基础设施投资	万元	3 000	14.1	364 097
已建成城镇建设用地面积	万平方米	0	—	0
房屋竣工建筑面积	平方米	0	—	1 610 000
其中：已建成厂房面积	平方米	0	—	1 453 260
税务部门税收	万元	33 199	371.2	90 474
期末从业人员	人	29 811	5.3	29 811
期末批准面积	平方公里	4.92	0.0	4.92
期末验收封关面积	平方公里	2.63	0.0	2.63
跨境电商企业数	个	0	—	0
业务票数	票	0	—	0
销售额	万元	0	—	0
融资租赁企业数	个	0	—	0
租赁资产总额	万元	0	—	0
货物状态分类监管企业数	个	0	—	0
国内货物进出区货值	万元	0	—	0
一般纳税人资格试点企业数	个	0	—	0
试点企业内销金额	万元	0	—	0
试点企业增值税纳税额	万元	0	—	0

续表

指标	单位	扬州综合保税区		
		2018 年累计	增幅（%）	历年累计
增加值	万元	69 662	3.4	644 594
经营总收入	万元	556 486	24.4	3 520 496
其中：技术服务收入	万元	0	—	0
工业总产值	万元	360 750	-22.8	4 208 702
其中：高新技术产业	万元	0	—	0
物流企业经营收入	万元	195 639	149.5	423 668
商品销售额	万元	0	—	0
企业利润总额	万元	23 288	-58.3	400 172
综合能源耗费量	吨标准煤	18 760	7716.7	34 363
新设企业数	个	1	-50.0	40
其中：加工企业	个	0	-100.0	30
物流企业	个	0	—	9
贸易企业	个	0	—	0
其他服务类企业	个	1	—	1
新设外资企业数	个	0	-100.0	31
内资企业注册资本	万元	1 000	—	3 000
合同利用外资	万美元	0	-100.0	202 005
实际利用外资	万美元	0	-100.0	133 497
已投产运作企业数	个	0	-100.0	157
其中：已投产加工企业	个	0	-100.0	147
已投产物流企业	个	0	-100.0	10
已投产贸易企业	个	0	—	0
已投产其他服务类企业	个	0	—	0
其中：注册资本 1 000 万美元以上	个	0	—	0
固定资产投资额	万元	31 923	20.0	533 123
其中：基础设施投资	万元	31 923	20.0	244 269
已建成城镇建设用地面积	万平方米	0	—	0
房屋竣工建筑面积	平方米	0	—	520 987
其中：已建成厂房面积	平方米	0	—	520 987
税务部门税收	万元	16 295	31.2	77 992
期末从业人员	人	3 080	30.4	3 080
期末批准面积	平方公里	2.2	0.0	2.2
期末验收封关面积	平方公里	1.47	0.0	1.47
跨境电商企业数	个	0	—	0
业务票数	票	0	—	0
销售额	万元	0	—	0
融资租赁企业数	个	0	—	0
租赁资产总额	万元	0	—	0
货物状态分类监管企业数	个	1	—	1
国内货物进出区货值	万元	37 988	—	45 109
一般纳税人资格试点企业数	个	0	—	0
试点企业内销金额	万元	0	—	0
试点企业增值税纳税额	万元	0	—	0

续表

指标	单位	镇江综合保税区		
		2018 年累计	增幅（%）	历年累计
增加值	万元	24 668	10.7	164 642
经营总收入	万元	151 673	48.0	681 376
其中：技术服务收入	万元	0	—	0
工业总产值	万元	143 705	46.7	756 840
其中：高新技术产业	万元	143 705	46.7	720 523
物流企业经营收入	万元	26 618	63.1	103 814
商品销售额	万元	24 264	—	24 264
企业利润总额	万元	8 690	-57.3	135 603
综合能源耗费量	吨标准煤	6 514	145.8	28 418
新设企业数	个	8	100.0	37
其中：加工企业	个	2	0.0	5
物流企业	个	0	-100.0	20
贸易企业	个	2	—	4
其他服务类企业	个	0	—	0
新设外资企业数	个	2	0.0	15
内资企业注册资本	万元	9 710	—	9 710
合同利用外资	万美元	343	-98.0	28 024
实际利用外资	万美元	241	-98.3	28 660
已投产运作企业数	个	7	—	24
其中：已投产加工企业	个	0	—	4
已投产物流企业	个	0	—	8
已投产贸易企业	个	2	—	3
已投产其他服务类企业	个	0	—	0
其中：注册资本 1 000 万美元以上	个	0	—	0
固定资产投资额	万元	28 354	-66.5	200 487
其中：基础设施投资	万元	5 551	-93.4	139 589
已建成城镇建设用地面积	万平方米	0	—	0
房屋竣工建筑面积	平方米	0	—	146 676
其中：已建成厂房面积	平方米	0	—	146 676
税务部门税收	万元	4 445	34.6	21 428
期末从业人员	人	872	-0.8	872
期末批准面积	平方公里	2.53	0.0	2.53
期末验收封关面积	平方公里	0.91	0.0	0.91
跨境电商企业数	个	0	—	0
业务票数	票	0	—	0
销售额	万元	0	—	0
融资租赁企业数	个	0	—	0
租赁资产总额	万元	0	—	0
货物状态分类监管企业数	个	1	—	1
国内货物进出区货值	万元	1 617	—	1 617
一般纳税人资格试点企业数	个	2	—	2
试点企业内销金额	万元	2 643	—	2 643
试点企业增值税纳税额	万元	422	—	422

续表

指标	单位	泰州综合保税区		
		2018 年累计	增幅（%）	历年累计
增加值	万元	159 321	-22.1	691 025
经营总收入	万元	977 182	-21.5	4 420 111
其中：技术服务收入	万元	0	—	0
工业总产值	万元	983 692	-21.3	983 692
其中：高新技术产业	万元	975 767	-17.8	4 057 218
物流企业经营收入	万元	4 336	1.4	4 336
商品销售额	万元	976 758	—	976 758
企业利润总额	万元	2 083	-42.3	50 937
综合能源耗费量	吨标准煤	40 572	128.5	138 661
新设企业数	个	10	66.7	41
其中：加工企业	个	2	—	7
物流企业	个	0	—	4
贸易企业	个	6	—	6
其他服务类企业	个	2	—	2
新设外资企业数	个	3	50.0	7
内资企业注册资本	万元	10 350	—	10 350
合同利用外资	万美元	2 245	4.3	27 377
实际利用外资	万美元	0	—	22 980
已投产运作企业数	个	1	-50.0	20
其中：已投产加工企业	个	0	—	4
已投产物流企业	个	0	—	3
已投产贸易企业	个	1	—	1
已投产其他服务类企业	个	0	—	0
其中：注册资本 1 000 万美元以上	个	0	—	0
固定资产投资额	万元	5 593	159.5	462 386
其中：基础设施投资	万元	0	-100.0	237 491
已建成城镇建设用地面积	万平方米	0	—	0
房屋竣工建筑面积	平方米	0	—	801 073
其中：已建成厂房面积	平方米	0	—	429 959
税务部门税收	万元	1 684	-76.4	18 523
期末从业人员	人	5 648	-5.5	5 648
期末批准面积	平方公里	1.76	0.0	1.76
期末验收封关面积	平方公里	1.58	0.0	1.58
跨境电商企业数	个	0	—	0
业务票数	票	0	—	0
销售额	万元	0	—	0
融资租赁企业数	个	0	—	0
租赁资产总额	万元	0	—	0
货物状态分类监管企业数	个	2	—	2
国内货物进出区货值	万元	128 010	—	128 010
一般纳税人资格试点企业数	个	0	—	0
试点企业内销金额	万元	0	—	0
试点企业增值税纳税额	万元	0	—	0

续表

指标	单位	常熟综合保税区		
		2018 年累计	增幅（%）	历年累计
增加值	万元	16 089	13.2	124 154
经营总收入	万元	48 332	-0.6	564 690
其中：技术服务收入	万元	0	—	0
工业总产值	万元	40 335	8.0	523 102
其中：高新技术产业	万元	0	—	0
物流企业经营收入	万元	7 734	-13.2	57 813
商品销售额	万元	40 698	—	40 698
企业利润总额	万元	3 449	56.6	19 167
综合能源耗费量	吨标准煤	462	-24.6	5 700
新设企业数	个	0	—	13
其中：加工企业	个	0	—	10
物流企业	个	0	—	3
贸易企业	个	0	—	0
其他服务类企业	个	0	—	0
新设外资企业数	个	0	—	10
内资企业注册资本	万元	0	—	1 300
合同利用外资	万美元	0	—	7 271
实际利用外资	万美元	0	—	5 775
已投产运作企业数	个	0	—	13
其中：已投产加工企业	个	0	—	10
已投产物流企业	个	0	—	3
已投产贸易企业	个	0	—	0
已投产其他服务类企业	个	0	—	0
其中：注册资本 1 000 万美元以上	个	0	—	3
固定资产投资额	万元	0	—	56 117
其中：基础设施投资	万元	0	—	28 000
已建成城镇建设用地面积	万平方米	0	—	17.9
房屋竣工建筑面积	平方米	0	—	137 940
其中：已建成厂房面积	平方米	0	—	122 440
税务部门税收	万元	2 384	1.1	19 628
期末从业人员	人	842	6.2	842
期末批准面积	平方公里	0.94	0.0	0.94
期末验收封关面积	平方公里	0.53	0.0	0.53
跨境电商企业数	个	0	—	0
业务票数	票	0	—	0
销售额	万元	0	—	0
融资租赁企业数	个	0	—	0
租赁资产总额	万元	0	—	0
货物状态分类监管企业数	个	1	—	1
国内货物进出区货值	万元	113 205	—	113 205
一般纳税人资格试点企业数	个	0	—	0
试点企业内销金额	万元	0	—	0
试点企业增值税纳税额	万元	0	—	0

续表

指标	单位	吴江综合保税区		
		2018 年累计	增幅（%）	历年累计
增加值	万元	207 75	-3.1	175 034
经营总收入	万元	192 486	-38.1	3 786 152
其中：技术服务收入	万元	0	—	0
工业总产值	万元	193 715	-37.7	4 142 647
其中：高新技术产业	万元	0	—	1 511 859
物流企业经营收入	万元	1 098	11.0	11 615
商品销售额	万元	190 689	—	190 689
企业利润总额	万元	-141	—	-57 792
综合能源耗费量	吨标准煤	711	-34.2	26 213
新设企业数	个	9	800.0	47
其中：加工企业	个	1	—	31
物流企业	个	1	—	6
贸易企业	个	1	—	1
其他服务类企业	个	6	—	6
新设外资企业数	个	2	100.0	35
内资企业注册资本	万元	4 500	—	15 600
合同利用外资	万美元	349	249.0	47 161
实际利用外资	万美元	0	—	20 059
已投产运作企业数	个	4	—	19
其中：已投产加工企业	个	0	—	11
已投产物流企业	个	1	—	5
已投产贸易企业	个	1	—	1
已投产其他服务类企业	个	2	—	2
其中：注册资本 1 000 万美元以上	个	0	—	2
固定资产投资额	万元	695	137.2	173 672
其中：基础设施投资	万元	0	—	37 054
已建成城镇建设用地面积	万平方米	0	—	100
房屋竣工建筑面积	平方米	0	—	221 124
其中：已建成厂房面积	平方米	0	—	219 924
税务部门税收	万元	1 451	-29.3	11 348
期末从业人员	人	543	-6.1	543
期末批准面积	平方公里	1	0.0	1
期末验收封关面积	平方公里	1	0.0	1
跨境电商企业数	个	5	—	5
业务票数	票	138 652	—	138 652
销售额	万元	3 316	—	3 316
融资租赁企业数	个	0	—	0
租赁资产总额	万元	0	—	0
货物状态分类监管企业数	个	0	—	0
国内货物进出区货值	万元	10 004	—	10 004
一般纳税人资格试点企业数	个	2	—	2
试点企业内销金额	万元	276	—	276
试点企业增值税纳税额	万元	22	—	22

续表

指标	单位	嘉兴综合保税区		
		2018 年累计	增幅（%）	历年累计
增加值	万元	9 245	20.2	79 891
经营总收入	万元	45 666	0.9	438 313
其中：技术服务收入	万元	0	—	4 617
工业总产值	万元	42 446	-1.4	423 739
其中：高新技术产业	万元	0	—	0
物流企业经营收入	万元	5 126	84.2	15 135
商品销售额	万元	7 893	—	7 893
企业利润总额	万元	1 601	—	16 515
综合能源耗费量	吨标准煤	2 990	124.3	20 448
新设企业数	个	4	300.0	31
其中：加工企业	个	3	—	21
物流企业	个	0	-100.0	7
贸易企业	个	0	—	0
其他服务类企业	个	0	—	0
新设外资企业数	个	3	—	17
内资企业注册资本	万元	35 000	—	35 000
合同利用外资	万美元	1 000	—	15 426
实际利用外资	万美元	175	-72.0	5 610
已投产运作企业数	个	1	—	15
其中：已投产加工企业	个	1	—	13
已投产物流企业	个	0	—	2
已投产贸易企业	个	0	—	0
已投产其他服务类企业	个	0	—	0
其中：注册资本 1 000 万美元以上	个	1	—	1
固定资产投资额	万元	9 845	-68.6	272 200
其中：基础设施投资	万元	0	-100.0	71 351
已建成城镇建设用地面积	万平方米	0	—	0
房屋竣工建筑面积	平方米	0	—	161 141
其中：已建成厂房面积	平方米	0	—	161 116
税务部门税收	万元	410	-8.5	7 696
期末从业人员	人	524	-27.2	524
期末批准面积	平方公里	2.98	0.0	2.98
期末验收封关面积	平方公里	1.3	0.0	1.3
跨境电商企业数	个	0	—	0
业务票数	票	440	—	440
销售额	万元	7 595	—	7 595
融资租赁企业数	个	0	—	0
租赁资产总额	万元	0	—	0
货物状态分类监管企业数	个	0	—	0
国内货物进出区货值	万元	3 200	—	3 200
一般纳税人资格试点企业数	个	0	—	0
试点企业内销金额	万元	0	—	0
试点企业增值税纳税额	万元	0	—	0

续表

指标	单位	嘉兴综合保税区 B 区		
		2018 年累计	增幅（%）	历年累计
增加值	万元	110 280	37.6	828 939
经营总收入	万元	414 490	6.9	2 347 413
其中：技术服务收入	万元	0	—	0
工业总产值	万元	447 978	35.5	2 610 592
其中：高新技术产业	万元	447 978	35.5	2 610 592
物流企业经营收入	万元	2 507	-47.3	18 279
商品销售额	万元	0	—	0
企业利润总额	万元	68 953	182.4	449 694
综合能源耗费量	吨标准煤	25 066	54.5	127 829
新设企业数	个	0	-100.0	8
其中：加工企业	个	0	-100.0	2
物流企业	个	0	—	3
贸易企业	个	0	—	0
其他服务类企业	个	0	—	0
新设外资企业数	个	0	-100.0	2
内资企业注册资本	万元	0	—	0
合同利用外资	万美元	35 000	470.9	92 373
实际利用外资	万美元	6 860	175.8	58 651
已投产运作企业数	个	0	—	7
其中：已投产加工企业	个	0	—	1
已投产物流企业	个	0	—	3
已投产贸易企业	个	0	—	0
已投产其他服务类企业	个	0	—	0
其中：注册资本 1 000 万美元以上	个	0	—	0
固定资产投资额	万元	105 692	13.3	677 534
其中：基础设施投资	万元	8 420	245.9	47 966
已建成城镇建设用地面积	万平方米	0	—	0
房屋竣工建筑面积	平方米	0	-100.0	490 188
其中：已建成厂房面积	平方米	0	-100.0	413 088
税务部门税收	万元	3 523	8.3	66 101
期末从业人员	人	5 305	4.4	5 305
期末批准面积	平方公里	1.65	0.0	1.65
期末验收封关面积	平方公里	1.04	0.0	1.04
跨境电商企业数	个	0	—	0
业务票数	票	0	—	0
销售额	万元	0	—	0
融资租赁企业数	个	0	—	0
租赁资产总额	万元	0	—	0
货物状态分类监管企业数	个	0	—	0
国内货物进出区货值	万元	0	—	0
一般纳税人资格试点企业数	个	0	—	0
试点企业内销金额	万元	0	—	0
试点企业增值税纳税额	万元	0	—	0

续表

指标	单位	芜湖综合保税区		
		2018 年累计	增幅（%）	历年累计
增加值	万元	63 377	12.7	399 331
经营总收入	万元	276 468	-1.3	2 186 202
其中：技术服务收入	万元	0	—	0
工业总产值	万元	268 682	-5.4	2 192 751
其中：高新技术产业	万元	36 438	37.7	150 817
物流企业经营收入	万元	27	-20.6	303
商品销售额	万元	237 497	—	237 497
企业利润总额	万元	12 614	4.9	64 370
综合能源耗费量	吨标准煤	4 216	-18.7	90 516
新设企业数	个	3	0.0	37
其中：加工企业	个	0	—	18
物流企业	个	3	0.0	17
贸易企业	个	0	—	0
其他服务类企业	个	0	—	0
新设外资企业数	个	0	—	9
内资企业注册资本	万元	600	—	39 483
合同利用外资	万美元	0	—	30 590
实际利用外资	万美元	0	—	30 590
已投产运作企业数	个	4	0.0	29
其中：已投产加工企业	个	0	—	14
已投产物流企业	个	4	0.0	15
已投产贸易企业	个	0	—	0
已投产其他服务类企业	个	0	—	0
其中：注册资本 1 000 万美元以上	个	0	—	0
固定资产投资额	万元	6 006	-64.3	311 066
其中：基础设施投资	万元	0	-100.0	166 930
已建成城镇建设用地面积	万平方米	0	—	0
房屋竣工建筑面积	平方米	0	—	360 646
其中：已建成厂房面积	平方米	0	—	344 846
税务部门税收	万元	7 280	75.4	26 052
期末从业人员	人	3 282	-18.0	3 282
期末批准面积	平方公里	2.17	0.0	2.17
期末验收封关面积	平方公里	2.17	0.0	2.17
跨境电商企业数	个	3	—	3
业务票数	票	57 776	—	57 779
销售额	万元	1 842	—	1 843
融资租赁企业数	个	0	—	0
租赁资产总额	万元	0	—	0
货物状态分类监管企业数	个	3	—	3
国内货物进出区货值	万元	0	—	0
一般纳税人资格试点企业数	个	0	—	0
试点企业内销金额	万元	0	—	0
试点企业增值税纳税额	万元	0	—	0

续表

指标	单位	南昌综合保税区		
		2018 年累计	增幅（%）	历年累计
增加值	万元	17 497	15.3	217 963
经营总收入	万元	646 150	50.5	3 172 909
其中：技术服务收入	万元	0	-100.0	766
工业总产值	万元	598 205	37.5	3 668 906
其中：高新技术产业	万元	223 369	—	286 748
物流企业经营收入	万元	735	—	2 488
商品销售额	万元	0	—	0
企业利润总额	万元	2 136	—	-4 288
综合能源耗费量	吨标准煤	699	107.4	28 472
新设企业数	个	1	—	27
其中：加工企业	个	1	—	12
物流企业	个	0	—	10
贸易企业	个	0	—	0
其他服务类企业	个	0	—	0
新设外资企业数	个	0	—	16
内资企业注册资本	万元	0	—	1
合同利用外资	万美元	0	—	30 000
实际利用外资	万美元	1 116	—	21 978
已投产运作企业数	个	1	—	40
其中：已投产加工企业	个	1	—	22
已投产物流企业	个	0	—	18
已投产贸易企业	个	0	—	0
已投产其他服务类企业	个	0	—	0
其中：注册资本 1 000 万美元以上	个	1	—	1
固定资产投资额	万元	37 076	—	146 296
其中：基础设施投资	万元	0	—	45 078
已建成城镇建设用地面积	万平方米	0	—	0
房屋竣工建筑面积	平方米	129 600	—	344 527
其中：已建成厂房面积	平方米	129 600	—	344 527
税务部门税收	万元	408	871.4	632
期末从业人员	人	4 184	10.0	4 184
期末批准面积	平方公里	2	100.0	2
期末验收封关面积	平方公里	1.915	91.5	1.915
跨境电商企业数	个	0	—	0
业务票数	票	0	—	0
销售额	万元	0	—	0
融资租赁企业数	个	0	—	0
租赁资产总额	万元	0	—	0
货物状态分类监管企业数	个	0	—	0
国内货物进出区货值	万元	20	—	20
一般纳税人资格试点企业数	个	0	—	0
试点企业内销金额	万元	0	—	0
试点企业增值税纳税额	万元	0	—	0

续表

指标	单位	潍坊综合保税区		
		2018 年累计	增幅（%）	历年累计
增加值	万元	150 064	-29.9	933 884
经营总收入	万元	598 650	-31.4	3 425 186
其中：技术服务收入	万元	0	—	0
工业总产值	万元	588 300	-30.4	3 358 583
其中：高新技术产业	万元	535 400	-29.5	2 965 845
物流企业经营收入	万元	4 612	-0.3	31 002
商品销售额	万元	0	—	0
企业利润总额	万元	34 270	-31.5	358 263
综合能源耗费量	吨标准煤	6 851	-25.8	34 616
新设企业数	个	0	-100.0	92
其中：加工企业	个	0	-100.0	72
物流企业	个	0	-100.0	14
贸易企业	个	0	—	0
其他服务类企业	个	0	—	0
新设外资企业数	个	0	-100.0	17
内资企业注册资本	万元	0	—	25 844
合同利用外资	万美元	1 387	593.5	18 377
实际利用外资	万美元	0	-100.0	5 014
已投产运作企业数	个	0	-100.0	34
其中：已投产加工企业	个	0	-100.0	26
已投产物流企业	个	0	—	8
已投产贸易企业	个	0	—	0
已投产其他服务类企业	个	0	—	0
其中：注册资本 1 000 万美元以上	个	0	—	0
固定资产投资额	万元	137 200	-21.8	1 071 258
其中：基础设施投资	万元	7 200	26.3	47 386
已建成城镇建设用地面积	万平方米	0	—	89
房屋竣工建筑面积	平方米	0	-100.0	1 199 478
其中：已建成厂房面积	平方米	0	-100.0	951 760
税务部门税收	万元	38 410	31.3	156 589
期末从业人员	人	4 500	-40.0	4 500
期末批准面积	平方公里	5.17	0.0	5.17
期末验收封关面积	平方公里	1.7	0.0	1.7
跨境电商企业数	个	0	—	0
业务票数	票	0	—	0
销售额	万元	0	—	0
融资租赁企业数	个	0	—	0
租赁资产总额	万元	0	—	0
货物状态分类监管企业数	个	0	—	0
国内货物进出区货值	万元	88 000	—	93 500
一般纳税人资格试点企业数	个	0	—	0
试点企业内销金额	万元	0	—	0
试点企业增值税纳税额	万元	0	—	0

续表

指标	单位	昆明综合保税区		
		2018 年累计	增幅（%）	历年累计
增加值	万元	222	57.4	1 560
经营总收入	万元	332	-47.4	5 735
其中：技术服务收入	万元	0	—	0
工业总产值	万元	16	-72.4	2 233
其中：高新技术产业	万元	0	—	0
物流企业经营收入	万元	330	-47.3	3 563
商品销售额	万元	0	—	0
企业利润总额	万元	77	16.7	381
综合能源耗费量	吨标准煤	517	-1.3	5 248
新设企业数	个	0	—	13
其中：加工企业	个	0	—	7
物流企业	个	0	—	5
贸易企业	个	0	—	0
其他服务类企业	个	0	—	0
新设外资企业数	个	0	—	1
内资企业注册资本	万元	0	—	0
合同利用外资	万美元	0	—	270
实际利用外资	万美元	0	—	270
已投产运作企业数	个	0	—	12
其中：已投产加工企业	个	0	—	7
已投产物流企业	个	0	—	5
已投产贸易企业	个	0	—	0
已投产其他服务类企业	个	0	—	0
其中：注册资本 1 000 万美元以上	个	0	—	0
固定资产投资额	万元	0	—	66 353
其中：基础设施投资	万元	0	—	24 690
已建成城镇建设用地面积	万平方米	0	—	0
房屋竣工建筑面积	平方米	0	—	36 835
其中：已建成厂房面积	平方米	0	—	25 727
税务部门税收	万元	4	-50.0	106
期末从业人员	人	25	0.0	25
期末批准面积	平方公里	2	0.0	2
期末验收封关面积	平方公里	0.48	0.0	0.48
跨境电商企业数	个	0	—	0
业务票数	票	0	—	0
销售额	万元	0	—	0
融资租赁企业数	个	0	—	0
租赁资产总额	万元	0	—	0
货物状态分类监管企业数	个	0	—	0
国内货物进出区货值	万元	0	—	0
一般纳税人资格试点企业数	个	0	—	0
试点企业内销金额	万元	0	—	0
试点企业增值税纳税额	万元	0	—	0

续表

指标	单位	乌鲁木齐综合保税区		
		2018 年累计	增幅（%）	历年累计
增加值	万元	7 619	216.3	7 619
经营总收入	万元	36 625	321.8	36 625
其中：技术服务收入	万元	0	—	0
工业总产值	万元	6 472	-17.6	6 472
其中：高新技术产业	万元	0	-100.0	1 710
物流企业经营收入	万元	2 426	—	2 426
商品销售额	万元	34 094	—	34 094
企业利润总额	万元	-1 184	—	-1 184
综合能源耗费量	吨标准煤	1 787	104.2	1 787
新设企业数	个	0	—	42
其中：加工企业	个	0	—	9
物流企业	个	0	—	7
贸易企业	个	0	—	13
其他服务类企业	个	0	—	13
新设外资企业数	个	0	—	0
内资企业注册资本	万元	0	—	112 220
合同利用外资	万美元	0	—	0
实际利用外资	万美元	0	—	0
已投产运作企业数	个	0	—	6
其中：已投产加工企业	个	0	—	4
已投产物流企业	个	0	—	1
已投产贸易企业	个	0	—	1
已投产其他服务类企业	个	0	—	0
其中：注册资本 1 000 万美元以上	个	0	—	0
固定资产投资额	万元	125 810	—	125 810
其中：基础设施投资	万元	17 181	—	23 254
已建成城镇建设用地面积	万平方米	0	—	86
房屋竣工建筑面积	平方米	0	—	169 031
其中：已建成厂房面积	平方米	0	—	74 294
税务部门税收	万元	0	-100.0	0
期末从业人员	人	331	62.3	331
期末批准面积	平方公里	2.41	-19.7	2.41
期末验收封关面积	平方公里	2.33	482.5	2.33
跨境电商企业数	个	1	—	1
业务票数	票	6 139	—	625 206
销售额	万元	29	—	2 198
融资租赁企业数	个	0	—	0
租赁资产总额	万元	0	—	0
货物状态分类监管企业数	个	0	—	0
国内货物进出区货值	万元	0	—	0
一般纳税人资格试点企业数	个	0	—	0
试点企业内销金额	万元	0	—	0
试点企业增值税纳税额	万元	0	—	0

续表

指标	单位	湖南郴州综合保税区		
		2018 年累计	增幅（%）	历年累计
增加值	万元	77 570	-51.8	1 268 866
经营总收入	万元	490 795	-36.1	6 015 009
其中：技术服务收入	万元	63 141	-19.0	263 651
工业总产值	万元	410 856	-48.9	5 856 292
其中：高新技术产业	万元	102 592	-15.7	2 310 621
物流企业经营收入	万元	83	-42.4	935
商品销售额	万元	352 509	—	352 509
企业利润总额	万元	8 132	-39.1	141 812
综合能源耗费量	吨标准煤	250 678	2 061.9	443 089
新设企业数	个	9	—	30
其中：加工企业	个	0	—	14
物流企业	个	0	—	1
贸易企业	个	2	—	12
其他服务类企业	个	0	—	0
新设外资企业数	个	0	—	2
内资企业注册资本	万元	0	—	14 003
合同利用外资	万美元	0	—	18 239
实际利用外资	万美元	0	—	15 093
已投产运作企业数	个	0	—	38
其中：已投产加工企业	个	0	—	18
已投产物流企业	个	0	—	4
已投产贸易企业	个	0	—	4
已投产其他服务类企业	个	0	—	1
其中：注册资本 1 000 万美元以上	个	0	—	3
固定资产投资额	万元	0	—	224 457
其中：基础设施投资	万元	0	—	84 495
已建成城镇建设用地面积	万平方米	0	—	0
房屋竣工建筑面积	平方米	0	—	440 000
其中：已建成厂房面积	平方米	0	—	0
税务部门税收	万元	5 094	—	5 399
期末从业人员	人	5 790	-17.5	5 790
期末批准面积	平方公里	1.06	-64.7	1.06
期末验收封关面积	平方公里	1.06	-24.3	1.06
跨境电商企业数	个	0	—	0
业务票数	票	0	—	0
销售额	万元	0	—	0
融资租赁企业数	个	0	—	0
租赁资产总额	万元	0	—	0
货物状态分类监管企业数	个	0	—	0
国内货物进出区货值	万元	0	—	0
一般纳税人资格试点企业数	个	2	—	2
试点企业内销金额	万元	343	—	343
试点企业增值税纳税额	万元	47	—	47

续表

指标	单位	泉州综合保税区		
		2018 年累计	增幅（%）	历年累计
增加值	万元	0	—	7 321
经营总收入	万元	739 538	4.6	4 274 899
其中：技术服务收入	万元	0	-100.0	41 413
工业总产值	万元	704 071	-8.9	7 966 138
其中：高新技术产业	万元	0	—	0
物流企业经营收入	万元	0	—	9 102
商品销售额	万元	0	—	14 482
企业利润总额	万元	6 195	33.3	276 918
综合能源耗费量	吨标准煤	1 890	71.7	11 459
新设企业数	个	0	—	25
其中：加工企业	个	0	—	16
物流企业	个	0	—	0
贸易企业	个	0	—	0
其他服务类企业	个	0	—	0
新设外资企业数	个	0	—	5
内资企业注册资本	万元	0	—	8 488
合同利用外资	万美元	0	—	7 207
实际利用外资	万美元	144	-61.8	7 407
已投产运作企业数	个	0	—	12
其中：已投产加工企业	个	0	—	10
已投产物流企业	个	0	—	0
已投产贸易企业	个	0	—	0
已投产其他服务类企业	个	0	—	0
其中：注册资本 1 000 万美元以上	个	0	—	0
固定资产投资额	万元	30 904	6.1	237 684
其中：基础设施投资	万元	0	-100.0	84 587
已建成城镇建设用地面积	万平方米	0	—	0
房屋竣工建筑面积	平方米	0	—	1 203 202
其中：已建成厂房面积	平方米	0	—	1 129 977
税务部门税收	万元	0	-100.0	16 382
期末从业人员	人	1 079	39.2	1 079
期末批准面积	平方公里	2.05	0.0	2.05
期末验收封关面积	平方公里	2.05	0.0	2.05
跨境电商企业数	个	0	—	0
业务票数	票	0	—	0
销售额	万元	0	—	0
融资租赁企业数	个	0	—	0
租赁资产总额	万元	0	—	0
货物状态分类监管企业数	个	0	—	0
国内货物进出区货值	万元	0	—	0
一般纳税人资格试点企业数	个	0	—	0
试点企业内销金额	万元	0	—	0
试点企业增值税纳税额	万元	0	—	0

续表

指标	单位	南宁综合保税区		
		2018 年累计	增幅（%）	历年累计
增加值	万元	250 218	—	250 218
经营总收入	万元	424 090	—	424 090
其中：技术服务收入	万元	0	—	0
工业总产值	万元	705 893	—	705 893
其中：高新技术产业	万元	0	—	0
物流企业经营收入	万元	2 934	—	2 934
商品销售额	万元	700 738	—	700 738
企业利润总额	万元	2 807	—	2 807
综合能源耗费量	吨标准煤	219	—	219
新设企业数	个	3	—	44
其中：加工企业	个	0	—	10
物流企业	个	0	—	9
贸易企业	个	0	—	0
其他服务类企业	个	3	—	25
新设外资企业数	个	0	—	3
内资企业注册资本	万元	0	—	49 620
合同利用外资	万美元	0	—	1 087
实际利用外资	万美元	0	—	1 000
已投产运作企业数	个	16	—	31
其中：已投产加工企业	个	0	—	7
已投产物流企业	个	2	—	9
已投产贸易企业	个	0	—	0
已投产其他服务类企业	个	14	—	15
其中：注册资本 1 000 万美元以上	个	0	—	0
固定资产投资额	万元	18 710	—	324 910
其中：基础设施投资	万元	5	—	303 438
已建成城镇建设用地面积	万平方米	0	—	89
房屋竣工建筑面积	平方米	0	—	327 996
其中：已建成厂房面积	平方米	0	—	327 996
税务部门税收	万元	821	—	821
期末从业人员	人	390	—	390
期末批准面积	平方公里	2. 37	—	2. 37
期末验收封关面积	平方公里	0. 897	—	0. 897
跨境电商企业数	个	23	—	23
业务票数	票	437 934	—	437 934
销售额	万元	7 314	—	7 314
融资租赁企业数	个	0	—	0
租赁资产总额	万元	0	—	0
货物状态分类监管企业数	个	0	—	0
国内货物进出区货值	万元	0	—	0
一般纳税人资格试点企业数	个	0	—	0
试点企业内销金额	万元	0	—	0
试点企业增值税纳税额	万元	0	—	0

续表

指标	单位	贵阳综合保税区		
		2018 年累计	增幅（%）	历年累计
增加值	万元	788	—	788
经营总收入	万元	26 078	—	26 078
其中：技术服务收入	万元	38	—	38
工业总产值	万元	2 797	—	2 797
其中：高新技术产业	万元	0	—	0
物流企业经营收入	万元	0	—	0
商品销售额	万元	9 486	—	9 486
企业利润总额	万元	0	—	0
综合能源耗费量	吨标准煤	0	—	0
新设企业数	个	39	—	39
其中：加工企业	个	2	—	2
物流企业	个	4	—	4
贸易企业	个	14	—	14
其他服务类企业	个	17	—	17
新设外资企业数	个	0	—	0
内资企业注册资本	万元	39 361	—	39 361
合同利用外资	万美元	0	—	0
实际利用外资	万美元	3 028	—	3 028
已投产运作企业数	个	26	—	26
其中：已投产加工企业	个	8	—	8
已投产物流企业	个	4	—	4
已投产贸易企业	个	8	—	8
已投产其他服务类企业	个	2	—	2
其中：注册资本 1 000 万美元以上	个	3	—	3
固定资产投资额	万元	168 600	—	168 600
其中：基础设施投资	万元	600	—	600
已建成城镇建设用地面积	万平方米	0	—	0
房屋竣工建筑面积	平方米	0	—	0
其中：已建成厂房面积	平方米	0	—	0
税务部门税收	万元	2 176	—	2 176
期末从业人员	人	287	—	287
期末批准面积	平方公里	3. 01	—	3. 01
期末验收封关面积	平方公里	1. 03	—	1. 03
跨境电商企业数	个	0	—	0
业务票数	票	0	—	0
销售额	万元	0	—	0
融资租赁企业数	个	0	—	0
租赁资产总额	万元	0	—	0
货物状态分类监管企业数	个	0	—	0
国内货物进出区货值	万元	0	—	0
一般纳税人资格试点企业数	个	0	—	0
试点企业内销金额	万元	0	—	0
试点企业增值税纳税额	万元	0	—	0

续表

指标	单位	贵安新区综合保税区		
		2018 年累计	增幅（%）	历年累计
增加值	万元	0	—	0
经营总收入	万元	0	—	0
其中：技术服务收入	万元	0	—	0
工业总产值	万元	194 064	—	2 306 314
其中：高新技术产业	万元	0	—	0
物流企业经营收入	万元	0	—	0
商品销售额	万元	0	—	0
企业利润总额	万元	0	—	0
综合能源耗费量	吨标准煤	3	—	4
新设企业数	个	0	—	24
其中：加工企业	个	0	—	22
物流企业	个	0	—	1
贸易企业	个	0	—	0
其他服务类企业	个	0	—	0
新设外资企业数	个	0	—	0
内资企业注册资本	万元	0	—	0
合同利用外资	万美元	0	—	0
实际利用外资	万美元	0	—	0
已投产运作企业数	个	0	—	10
其中：已投产加工企业	个	0	—	9
已投产物流企业	个	0	—	1
已投产贸易企业	个	0	—	0
已投产其他服务类企业	个	0	—	0
其中：注册资本 1 000 万美元以上	个	0	—	0
固定资产投资额	万元	0	—	0
其中：基础设施投资	万元	0	—	3 000 000
已建成城镇建设用地面积	万平方米	0	—	0
房屋竣工建筑面积	平方米	0	—	908 532
其中：已建成厂房面积	平方米	0	—	1 092 658
税务部门税收	万元	22 714	—	37 282. 58
期末从业人员	人	0	—	3 551
期末批准面积	平方公里	2. 2	—	2. 2
期末验收封关面积	平方公里	2. 2	—	2. 2
跨境电商企业数	个	0	—	0
业务票数	票	0	—	0
销售额	万元	0	—	0
融资租赁企业数	个	0	—	0
租赁资产总额	万元	0	—	0
货物状态分类监管企业数	个	0	—	0
国内货物进出区货值	万元	0	—	0
一般纳税人资格试点企业数	个	0	—	0
试点企业内销金额	万元	0	—	0
试点企业增值税纳税额	万元	0	—	0

续表

指标	单位	南阳卧龙综合保税区		
		2018 年累计	增幅（%）	历年累计
增加值	万元	1 223	—	1 223
经营总收入	万元	805	—	805
其中：技术服务收入	万元	0	—	0
工业总产值	万元	0	—	0
其中：高新技术产业	万元	0	—	0
物流企业经营收入	万元	397	—	397
商品销售额	万元	0	—	0
企业利润总额	万元	112	—	118
综合能源耗费量	吨标准煤	2	—	3
新设企业数	个	0	—	25
其中：加工企业	个	0	—	2
物流企业	个	0	—	5
贸易企业	个	0	—	13
其他服务类企业	个	0	—	5
新设外资企业数	个	0	—	0
内资企业注册资本	万元	0	—	22 940
合同利用外资	万美元	0	—	0
实际利用外资	万美元	0	—	0
已投产运作企业数	个	0	—	1
其中：已投产加工企业	个	0	—	0
已投产物流企业	个	0	—	1
已投产贸易企业	个	0	—	0
已投产其他服务类企业	个	0	—	0
其中：注册资本 1 000 万美元以上	个	0	—	0
固定资产投资额	万元	0	—	79 573
其中：基础设施投资	万元	0	—	1 539
已建成城镇建设用地面积	万平方米	0	—	104
房屋竣工建筑面积	平方米	0	—	133 740
其中：已建成厂房面积	平方米	0	—	80 897
税务部门税收	万元	0	—	5
期末从业人员	人	0	—	0
期末批准面积	平方公里	3. 03	—	3. 03
期末验收封关面积	平方公里	1. 045	—	1. 045
跨境电商企业数	个	0	—	0
业务票数	票	0	—	0
销售额	万元	0	—	0
融资租赁企业数	个	0	—	0
租赁资产总额	万元	0	—	0
货物状态分类监管企业数	个	0	—	0
国内货物进出区货值	万元	0	—	0
一般纳税人资格试点企业数	个	0	—	0
试点企业内销金额	万元	0	—	0
试点企业增值税纳税额	万元	0	—	0

续表

指标	单位	湘潭综合保税区		
		2018 年累计	增幅（%）	历年累计
增加值	万元	0	—	0
经营总收入	万元	1 661 770	—	1 661 770
其中：技术服务收入	万元	0	—	0
工业总产值	万元	240 724	—	240 724
其中：高新技术产业	万元	0	—	0
物流企业经营收入	万元	0	—	0
商品销售额	万元	1 421 047	—	1 421 047
企业利润总额	万元	1 818	—	1 818
综合能源耗费量	吨标准煤	4	—	4
新设企业数	个	57	—	57
其中：加工企业	个	3	—	3
物流企业	个	0	—	0
贸易企业	个	30	—	30
其他服务类企业	个	0	—	0
新设外资企业数	个	0	—	0
内资企业注册资本	万元	0	—	0
合同利用外资	万美元	0	—	0
实际利用外资	万美元	0	—	0
已投产运作企业数	个	0	—	0
其中：已投产加工企业	个	0	—	0
已投产物流企业	个	0	—	0
已投产贸易企业	个	0	—	0
已投产其他服务类企业	个	0	—	0
其中：注册资本 1 000 万美元以上	个	0	—	0
固定资产投资额	万元	28 388	—	28 388
其中：基础设施投资	万元	6 756	—	6 756
已建成城镇建设用地面积	万平方米	0	—	0
房屋竣工建筑面积	平方米	0	—	0
其中：已建成厂房面积	平方米	0	—	0
税务部门税收	万元	1 131	—	1 131
期末从业人员	人	1 632	—	1 632
期末批准面积	平方公里	3. 12	—	3. 12
期末验收封关面积	平方公里	3. 12	—	3. 12
跨境电商企业数	个	0	—	0
业务票数	票	0	—	0
销售额	万元	0	—	0
融资租赁企业数	个	0	—	0
租赁资产总额	万元	0	—	0
货物状态分类监管企业数	个	0	—	0
国内货物进出区货值	万元	0	—	0
一般纳税人资格试点企业数	个	0	—	0
试点企业内销金额	万元	0	—	0
试点企业增值税纳税额	万元	0	—	0

续表

指标	单位	衡阳综合保税区		
		2018 年累计	增幅（%）	历年累计
增加值	万元	135 256	—	162 549
经营总收入	万元	382 595	—	1 672 510
其中：技术服务收入	万元	0	—	0
工业总产值	万元	47 722	—	363 398
其中：高新技术产业	万元	0	—	0
物流企业经营收入	万元	330 788	—	330 788
商品销售额	万元	382 595	—	1 672 510
企业利润总额	万元	1 704	—	1 704
综合能源耗费量	吨标准煤	301	—	301
新设企业数	个	1	—	33
其中：加工企业	个	1	—	15
物流企业	个	0	—	1
贸易企业	个	0	—	17
其他服务类企业	个	6	—	0
新设外资企业数	个	0	—	0
内资企业注册资本	万元	2 000	—	25 310
合同利用外资	万美元	0	—	0
实际利用外资	万美元	0	—	0
已投产运作企业数	个	5	—	6
其中：已投产加工企业	个	5	—	5
已投产物流企业	个	0	—	0
已投产贸易企业	个	0	—	0
已投产其他服务类企业	个	0	—	4
其中：注册资本 1 000 万美元以上	个	0	—	0
固定资产投资额	万元	22 300	—	315 332
其中：基础设施投资	万元	300	—	263 190
已建成城镇建设用地面积	万平方米	0	—	0
房屋竣工建筑面积	平方米	910 108	—	910 108
其中：已建成厂房面积	平方米	875 214	—	875 214
税务部门税收	万元	98 856	—	143 010
期末从业人员	人	1 503	—	1 503
期末批准面积	平方公里	2. 57	—	2. 57
期末验收封关面积	平方公里	0. 66	—	0. 66
跨境电商企业数	个	0	—	0
业务票数	票	0	—	0
销售额	万元	0	—	0
融资租赁企业数	个	0	—	0
租赁资产总额	万元	0	—	0
货物状态分类监管企业数	个	0	—	0
国内货物进出区货值	万元	0	—	0
一般纳税人资格试点企业数	个	0	—	0
试点企业内销金额	万元	0	—	0
试点企业增值税纳税额	万元	0	—	0

续表

指标	单位	江苏盐城综合保税区		
		2018 年累计	增幅（%）	历年累计
增加值	万元	327 386	—	560 622
经营总收入	万元	811 605	—	1 964 521
其中：技术服务收入	万元	0	—	0
工业总产值	万元	556 300	—	1 555 095
其中：高新技术产业	万元	229 402	—	391 451
物流企业经营收入	万元	35 980	—	113 946
商品销售额	万元	192 316	—	284 753
企业利润总额	万元	14 850	—	66 768
综合能源耗费量	吨标准煤	13 793	—	39 623
新设企业数	个	26	—	113
其中：加工企业	个	5	—	29
物流企业	个	2	—	20
贸易企业	个	5	—	25
其他服务类企业	个	8	—	33
新设外资企业数	个	3	—	27
内资企业注册资本	万元	38 273	—	268 732
合同利用外资	万美元	3 175	—	67 486
实际利用外资	万美元	3 761	—	33 138
已投产运作企业数	个	17	—	73
其中：已投产加工企业	个	2	—	22
已投产物流企业	个	5	—	20
已投产贸易企业	个	7	—	18
已投产其他服务类企业	个	3	—	12
其中：注册资本 1 000 万美元以上	个	1	—	16
固定资产投资额	万元	44 300	—	196 600
其中：基础设施投资	万元	0	—	35 000
已建成城镇建设用地面积	万平方米	0	—	91.2
房屋竣工建筑面积	平方米	0	—	620 357
其中：已建成厂房面积	平方米	0	—	620 357
税务部门税收	万元	31 723	—	53 746
期末从业人员	人	5 000	—	5 000
期末批准面积	平方公里	2.03	—	2.03
期末验收封关面积	平方公里	2.03	—	2.03
跨境电商企业数	个	0	—	0
业务票数	票	0	—	0
销售额	万元	0	—	0
融资租赁企业数	个	0	—	0
租赁资产总额	万元	0	—	0
货物状态分类监管企业数	个	0	—	0
国内货物进出区货值	万元	0	—	0
一般纳税人资格试点企业数	个	0	—	0
试点企业内销金额	万元	0	—	0
试点企业增值税纳税额	万元	0	—	0

续表

指标	单位	太仓港综合保税区		
		2018 年累计	增幅（%）	历年累计
增加值	万元	4 838	—	4 838
经营总收入	万元	12 628	—	12 628
其中：技术服务收入	万元	0	—	0
工业总产值	万元	0	—	0
其中：高新技术产业	万元	0	—	0
物流企业经营收入	万元	12 628	—	12 628
商品销售额	万元	0	—	0
企业利润总额	万元	2 223	—	1 993
综合能源耗费量	吨标准煤	0	—	1
新设企业数	个	1	—	1
其中：加工企业	个	0	—	0
物流企业	个	1	—	1
贸易企业	个	0	—	0
其他服务类企业	个	0	—	0
新设外资企业数	个	0	—	0
内资企业注册资本	万元	31 100	—	31 100
合同利用外资	万美元	0	—	0
实际利用外资	万美元	0	—	0
已投产运作企业数	个	13	—	13
其中：已投产加工企业	个	0	—	0
已投产物流企业	个	13	—	13
已投产贸易企业	个	0	—	0
已投产其他服务类企业	个	0	—	0
其中：注册资本 1 000 万美元以上	个	0	—	0
固定资产投资额	万元	206	—	206
其中：基础设施投资	万元	0	—	0
已建成城镇建设用地面积	万平方米	85	—	85
房屋竣工建筑面积	平方米	107 000	—	107 000
其中：已建成厂房面积	平方米	0	—	0
税务部门税收	万元	600	—	600
期末从业人员	人	0	—	0
期末批准面积	平方公里	2. 07	—	2. 07
期末验收封关面积	平方公里	0. 85	—	0. 85
跨境电商企业数	个	0	—	0
业务票数	票	0	—	0
销售额	万元	0	—	0
融资租赁企业数	个	0	—	0
租赁资产总额	万元	0	—	0
货物状态分类监管企业数	个	0	—	0
国内货物进出区货值	万元	0	—	0
一般纳税人资格试点企业数	个	0	—	0
试点企业内销金额	万元	0	—	0
试点企业增值税纳税额	万元	0	—	0

续表

指标	单位	赣州综合保税区		
		2018 年累计	增幅（%）	历年累计
增加值	万元	1 234	—	1 234
经营总收入	万元	4 290	—	4 290
其中：技术服务收入	万元	0	—	0
工业总产值	万元	3 505	—	3 505
其中：高新技术产业	万元	0	—	44
物流企业经营收入	万元	320	—	320
商品销售额	万元	1 348	—	1 901
企业利润总额	万元	450	—	450
综合能源耗费量	吨标准煤	101	—	116
新设企业数	个	2	—	46
其中：加工企业	个	0	—	16
物流企业	个	0	—	9
贸易企业	个	0	—	12
其他服务类企业	个	2	—	10
新设外资企业数	个	0	—	3
内资企业注册资本	万元	0	—	13 218
合同利用外资	万美元	590	—	3 590
实际利用外资	万美元	590	—	906
已投产运作企业数	个	26	—	34
其中：已投产加工企业	个	0	—	1
已投产物流企业	个	0	—	3
已投产贸易企业	个	0	—	1
已投产其他服务类企业	个	0	—	3
其中：注册资本 1 000 万美元以上	个	0	—	0
固定资产投资额	万元	11 860	—	64 866
其中：基础设施投资	万元	11 860	—	50 649
已建成城镇建设用地面积	万平方米	0	—	3
房屋竣工建筑面积	平方米	0	—	72 658
其中：已建成厂房面积	平方米	0	—	72 658
税务部门税收	万元	148	—	497
期末从业人员	人	239	—	239
期末批准面积	平方公里	4	—	4
期末验收封关面积	平方公里	1.895	—	1.895
跨境电商企业数	个	0	—	0
业务票数	票	0	—	0
销售额	万元	0	—	0
融资租赁企业数	个	0	—	0
租赁资产总额	万元	0	—	0
货物状态分类监管企业数	个	0	—	0
国内货物进出区货值	万元	0	—	0
一般纳税人资格试点企业数	个	0	—	0
试点企业内销金额	万元	0	—	0
试点企业增值税纳税额	万元	0	—	0

续表

指标	单位	满洲里综合保税区		
		2018 年累计	增幅（%）	历年累计
增加值	万元	0	—	2
经营总收入	万元	5 754	—	11 827
其中：技术服务收入	万元	0	—	0
工业总产值	万元	4 232	—	11 373
其中：高新技术产业	万元	0	—	2 995
物流企业经营收入	万元	0	—	0
商品销售额	万元	1 234	—	4 489
企业利润总额	万元	0	—	0
综合能源耗费量	吨标准煤	319	—	319
新设企业数	个	0	—	3
其中：加工企业	个	0	—	1
物流企业	个	0	—	0
贸易企业	个	0	—	1
其他服务类企业	个	0	—	1
新设外资企业数	个	0	—	0
内资企业注册资本	万元	0	—	22 000
合同利用外资	万美元	0	—	0
实际利用外资	万美元	0	—	0
已投产运作企业数	个	0	—	51
其中：已投产加工企业	个	0	—	4
已投产物流企业	个	0	—	7
已投产贸易企业	个	0	—	29
已投产其他服务类企业	个	0	—	11
其中：注册资本 1 000 万美元以上	个	0	—	7
固定资产投资额	万元	20	—	8 991
其中：基础设施投资	万元	0	—	0
已建成城镇建设用地面积	万平方米	0	—	7.455
房屋竣工建筑面积	平方米	0	—	33 950
其中：已建成厂房面积	平方米	0	—	29 450
税务部门税收	万元	438	—	540
期末从业人员	人	60	—	60
期末批准面积	平方公里	1.44	—	1.44
期末验收封关面积	平方公里	1.44	—	1.44
跨境电商企业数	个	0	—	0
业务票数	票	0	—	0
销售额	万元	0	—	0
融资租赁企业数	个	0	—	0
租赁资产总额	万元	0	—	0
货物状态分类监管企业数	个	1	—	1
国内货物进出区货值	万元	8 800	—	8 800
一般纳税人资格试点企业数	个	0	—	0
试点企业内销金额	万元	0	—	0
试点企业增值税纳税额	万元	0	—	0

续表

指标	单位	临沂综合保税区		
		2018 年累计	增幅（%）	历年累计
增加值	万元	17 896	96.5	29 133
经营总收入	万元	182 455	135.5	285 434
其中：技术服务收入	万元	0	—	0
工业总产值	万元	11 442	89.4	25 969
其中：高新技术产业	万元	1 255	—	1 255
物流企业经营收入	万元	636	—	733
商品销售额	万元	175 051	114.1	268 045
企业利润总额	万元	18 246	88.3	18 246
综合能源耗费量	吨标准煤	15 607	99.4	15 607
新设企业数	个	38	171.4	104
其中：加工企业	个	5	150.0	12
物流企业	个	15	-92.9	41
贸易企业	个	7	—	25
其他服务类企业	个	5	-97.8	20
新设外资企业数	个	7	—	7
内资企业注册资本	万元	32 050	44.7	198 950
合同利用外资	万美元	2 522	—	2 522
实际利用外资	万美元	0	—	0
已投产运作企业数	个	18	38.5	46
其中：已投产加工企业	个	2	—	5
已投产物流企业	个	6	-14.3	12
已投产贸易企业	个	6	100.0	17
已投产其他服务类企业	个	4	33.3	13
其中：注册资本 1 000 万美元以上	个	0	—	0
固定资产投资额	万元	117 434	309.7	324 274
其中：基础设施投资	万元	17 645	166.9	45 085
已建成城镇建设用地面积	万平方米	3	-40.0	143
房屋竣工建筑面积	平方米	85 350	151.1	352 070
其中：已建成厂房面积	平方米	58 350	71.7	263 062
税务部门税收	万元	13 262	1 600.3	15 277
期末从业人员	人	866	39.9	866
期末批准面积	平方公里	3.7	0.0	3.7
期末验收封关面积	平方公里	2.57	0.0	2.57
跨境电商企业数	个	0	—	0
业务票数	票	0	—	0
销售额	万元	0	—	0
融资租赁企业数	个	0	—	0
租赁资产总额	万元	0	—	0
货物状态分类监管企业数	个	0	—	0
国内货物进出区货值	万元	0	—	0
一般纳税人资格试点企业数	个	0	—	0
试点企业内销金额	万元	0	—	0
试点企业增值税纳税额	万元	0	—	0

续表

指标	单位	东营综合保税区		
		2018 年累计	增幅（%）	历年累计
增加值	万元	58	—	58
经营总收入	万元	368	—	368
其中：技术服务收入	万元	0	—	0
工业总产值	万元	0	—	0
其中：高新技术产业	万元	0	—	0
物流企业经营收入	万元	0	—	0
商品销售额	万元	294	—	294
企业利润总额	万元	50	—	51
综合能源耗费量	吨标准煤	0	—	1
新设企业数	个	35	—	59
其中：加工企业	个	5	—	10
物流企业	个	6	—	10
贸易企业	个	22	—	37
其他服务类企业	个	2	—	2
新设外资企业数	个	1	—	1
内资企业注册资本	万元	27 665	—	77 776
合同利用外资	万美元	0	—	0
实际利用外资	万美元	0	—	0
已投产运作企业数	个	10	—	10
其中：已投产加工企业	个	0	—	0
已投产物流企业	个	5	—	5
已投产贸易企业	个	5	—	5
已投产其他服务类企业	个	0	—	0
其中：注册资本 1 000 万美元以上	个	1	—	1
固定资产投资额	万元	8 530	—	46 974
其中：基础设施投资	万元	3 002	—	19 217
已建成城镇建设用地面积	万平方米	34	—	34
房屋竣工建筑面积	平方米	64 253	—	64 253
其中：已建成厂房面积	平方米	0	—	0
税务部门税收	万元	360	—	684
期末从业人员	人	0	—	0
期末批准面积	平方公里	3.1	—	3.1
期末验收封关面积	平方公里	1.419	—	1.419
跨境电商企业数	个	0	—	0
业务票数	票	0	—	0
销售额	万元	0	—	0
融资租赁企业数	个	0	—	0
租赁资产总额	万元	0	—	0
货物状态分类监管企业数	个	0	—	0
国内货物进出区货值	万元	0	—	0
一般纳税人资格试点企业数	个	0	—	0
试点企业内销金额	万元	0	—	0
试点企业增值税纳税额	万元	0	—	0

续表

指标	单位	深圳盐田综合保税区		
		2018 年累计	增幅（%）	历年累计
增加值	万元	0	—	138 919
经营总收入	万元	1 847 142	—	1 847 142
其中：技术服务收入	万元	0	—	0
工业总产值	万元	1 865 683	—	1 865 683
其中：高新技术产业	万元	33 052	—	33 052
物流企业经营收入	万元	114 682	—	114 682
商品销售额	万元	291 357	—	291 357
企业利润总额	万元	19 743	—	19 743
综合能源耗费量	吨标准煤	6	—	6
新设企业数	个	0	—	19
其中：加工企业	个	0	—	2
物流企业	个	0	—	4
贸易企业	个	0	—	3
其他服务类企业	个	0	—	0
新设外资企业数	个	0	—	0
内资企业注册资本	万元	22 265	—	22 265
合同利用外资	万美元	0	—	0
实际利用外资	万美元	0	—	0
已投产运作企业数	个	0	—	0
其中：已投产加工企业	个	0	—	0
已投产物流企业	个	0	—	0
已投产贸易企业	个	0	—	0
已投产其他服务类企业	个	0	—	0
其中：注册资本 1 000 万美元以上	个	0	—	0
固定资产投资额	万元	52 343	—	52 343
其中：基础设施投资	万元	0	—	0
已建成城镇建设用地面积	万平方米	0	—	0
房屋竣工建筑面积	平方米	0	—	2 140 500
其中：已建成厂房面积	平方米	0	—	660 000
税务部门税收	万元	36 532	—	36 532
期末从业人员	人	12 407	—	12 407
期末批准面积	平方公里	2. 17	—	2. 17
期末验收封关面积	平方公里	1. 24	—	1. 24
跨境电商企业数	个	0	—	0
业务票数	票	0	—	0
销售额	万元	0	—	0
融资租赁企业数	个	0	—	0
租赁资产总额	万元	0	—	0
货物状态分类监管企业数	个	0	—	0
国内货物进出区货值	万元	0	—	0
一般纳税人资格试点企业数	个	0	—	2
试点企业内销金额	万元	0	—	27 678
试点企业增值税纳税额	万元	0	—	672

续表

指标	单位	红河综合保税区		
		2018 年累计	增幅（%）	历年累计
增加值	万元	588 668	—	1 452 515
经营总收入	万元	1 147 924	—	3 072 643
其中：技术服务收入	万元	0	—	0
工业总产值	万元	1 482 200	—	3 656 700
其中：高新技术产业	万元	0	—	0
物流企业经营收入	万元	0	—	0
商品销售额	万元	577 028	—	1 729 632
企业利润总额	万元	269 134	—	480 391
综合能源耗费量	吨标准煤	873	—	1 217
新设企业数	个	2	—	53
其中：加工企业	个	0	—	14
物流企业	个	0	—	0
贸易企业	个	2	—	39
其他服务类企业	个	0	—	0
新设外资企业数	个	0	—	1
内资企业注册资本	万元	0	—	119 720
合同利用外资	万美元	0	—	5 000
实际利用外资	万美元	0	—	2 090
已投产运作企业数	个	1	—	22
其中：已投产加工企业	个	1	—	9
已投产物流企业	个	0	—	0
已投产贸易企业	个	0	—	13
已投产其他服务类企业	个	0	—	0
其中：注册资本 1 000 万美元以上	个	0	—	5
固定资产投资额	万元	2 100	—	379 800
其中：基础设施投资	万元	0	—	335 300
已建成城镇建设用地面积	万平方米	0	—	96
房屋竣工建筑面积	平方米	0	—	368 912
其中：已建成厂房面积	平方米	0	—	216 813
税务部门税收	万元	154	—	376
期末从业人员	人	10 782	—	10 782
期末批准面积	平方公里	3. 29	—	3. 29
期末验收封关面积	平方公里	1. 97	—	1. 97
跨境电商企业数	个	0	—	0
业务票数	票	0	—	0
销售额	万元	0	—	0
融资租赁企业数	个	0	—	0
租赁资产总额	万元	0	—	0
货物状态分类监管企业数	个	0	—	0
国内货物进出区货值	万元	0	—	0
一般纳税人资格试点企业数	个	0	—	0
试点企业内销金额	万元	0	—	0
试点企业增值税纳税额	万元	0	—	0

续表

指标	单位	遵义综合保税区		
		2018 年累计	增幅（%）	历年累计
增加值	万元	0	—	0
经营总收入	万元	15 103	—	15 103
其中：技术服务收入	万元	0	—	0
工业总产值	万元	0	—	0
其中：高新技术产业	万元	0	—	0
物流企业经营收入	万元	67	—	67
商品销售额	万元	15 050	—	15 050
企业利润总额	万元	0	—	0
综合能源耗费量	吨标准煤	0	—	0
新设企业数	个	13	—	13
其中：加工企业	个	5	—	6
物流企业	个	1	—	1
贸易企业	个	6	—	6
其他服务类企业	个	1	—	1
新设外资企业数	个	1	—	1
内资企业注册资本	万元	15 300	—	15 300
合同利用外资	万美元	937	—	937
实际利用外资	万美元	15	—	15
已投产运作企业数	个	5	—	5
其中：已投产加工企业	个	0	—	0
已投产物流企业	个	1	—	1
已投产贸易企业	个	3	—	3
已投产其他服务类企业	个	1	—	1
其中：注册资本 1 000 万美元以上	个	0	—	0
固定资产投资额	万元	5 694	—	228 224
其中：基础设施投资	万元	4 976	—	67 325
已建成城镇建设用地面积	万平方米	0	—	73.96
房屋竣工建筑面积	平方米	0	—	406 880
其中：已建成厂房面积	平方米	0	—	345 093
税务部门税收	万元	171	—	171
期末从业人员	人	56	—	56
期末批准面积	平方公里	1.11	—	1.11
期末验收封关面积	平方公里	1.11	—	1.11
跨境电商企业数	个	0	—	0
业务票数	票	0	—	0
销售额	万元	0	—	0
融资租赁企业数	个	0	—	0
租赁资产总额	万元	0	—	0
货物状态分类监管企业数	个	0	—	0
国内货物进出区货值	万元	0	—	0
一般纳税人资格试点企业数	个	0	—	0
试点企业内销金额	万元	0	—	0
试点企业增值税纳税额	万元	0	—	0

续表

指标	单位	喀什综合保税区		
		2018 年累计	增幅（%）	历年累计
增加值	万元	2 654	—	2 662.66
经营总收入	万元	7 554	—	7 781.97
其中：技术服务收入	万元	6 789	—	6 789
工业总产值	万元	0	—	0
其中：高新技术产业	万元	0	—	0
物流企业经营收入	万元	357	—	357
商品销售额	万元	313	—	458.46
企业利润总额	万元	-60	—	-60
综合能源耗费量	吨标准煤	0	—	0
新设企业数	个	22	—	61
其中：加工企业	个	2	—	10
物流企业	个	12	—	25
贸易企业	个	6	—	23
其他服务类企业	个	2	—	3
新设外资企业数	个	0	—	0
内资企业注册资本	万元	17 260	—	83 230
合同利用外资	万美元	0	—	0
实际利用外资	万美元	0	—	0
已投产运作企业数	个	10	—	25
其中：已投产加工企业	个	2	—	7
已投产物流企业	个	5	—	12
已投产贸易企业	个	1	—	1
已投产其他服务类企业	个	2	—	3
其中：注册资本 1 000 万美元以上	个	0	—	2
固定资产投资额	万元	1 572	—	1 830
其中：基础设施投资	万元	1 250	—	1 275
已建成城镇建设用地面积	万平方米	100	—	100
房屋竣工建筑面积	平方米	122 405	—	122 405
其中：已建成厂房面积	平方米	62 584	—	62 584
税务部门税收	万元	357	—	357
期末从业人员	人	71	—	71
期末批准面积	平方公里	3.56	—	3.56
期末验收封关面积	平方公里	3.23	—	3.23
跨境电商企业数	个	0	—	0
业务票数	票	0	—	0
销售额	万元	0	—	0
融资租赁企业数	个	0	—	0
租赁资产总额	万元	0	—	0
货物状态分类监管企业数	个	0	—	0
国内货物进出区货值	万元	0	—	0
一般纳税人资格试点企业数	个	0	—	0
试点企业内销金额	万元	0	—	0
试点企业增值税纳税额	万元	0	—	0

续表

指标	单位	威海综合保税区		
		2018 年累计	增幅（%）	历年累计
增加值	万元	0	—	0
经营总收入	万元	0	—	0
其中：技术服务收入	万元	0	—	0
工业总产值	万元	0	—	0
其中：高新技术产业	万元	0	—	0
物流企业经营收入	万元	0	—	0
商品销售额	万元	0	—	0
企业利润总额	万元	0	—	0
综合能源耗费量	吨标准煤	0	—	0
新设企业数	个	0	—	0
其中：加工企业	个	0	—	0
物流企业	个	0	—	0
贸易企业	个	0	—	0
其他服务类企业	个	0	—	0
新设外资企业数	个	0	—	0
内资企业注册资本	万元	0	—	0
合同利用外资	万美元	0	—	0
实际利用外资	万美元	0	—	0
已投产运作企业数	个	0	—	0
其中：已投产加工企业	个	0	—	0
已投产物流企业	个	0	—	0
已投产贸易企业	个	0	—	0
已投产其他服务类企业	个	0	—	0
其中：注册资本 1 000 万美元以上	个	0	—	0
固定资产投资额	万元	0	—	0
其中：基础设施投资	万元	0	—	0
已建成城镇建设用地面积	万平方米	0	—	0
房屋竣工建筑面积	平方米	0	—	0
其中：已建成厂房面积	平方米	0	—	0
税务部门税收	万元	0	—	0
期末从业人员	人	0	—	0
期末批准面积	平方公里	0	—	0
期末验收封关面积	平方公里	0	—	0
跨境电商企业数	个	0	—	0
业务票数	票	0	—	0
销售额	万元	0	—	0
融资租赁企业数	个	0	—	0
租赁资产总额	万元	0	—	0
货物状态分类监管企业数	个	0	—	0
国内货物进出区货值	万元	0	—	0
一般纳税人资格试点企业数	个	0	—	0
试点企业内销金额	万元	0	—	0
试点企业增值税纳税额	万元	0	—	0

廊坊综合保税区统计数据表

（1）2018 年廊坊综合保税区主要经济指标完成情况表

指标名称	计量单位	2018 年	比上年增长（%）
增加值	万元	364	-68.8
经营总收入	万元	14 314	-33.0
技术服务收入	万元	0	—
工业总产值	万元	12 113	-34.1
其中：高新技术产业	万元	0	-100.0
物流企业经营收入	万元	0	-100.0
商品销售额	万元	0	—
企业利润总额	万元	61	-3.2
综合能源耗费量	吨标准煤	8	-87.1
新设企业数	个	2	100.0
其中：加工企业	个	0	—
物流企业	个	2	—
贸易企业	个	0	—
其他服务类企业	个	0	—
新设外资企业数	个	1	—
内资企业注册资本	万元	100	—
合同利用外资	万美元	4 800	—
实际利用外资	万美元	1 700	26.2
期末已投产运作企业数	个	1	—
其中：已投产加工企业	个	0	—
已投产物流企业	个	1	—
已投产贸易企业	个	0	—
已投产其他服务类企业	个	0	—
其中：注册资本 1 000 万美元以上	个	0	—
固定资产投资额	万元	13 000	8.3
其中：基础设施投资	万元	13 000	8.3
期末已建成城镇建设用地面积	万平方米	31	—
房屋竣工建筑面积	平方米	0	—
其中：已建成厂房面积	平方米	0	—

续表

指标名称	单位	2018 年	比上年增长（%）
税务部门税收	万元	790	—
期末从业人员	人	48	-4.0
期末批准面积	平方公里	0.5	0.0
期末验收封关面积	平方公里	0.49	0.0
创新业态统计指标			
跨境电商：期末企业数	个	0	—
业务票数	票	0	—
销售额	万元	0	—
融资租赁：期末企业数	个	0	—
租赁资产总额	万元	0	—
货物状态分类监管：期末企业数	个	0	—
国内货物进出区货值	万元	0	—
一般纳税人资格试点：期末企业数	个	0	—
试点企业内销金额	万元	0	—
试点企业增值税纳税额	万元	0	—

（2）-1 截至 2018 年廊坊综合保税区历年招商引资情况表

指标	单位	历年累计
工商在册企业数	个	7
其中：外资企业数	个	2
内资企业注册资本	万元	2 850
合同利用外资	万美元	6 262
实际利用外资	万美元	3 009

（2）-2 截至 2018 年廊坊综合保税区历年主要外商投资情况表

按项目数排列			按注册资本排列		
序号	国别（地区）	项目数（个）	序号	国别（地区）	注册资本（万美元）
1	中国香港	2	1	中国香港	4 494
2	美国	1	2	美国	350
3	瑞士	1	3	瑞士	100

（3）2018 年廊坊综合保税区出口加工企业工业产值排名表

单位：万元

序号	企业名称	工业总产值
1	廊坊圣利亚马钢活动房屋有限公司	12 113

苏州工业园综合保税区统计数据表

（1）2018 年苏州工业园综合保税区主要经济指标完成情况表

指标名称	单位	2018 年	比上年增长（%）
增加值	万元	0	—
工业总产值	万元	2 989 529	7.5
企业利润总额	万元	262 779	2.5
物流企业营业收入	万元	149 036	7.7
当年批准企业数	个	14	—
其中：加工企业	个	4	—
仓储物流企业	个	6	—
当年批准外资企业数	个	2	—
其中：加工企业	个	2	—
仓储物流企业	个	0	—
当年批准投资总额	万美元	2 211.31	—
其中：外商投资总额	万美元	156	—
当年合同利用外资	万美元	116	—
当年实际到位资金	万美元	911.37	—
历年已投产运作企业数	个	159	—
其中：已投产加工企业数	个	60	—
已投产物流企业数	个	35	—
其中：投资额 1 000 万美元以上	个	38	—
税务部门税收	万元	99 315.65	3.0
固定资产投资额	万元	28 621	—
期末从业人员	人	22 400	—
期末批准面积	平方公里	5.28	0.0
期末验收封关面积	平方公里	4.86	0.0

（2）-1 截至 2018 年苏州工业园综合保税区历年招商引资情况表

指标	单位	历年累计
批准企业	个	360
其中：外资企业		149
投资总额	万美元	406 224.73
合同外资额		139 548.45
实际利用外资		131 567.24

（2）-2　截至2018年苏州工业园综合保税区历年主要外商投资情况表

按项目数排列

序号	国别（地区）	项目数（个）	序号	国别（地区）	项目数（个）
1	中国香港	31	4	英国	7
2	美国	22	5	日本	8
3	新加坡	21			

（3）2018年苏州工业园综合保税区物流企业营业收入排名表

单位：万元

序号	企业名称	序号	企业名称
1	苏州得尔达国际物流有限公司	6	苏州伟中物流股份有限公司
2	全球物流（苏州）有限公司	7	苏州宏高货运有限公司
3	优尼派特（苏州）物流有限公司	8	苏州邦达新物流有限公司
4	苏州美集供应链管理股份有限公司	9	苏州合冠国际供应链有限公司
5	苏州工业园区伟创国际物流有限公司	10	苏州工业园区联合储运有限公司

（4）2018年苏州工业园综合保税区工业企业工业产值排名表

单位：万元

序号	企业名称	序号	企业名称
1	苏州长城开发科技有限公司	6	舒尔电子（苏州）有限公司
2	苏州三星电子家电有限公司	7	通用电气航空（苏州）有限公司
3	卡特彼勒（苏州）有限公司	8	百得（苏州）科技有限公司
4	泰科电子（苏州）有限公司	9	水星海事技术（苏州）有限公司
5	索诺瓦听力技术（苏州）有限公司	10	赛峰起落架系统（苏州）有限公司

上海浦东机场综合保税区统计数据表

（1）2018 年上海浦东机场综合保税区主要经济指标完成情况表

指标名称	计量单位	2018 年	比上年增长（%）
经营总收入	万元	1 799 100	28.0
物流企业经营收入	万元	669 100	11.5
商品销售额	万元	111 000	61.6
企业利润总额	万元	342 100	2.0
新设企业数	个	43	持平
其中：加工企业	个	0	—
物流企业	个	7	-36.4
贸易企业	个	4	-42.9
其他服务类企业	个	32	28.0
新设外资企业数	个	1	-88.9
内资企业注册资本	万元	23 320	-2.4
合同利用外资	万美元	23 668	-65.6
实际利用外资	万美元	14 894	-50.8
税务部门税收	万元	266 370	28.4
固定资产投资额	万元	112 200	14.4
期末已建成城镇建设用地面积	万平方米	135	—
期末从业人员	人	3 512	9.2
期末批准面积	平方公里	3.59	0.0
期末验收封关面积	平方公里	3.59	0.0

（2）截至 2018 年上海浦东机场综合保税区历年招商引资情况表

指标	单位	历年累计
工商在册企业数	个	1 064
其中：外资企业数	个	244
内资企业注册资本	万元	1 961 900
合同利用外资	万美元	401 838

昆山综合保税区统计数据表

（1）2018 年昆山综合保税区主要经济指标完成情况表

指标名称	单位	2018 年	比上年增长（%）
增加值	万元	1 454 115	10.8
工业总产值	万元	28 655 900	-1.3
企业利润总额	万元	351 332	-7.4
物流企业营业收入	万元	124 193	30.4
综合能源耗费量	吨标准煤	113 051	4.6
当年批准企业数	个	4	-69.2
其中：加工企业	个	2	-33.3
仓储物流企业	个	0	—
当年批准外资企业数	个	2	—
其中：加工企业	个	2	—
仓储物流企业	个	0	—
当年批准投资总额	万美元	10 629	-66.6
其中：外商投资总额	万美元	10 600	-64.7
增资额	万美元	0	—
当年合同利用外资	万美元	3 700	-63.0
其中：增资额	万美元	0	—
当年实际到位资金	万美元	11 229	30.4
其中：实际利用外资	万美元	11 200	64.7
历年已投产运作企业数	个	120	—
其中：已投产加工企业数	个	68	—
已投产物流企业数	个	44	—
其中：投资额 1 000 万美元以上	个	35	—
土地实际已租售面积	平方米	33 392	—
房屋竣工面积	平方米	0	—
其中：已建成厂房面积	平方米	0	—
已建成仓库面积	平方米	0	—
港区货物吞吐量（限保税港区）	万吨	—	—
港区集装箱吞吐量（限保税港区）	万标准箱	—	—

续表

指标名称	单位	2018 年	比上年增长（%）
税务部门税收	万元	175 825	15.3
固定资产投资额	万元	155 515	-9.3
其中：基础设施投资	万元	1 022	-25.4
期末从业人员	人	142 691	-2.4
其中：期末外资企业从业人员	人	139 774	—
期末批准面积	平方公里	5.86	—
期末验收封关面积	平方公里	5.86	—

（2）-1　截至 2018 年昆山综合保税区历年招商引资情况表

指标	单位	历年累计
批准企业	个	145
其中：外资企业		78
投资总额	万美元	373 851
其中：外商投资总额		350 781
合同外资额		150 157
实际利用外资		140 037

（2）-2　截至 2018 年昆山综合保税区历年主要外商投资情况表

按项目数排列			按投资额排列		
序号	国别（地区）	项目数（个）	序号	国别（地区）	投资额（万美元）
1	中国台湾	27	1	中国台湾	112 526
2	中国香港	11	2	中国香港	70 642
3	英属维尔京群岛	10	3	开曼群岛	67 289
4	萨摩亚	7	4	英属维尔京群岛	57 374
5	日本	6	5	萨摩亚	22 267

（3）2018 年昆山综合保税区物流企业营业收入排名表　　单位：万元

序号	企业名称	序号	企业名称
1	昆山飞力仓储服务有限公司	6	江苏天合国际物流有限公司
2	昆山丰达物流有限公司	7	昆山叶水福鼎亚物流有限公司
3	全球物流（昆山）有限公司	8	江苏飞力达现代物流有限公司
4	昆山世远物流有限公司	9	昆山中外运物流有限公司
5	昆山新宁物流有限公司	10	昆山恒莱亦禾供应链管理有限公司

（4）2018 年昆山综合保税区工业企业工业产值排名表

单位：万元

序号	企业名称	序号	企业名称
1	世硕电子（昆山）有限公司	6	纬视晶光电（昆山）有限公司
2	仁宝信息技术（昆山）有限公司	7	牧田（昆山）有限公司
3	仁宝资讯工业（昆山）有限公司	8	启新通讯（昆山）有限公司
4	纬新资通（昆山）有限公司	9	昆山扬皓光电有限公司
5	纬创资通（昆山）有限公司	10	富翔精密工业（昆山）有限公司

上海漕河泾综合保税区统计数据表

（1）2018 年上海漕河泾综合保税区主要经济指标完成情况表

指标名称	计量单位	2018 年	比上年增长（%）
增加值	万元	—	—
经营总收入	万元	3 763 425	15.8
技术服务收入	万元	—	—
工业总产值	万元	3 833 143	16.9
其中：高新技术产业	万元	3 801 106	18.7
物流企业经营收入	万元	4 975	-13.1
商品销售额	万元	—	—
企业利润总额	万元	30 118	-53.3
综合能源耗费量	吨标准煤	54 553	1.8
期末已投产运作企业数	个	18	—
税务部门税收	万元	24 378	-2.9
期末从业人员	人	27 512	27.3
期末批准面积	平方公里	3	—
期末验收封关面积	平方公里	0.9	—
创新业态统计指标			
跨境电商：期末企业数	个	1	
业务票数	票	197	—
销售额	万元	—	—
融资租赁：期末企业数	个	—	—
租赁资产总额	万元	—	—
货物状态分类监管：期末企业数	个	2	—

（2）-1　截至 2018 年上海漕河泾综合保税区历年招商引资情况表

指标	单位	历年累计
工商在册企业数	个	28
其中：外资企业数	个	17
内资企业注册资本	万元	14 250
合同利用外资	万美元	25 442
实际利用外资	万美元	25 442

（2）-2 截至2018年上海漕河泾综合保税区历年主要外商投资情况表

按注册资本排列

序号	国别（地区）	注册资本（万美元）	序号	国别（地区）	注册资本（万美元）
1	开曼群岛	22 850	5	美国	101
2	毛里求斯	1 350	6	新加坡	79
3	中国香港	844	7	日本	70
4	英属维尔京群岛	138	8	丹麦	10

（3）2018年上海漕河泾综合保税区出口加工企业工业产值排名表

单位：万元

序号	企业名称	工业总产值	序号	企业名称	工业总产值
1	英业达科技有限公司	1 971 008	6	上海建中医疗器械包装股份有限公司	12 800
2	英华达（上海）科技有限公司	1 688 939	7	诺得卡（上海）微电子有限公司	9 832
3	柯惠医疗器材制造（上海）有限公司	73 407	8	安凯精密金属零件工业(上海)有限公司	3 821
4	英源达科技有限公司	57 919	9	固耐宝齿科（上海）有限公司	1 179
5	上海上泽电源电器有限公司	14 238			

（4）2018年上海漕河泾综合保税区物流企业营业收入排名表

单位：万元

序号	企业名称	营业收入	序号	企业名称	营业收入
1	上海义缘物流有限公司	2 941	2	上海及时通物流有限公司	2 034

杭州综合保税区统计数据表

（1）2018 年杭州综合保税区主要经济指标完成情况表

指标名称	计量单位	2018 年	比上年增长（%）
增加值	万元	—	—
经营总收入	万元	937 906	-6.1
技术服务收入	万元	—	—
工业总产值	万元	926 508	-6.4
其中：高新技术产业	万元	772 726	14.5
物流企业经营收入	万元	11 398	25.4
商品销售额	万元	1 175 556	—
企业利润总额	万元	23 912	-22.7
综合能源耗费量	吨标准煤	28 456	-16.6
新设企业数	个	0	—
其中：加工企业	个	0	—
物流企业	个	0	—
贸易企业	个	0	—
其他服务类企业	个	0	—
新设外资企业数	个	0	—
内资企业注册资本	万元	0	—
合同利用外资	万美元	0	—
实际利用外资	万美元	0	—
期末已投产运作企业数	个	0	—
其中：已投产加工企业	个	0	—
已投产物流企业	个	0	—
已投产贸易企业	个	0	—
已投产其他服务类企业	个	0	—
其中：注册资本 1 000 万美元以上	个	0	—
固定资产投资额	万元	0	—
其中：基础设施投资	万元	0	—
期末已建成城镇建设用地面积	万平方米	0	—
房屋竣工建筑面积	平方米	0	—
其中：已建成厂房面积	平方米	0	—

续表

指标名称	单位	2018 年	比上年增长（%）
税务部门税收	万元	15 755	-10.3
期末从业人员	人	7 497	7.2
期末批准面积	平方公里	2.92	0.0
期末验收封关面积	平方公里	2	0.0
创新业态统计指标			
跨境电商：期末企业数	个	31	—
业务票数	票	56 460 852	—
销售额	万元	1 102 429	—
融资租赁：期末企业数	个	0	—
租赁资产总额	万元	0	—
货物状态分类监管：期末企业数	个	0	—
国内货物进出区货值	万元	0	—
一般纳税人资格试点：期末企业数	个	0	—
试点企业内销金额	万元	0	—
试点企业增值税纳税额	万元	0	—

（2）-1　截至 2018 年杭州综合保税区历年招商引资情况表

指标	单位	历年累计
工商在册企业数	个	150
其中：外资企业数	个	40
内资企业注册资本	万元	—
合同利用外资	万美元	27 681
实际利用外资	万美元	21 101

（2）-2　截至 2018 年杭州综合保税区历年主要外商投资情况表

按项目数排列			按注册资本排列		
序号	国别（地区）	项目数（个）	序号	国别（地区）	注册资本（万美元）
1	日本	10	1	日本	30 857
2	美国	2	2	中国香港	5 900
3	澳大利亚	2	3	澳大利亚	1 400
4	萨摩亚	2	4	美国	798
5	中国香港	2	5	中国台湾	600

（3）2018 年杭州综合保税区出口加工企业工业产值排名表

单位：万元

序号	企业名称	工业总产值
1	东芝信息机器（杭州）有限公司	508 307
2	杭州矢崎配件有限公司	162 509
3	杭州松下住宅电器设备（出口加工区）有限公司	90 651
4	希赛瓶盖系统（杭州）有限公司	31 650
5	杭州东芝家电技术电子有限公司	29 730
6	中日龙电器制品（杭州）有限公司	23 674
7	杭州泰谷诺石英有限公司	20 043
8	杭州孟氏装饰材料制造有限公司	19 968
9	瑞奇包装系统（杭州）有限公司	15 271
10	真珠乐器（杭州）有限公司	10 717
11	盛康橡胶（杭州）有限公司	8 174
12	杭州全镒橡塑制品有限公司	3 351
13	杭州天裕光能科技有限公司	2 458

（4）2018 年杭州综合保税区物流企业营业收入排名表

单位：万元

序号	企业名称	营业收入
1	东芝物流（杭州）有限公司	6 500
2	浙江杭州出口加工区国际物流有限公司	1 150
3	杭州同捷仓储服务有限公司	405
4	浙江杭州出口加工区美亚仓储综合服务有限公司	180

海口综合保税区统计数据表

（1）2018 年海口综合保税区主要经济指标完成情况表

指标名称	单位	2018 年	比上年增长（%）
增加值	万元	15 757	-82.1
工业总产值	万元	897	79.0
企业利润总额	万元	16 729	-88.6
物流企业营业收入	万元	140	79.5
综合能源耗费量	吨标准煤	123	-24.1
当年批准企业数	个	289	275.3
其中：加工企业	个	3	50.0
仓储物流企业	个	20	-73.3
当年批准外资企业数	个	25	525.0
其中：加工企业	个	0	0.0
仓储物流企业	个	25	35.4
当年批准投资总额	万美元	258 101.43	438.5
其中：外商投资总额	万美元	3 995.87	72.5
增资额	万美元	850	51.8
当年合同利用外资	万美元	5 787	61.5
其中：增资额	万美元	1 580	38.3
当年实际到位资金	万美元	3 800	53.6
其中：实际利用外资	万美元	3 255	68.3
历年已投产运作企业数	个	2	0.0
其中：已投产加工企业数	个	2	0.0
已投产物流企业数	个	0	0.0
其中：投资额 1 000 万美元以上	个	1	50.0
土地实际已租售面积	平方米	0	0.0
房屋竣工面积	平方米	0	0.0
其中：已建成厂房面积	平方米	0	0.0
已建成仓库面积	平方米	0	0.0
港区货物吞吐量（限保税港区）	万吨	24 897	-94.7
港区集装箱吞吐量（限保税港区）	万标准箱	1 406	36.8
税务部门税收	万元	41 107	117.6

续表

指标名称	单位	2018 年	比上年增长（%）
固定资产投资额	万元	180 921	155.9
其中：基础设施投资	万元	28 249	-55.7
期末从业人员	人	5 811	6.6
其中：期末外资企业从业人员	人	15	0.0
期末批准面积	平方公里	1.93	0.0
期末验收封关面积	平方公里	1.93	0.0

（2）-1　截至 2018 年海口综合保税区历年招商引资情况表

指标	单位	历年累计
批准企业	个	1 333（含迁出和历年吊销数）
其中：外资企业		120（含迁出和历年吊销数）
投资总额	万美元	437 587.19（含迁出和历年吊销数）
其中：外商投资总额		53 607.57（含迁出和历年吊销数）
合同外资额		34 025.95（含迁出和历年吊销数）
实际利用外资		32 591.7（含迁出和历年吊销数）

（2）-2　截至 2018 年海口综合保税区历年主要外商投资情况表

按项目数排列			按投资额排列		
序号	国别（地区）	项目数（个）	序号	国别（地区）	投资额（万美元）
1	中国香港	12	1	美国	7 687
2	英国	2	2	中国香港	2 366
3	美国	2	3	中国台湾	1 431
4	萨摩亚	1	4	萨摩亚	936
5	中国台湾	5	5	英国	519

（3）2018 年海口综合保税区物流企业营业收入排名表

单位：万元

序号	企业名称	营业收入	序号	企业名称	营业收入
1	长春市达成储运有限公司海南分公司	700	6	海南亿胶物流有限公司	126
2	海南中铁保税冷链物流有限公司	293	7	海南海航保税物流有限公司	118
3	海口互信物流有限公司	188	8	海南运新保税物流服务有限公司	99
4	海口益盛物流服务有限公司	158	9	海南鑫捷通运输有限公司	87
5	海南天创物流货运有限公司	145	10	海口嘉里大通物流有限公司	86

（4）2018 年海口综合保税区工业企业工业产值排名表

单位：万元

序号	企业名称	工业总产值	序号	企业名称	工业总产值
1	海南金盘电气有限公司	192 136	6	康宁（海南）光通信有限公司	73 637
2	一汽海马汽车有限公司	169 346	7	海南养生堂药业有限公司	54 740
3	海口奇力制药股份有限公司	162 064	8	海南亚洲制药股份有限公司	30 205
4	海南中和药业有限公司	101 256	9	海南钧达汽车饰件有限公司	26 868
5	海南葫芦娃制药有限公司	81 178	10	海南灵康制药有限公司	25 919

常州综合保税区统计数据表

（1）2018 年常州综合保税区主要经济指标完成情况表

指标名称	计量单位	2018 年	比上年增长（%）
增加值	万元	52 855	10.0
经营总收入	万元	225 006	—
技术服务收入	万元	—	—
工业总产值	万元	218 216	9.0
其中：高新技术产业	万元	216 547	—
物流企业经营收入	万元	6 790	12.6
商品销售额	万元	237	—
企业利润总额	万元	7 736	—
综合能源耗费量	吨标准煤	4 180	-34.6
新设企业数	个	13	—
其中：加工企业	个	1	—
物流企业	个	0	—
贸易企业	个	8	—
其他服务类企业	个	4	—
新设外资企业数	个	1	—
内资企业注册资本	万元	3 758	—
合同利用外资	万美元	58 741	—
实际利用外资	万美元	5 647	
期末已投产运作企业数	个	27	—
其中：已投产加工企业	个	12	—
已投产物流企业	个	3	—
已投产贸易企业	个	10	—
已投产其他服务类企业	个	2	—
其中：注册资本 1 000 万美元以上	个	5	—
固定资产投资额	万元	22 734	13.5
其中：基础设施投资	万元	17 392	—
期末已建成城镇建设用地面积	万平方米	—	—
房屋竣工建筑面积	平方米	89 300	—
其中：已建成厂房面积	平方米	89 300	—
税务部门税收	万元	25 077	—

续表

指标名称	计量单位	2018 年	比上年增长（%）
期末从业人员	人	1 424	—
期末批准面积	平方公里	1.66	—
期末验收封关面积	平方公里	1.33	—
创新业态统计指标			
跨境电商：期末企业数	个	6	—
业务票数	票	94 000	—
销售额	万元	768	—
融资租赁：期末企业数	个	—	—
租赁资产总额	万元	—	—
货物状态分类监管：期末企业数	个	10	—
国内货物进出区货值	万元	12 710	—
一般纳税人资格试点：期末企业数	个	—	—
试点企业内销金额	万元	—	—
试点企业增值税纳税额	万元	—	—

（2）-1 截至 2018 年常州综合保税区历年招商引资情况表

指标	单位	历年累计
工商在册企业数	个	45
其中：外资企业数	个	18
内资企业注册资本	万元	3 758
合同利用外资	万美元	88 288
实际利用外资	万美元	29 493

（2）-2 截至 2018 年常州综合保税区历年主要外商投资情况表

按项目数排列			按投资额排列		
序号	国别（地区）	项目数（个）	序号	国别（地区）	投资额（万美元）
1	中国香港	9	1	中国香港	25 125
2	美国	2	2	美国	16 800
3	英国	1	3	英国	4 500
4	巴西	1	4	巴西	157
5	土耳其	1	5	土耳其	—

（3）2018 年常州综合保税区物流企业营业收入排名表

单位：万元

序号	企业名称	序号	企业名称
1	中国外运常州分公司	5	常州安捷兰国际物流有限公司
2	常州海航报关有限公司	6	中国邮政 EMS 常州分公司
3	港中旅华贸国际物流股份有限公司常州分公司	7	三友绿色动力（常州）贸易有限公司
4	江苏众诚国际物流有限公司常州分公司	8	常州恒萱物流有限公司

芜湖综合保税区统计数据表

（1）2018 年芜湖综合保税区主要经济指标完成情况表

指标名称	计量单位	2018 年	比上年增长（%）
增加值	万元	63 377	12.7
经营总收入	万元	276 468	-1.3
技术服务收入	万元	0	—
工业总产值	万元	268 682	-5.4
其中：高新技术产业	万元	36 438	37.7
物流企业经营收入	万元	27	-20.6
商品销售额	万元	237 497	—
企业利润总额	万元	12 614	4.9
综合能源耗费量	吨标准煤	4216	-18.7
新设企业数	个	3	0
其中：加工企业	个	0	—
物流企业	个	3	0
贸易企业	个	0	—
其他服务类企业	个	0	—
新设外资企业数	个	0	—
内资企业注册资本	万元	600	—
合同利用外资	万美元	0	—
实际利用外资	万美元	0	—
期末已投产运作企业数	个	29	0
其中：已投产加工企业	个	14	—
已投产物流企业	个	15	0
已投产贸易企业	个	0	—
已投产其他服务类企业	个	0	—
其中：注册资本 1 000 万美元以上	个	0	—
固定资产投资额	万元	6 006	-64.3
其中：基础设施投资	万元	0	0
期末已建成城镇建设用地面积	万平方米	0	0
房屋竣工建筑面积	平方米	0	—
其中：已建成厂房面积	平方米	0	0
税务部门税收	万元	7 280	75.4
期末从业人员	人	3282	-18.0
期末批准面积	平方公里	2.17	0
期末验收封关面积	平方公里	2.17	0

（2）-1　截至2018年芜湖综合保税区历年招商引资情况表

指标	单位	历年累计
工商在册企业数	个	37
其中：外资企业数	个	9
内资企业注册资本	万元	39 483
合同利用外资	万美元	30 590
实际利用外资	万美元	30 590

（2）-2　截至2018年芜湖综合保税区历年主要外商投资情况表

按项目数排列			按投资额排列		
序号	国别（地区）	项目数（个）	序号	国别（地区）	投资额（万美元）
1	中国香港	4	1	中国香港	27 113
2	美国	2	2	美国	1 444
3	中国台湾	2	3	新加坡	1 250
4	新加坡	1	4	中国台湾	685

（3）2018年芜湖综合保税区工业企业工业产值排名表

单位：万元

序号	企业名称	序号	企业名称
1	中达电子（芜湖）有限公司	5	安徽昌永得机械有限公司
2	芜湖中鼎实业有限公司	6	芜湖安华玻璃有限公司
3	芜湖前源眼镜有限公司	7	芜湖华烨工业用布有限公司
4	合保电气（芜湖）有限公司	8	固镒电子（芜湖）有限公司

（4）2018年芜湖综合保税区物流企业营业收入排名表

单位：万元

序号	企业名称	序号	企业名称
1	芜湖信威物流有限公司	3	芜湖海德出口加工区物流有限公司
2	芜湖久方物流有限公司		

武进综合保税区统计数据表

（1）2018 年武进综合保税区主要经济指标完成情况表

指标名称	计量单位	2018 年	比上年增长（%）
增加值	万元	253 667	-19. 1
经营总收入	万元	—	—
技术服务收入	万元	—	—
工业总产值	万元	1 338 548	-13. 6
其中：高新技术产业	万元	—	—
物流企业经营收入	万元	8 755	18. 7
商品销售额	万元	—	—
企业利润总额	万元	—	—
综合能源耗费量	吨标准煤	9 768 100	49 416. 4
新设企业数	个	3	—
其中：加工企业	个	1	—
物流企业	个	0	—
贸易企业	个	2	—
其他服务类企业	个	0	—
新设外资企业数	个	0	—
内资企业注册资本	万元	—	—
合同利用外资	万美元	—	—
实际利用外资	万美元	8 511	1 559
期末已投产运作企业数	个	47	—
其中：已投产加工企业	个	9	—
已投产物流企业	个	18	—
已投产贸易企业	个	16	—
已投产其他服务类企业	个	4	—
其中：注册资本 1 000 万美元以上	个	8	—
固定资产投资额	万元	69 105	-9. 4
其中：基础设施投资	万元	6 427	—
期末已建成城镇建设用地面积	万平方米	—	—
房屋竣工建筑面积	平方米	—	—
其中：已建成厂房面积	平方米	—	—
税务部门税收	万元	69 992	-6. 6%
期末从业人员	人	12 853	—
期末批准面积	平方公里	0. 95	—

续表

指标名称	计量单位	2018 年	比上年增长（%）
期末验收封关面积	平方公里	0.95	—
创新业态统计指标			
跨境电商：期末企业数	个	—	—
业务票数	票	—	—
销售额	万元	—	—
融资租赁：期末企业数	个	—	—
租赁资产总额	万元	—	—
货物状态分类监管：期末企业数	个	—	—
国内货物进出区货值	万元	—	—
一般纳税人资格试点：期末企业数	个	—	—
试点企业内销金额	万元	—	—
试点企业增值税纳税额	万元	—	—

（2）-1　截至 2018 年武进综合保税区历年招商引资情况表

指标	单位	历年累计
工商在册企业数	个	28
其中：外资企业数	个	10
内资企业注册资本	万元	—
合同利用外资	万美元	—
实际利用外资	万美元	60 129

（2）-2　截至 2018 年武进综合保税区历年主要外商投资情况表

按项目数排列			按投资额排列		
序号	国别（地区）	项目数（个）	序号	国别（地区）	投资额（万美元）
1	中国台湾	4	1	中国台湾	74 160
2	中国香港	4	2	中国香港	24 013
3	德国	1	3	德国	534
4	瑞典	1	4	瑞典	76

（3）2018 年武进综合保税区物流企业营业收入排名表

单位：万元

序号	企业名称	营业收入	序号	企业名称	营业收入
1	常州飞力达现代物流有限公司	5 864	4	上海立扬国际货运代理有限公司常州分公司	—
2	常州亨通海晨物流有限公司	2 677	5	常州市武进恒通国际物流有限公司	—
3	常州中外运有限公司	62.1			

镇江综合保税区统计数据表

（1）2018 年镇江综合保税区主要经济指标完成情况表

指标名称	单位	2018 年	比上年增长（%）
增加值	万元	24 668	10.7
工业总产值	万元	143 705	46.7
企业利润总额	万元	9 690	-57.3
物流企业营业收入	万元	26 618	63.1
综合能源耗费量	吨标准煤	6 514	145.8
当年批准企业数	个	8	100.0
其中：加工企业	个	2	0.0
仓储物流企业	个	0	-100.0
当年批准外资企业数	个	2	0.0
其中：加工企业	个	2	—
仓储物流企业	个	0	—
当年批准投资总额	万美元	1 788	-70.7
其中：外商投资总额	万美元	343	-94.4
增资额	万美元	200	—
当年合同利用外资	万美元	343	-98.0
其中：增资额	万美元	200	—
当年实际到位资金	万美元	241	-98.3
其中：实际利用外资	万美元	241	-98.3
历年已投产运作企业数	个	7	—
其中：已投产加工企业数	个	0	—
已投产物流企业数	个	0	—
其中：投资额 1 000 万美元以上	个	0	—
土地实际已租售面积	平方米	0	—
房屋竣工面积	平方米	0	—
其中：已建成厂房面积	平方米	0	—
已建成仓库面积	平方米	0	—
港区货物吞吐量（限保税港区）	万吨	—	—
港区集装箱吞吐量（限保税港区）	万标准箱	—	—
税务部门税收	万元	4 445	34.6
固定资产投资额	万元	28 354	-66.5
其中：基础设施投资	万元	5 551	-93.4

续表

指标名称	单位	2018 年	比上年增长（%）
期末从业人员	人	872	-0.8
其中：期末外资企业从业人员	人	790	-0.6
期末批准面积	平方公里	2.53	0.0
期末验收封关面积	平方公里	0.91	0.0

（2）-1　截至 2018 年镇江综合保税区历年招商引资情况表

指标	单位	历年累计
批准企业	个	37
其中：外资企业		15
投资总额	（万美元）	89 289
其中：外商投资总额		36 633
合同外资额		28 660
实际利用外资		28 024

（2）-2　截至 2018 年镇江综合保税区历年主要外商投资情况表

按项目数排列			按投资额排列		
序号	国别（地区）	项目数（个）	序号	国别（地区）	投资额（万美元）
1	中国香港	8	1	中国香港	16 729
2	中国台湾	2	2	中国台湾	2 560
3	法国	1	3	法国	70

（3）2018 年镇江综合保税区物流企业营业收入排名表

单位：万元

序号	企业名称	序号	企业名称
1	镇江中远海运物流有限公司	5	镇江大远物流有限公司
2	江苏汇鸿冷链物流有限公司	6	镇江力联物流有限公司
3	镇江远港物流有限公司	7	镇江中远海运仓储发展有限公司
4	镇江中沙保税物流有限公司		

（4）2018 年镇江综合保税区工业企业工业产值排名表

单位：万元

序号	企业名称	工业总产值	序号	企业名称	工业总产值
1	山特维克材料科技（中国）有限公司	27 759	3	镇江吉福装饰有限公司	5 909
2	先进光电科技（镇江）有限公司	13 855			

盐城综合保税区统计数据表

（1）2018 年盐城综合保税区主要经济指标完成情况表

指标名称	单位	2018 年	比上年增长（%）
增加值	万元	327 386	201.0
工业总产值	万元	835 605	64.0
企业利润总额	万元	14 850	28.0
物流企业营业收入	万元	35 980	52.0
综合能源耗费量	吨标准煤	13 793	45.0
当年批准企业数	个	26	30.0
其中：加工企业	个	5	66.0
仓储物流企业	个	3	—
当年批准外资企业数	个	4	—
其中：加工企业	个	1	—
仓储物流企业	个	0	—
当年批准投资总额	万美元	19 251	—
其中：外商投资总额	万美元	6 173	—
增资额	万美元	—	—
当年合同利用外资	万美元	18 031	0.5
其中：增资额	万美元	—	—
当年实际到位资金	万美元	11 200	—
其中：实际利用外资	万美元	3 761	-2.5
历年已投产运作企业数	个	73	—
其中：已投产加工企业数	个	22	—
已投产物流企业数	个	20	—
其中：投资额 1 000 万美元以上	个	16	—
土地实际已租售面积	平方米	—	—
房屋竣工面积	平方米	830 000	33.7
其中：已建成厂房面积	平方米	610 000	29.6
已建成仓库面积	平方米	220 000	82.6
港区货物吞吐量（限保税港区）	万吨	—	—
港区集装箱吞吐量（限保税港区）	万标准箱	—	—

续表

指标名称	单位	2018 年	比上年增长（%）
税务部门税收	万元	31 723	135.0
固定资产投资额	万元	161 200	0.5
其中：基础设施投资	万元	14 370	—
期末从业人员	人	5 000	2.4
其中：期末外资企业从业人员	人	3 500	—
期末批准面积	平方公里	2.03	—
期末验收封关面积	平方公里	2.03	—

（2）-1 截至 2018 年盐城综合保税区历年招商引资情况表

指标	单位	历年累计
批准企业	个	113
其中：外资企业		27
投资总额	万美元	271 083
其中：外商投资总额		172 569
合同外资额		67 486
实际利用外资		33 138

（2）-2 截至 2018 年盐城综合保税区历年主要外商投资情况表

按项目数排列			按投资额排列		
序号	国别（地区）	项目数（个）	序号	国别（地区）	投资额（万美元）
1	中国台湾	5	1	中国台湾	61 296
2	中国香港	7	2	中国香港	32 350
3	韩国	3	3	韩国	13 050
4	法国	1	4	法国	4 200

（3）2018 年盐城综合保税区物流企业营业收入排名表

单位：万元

序号	企业名称	序号	企业名称
1	盐城市东风物流有限公司	6	盐城华顺物流有限公司
2	太平集运江苏物流有限公司	7	盐城捷悦国际货运代理有限公司
3	盐城锦程国际物流有限公司	8	江苏捷通物流有限公司
4	江苏捷顺国际物流有限公司	9	盐城汇骏电子有限公司
5	江苏捷通保税储运有限公司	10	盐城联盈国际货运代理有限公司

（4）2018 年盐城综合保税区工业企业工业产值排名表

单位：万元

序号	企业名称	序号	企业名称
1	盐城盈信通科技有限公司	6	耀崴光电（盐城）有限公司
2	佛吉亚（盐城）汽车部件系统有限公司	7	台玻悦达汽车玻璃有限公司
3	盐城福汇纺织有限公司	8	盐城港隆纺织有限公司
4	双龙集团上海防爆电机盐城股份有限公司	9	江苏南纬悦达纤维科技有限公司
5	盐城耀崴科技有限公司	10	盐城市老周豆制品有限公司

南通综合保税区统计数据表

（1）2018 年南通综合保税区主要经济指标完成情况表

指标名称	计量单位	2018 年	比上年增长（%）
增加值	万元	40 622	3.1
经营总收入	万元	1 421 158	2.5
技术服务收入	万元	1 489	-42.7
工业总产值	万元	185 820	0.9
其中：高新技术产业	万元	24 788	18.7
物流企业经营收入	万元	33 726	85.3
商品销售额	万元	1 200 089	—
企业利润总额	万元	7 703	-56.1
综合能源耗费量	吨标准煤	9 838	4.6
新设企业数	个	19	280.0
其中：加工企业	个	2	-33.3
物流企业	个	7	600.0
贸易企业	个	3	—
其他服务类企业	个	7	—
新设外资企业数	个	5	—
内资企业注册资本	万元	160 160	—
合同利用外资	万美元	21 200	—
实际利用外资	万美元	11 488	7 990.1
期末已投产运作企业数	个	167	—
其中：已投产加工企业	个	26	—
已投产物流企业	个	17	—
已投产贸易企业	个	83	—
已投产其他服务类企业	个	41	—
其中：注册资本 1 000 万美元以上	个	26	—
固定资产投资额	万元	272 060	1 714.1
其中：基础设施投资	万元	4 000	300.0
期末已建成城镇建设用地面积	万平方米	179	—
房屋竣工建筑面积	平方米	101 506	—
其中：已建成厂房面积	平方米	42 074	—
税务部门税收	万元	34 805	511.8
期末从业人员	人	2 303	—

续表

指标名称	计量单位	2018 年	比上年增长（%）
期末批准面积	平方公里	5.29	0
期末验收封关面积	平方公里	2.15	0
创新业态统计指标			
跨境电商：期末企业数	个	0	—
业务票数	票	0	—
销售额	万元	0	—
融资租赁：期末企业数	个	0	—
租赁资产总额	万元	0	—
货物状态分类监管：期末企业数	个	2	—
国内货物进出区货值	万元	209 250	—
一般纳税人资格试点：期末企业数	个	0	—
试点企业内销金额	万元	0	—
试点企业增值税纳税额	万元	0	—

（2）-1　截至 2018 年南通综合保税区历年招商引资情况表

指标	单位	历年累计
工商在册企业数	个	235
其中：外资企业数	个	34
内资企业注册资本	万元	893 788
合同利用外资	万美元	63 739
实际利用外资	万美元	40 998

（2）-2　截至 2018 年南通综合保税区历年主要外商投资情况表

按项目数排列			按注册资本排列		
序号	国别（地区）	项目数（个）	序号	国别（地区）	注册资本（万美元）
1	中国香港	19	1	中国香港	45 458
2	日本	8	2	开曼群岛	20 000
3	新加坡	2	3	日本	5 113
4	开曼群岛	1	4	韩国	2 500
5	韩国	1	5	新加坡	1 070
6	塞浦路斯	1	6	塞浦路斯	400
7	新西兰	1	7	新西兰	100
8	意大利	1	8	意大利	77
9	中国台湾	1	9	中国台湾	20
10	智利	1	10	智利	10

（3）2018年南通综合保税区出口加工企业工业产值排名表

单位：万元

序号	企业名称	序号	企业名称
1	南通延锋安道拓座椅面套有限公司	6	南通吉凯光电科技有限公司
2	南通崇天纺纱有限公司	7	南通华盛塑料制品有限公司
3	南通联亚药业有限公司	8	江苏创斯达终端设备科技有限公司
4	南通华强科技有限公司	9	南通市开发区千野实业有限公司
5	南通利鼎纺织科技有限公司	10	南通康赛克半导体工具有限公司

（4）2018年南通综合保税区贸易企业商品销售额排名表

单位：万元

序号	企业名称	序号	企业名称
1	中贸投（南通）供应链管理有限公司	16	南通瑞贝卡国际贸易有限公司
2	江苏恒廷怡国际贸易有限公司	17	南通贝德利纺织有限公司
3	南通千昊化工有限公司	18	江苏欧味园国际贸易有限公司
4	南通中合国际贸易有限公司	19	江苏炜皓国际贸易有限公司
5	江苏双洲国际贸易有限公司	20	南通苏马贸易有限公司
6	江苏思皓国际贸易有限公司	21	江苏紫硕国际贸易有限公司
7	南通纳虹纺织有限公司	22	南通鸿事达进出口有限公司
8	南通厚地进出口有限公司	23	南通鲜汇盟国际贸易有限公司
9	南通伽蓝纺织有限公司	24	澳奕国际贸易南通有限公司
10	南通北新国际贸易有限公司	25	南通莫伯乐贸易有限公司
11	南通倍海供应链管理有限公司	26	江苏乐富国际贸易有限公司
12	南通骏和纺织有限公司	27	南通宁方国际贸易有限公司
13	南通恬璐国际贸易有限公司	28	南通微邦电子商务有限公司
14	江苏乾洋进出口贸易有限公司	29	南通智羯国际贸易有限公司
15	南通易通电子商务有限公司	30	南通宝博利国际贸易有限公司

（5）2018年南通综合保税区物流企业营业收入排名表

单位：万元

序号	企业名称	序号	企业名称
1	南通综合保税区物流中心有限公司	8	南通鼎吉国际物流有限公司
2	南通中外运物流有限公司	9	南通恒升物流有限公司
3	南通福汉兴业现代物流中心有限公司	10	南通翔帆国际物流有限公司
4	南通通运供应链管理有限公司	11	南通利达储运有限公司
5	南通中洋国际供应链管理有限公司	12	南通远之通物流有限公司
6	南通世瑞供应链管理有限公司	13	南通景天供应链管理有限公司
7	南通综合保税区中外运物流有限公司		

青岛西海岸综合保税区统计数据表

（1）2018 年青岛西海岸综合保税区主要经济指标完成情况表

指标名称	单位	2018 年	比上年增长（%）
增加值	万元	33 165	6.1
工业总产值	万元	96 348	-5.8
其中：高新技术产业	万元	22 142	4.3
电子信息产业	万元	65 910	-9.9
工业产品销售额	万元	111 036	7.2
企业利润总额	万元	8 050	51.8
物流企业营业收入	万元	8 283	-33.9
综合能源耗费量	吨标准煤	4 697	-28.5
当年批准企业数	个	50	163.2
其中：外资企业	个	3	66.7
仓储物流企业	个	8	87.5
当年批准投资总额	万美元	20 267	210.0
其中：外资项目投资额	万美元	6 769	46.7
增资额	万美元	0	—
当年合同利用外资	万美元	4 519	1 191.1
其中：增资额	万美元	0	—
当年企业实际到位资金	万美元	4 655	-3.4
其中：实际利用外资	万美元	1 512	0.0
固定资产投资额	万元	6 125	12.9
其中：基础设施投资	万元	0	-100.0
开发公司投资	万元	0	—
期末施工房屋面积	平方米	63 464	940.1
其中：期末在建厂房面积	平方米	1 4811	—
房屋竣工面积	平方米	0	-100.0
其中：已建成厂房面积	平方米	0	—
已建成仓库面积	平方米	0	-100.0
土地实际已租售面积	平方米	0	-100.0
历年已投产物流企业	个	13	8.3

续表

指标名称	单位	2018 年	比上年增长（%）
历年已投产工业企业	个	10	25.0
其中：投资额 1 000 万美元（含）以上	个	8	—
税收总额	万元	65 877	35.2
其中：海关部门税收及代征税	万元	61 838	43.5
工商税收	万元	4 039	-28.3
期末从业人员	人	1 285	-60.9
其中：期末外资企业从业人员	人	778	-73.9
期末批准面积	平方公里	2	0.0
期末验收封关面积	平方公里	2	0.0

（2）-1　截至 2018 年青岛西海岸综合保税区历年招商引资情况表

指标	单位	历年累计
批准企业	个	144
其中：外资企业		25
投资总额	（万美元）	130 186
其中：外商投资总额		84 084
合同外资额		68 174
实际利用外资		47 052

（2）-2　截至 2018 年青岛西海岸综合保税区历年主要外商投资情况表

按项目数排列			按投资额排列		
序号	国别（地区）	项目数（个）	序号	国别（地区）	投资额（万美元）
1	中国香港	9	1	中国香港	31 759
2	美国	3	2	美国	10 835
3	俄罗斯	2	3	日本	10 000
4	新加坡	2	4	新加坡	8 615
5	日本	1	5	俄罗斯	8 461

（3）2018 年青岛西海岸综合保税区出口加工企业工业产值排名表　　单位：万元

序号	企业名称	序号	企业名称
1	青岛三美电子有限公司	5	香港宏鑫达纺织科技有限公司
2	青岛圣美尔纤维科技有限公司	6	青岛启光新能源发电有限公司
3	青岛美家圣达高科技材料有限公司	7	青岛纱支纺织科技有限公司
4	青岛北海石油装备技术有限公司		

（4）2018 年青岛西海岸综合保税区物流企业营业收入排名表

单位：万元

序号	企业名称	序号	企业名称
1	青岛裕龙橡胶交易中心有限公司	6	青岛格鲁渤国际物流有限公司
2	青岛中韩国际物流有限公司	7	青岛安达精益供应链有限公司
3	青岛绿辰进口商品展示推广有限公司	8	青岛众润国际物流有限公司
4	青岛新怡坤物流有限公司	9	青岛全日通国际物流有限公司
5	青岛世纪海岸国际物流有限公司		

奉贤综合保税区统计数据表

（1）2018 年奉贤综合保税区主要经济指标完成情况表

指标名称	单位	2018 年	比上年增长（%）
增加值	万元	85 939	98.9
工业总产值	万元	523 638	-8.5
企业利润总额	万元	43 303	964.7
物流企业营业收入	万元	4 944	—
综合能源耗费量	吨标准煤	5 215	11.7
当年批准企业数	个	1	—
其中：加工企业	个	—	—
仓储物流企业	个	1	—
历年已投产运作企业数	个	20	—
其中：已投产加工企业数	个	16	—
已投产物流企业数	个	4	—
其中：投资额 1 000 万美元以上	个	5	—
税务部门税收	万元	4 891	-22.2
固定资产投资额	万元	3 250	23.1
其中：基础设施投资	万元	0	—
期末从业人员	人	3 876	-0.7
其中：期末外资企业从业人员	人	11	0.0
期末批准面积	平方公里	1.88	0.0
期末验收封关面积	平方公里	1.88	0.0

（2）-1　截至 2018 年奉贤综合保税区历年招商引资情况表

指标	单位	历年累计
批准企业	个	34
其中：外资企业		16
投资总额	万美元	57 453
其中：外商投资总额		24 507
合同外资额		13 656
实际利用外资		10 446

（2）-2 截至2018年奉贤综合保税区历年主要外商投资情况表

按项目数排列			按投资额排列		
序号	国别（地区）	项目数（个）	序号	国别（地区）	投资额（万美元）
1	日本	4	1	新加坡	6 000
2	中国香港	4	2	中国香港	5 079
3	澳大利亚	2	3	日本	4 670
4	美国	2	4	澳大利亚	3 680
5	新加坡	1	5	意大利	1 200

（3）2018年奉贤综合保税区物流企业营业收入排名表

单位：万元

序号	企业名称	营业收入	序号	企业名称	营业收入
1	上海奉贤近铁国际物流有限公司	2 772	3	上海喆盛物流有限公司	488
2	上海新市洋国际物流有限公司	1 362	4	上海觉亚物联网科技有限公司	151

（4）2018年奉贤综合保税区工业企业工业产值排名表

单位：万元

序号	企业名称	工业总产值	序号	企业名称	工业总产值
1	上海晶澳太阳能科技有限公司	380 740	4	上海双燕化工设备制造有限公司	13 672
2	纳图兹家具（中国）有限公司	67 370	5	赫科玛电缆（上海）有限公司	6 586
3	研精舍（上海）精密机械有限公司	47 639	6	上海艾力克新能源有限公司	2 576

深圳盐田综合保税区统计数据表

（1）2018 年深圳盐田综合保税区主要经济指标完成情况表

指标名称	单位	2018 年	比上年增长（%）
增加值	万元	—	—
工业总产值	万元	1 865 683	-13.7
企业利润总额	万元	19 743	-64.9
物流企业营业收入	万元	114 682	-18.2
历年已投产运作企业数	个	1 179	—
其中：已投产加工企业数	个	121	—
已投产物流企业数	个	97	—
其中：投资额 1 000 万美元以上	个	—	—
土地实际已租售面积	平方米	695 000	—
房屋竣工面积	平方米	1 731 671	—
其中：已建成厂房面积	平方米	656 353	—
已建成仓库面积	平方米	1 075 318	—
税务部门税收	万元	36 532	-26.2
固定资产投资额	万元	52 343	-37.9
其中：基础设施投资	万元	—	—
期末从业人员	人	12 407	-1.6
其中：期末外资企业从业人员	人	—	—
期末批准面积	平方公里	2.17	0.0
期末验收封关面积	平方公里	1.24	0.0

（2）-1　截至 2018 年深圳盐田综合保税区历年招商引资情况表

指标	单位	历年累计
批准企业	个	1 262
其中：外资企业		—
投资总额	万美元	—
其中：外商投资总额		—
合同外资额		—
实际利用外资		—

（3）2018年深圳盐田综合保税区物流企业营业收入排名表

单位：万元

序号	企业名称	序号	企业名称
1	深圳惠盐高速公路有限公司	6	中联富维国际物流（深圳）有限公司
2	深圳市金鹰鹏物流有限公司	7	深圳市通捷利物流有限公司
3	中建投物流有限公司	8	深圳市华晖怡和国际物流有限公司
4	深圳市盐田港物流有限公司	9	深圳市正佳盐田国际物流有限公司
5	深圳嘉里盐田港物流有限公司	10	深圳畅联国际物流有限公司

（4）2018年深圳盐田综合保税区工业企业工业产值排名表

单位：万元

序号	企业名称	序号	企业名称
1	深圳市粤豪珠宝有限公司	6	润汇首饰（深圳）有限公司
2	才众电脑（深圳）有限公司	7	德利珠宝首饰（深圳）有限公司
3	金富盛发珠宝首饰（深圳）有限公司	8	深圳宝华行珠宝首饰有限公司
4	品新科技（深圳）有限公司	9	深圳市雅爵黄金科技文化有限公司
5	骏鸿珠宝首饰（深圳）有限公司	10	深圳市金宝丰珠宝首饰有限公司

哈尔滨综合保税区统计数据表

（1）2018 年哈尔滨综合保税区主要经济指标完成情况

指标名称	单位	2018 年	比上年增长（%）
增加值	万元	—	—
经营总收入	万元	2 512	—
技术服务收入	万元	—	—
工业总产值	万元	2 486	—
其中：高新技术产业	万元	—	—
物流企业经营收入	万元	—	—
商品销售额	万元	157	—
企业利润总额	万元	-94	—
综合能源消耗量	吨标准煤	—	—
新设企业数	个	21	—
其中：加工企业	个	—	—
物流企业	个	1	—
贸易企业	个	19	—
其他服务类企业	个	1	—
新设外资企业数	个	2	—
内资企业注册资本	万元	23 730	—
合同利用外资	万美元	—	—
实际利用外资	万美元	—	—
期末已投产运作企业数	个	7	—
其中：已投产加工企业	个	2	—
已投产物流企业	个	—	—
已投产贸易企业	个	5	—
已投产其他服务类企业	个	—	—
其中：注册资本 1 000 万美元以上	个	—	—
固定资产投资额	万元	7 990	—
其中：基础设施投资额	万元	7 940	—
期末已建成城镇建设用地面积	万平方米	40.2	—
房屋竣工建筑面积	平方米	10 940	—
其中：已建成厂房面积	平方米	10 940	—

续表

指标名称	单位	2018 年	比上年增长（%）
税务部门税收	万元	18	—
期末从业人员	人	60	—
期末批准面积	平方公里	3.29	—
期末验收封关面积	平方公里	1.127	—
创新业态统计指标			
跨境电商：期末企业数	个	4	—
业务票数	票	18 749	—
销售额	万元	523	—

（2）-1 截至 2018 年哈尔滨综合保税区历年招商引资情况表

指标	单位	历年累计
工商在册企业数	个	69
其中：外资企业数	个	10
内资企业注册资本	万元	54 250
合同利用外资	万美元	—
实际利用外资	万美元	214

（2）-2 截至 2018 年哈尔滨综合保税区历年主要外商投资情况表

按项目数列			按注册资本数列		
序号	国别（地区）	项目数（个）	序号	国别（地区）	注册资本（万欧元）
1	德国	1	1	德国	200

（3）2018 年哈尔滨综合保税区出口加工企业工业产值排名表

单位：万元

序号	企业名称	工业总产值
1	豪狮农业机械（哈尔滨）有限公司	2 486

工作与研究篇

回顾 2018 硕果累累　展望 2019 信心满满

中国保税区出口加工区协会　蒲少伟

2018 年是我国海关特殊监管区域发展历史上重要的且不能忘却的一年。在过去的这一年里，广大海关特殊监管区域建设者和参与者们不忘初心，牢记使命，战斗在推动国际自由贸易事业大局的最前线，致力于深化改革，和衷共济应对危机，坚持创新砥砺奋进迎接挑战，用抓铁留痕的实践和辛劳向改革开放四十周年献上共同心愿：海关特殊监管区域外贸进出口额创造 7 791.03 亿美元的历史新纪录。

2019 年 1 月 23 日，海关总署公布了 2018 年我国 6 种类型海关特殊监管区域（含保税区、出口加工区、保税物流园区、跨境工业园区、保税港区和综合保税区）的外贸进出口数据，共计实现进出口总额 7 791.03亿美元，占全国同期外贸进出口总额的 16.9%。这是我国海关特殊监管区域创立以来取得的年度进出口最新纪录，可喜可贺。同时，这也是我国海关特殊监管区域发展历史上的阶段性总结，不能忘却。

2019 年，是我国海关特殊监管区域迈进新的发展历史阶段的第一年。1 月 2 日，李克强总理主持国务院第三十六次常务会议，作出了支持促进综合保税区打造对外开放新高地的决定。1 月 14 日，国务院印发了《国务院关于促进综合保税区高水平开放高质量发展的若干意见》（国发〔2019〕3 号），提出了海关特殊监管区域整合优化创新发展的新任务、新目标、新措施和新动力。为落实文件精神，1 月 29 日，海关总署连续发布 3 个公告，出台“四自一简”“保税研发”“委内加工”业务的操作细则。1 月 31 日，国家税务总局、财政部和海关总署三部门联合发文，扩大特殊区域企业增值税一般纳税人资格试点。对我国海关特殊监管区域的发展而言，这是里程碑意义的重大转折，综合保税区对外对内开放的通道全部敞开，区内区外联系的畅通网络已经初步形成，双轮驱动的全新发展蓝图正在描绘。

我们要以习近平新时代中国特色社会主义思想为指导，围绕新要求深化改革，根据新目标砥砺前行，用更加开放的理念和更加务实的行动去拥抱新的辉煌。

定格在海关特殊监管区域发展史上的 2018 年

中国保税区出口加工区协会　蒲少伟

总结我国海关特殊监管区域的 2018 年，有两件事情令人难以忘怀：一是海关总署自贸区与特殊区域发展司的设立；二是我国海关特殊监管区域创历史纪录的外贸成绩单。前者标志着我国海关特殊监管区域的发展由粗放扩张向质量效益转变，后者表明我国海关特殊监管区域的对外对内开放重要地位更加明显。

一、2018 年全国海关特殊监管区域外贸进出口额创历史新纪录

据海关总署统计，2018 年我国六种类型的 127 个海关特殊监管区域共计实现外贸进出口 7 791. 03 亿美元，其中出口 3 799. 57 亿美元，进口 3 991. 46 亿美元，进出口总额占全国外贸进出口总额的 16. 9%，是我国海关特殊监管区域自 1990 年 6 月 23 日上海外高桥保税区获准设立以来外贸进出口额的最新纪录（见表 1）。

表 1　2018 年全国海关特殊监管区域进出口统计表

	统计个数	进出口		出口		进口	
		金额（亿美元）	增幅（%）	金额（亿美元）	增幅（%）	金额（亿美元）	增幅（%）
全国外贸		46 230. 34	12. 6	24 874. 01	9. 9	21 356. 33	15. 8
合计	127	7 791. 03	—	3 799. 57	—	3 991. 46	—
保税区	10	2 148. 27	10. 6	645. 98	8. 9	1 502. 30	11. 3
出口加工区	32	951. 61	11. 0	583. 36	7. 3	368. 25	17. 4
保税港区	14	1 137. 94	10. 9	389. 49	-2. 4	748. 45	19. 3
综合保税区	65	3 453. 82	16. 9	2 135. 45	15. 9	1 318. 38	18. 4
保税物流园区	4	86. 00	10. 9	37. 89	25. 4	48. 12	-0. 3
跨境工业区	2	8. 38	—	7. 40	—	0. 98	—

数据来源：海关总署统计月报。

10 个保税区共计实现进出口额 2 148. 27 亿美元，同比增长 10. 6%。区均进出口额为 214. 83 亿美元。上海外高桥、深圳福田和天津港保税区位居前 3 名，分别为 1 245. 14 亿美元、557. 89 亿美元和 115. 39 亿美元，合计 1 918. 42 亿美元，占 10 个保税区同期进出口

总额的89.3%，占全国127个海关特殊监管区域同期进出口总额的24.62%。

32个出口加工区共计实现进出口额951.61亿美元，同比增长11.0%。区均进出口额为29.88亿美元。上海松江、陕西西安和广东深圳出口加工区位居前3名，分别为275.97亿美元、250.63亿美元和58.81亿美元，合计585.41亿美元，占32个出口加工区同期进出口总额的61.32%，占全国海关特殊监管区域同期进出口总额的7.51%（注：32个出口加工区中有18个已经整合为综合保税区，但进出口统计名称尚未完成变更）。

14个保税港区共计实现进出口额1 137.94亿美元,同比增长10.9%。区均进出口额为81.28亿美元。天津东疆、重庆两路寸滩和深圳前海湾保税港区位居前3名，分别为199.29亿美元、161.16亿美元和131.45亿美元，合计491.90亿美元，占14个保税港区同期进出口总额的43.23%，占全国海关特殊监管区域同期进出口总额的6.31%。

65个综合保税区共计实现进出口额3 453.82亿美元,同比增长16.9%。区均进出口额为53.14亿美元。成都高新、昆山、郑州新郑、重庆西永、苏州工业园、无锡高新和苏州高新综合保税区位居前7位的区域，分别实现进出口额532.29亿美元、512.58亿美元、510.44亿美元、312.69亿美元、296.18亿美元、241.41亿美元和215.25亿美元，合计2 620.84亿美元，占65个综合保税区同期进出口总额的75.88%，占全国海关特殊监管区域同期进出口总额的33.64%。

二、海关特殊监管区域发展的中流砥柱

2018年，我国海关特殊监管区域在国际贸易争端加剧、市场需求不振等因素增多的下行压力下实现了外贸进出口的稳中有升，呈现5个显著特点：一是规模化、集约化发展的成效更加显著；二是创新求进推动了业务形态多元化；三是存量加工贸易再次发力成为稳定增长的动力；四是中西部地区部分区域的贡献度继续增加；五是扩大进口服务内需的平台作用逐步发挥。总体情况是改革引领，创新驱动，多业并举，多点发力，自贸试验区和“一带一路”倡议的溢出作用功不可没。其中，以上海外高桥保税区为代表的19个海关特殊监管区域年进出口额突破百亿美元大关，成为规模化、集约化发展的强大驱动力，值得关注和借鉴。

2018年，进出口前20位的上海外高桥、深圳福田和天津港保税区，上海松江和陕西西安出口加工区，天津东疆、重庆两路寸滩、洋山、深圳前海湾、烟台和青岛前湾保税港区，成都高新、昆山、郑州新郑、苏州工业园、重庆西永、无锡高新、苏州高新和深圳盐田港等综合保税区大多呈现稳定增长的发展态势，体量大、增长快、波动小是这些特殊区域的特点。这20个海关特殊监管区域共计实现进出口额6 137.38亿美元，占全国海关特殊监管区域同期外贸进出口总额的78.78%，成为我国海关特殊监管区域可持续发展的领头羊、牵引力和中流砥柱（见表2）。

在上述20个海关特殊监管区域中，年进出口额突破和接近200亿美元的有12个，其中上海外高桥保税区达到1 245.14亿美元，为我国第一，世界领先。超过500亿美元的有深圳福田保税区、成都高新综合保税区、昆山综合保税区和郑州新郑综合保税区。超过200亿美元的有重庆西永、苏州工业园、上海松江、无锡高新、苏州高新综合保税区和陕西西安出口加工区（见表3）。

表 2　2018 年我国海关特殊监管区域外贸进出口 20 强统计表

区域名称		进出口		区域名称		进出口	
		金额（亿美元）	增幅（%）			金额（亿美元）	增幅（%）
	20 区合计	6 137.38			单区平均	306.87	
1	上海外高桥保税区	1 245.14	9.1	11	苏州高新综合保税区	215.25	15.6
2	深圳福田保税区	557.89	12.9	12	天津东疆保税港区	199.29	5.0
3	成都高新综合保税区	532.29	31.8	13	重庆两路寸滩保税港区	161.16	23.0
4	昆山综合保税区	512.58	5.8	14	洋山保税港区	129.70	13.9
5	郑州新郑综合保税区	510.44	1.8	15	深圳前海湾保税港区	131.45	96.9
6	重庆西永综合保税区	312.69	23.4	16	烟台保税港区	122.65	-0.5
7	苏州工业园综合保税区	296.18	33.95	17	深圳盐田港综合保税区	119.48	7.9
8	上海松江综合保税区	275.97	-10.1	18	天津港保税区	115.39	9.7
9	陕西西安出口加工区	250.63	32.6	19	青岛前湾保税港区	109.08	-3.3
10	无锡高新综合保税区	241.41	35.5	20	宁波北仑	98.71	26.2

数据来源：海关总署统计月报。

表 3　2018 年我国海关特殊监管区域外贸进出口 12 强统计表

区域名称		进出口		区域名称		进出口	
		金额（亿美元）	增幅（%）			金额（亿美元）	增幅（%）
	12 区合计	4 735.44			单区平均	394.62	
1	上海外高桥保税区	1 245.14	9.1	7	苏州工业园综合保税区	296.18	33.95
2	深圳福田保税区	557.89	12.9	8	上海松江综合保税区	275.97	-10.1
3	成都高新综合保税区	532.29	31.8	9	陕西西安出口加工区	250.63	32.6
4	昆山综合保税区	512.58	5.8	10	无锡高新综合保税区	241.41	35.5
5	郑州新郑综合保税区	510.44	1.8	11	苏州高新综合保税区	215.25	15.6
6	重庆西永综合保税区	312.69	23.4	12	天津东疆保税港区	199.29	5.0

数据来源：海关总署统计月报

（一）第一名：上海外高桥保税区（2018 年实现进出口额 1 245.14 亿美元）

上海外高桥保税区于 1990 年 6 月 23 日经国务院批准在上海浦东新区设立，为我国第一个海关特殊监管区域。封闭围网面积 8.9 平方公里，是中国（上海）自由贸易试验区的核心保税功能区和创新示范重要载体。国际组织公认的世界一流自由贸易园区。2018 年实现进出口总额 1 245.14 亿美元，分别占上海市和上海浦东新区同期进出口额的 25.67% 和 59.15%。同期外贸进出口额位居全国海关特殊监管区域的第一名。

（二）第二名：深圳福田保税（2018 年实现进出口额 557.89 亿美元）

深圳福田保税区于 1991 年经国务院批准在深圳经济特区内设立，封闭围网面积 1.35 平方公里，是广东省对外开放和连接深港重要的开放型经济政策功能平台、保税经济载体和枢纽，电子产品加工贸易和国际贸易是其主营业务。2018 年实现进出口额 557.89 亿美元，分别占广东省和深圳市同期进出口额的 4.60% 和 11.12%。同期外贸进出口额位居全国海关特殊监管区域第二名。

（三）第三名：成都高新综合保税区（2018 年实现进出口额 532.29 亿美元）

成都高新综合保税区于 2010 年经国务院批准整合设立（其前身为 2000 年 4 月 27 日批准设立的四川成都出口加工区和其后设立的成都保税物流中心），封闭围网面积 8.68 平方公里，分为高新和双流两个园区，是四川省和成都市对外开放的重要窗口和承载国际电子产品等加工贸易的主要载体，以及航空零件加工和维修的重要基地。2018 年实现进出口额 532.29 亿美元，分别占四川省和成都市同期进出口额的 57.19% 和 69.99%。同期外贸进出口额位居全国海关特殊监区域的第三名。

（四）第四名：昆山综合保税区（2018 年实现进出口额 512.58 亿美元）

昆山综合保税区于 2009 年经国务院批准在原江苏昆山出口加工区的基础上扩大用地规模后形成，封闭围网面积 5.86 平方公里，是江苏省规模最大的加工贸易产业基地，以笔记本电脑等的加工贸易为主导产业，长期在我国保税区以外的特殊区域发展中起到引领示范作用。2018 年实现进出口额 512.58 亿美元，分别占江苏省和苏州市同期外贸进出口总额的 7.15% 和 13.90%。同期外贸进出口额位居全国海关特殊监管区域的第四名。

（五）第五名：郑州新郑综合保税区（2018 年实现进出口额 510.44 亿美元）

郑州新郑综合保税区于 2010 年经国务院批准在郑州航空港经济示范区内设立，封闭围网面积 4.94 平方公里，是河南省智能手机加工的主导产业区和跨境电子商务等新兴开放业态的重要平台，富士康代工的苹果智能手机为其主营业务。2018 年实现进出口额 510.44 亿美元，分别占河南省和郑州市同期进出口总额的 58.33% 和 85.10%。同期外贸进出口额位居全国海关特殊监管区域的第五名。

（六）第六名：重庆西永综合保税区（2018 年实现进出口额 312.69 亿美元）

重庆西永综合保税区于 2010 年经国务院批准在重庆市西永微电子产业园内设立，封闭围网面积 8.18 平方公里，是重庆市承载加工贸易转移的主要载体和新型保税业态的示范基地，以及渝新欧班列的重要货源地。2018 年实现进出口额 312.69 亿美元，占重庆市同期进出口总额的 45.85%。同期外贸进出口额位居全国海关特殊监管区域的第六名。

（七）第七名：苏州工业园综合保税区（2018 年实现进出口额 296.18 亿美元）

苏州工业园综合保税区于 2006 年经国务院批准在中新合作的苏州工业园区内设立（整合原江苏苏州工业园出口加工区和保税物流中心），封闭围网面积 4.86 平方公里，为我国第一个综合保税区，主导产业为保税加工、保税贸易等。2018 年实现进出口额

296.18 亿美元，占江苏省和苏州市同期进出口总额的 4.13% 和 8.03%。同期外贸进出口额位居全国海关特殊监管区域的第七名。

（八）第八名：上海松江综合保税区（2018 年实现进出口额 275.97 亿美元）

上海松江出口加工区于 2000 年经国务院批准在上海松江经济技术开发区内设立（2018 年年底批准转为松江综合保税区），封闭围网面积 4.18 平方公里，主导产业为笔记本电脑等产品的加工贸易，是上海市规模最大的加工贸易产业基地。2018 年实现进出口额 275.97 亿美元，占上海市同期进出口总额的 5.68%。同期外贸进出口额位居全国海关特殊监管区域的第八名。

（九）第九名：陕西西安出口加工区（2018 年实现进出口额 250.63 亿美元）

陕西西安出口加工区于 2001 年经国务院批准在陕西省西安市设立，分经开和高新两个园区，封闭围网面积 1.54 平方公里，是我国西北地区最具规模的加工贸易基地，主导产业为电子产品和航空零部件加工。2018 年实现外贸进出口额 250.63 亿美元，分别占陕西省和西安市同期外贸进出口总额的 47.93% 和 53.58%。同期外贸进出口额位居全国海关特殊监管区域的第九名。

（十）第十名：无锡高新综合保税区（2018 年实现进出口额 241.41 亿美元）

无锡高新综合保税区于 2012 年经国务院批准在原江苏无锡出口加工区基础上整合设立，封闭围网面积 2.39 平方公里，是江苏省特别是无锡市最重要的的加工贸易和半导体产业基地。2018 年实现进出口额 241.41 亿美元，分别占江苏省和无锡市同期进出口总额的 3.37% 和 36.54%。同期外贸进出口额位居全国海关特殊监管区域的第十位。

（十一）第十一名：苏州高新综合保税区（2018 年实现进出口额 215.25 亿美元）

苏州高新综合保税区于 2010 年经国务院批准在整合原江苏苏州高新出口加工区和保税物流中心的基础上设立，封闭围网面积 3.51 平方公里，是苏州市重要的电子产品加工贸易基地。2018 年实现进出口额 215.25 亿美元，分别占江苏省和苏州市同期进出口总额的 3.0% 和 5.84%。同期外贸进出口额位居我国海关特殊监管区域的第十一名。

（十二）第十二名：天津东疆保税港区（2018 年实现进出口额 199.29 亿美元）

天津东疆保税港区于 2006 年经国务院批准在天津滨海新区内设立，封闭面积 10 平方公里，是天津市和京津冀及环渤海地区规模很大的进口商品保税基地之一，同时也是我国及东北亚最大的航空器保税租赁中心。2018 年实现进出口额 199.29 亿美元，分别占天津市和天津滨海新区同期外贸进出口总额的 14.06% 和 22.59%。同期外贸进出口额位居全国海关特殊监管区域的第十二名。

我国海关特殊监管区域在 2018 年谱写了进出口总额新的历史篇章，预示着从 2019 年开始将以此为基点向新的更高的目标奋进。在国际经济贸易环境继续恶化、各种不确定性因素增多的大背景下，我国海关特殊监管区域特别是综合保税区完成打造对外开放新高地目标任务的困难也会倍增。如何处理好稳外贸、稳增长和稳就业的关系，在进一步改善营商环境等方面下真功夫，切实解决实体型企业入区难、贸易性企业运作难、新的业态需求复制难、设施投入产出平衡难等影响综合发展水平的问题，将更加突出地提上议事日程，只有对这些问题的认知不断统一、矛盾不断消除、行动更加决绝、改革更加深入，才可能创造出新的更优的发展环境。要以全面贯彻《国务院关于促进综合保税区高水平高质量发展的若干意见》（国发〔2019〕3号）精神为契机，以创新发展为动力，抓铁留痕，为所能为，相互借鉴，特色发展，同心协力为我国海关特殊监管区域，特别是综合保税区，打造更加开放、更加规范、更加自由、更加可持续的营商环境，为实现高水平高质量发展作出新的更大的努力。

规模化集约化正成为海关特殊监管区域发展的趋势

中国保税区出口加工区协会　蒲少伟

海关总署于2018年8月23日按时公布了2018年7月的进出口数据。全国海关特殊监管区域7月的进出口业绩如下。

一、特殊监管区域1～7月进出口表现

2018年1～7月，我国海关特殊监管区域实现外贸进出口额约4 210.2亿美元，同比增幅超过全国外贸增速，总量创历史最高，占同期全国外贸进出口额的16.14%。其中，进出口额已经超过133亿美元的有2个保税区、2个出口加工区、6个综合保税区。上述10个区域中，东部地区有上海外高桥、深圳福田保税区，昆山、苏州工业园、无锡高新综合保税区和上海松江出口加工区；中西部地区有成都高新、郑州新郑、重庆西永综合保税区和陕西西安出口加工区。这10个区域2018年前7个月共实现进出口额2 565.22亿美元，占全国海关特殊监管区域同期进出口额的60.93%。其中，中西部地区的4个区域实现进出口额797.38亿美元，比东部地区（2个保税区除外的）的4个区域709.67亿美元的进出口总额高12.36%，第一次实现了中西部地区同类型强势区域进出口总量对东部强势区域的超越。

上述10个区域的发展轨迹和主导产业结构总体相近，局部有别，主要表现在：

一是保税区仍居金字塔顶端，保持和实现了高位增长。上海外高桥和深圳福田保税区分别实现进出口额722.30亿美元、336.04亿美元，同比分别增长16.9%和33.5%，对全国海关特殊监管区域进出口额创历史新高的贡献卓著。

二是10个区域中有6个是出口加工区或在出口加工区基础上转型的综合保税区。其中，成都高新、江苏昆山、苏州工业园和上海松江为第一批出口加工区，无锡高新和陕西西安为第二批出口加工区，它们共同形成推动全国海关特殊监管区域发展的中坚力量。

三是位于中西部地区中心城市的郑州新郑和重庆西永综合保税区，则是2008年金融危机后期抓住承接产业转移机遇发展起来的新秀，在当地开放型经济大局中有举足轻重的地位，也是后发区域的追赶标杆。

上述10个区域的业态也有明显的区别。如上海外高桥、深圳福田保税区和苏州工业园综合保税区以国际贸易为主，加工贸易为辅，兼有少量新兴业态，3个区2018年1～7月共实现进出口额1 161.91亿美元，分别占同期全国海关特殊监管区域进出口额和进出口额前10强区域进出口额的27.60%和45.61%。余下的7个区则以加工贸易为主，保税物流为辅，兼有少量新兴业态，加工贸易仍然是以电子产品加工贸易占据主导地位，这7个区域的进出口总额分别占同期全国海关特殊监管区域和前10强区域进出口额的33.33%和54.39%。

情况表明，全国海关特殊监管区域的进出口强区主要集中在长三角地区和中西部地区的国家中心城市和省会城市，这种趋势短期内难以改变，而上海外高桥保税区的“领头羊”地位目前谁也无法撼动。

二、一家之言

研读分析全国海关特殊监管区域2018年前7个月的外贸进出口额数据，笔者认为2018年进出口额超百亿美元的区域队伍还将继续壮大，苏州高新、天津东疆、重庆两路寸滩、洋山、天津港、深圳前海湾、烟台和深圳盐田8个区域都有可能达到年百亿美元级别的进出口额，这就从某个侧面表明：规模化、集约化趋势成为我国海关特殊监管区域发展模式的主流，一批超级规模的区域势将成为推动我国海关特殊监管区域发展再上新台阶的主要驱动力。

观察近年的海关特殊监管区域发展情况可发现，口岸区位、交通环境、产业基础和人力智力等比较优势是海关特殊监管区域发展的最基础条件，重大项目和国际贸易是海关特殊监管区域聚合的核心抓手，而顶层设计、整合资源、协力优化环境则是海关特殊监管区域竞争力的驱动力。

强者恒强，更需强中求优。盛极易衰，更需未雨绸缪。竞争是进步的动力，发展是永恒的追求。观察海关特殊监管区域的发展历史，持之以恒地求新、求变、求突破是其中大多数区域获得成长动力的特点，个中的真缔值得大多数追赶者细研其本质，探究其本源，做到真仿效。然而强区也需看到自己的弱点，特别是以加工贸易为主导的区域要有探索多元发展的紧迫感，以新业态聚合新动能，以新动能促进新发展。

发展滞后的区域要善于探索向空间要效益

中国保税区出口加工区协会　蒲少伟

研读2018年前7个月全国6种类型有业绩的海关特殊监管区域进出口数据后，笔者撰写此文，和同仁分享。

一、强者更强，弱者更弱

2018年前7个月，除上海外高桥、深圳福田、成都高新、江苏昆山、郑州新郑、苏州工业园、重庆西永、上海松江、陕西西安和无锡高新等10个进出口额在133亿美元以上的区域外，其他120个有进出口统计的区域的绩效也出现了从0.01亿美元到110多亿美元的梯度落差，强者恒强、弱者极弱的对比依然十分明显。数据显示，10个强势区域的进出口量占130个区域同期进出口总量的60%强，其他120个区域则仅占总体进出口量的约40%，而这其中还有10多个区域正在竞逐突破百亿美元强区的大关。

相比之下，进出口业绩排名全国倒数10位的区域就更加相形见绌，处于非常尴尬的境地。2018年前7个月，全国排名后10位的区域共计实现进出口额约0.91亿美元，呈现0.01亿~0.22亿美元之间的梯次状态，即最低的仅102万美元，最高的约2 200万美元，与前10强的差距之大可以用令人震惊来形容。这10个区域中有5个设立在省会城市，其中既有10多年前设立的第一批、第二批出口加工区，也有设立时间相对较长的综合保税区。虽然不能以绝对的进出口数据评价一个区域发展水平的高低或作用的大小，但同期同比之下出现如此之大的落差，值得相关方面总结和反思。

二、正视差距，规律使然

在经济发展新常态和国际贸易新格局的大背景下，不平衡、不协调将长期存在。处在不同地域、不同条件、不同发展阶段上的海关特殊监管区域，出现不同发展路径、不同发展水平、不同发展结果，既符合事物发展规律，也是可以理解的。因为各区域的发展快慢是各种因素、各种资源、各种动力集合的结果，既有环境，也有机遇，更有将两者科学地、有机地结合到一起的起决定作用的人的因素。

我们推崇强者更强，也希望弱者快强，但毕竟十个指头一般长是绝对不可能的，各区域之间存在的发展差距将长期存在。但落后的区域必须正视差距，迎难而上，加快追赶的步伐。

三、不忘初心，科学发展

基于此，笔者和发展相对缓慢区域的同仁们交流一些想法：一是要正视差距，振作精神，励精图志；二是要正视问题，用好政策，缩小差距。可从以下几方面想办法，采取措施。

一是要实话实说，正本清源。相当一段时间以来，“功能最全，政策最优，通关最快，层次最高”等宣传语充斥在与海关特殊监管区域有关的文件中、报告里、会议上，包括一些重要媒体的头版头条和电视新闻上，这种现象笔者认为是不可取的，因为其结果只能是催生盲目跟风和乱投乱建。比如，综合保税区是什么？能承载什么和干好什么？大家应该遵循党中央关于“加快海关特殊监管区域整合优化”的改革要求，从国务院令第389号、海关总署令第191号里去找答案，而不是人云亦云。

二是形成共识，凝心聚力。只有在弄清楚搞明白海关特殊监管区域特别是综合保税区功能、政策、监管方式的本质和特征的前提下，我们才能形成清晰地明白为什么要设立，怎么样规划建设好，如何引进培育主导产业集群的发展思路。目前的现状是，申请设立时需求满满，建成封关后满园荒芜，不知路在何方。产生这种状况大多与没有弄清楚搞明白有关系。只有弄清楚想明白了，才会在共识的基础上理清发展思路，找准发展路径。海关特殊监管区域的发展也是一门科学，需要思考设区目的，不忘初心、凝心聚力地推进。

三是顶层设计，科学发展。弄明白、聚共识，是海关特殊监管区域建设很重要的基础工作，在开放经济发展环境大变化大冲撞的当下，要建成一个具有经济效能、有特色的、可持续发展的综合保税区，拍拍脑袋就作决策肯定是要不得的，顶层设计非常重要。实践表明，不少当下处于困境之中的区域，并没有少开会、少干事，关键是开始就没弄明白为什么要设立，怎么建设发展好。笔者认为：顶层设计的重要性全在于它符合功能政策，接地气，有生命力，在于它能指导我们有效地利用资源聚合主导产业，特别重要的是帮助决策者作出科学的决策，制定符合本地区开放经济服务需求的发展规划。

四是善待空间，优化环境。面对招商难，发展慢，业务需求少的现状，一些区域的同仁们心急如焚。发展不好或进展缓慢，有大小环境的关系，也有错过机遇的关系，但可利用的土地资源即承载开放型经济资源的条件还存在，这是最为宝贵的。过去我们以时间的损失换回了空间的存在，那么下一步要做的是抢抓机遇向空间要效益，把损失的时间夺回来。

怎么向空间要效益，这是一个需要科学决策和判断的系统工程，需要优化综合环境来支持。笔者建议：要善待围网内用资金和时间换来的非常宝贵的空间资源，即未开发的存量土地资源，有干劲有资金也放到想清楚、弄明白以后再利用。

改革创新是海关特殊监管区域稳中有进的原动力

中国保税区出口加工区协会　蒲少伟

海关总署2018年12月23日公布的数据显示，当年前11个月，我国海关特殊监管区域累计实现进出口额7 124.34亿美元，其中出口3 284.51亿美元，进口3 839.83亿美。进出口总额为2017年全年6 859.94亿美元的103.85%，占同期全国外贸进出口总额的16.78%，为我国海关特殊监管区域设立以来外贸进出口总额的历史新纪录（见表1）。同时，保税物流中心（A型、B型）的进出口业绩也创历新高，达到115.35亿美元，同比增长12.6%。我国海关特殊监管区域及保税物流中心在国内经济下行压力增大、国际市场环境不断恶化的双重压力下取得这样巨大的开放经济新成就，值得曾经为此作过努力的人，深情地为海关特殊监管区域的建设者、参与者和服务者们所付出的艰辛和努力点赞。

表1　全国海关特殊监管区域及保税物流中心2018年前11个月进出口完成情况统计表

	区域个数	进出口		出口		进口	
		金额（亿美元）	增幅（%）	金额（亿美元）	增幅（%）	金额（亿美元）	增幅（%）
全国外贸		42 450.06	14.8	22 723.01	11.8	19 727.05	18.4
区域占全国比重（%）		16.78	—	14.45	—	19.46	—
区域合计	127	7 124.34	—	3 284.51	—	3 839.83	—
保税区	10	1 985.08	13.4	595.06	11.8	1 390.02	14.1
出口加工区	32	873.83	11.4	535.04	7.8	338.79	17.8
保税港区	14	1 027.41	11.6	352.97	-3.2	674.44	21.2
综合保税区	65	3 151.73	20.4	1 942.97	20.1	1 208.75	20.9
保税物流园区	4	79.71	15.9	34.80	30.3	44.91	6.7
跨境工业区	2	6.61	235.0	5.67	25.7	0.94	-38.7
保税物流中心	55	115.35	12.6	33.05	-1.5	82.30	19.6

数据来源：海关总署统计月报。

2018年前11个月，全国有进出口统计的127个海关特殊监管区域区及55个有进出口统计的保税物流中心共计实现进出口7 239.69亿美元（海关特殊监管区域7 124.34亿美元，保税物流中心115.35亿美元）。其中，保税区1 985.08亿美元，出口加工区873.83亿美元，保税物流园区79.71亿美元，跨境工业区6.58亿美元，保税港区 1 027.41 亿美元，综合保税区 3 151.73 亿美元，同比分别增长 13.4%、11.4%、15.9%、235%、11.6% 和 20.4%，整体都有两位数以上的增长幅度，预计全年至少达到或超过 7 900 亿美元，这个数据是近五年来最好的业绩（见表 2）。

表 2　我国海关特殊监管区域 2013～2018 年 11 月进出口情况统计表

	2013 年		2014 年		2015 年		2016 年		2017 年		2018 年 1～11 月	
	金额（亿美元）	增幅（%）	金额（亿美元）	增幅（%）	金额（亿美元）	增幅（%）	金额（亿美元）	增幅（%）	金额（亿美元）	增幅（%）	金额（亿美元）	增幅（%）
进出口	7 074.9	16.6	6 961.7	-1.6	6 398.6	-8.1	5 909.3	-7.6	6 887.0	16.8	7 124.34	—

数据来源：海关总署统计月报

一、规模化、集约化发展的头羊作用成效显著

2018 年前 11 个月，居于 127 个区进出口前 20 位的上海外高桥、深圳福田、天津港和宁波保税区，上海松江和陕西西安出口加工区，天津东疆、重庆两路寸滩、洋山、深圳前海湾、烟台和青岛前湾保税港区，成都高新、昆山、郑州新郑、苏州工业园、重庆西永、无锡高新、苏州高新和深圳盐田港等综合保税区大多为稳定增长的发展态势，普遍呈现进出口体量大、增速快、波动小的特点。这 20 个区域又分成 100 亿～200 亿美元、200 亿～400 亿美元和 400 亿～1 100 亿美元三个集群，前 11 个月共计实现进出口额 5 612.48 亿美元，占全国海关特殊监管区域同期进出口总额的 78.78%。其中排名前五位的上海外高桥、深圳福田保税区，成都高新、昆山和郑州新郑综合保税区分别实现进出口 1 148.62 亿美元、518.73 亿美元、481.22 亿美元、467.08 亿美元和 465.29 亿美元，合计 3 080.94 亿美元，占全国海关特殊监管区域同期进出口总额的 43.25%。头羊作用十分显著。

表 3　全国海关特殊监管区域 2018.1～11 月进出口排名前 20 位统计表（单位：亿美元）

区域名称	进出口额	区域名称	进出口额
上海外高桥保税区	1 148.62	苏州高新综合保税区	199.70
深圳福田保税区	518.73	天津东疆保税港区	174.46
成都高新综合保税区	481.22	重庆两路寸滩保税港区	145.24
昆山综合保税区	467.08	洋山保税港区	116.30
郑州新郑综合保税区	465.29	深圳前海湾保税港区	114.68
重庆西永综合保税区	285.20	烟台保税港区	114.04
苏州工业园综合保税区	275.19	深圳盐田港综合保税区	109.92
上海松江出口加工区	255.30	天津港保税区	106.86
陕西西安出口加工区	230.76	青岛前湾综合保税区	100.02
无锡高新综合保税区	212.28	宁波保税区	91.56

数据来源：海关总署统计月报

二、创新求进促进部分特殊区域业态多元发展

出口加工区之后新海关特殊监管区域的政策设置和入区项目指引都是以电子产品为主要目标。近年来，由于加工贸易的萎缩、转型和转移，面对实体项目引入困难的情况，相当数量的区域根据国际国内市场的变化和需要，主动借鉴和复制自贸试验区内特殊区域的创新突破成果，在保税物流、保税服务和增值业务方面寻找新的发展抓手和切入点，积极探索多元发展路径，充分发挥扩大进出口的平台作用。苏州工业园、重庆两路寸滩、天津东疆、浙江杭州、广西凭祥和浙江舟山等区域的成效十分明显。如浙江杭州综合保税区 2018 年前 11 个月实现进出口 29.91 亿美元，同比增长 21.6%，其中进口 18.25 亿美元，同比增长 41.8%，跨境电子商务的业务贡献突出。广西凭祥综合保税区 2018 年前 11 个月实现进出口 51.00 亿美元，其中出口 39.25 亿美元，同比分别增长 45.4% 和 45.5%，成为我国沿边地区 6 个区域中唯进入年进出口 50 亿美元梯队的海关特殊监管区域，这与其利用口岸通道创新增值服务业务有重要关系。

表 4　部分以保税物流等为主导产业的海关特殊监管区域 2018.1～11 月进出口增长统计表

序号	区域名称	进出口额（亿美元）	增幅（%）	同比净增（亿美元）	进口额（亿美元）	增幅（%）	同比净增（亿美元）	出口额（亿美元）
	合计	2 779.12	—	339.43	1 989.00	—	3.6.64	790.12
1	上海外高桥保税区	1 148.62	11.3	116.62	859.62	12.4	94.83	288.99
2	深圳福田保税区	518.73	17.8	78.38	303.31	26.8	64.10	215.42
3	天津东疆保税港区	174.46	7.6	12.3	160.01	6.8	10.19	14.45
4	洋山保税港区	116.30	14.0	14.28	78.50	24.8	15.60	37.80
5	深圳前海湾保税港区	114.68	97.0	57.26	80.59	229.6	56.14	34.10
6	天津港保税区	106.86	11.9	11.36	86.96	12.4	9.59	19.90
7	青岛前湾保税港区	100.02	-1.9	-1.94	81.34	-4.5	-4.28	18.69
8	宁波保税区	91.56	29.9	21.08	65.14	29.5	14.84	26.42
9	广州南沙保税港区	88.11	-13.0	-13.17	54.48	40.0	15.57	33.63
10	上海浦东机场综合保税区	73.55	8.9	6.01	35.71	-13.1	-3.58	37.83
11	张家港保税港区	65.73	18.2	10.12	47.78	31.4	11.42	17.96
12	北京天竺综合保税区	63.36	34.3	16.18	57.73	34.8	14.91	5.63
13	大连大窑湾保税港区	59.81	14.9	7.76	46.40	10.9	4.56	13.42
14	厦门象屿保税区	57.33	5.9	3.19	31.49	5.9	1.75	25.83

数据来源：海关总署统计月报

三、存量加工贸易再次成为区域稳增长的主力

2018 年前 11 个月，我国海关特殊监管区域进出口获得历史性的成长业绩，与部分海关特殊监管区域，特别是 2012 年以前设立的一些区域内入驻的有规模的存量加工贸

易企业再次发力有极大关系。笔者根据海关统计公布的进出口数据分析发现，在进出口超过30亿美元的15个海关特殊监管区域中，除东部沿海地区，特别是港口城市外的海关特殊监管区域，大多数进出口高成长的区域都是以电子产品加工贸易为主导产业，如成都高新、昆山、郑州新郑、重庆西永、苏州高新、无锡高新、陕西西安、重庆两路寸滩、烟台、西安高新、上海漕河泾、安微合肥、南京、辽宁大连和广东深圳等区域，2018年前11个月共计实现进出口2 832.42亿美元，同比净增513.12亿美元。

表5 部分以加工贸易为主导产业的海关特殊监管区域2018.1～11月进出口增长统计表

序号	区域名称	进出口额（亿美元）	增幅（%）	同比净增（亿美元）	序号	区域名称	进出口额（亿美元）	增幅（%）	同比净增（亿美元）
合计		2 341.53	—	399.62	合计		490.89	—	113.5
1	成都高新综合保税区	481.22	31.3	114.72	8	重庆两路寸滩	145.24	24.4	28.49
2	昆山综合保税区	467.08	6.2	27.27	9	西安高新	76.96	24.4	15.10
3	郑州新郑综合保税区	465.29	14.0	57.14	10	安徽合肥	62.62	53.0	21.69
4	重庆西永综合保税区	285.20	24.4	55.94	11	上海漕河泾	61.51	12.2	6.69
5	无锡高新综合保税区	212.28	35.4	55.50	12	广东深圳	52.91	6.5	3.23
6	陕西西安出口加工区	230.76	33.7	58.16	13	辽宁大连	49.86	64.4	19.53
7	苏州高新综合保税区	199.70	18.3	30.89	14	滨海新区	41.34	67.2	16.62

数据来源：海关总署统计月报

四、中西部地区海关特殊监管区域促进区域开放作用明显

2018年前11个月，中西部地区的部分海关特殊监管区域进出口的业绩十分抢眼，对所在省市区，包括全国海关特殊监管区域外贸进出口的高增长都有突出贡献。如成都高新综合保税区实现进出口481.22亿美元，占同期四川省进出口额的56.32%。重庆西永和两路寸滩两个区域实现进出口430.44亿美元，占同期重庆市进出口额的69.15%。郑州新郑综合保税区实现进出口465.29亿美元，占同期河南省进出口额的58.09%。陕西西安出口加工区和西安高新综合保税区实现进出口307.72亿美元，占同期陕西省进出口额的64.06%。除上述设立在中西部地区省会城市的超大进出口区域外，一些近年投入运行的，或设立在中小城市的区域也有不俗的表现，如合肥出口加工区，广西凭祥、岳阳城陵、长沙黄花、广西南宁和云南红河等综合保税区的进出口成长速度也是值得关注的。

五、扩大进口服务内需的平台作用有较好发挥

2018年前11个月，设立在东部沿海地区港口城市和口岸地区的海关特殊监管区域，充分发挥区位优势和口岸优势，在扩大进口的平台作用发挥上深耕细作，取得扩大进口服务扩大内需的丰硕业绩，对我国海关特殊监管区域年进出口再次突破7 100亿美元贡献卓著。如上海自贸试验区内的上海外高桥保税区、物流园区，洋山保税港区，上海浦东机场综合保税区和上海金桥出口加工区。这五个区域2018年前11个月共计实现进出口1 382.99亿美元，其中进口1 001.64亿美元，净增109.91亿美元，占上海浦东新区同期进口增长额的108.9%（见表7）。

表 6　中西部地区部分省市及其主要海关特殊监管区域 2018 年前 11 个月进出口统计表

<table>
<tr><td rowspan="2"></td><td colspan="3">2018.1～11 月进出口</td><td rowspan="2"></td><td colspan="3">2018.1～11 月进出口</td></tr>
<tr><td>进出口额（亿美元）</td><td>增幅（%）</td><td>占全省比重（%）</td><td>进出口额（亿美元）</td><td>增幅（%）</td><td>占全省比重（%）</td></tr>
<tr><td rowspan="3">四川省
其中：成都高新综合保税区</td><td>854.42</td><td>42.8</td><td>100.0</td><td rowspan="3">河南省
其中：郑州新郑综合保税区</td><td>801.03</td><td>16.5</td><td>100.0</td></tr>
<tr><td>707.16</td><td>35.8</td><td>82.76</td><td>548.01</td><td>14.3</td><td>68.41</td></tr>
<tr><td>481.22</td><td>31.3</td><td>56.32</td><td>465.29</td><td>14.0</td><td>58.09</td></tr>
<tr><td rowspan="3">重庆市
其中：西永综合保税区
两路寸滩保税港区</td><td>622.46</td><td>22.2</td><td>100.0</td><td rowspan="3">陕西省
其中：西安出口加工区
西安高新综合保税区</td><td>480.37</td><td>32.1</td><td>100.0</td></tr>
<tr><td>285.20</td><td>24.4</td><td>45.82</td><td>230.76</td><td>33.7</td><td>48.04</td></tr>
<tr><td>145.24</td><td>24.4</td><td>23.33</td><td>76.96</td><td>24.4</td><td>16.02</td></tr>
</table>

数据来源：海关总署统计月报

表 7　中国（上海）自由贸易试验区 5 个区域 2018.1～11 月进出口统计表

区域名称	进出口额（亿美元）	增幅（%）	同比净增（亿美元）	进口额（亿美元）	增幅（%）	同比净增（亿美元）	出口额（亿美元）	增幅（%）
上海浦东新区	1 941.97	7.8	140.51	1 406.9	7.4	96.94	535.07	8.9
区域占比（%）	71.22	—	95.3	71.19	—	108.9	71.26	—
区域小计	1 382.99	—	133.95	1 001.64	—	109.91	381.33	—
上海外高桥保税区	1 148.62	11.3	116.62	859.62	12.4	94.83	288.99	9.8
上海外高桥保税物流园区	31.06	0.8	0.248	17.01	-3.7	-0.65	14.05	6.8
洋山保税港区	116.30	14.0	14.28	78.50	24.8	15.60	37.80	-3.3
上海浦东机场综合保税区	73.55	8.9	6.01	35.71	-13.1	-3.58	37.83	42.9
上海金桥出口加工区	13.46	26.3	2.80	10.80	52.4	3.71	2.66	-25.6

数据来源：海关总署统计月报

还有深圳福田、天津东疆、北京天竺、大连大窑湾、青岛前湾、天津港、深圳前海湾、宁波、厦门象屿、张家港、广州南沙等一大批特殊区域，都有各自不同的产业特色。

六、保税物流中心的头羊阵容已经初具规模

2018 年前 11 个月，全国有进出口统计数据的 55 个保税物流中心实现进出口总额 115.35 亿美元，同比增长 12.6%，同样实现了超百亿美元的历史性跨越，成为我国开放经济平台的重要补充。在此高成长的过程中，东莞保税物流中心、深圳机场保税物流中心等具有很好的示范作用。中西部地区的河南保税物流中心等一批有引领作用的保税物流中心发挥了重要作用。表 8 列出的 10 个保税物流中心前 11 个月合计实现进出口 93.44 亿美元，占 55 个保税物流中心同期进出口额的 81.0%。因此，在保税物流中心发展取得较好业绩的同时，我们应当充分清醒地面对其发展不平衡问题。

表 8　全国保税物流中心（A 型、B 型）2018. 1 ~ 11 月进出口额前 15 名统计表

		进出口额（亿美元）	增幅（%）	出口额（亿美元）	增幅（%）	进口额（亿美元）	增幅（%）
	合计	115. 35	12. 6	33. 05	-1. 5	82. 30	19. 6
	小计	93. 44	—	30. 05	—	63. 39	—
1	东莞保税物流中心	31. 92	86. 0	8. 45	186. 4	23. 47	65. 1
2	深圳机场保税物流中心	16. 34	-47. 5	5. 95	-67. 1	10. 39	-20. 4
3	河南保税物流中心	10. 67	-19. 7	0. 47	-2. 1	10. 20	-20. 4
4	长沙金霞保税物流中心	6. 24	62. 7	5. 48	46. 4	0. 76	729. 2
5	天津经开保税物流中心	6. 31	55. 6	0. 01	-80. 4	6. 29	57. 8
6	连云港保税物流中心	4. 83	54. 4	0. 24	-14. 4	4. 59	61. 1
7	重庆铁路保税物流中心	4. 77	549. 0	3. 59	634. 2	1. 18	379. 7
8	成都铁路保税物流中心	4. 52	413. 7	3. 04	478. 5	1. 48	318. 0
9	中山保税物流中心	4. 33	1. 0	1. 11	-7. 6	3. 22	4. 1
10	成都空港保税物流中心	3. 51	80. 6	1. 71	144. 6	1. 80	44. 7

数据来源：海关总署统计月报

2018 年前 11 个月我国海关特殊监管区域进出口总额达到创纪录的 7 124. 34 多亿美元，是自贸试验区、“一带一路”倡议，以及跨境电商等新型业态，包括“区内企业增值税一般纳税人资格”政策试点和通关便利化等改革创新举措落地综合作用的结果。同时，也离不开各地政府管理部门和企业的共同努力。

昆山综合保税区的破局之路

昆山综合保税区与苏州工业园综合保税区形成了完全不同的两种发展模式，但均在制度创新、推进区域高水平开放等方面做出了重要尝试和贡献。本文讲述了昆山综合保税区推进“增值税一般纳税人”资格试点工作的历程。希望能为各位读者带来启迪。

2016年2月，春节长假刚过，时任国务院副总理汪洋到江苏来调研外向型经济工作。

2月15日，时任海关总署署长于广洲来苏州调研外贸进出口情况。晚上七点钟，昆山开发区党工委副书记、管委会副主任陆宗元忽然给我打电话，让我跟他到苏州去跟于署长汇报“双优化方案”。我拿了公文包就跟陆主任汇合去苏州，公文包里是厚厚一沓资料：有昆山综合保税区的简介、区内重点企业的情况介绍、区内所有企业最近3年的外贸进出口统计数据，还有临时整理排摸出来的区内企业内销需求、年内销预估数值——1000亿元、新增税收预估数值——50亿元。我的心情十分忐忑，因为这两个预估数值的出笼，有待商榷……

跟于署长汇报工作的人员一批一批进去、又出来，那个小小房间里头的人们讨论的事情，将要决定全国海关特殊监管区域今后发展的走向。

前一晚汇报到半夜，而第二天一早，我还没到办公室，突然收到一条信息：扬皓光电拟整体搬离昆山综合保税区。

昆山扬皓光电有限公司成立于2005年，注册资本4 600万美元，台资企业，主要生产数字投影仪，区内单体工厂销量位于全球前3位，内销比重占18%。由于投影仪整机的进口关税税率为30%，所以扬皓在区外租厂房，另外设立一家公司，专门做内销订单，而区内工厂做出口订单。一方面，区内工厂的产能开不足，而随着内销订单的逐年增长，区外工厂租的面积越来越大，还要架设新的流水线，公司管理层则两家公司两边兼顾，财务、税务是两套系统。为此，扬皓光电一直想要整合两家工厂的产能，但是综合保税区现行政策，是不支持企业直接内销的。像扬皓光电这样的公司，区内买地自建厂房，区外租厂房，如果搬出昆山综合保税区，大概率就会离开昆山了。

我立即驱车赶到扬皓光电，约了总经理面谈，一方面了解企业动向，一方面又将“双优化方案”和盘托出，跟他绘声绘色地做了宣传……

2016年6月1日上午，纬创集团的财务处长郑咏翔，一脸疲惫地走进会议室，两只黑眼圈十分明显。我快步走过去拍拍他肩膀，道一声“辛苦了”。为了今天召集的这个会议，我前一天晚上给区内纬创集团等主要企业布置了好几张测算表格的任务，要求企业仔细测算参加一般纳税人试点，对企业有什么优缺点。而今天的会议，也是为了6月2日，财政部、国家税务总局、海关总署在苏州的调研会议做准备，类似的调研已经是第三次了。第一次是二月，海关总署加贸司单独来；第二次是三月，海关总署加贸司和国家税务总局货劳司两部委来；这次则是连财政部都一起来了。最初，昆山综合保税区提出的“优化贸易方式、优化监管模式，完善税收政策”的方案，也在三部委综合考量下，改为更加简洁明了的“赋予区内企业一般纳税人资格试点”的方案。昆山市还设立了一个临时“推进办”，由昆山开发区管委会、综合保税区管理局、市国税局、地税局、外管局、昆山海关等部门抽调工作人员，合署办公，推进政策对上争取的工作。

这次三部委调研之后，四个半月过去了，这期间昆山、苏州工业园、无锡等特殊区域的同仁们，经常互相打探消息，然而，什么动静也没有。

2016年10月19日，我正在成都高新综合保税区学习“全球维修”的业务。手机微信朋友圈转来了消息：

2016年10月14日，国家税务总局、财政部、海关总署共同制定出台《关于开展赋予海关特殊监管区域企业增值税一般纳税人资格试点的公告》，决定自2016年11月1日起率先在昆山综合保税区等7个海关特殊监管区域开展赋予企业增值税一般纳税人资格试点工作。

回昆山后，各部门立即着手准备增值税一般纳税人资格试点的一系列工作：

1. 向全区企业做好宣传引导、政策解读，确定第一批试点企业名单，确保2～3家企业参加首批试点。

2. 昆山海关各相关科室抽调精兵强将联合工作，根据公告内容，在最短时间内，拟定试点操作的具体办法及相应的货物监管实施意见，要求于11月1日前完成。

3. 请华东信息承担相关系统开发的任务，要求于11月1日前实现上线。

4. 将B区5号卡口确定为试点卡口，并实施改造，设置试点货物出入区专用绿色通道，同时将区外货车关联点进行改造、扩建并完善功能分区，要求于11月1日前完成改造。

5. 昆山综合保税区管理局负责联络海关、国税、地税、国检、外管等相关职能部门，以临时联席会议机制进行一系列工作协调，以求无缝对接。

6. 对卡口、场站等监管人员进行新业务培训，着力提升现场监管人员综合处置管理的能力。

7. 围绕一个总目标，即试点正式实施时间为2016年11月1日，昆山综合保税区争取在00时00分00秒，正式开始试点并开具首张增值税发票。

11月1日，昆山综合保税区内扬皓光电开出全国首张试点增值税专用发票，全国试点工作从昆山综合保税区率先启动。

从政策发布到启动试点、开具首张增值税发票的短短十来天时间，我们背负着各级领导的殷切期望，体现的是昆山人极强的动员能力，昆山海关高超的业务实操能力，华东信息一流的系统集成开发水平，昆山各部门之间长期磨合、亲密无间的协作意识，基层一线工作人员加班加点的呕心沥血……

作为落实国家促进外贸回稳向好的一项重大改革政策，自2016年11月1日开始试点以来，这项改革的首创者，工作开展得最早、准备工作做得最充分、落实改革举措最具优势的昆山综合保税区，深入研究推进政策落地，积极推动区内企业参与试点，充分挖掘区内产能，利用国内国外两种资源，拓展国内国外两个市场，进一步推进供给侧结构性改革，提升企业竞争力，为区域经济转型升级、加快内外贸一体化发展，以及综合保税区改革发展持续增添新动能。

开展一般纳税人资格试点工作，是海关特殊监管区域发展历程中一项具有里程碑意义的改革。

1. 这项改革，使参加试点的企业降本增效，助力企业高效运行。

例如扬皓光电，主要生产数字投影仪，经过仔细测算、综合比较后，抢抓政策突破的机遇，成为率先开展试点业务的领头雁。参加试点后，扬皓光电一改原来把国外、国内两个市场的订单分别放在区内、区外两个公司进行分散生产的多年积弊，将区外租赁的工厂生产线逐步整合到区内工厂，并且内销产品由原来按成品征税改为按料件征税，企业成本大幅下降，经营管理及产能调配弹性显著提升，每年可节省近千万元。2018年，扬皓光电在内销市场“大显身手”，内销投影仪增长三成以上，占销售比重上升至三成多。

又如六和公司，生产汽车铝轮毂，是第一批参加试点的企业之一。参加试点使六和公司采购国内铝锭、油漆等主要料件的成本与区外同类型企业基本拉平，每年可节省税务成本500万元，大大提升了企业竞争力，同时还促使企业下决心增资，六和公司在2018年又新增了一条生产线，每年新增营业额上亿元。

2. 这项改革，使不参加试点的区内企业，同样增强了在综合保税区内发展的信心。

区内三大龙头代工企业，经过认真核算后，都没有参加试点，虽然说有选择总归比没有选择好，但是经过了这样较真的核算，反而凸显了综合保税区原有政策优势，那就是不征不退，自然也不涉及城建税和教育税附加。也只有经过了这样较真的核算，原先关于综合保税区跟区外政策倒挂之类的嘈杂的声音，都消失了。也正是经过这样较真的核算，提振了龙头企业扎根综合保税区内发展的信心，纬创和世硕在试点政策落地后，都开始了新一轮增资扩产，仁宝集团也悄悄导入了新项目（非笔记本电脑项目）。

3. 这项改革，为新设立的海关特殊监管区域，打开了招商引资的一扇门。

2017年年底，昆山综合保税区引进了香港协成国际集团控股有限公司，该集团在昆山综合保税区内设立了昆山亿政食品有限公司，主要从事咖啡豆烘焙生产、研发、销售，旨在打造国内最大的咖啡豆烘焙生产基地，并成为国际一流的咖啡供应商。项目于2019年三季度达产，年产咖啡约4万吨，营业收入60亿元。亿政公司产品将覆盖中国内地及亚太地区，是内外销兼顾的企业。

4. 这项改革，为部委层面对海关特殊监管区域的改革方向，试出了一条路。

2017年3月，中国保税区出口加工区协会在深圳组织7家试点单位进行试点情况交流，并将初步成果、遇到的困难，以及选择需求强烈的区域扩大试点的建议向三个部委提出书面报告。同年9月，协会在太原再次组织7家试点单位交流试点成果，并邀请国家税务总局货劳司、财政部关税司有关业务处的负责人与会指导试点工作，面对面地听取有关区域管委会、基层国税、海关和企业的汇报，扩大试点的吁请，并深入解读政策和回答了大家关注的问题，90多位出席会议的人员反应强烈，情绪高涨……

2018年1月12日，三部委发文批准全国第二批17个海关特殊监管区域开展试点。2019年1月31日，三部委发文批准全国第三批24个海关特殊监管区域开展试点。目前全国已有48个单位在开展此项试点工作。

5. 这项改革，促进了东、中、西部海关特殊监管区域的相互交流，提升了全国海关特殊监管区域的整体发展水平。

2018年，来自新疆、江苏、上海、广西、山东、湖南、吉林、云南、贵州、江西、重庆、广东、河北、四川等全国14个省、直辖市、自治区的海关特殊监管区域、地方政府、中国开发区协会等31个单位赴昆山综合保税区参观、交流，昆山综合保税区管理局邀请昆山海关、税务、国检、财政等职能部门一起与会交流讨论，毫无保留地分享了增值税一般纳税人试点工作情况、经验和做法。

除此以外，昆山综合保税区也积极参与协会的各项会议，通过会议和全国其他区域展开交流讨论，形成良好互动，实现共同提高。

截至2018年年底，昆山综合保税区共有17家企业参加试点，其中15家正式运作。试点工作自开展以来共实现国税增值税发票开票金额52.04亿元、税额8.49亿元，其中2018年开票金额35.01亿元、税额5.62亿元。

2018年8月，昆山综合保税区增值税一般纳税人试点入选全国海关特殊监管区十大典型案例，成为昆山综合保税区继承和发扬“昆山之路”的精神，在转型发展中积极应对改革诉求、落实改革举措的范例，为全国海关特殊监管区域的改革闯出了一条破局之路。

“风好正是扬帆时，不待扬鞭自奋蹄。”昆山综合保税区将围绕试点工作积极抢抓改革新机遇、提升发展新动能，努力推进经济结构再优化、转型发展再深化、功能提升再突破，力争在全国海关特殊监管区域继续发挥示范引领作用。

（作者：潘翔，时任昆山综合保税区管理局副局长）

重庆保税港区十年回眸记

十年，无论是对于一个人还是一个企业，都不算太长，也不算太短，但都应该是一步梯、一道坎，值得好好地回顾总结，好好地驻足翘盼。

对重庆保税港区而言，有几个时间节点是应该永远铭记的：2008 年 11 月 12 日，国务院批复设立重庆保税港区；2008 年 12 月 17 日，作为重庆保税港区承建运营主体的公司完成工商注册；2008 年 12 月 18 日，重庆保税港区正式挂牌成立；2010 年 5 月 11 日，顺利通过第一期封关围网验收；2011 年 12 月 14 日，顺利通过第二期封关围网验收；2014 年 9 月，成功争取到贸易多元化全国首批试点；2015 年 11 月，公司正式变更为集团；2017 年 12 月，重庆保税港区股份有限公司注册成立；2018 年 12 月，重庆保税体验旅游景区成功获批 4A 级……

对重庆保税港区而言，有几组对比数字是具有千钧分量的：重庆市委市政府下达的“2015 年全面建成”目标，我们提前了四年完成，并获得“建设难度最大，建设速度最快，建成形象最美”的评价；公司从 3 000 万元起步，到如今资产总额已超过 460 亿，净利润已超过 30 亿；在全国 14 个保税港区中，我们是第 11 个批准设立的保税港区，但我们的外贸进出口额（累计 6 031 亿元）近五年来一直排名前 3 位；修筑道路近百公里，架设桥梁近 20 座，修建房屋 200 余万平方米，运作资金数百亿元，服务员工 4 万余人，没有发生一起重大安全责任事故，没有一名干部因重庆保税港区的建设而倒下……

事在人为，业以才兴。重庆保税港区以宏伟的事业吸引人才、凝聚人才，也通过宏伟事业的平台培育人才、锻造人才。十年来，培养产生了“全国五一劳动奖章”1 名、“全国优秀工会工作者”1 名，“重庆市五一劳动奖章”2 名、“重庆市劳动模范”4 名，重庆市委、市政府表彰的“优秀共产党员”“国家级开发区和市级特色工业园区先进个人”等 13 名，重庆市国资委和两江新区党工委表彰的各类优秀、先进 46 名。公司先后荣获“全国五一劳动奖状”“全国工人先锋号”“青年文明号”“重庆市发展开放型经济先进单位”“国企贡献奖”“全市国资系统纪检监察先进集体”等荣誉称号，公司党委被评为“重庆市创先争优先进基层党组织”“五个好党委”等，公司领导班子也多次被评为市国资委和两江新区优秀班子……

十年铸一剑，霜刃自耀眼。磨砺岂容易？回首泪潸然。重庆保税港区和公司的健康快速发展，离不开党中央、国务院的导航定向，离不开重庆市委、市政府的坚强领导，离不开两江新区、重庆市国资委等方方面面的鼎力支持，离不开党委一班人的率先垂范和团队的齐心协力，离不开“两块牌子，一套班子”的体制创新，离不开“两个总承包”和“六能”等机制设计，离不开求真务实的工作作风，离不开风清气正的氛围环境……这里面有太多太多的经验值得总结，有太多太多的恩情需要铭刻；有太多太多的专家、领导，为港区呕心沥血；有太多太多的员工、朋友，为港区倾情付出；有太多太多的面孔，在眼前涌动；有太多太多的故事，在心中流淌……

船到中流浪更急，人到半山路更陡。把重庆保税港区建设成为内陆开放高地上的明珠，是一场接力跑，我们要一棒接着一棒跑下去。过去的成绩是拼搏奉献的结果，未来的梦想更需要我们大家持续地拼搏奉献。我们要坚定理想信念，树牢“四个意识”，坚定“四个自信”，做到“两个维护”，始终在政治立场、政治方向、政治原则、政治道路上与党中央保持高度一致；我们要与时俱进地弘扬“正人新益”的企业文化，始终传承勇挑重担、实事求是、团结协作、创新开拓的港区建设精神……

心齐泰山移，拼搏创奇迹。今日已璀璨，明朝更好看。我们期待股份公司早日上市，期待空港新城早日建成，期待下一个十年、二十年、三十年，期待重庆保税港区和公司更加辉煌灿烂的明天……

（作者：唐林，重庆保税港区开发管理集团有限公司董事长、党委书记）

致敬岁月　未来可期

2018年，成都高新综合保税区进出口额位居我国综合保税区首位。成都高新综合保税区是由2000年首批试点的四川成都出口加工区转型和扩区而形成，出口加工区的发展为其奠定了良好的基础。目前已经形成主业突出、业务多元的发展态势。无论是早期的出口加工区，还是现在的综合保税区，都与所在的成都高新区发展形成相互促进的关系，其发展模式和主要业态对我国中西部地区的综合保税区提供了有益的借鉴。

一、成都高新区简介

成都高新区筹建于1988年，1991年获批成为全国首批国家级高新区，2006年被科技部确定为全国创建“世界一流高科技园区”试点园区之一，2015年经国务院批准成为西部首个国家自主创新示范区，四川省全面创新改革试验区和自贸试验区核心区域。在国家提出“一带一路”倡议，实施创新驱动发展战略，促进长江经济带和成渝经济区建设的背景下，成都高新区紧紧围绕成都建设全面体现新发展理念的国家中心城市的总体目标，加快建设成都国家自主创新示范区和天府国际空港新城，全力打造万亿级国际创新创业中心。

秉持“发展高科技、实现产业化”的宗旨，成都高新区坚持走“高端高效、集约集群、创新驱动、联动融合、绿色循环”的产业发展道路，以电子信息产业、生物医药产业、新经济为重点，着力打造创新型产业集群，构建多元支撑、共生协作、良性循环的产业生态体系，打造具有全球影响力的高端产业集聚区。

二、成都高新综合保税区发展历程和现状

2000年4月，国务院批准设立四川成都出口加工区，规划面积3平方公里。

2008年12月，批准设立成都保税物流中心（B型）。

2010年10月，国务院批准在四川成都出口加工区、成都保税物流中心基础上整合扩展设立成都高新综合保税区，规划面积4.68平方公里。

2012年1月，国务院批准成都高新综合保税区设立双流园区，规划面积4平方公里。

截至目前，综合保税区入驻企业近40家，其中加工贸易企业19家，从业人员约10万余人。园区吸引聚集了英特尔、德州仪器、戴尔、富士康、莫仕连接器等高端制造企业，拥有一条8英寸晶圆生产线、6座封装测试厂。富士康、戴尔的平板及笔记本电脑等智能终端产品也在此生产，与成都市区域内数百家IC设计企业相互关联，已经形成由IC设计、晶圆制造、封装测试及配套项目组成的较为完整的集成电路产业链，也是全球平板电脑及笔记本电脑的重要生产基地。除电子信息产业外，区内有5家航空精密仪器制造企业和1家通过美国FDA认

证的研发、制药企业。园区建有5万平方米的保税仓库，用于仓储物流业务的开展。园区一直保持快速发展态势，4.68平方公里区域土地已趋于饱和。

2018年，成都高新综合保税区实现进出口总额3 521亿元（含双流园区），同比增长29%，占全省外贸进出口总额的59%，成为拉动四川省外贸进出口增长的主要力量。

三、成都高新综合保税区里程碑事件

2000年，国家西部大开发战略实施时，成都获批全国首批出口加工区，是四川乃至中西部地区承接加工贸易梯度转移的开始。出口加工区运行初期，承接全球及沿海产业转移是发展加工贸易产业最重要的路径。

2003年，加工区承接英特尔集团封装测试厂，是当年四川经济发展的“一号工程”，该公司于2009年将上海工厂整厂搬迁至成都。在英特尔的示范效应下，美国德州仪器等晶圆、集成电路上下游企业相继在出口加工区落户，形成电子元器件生产及集成电路封装测试的产业集群，改变了四川原有以初加工和资源类产品出口为主的外贸结构，为四川找到了快速融入国际产业链分工的切入点。

2011年，出口加工区升级为综合保税区，有效承接富士康集团产业梯度转移，该项目是继英特尔项目后四川经济发展的又一个“一号工程”，是自2000年实施西部大开发以来，中西部地区最大的外商（含台商）投资项目，该项目主要生产苹果公司的平板电脑，市场竞争力强、产业带动力大、提供就业岗位多，对做大做强四川省电子信息产业和推动全省经济社会发展具有重要意义。

2012年，作为全国首个扩区的综合保税区，经批准增设了综合保税区双流园区，承接了仁宝、纬创等国际知名IT生产代工企业梯度转移。同期，还承接戴尔公司入驻，形成计算机终端产品集群，充分展现中西部承接加工贸易梯度转移的实力，开启产业转移新时代。

随着综合保税区内企业英特尔、德州仪器、富士康、戴尔、莫仕等重大项目相继入驻，区内主导产业电子信息逐步成型。

正是从最初的承接全球及沿海的加工贸易转移，综合保税区逐步找到了最具爆发力的电子信息产业作为主导产业方向。园区坚定不移地聚力电子信息产业，承接全球产业转移的力度越来越大，集成电路及计算机终端产品形成较大规模和影响力，综合保税区集成电路产业规模居全国前列，封装测试技术处于全球领先水平，率先成为四川省突破千亿元的产业园区。

四、成都高新综合保税区未来发展思路

未来十年，围绕建成具有世界影响力的集成电路产业基地定位，依托综合保税区已形成的集成电路产业基础，不断巩固提升集成电路、电子信息等领域的优势地位，加大电子信息、新型显示、智能终端、高端装备等主导产业聚集力度，加快构建从集成电路设计、晶圆制造到集成电路封装测试的完整产业链，在深入实施“中国制造2025”和“互联网+”行动等国家战略的进程中，进一步夯实四川省电子信息产业基础。

2019年，综合保税区将以国务院《关于促进综合保税区高水平开放高质量发展的若干意见》（国发〔2019〕3号）为指引，全面落实园区稳定增长和提质增效，以引进培育壮大研发设计、维修检测和物流分拨等服务贸易新业态为重点，加快综合保税区转型升级步伐。

（作者：熊文，时任成都高新区电子信息产业发展局综合保税区管理处处长）

改革在前进

3 项攻坚改革试点，11 个建设项目启动，90 多亿美元的新投资，146 亿元的固定资产投入，以及各个联合服务团队奔波往复，这些构成了无锡高新区综合保税区 2018 年的工作主基调。根据海关统计，2018 年，无锡高新区综合保税区进出口实现 241 亿美元，攀升到全无锡市份额的四分之一，同比增长 35%，净增 63 亿美元，占无锡市全年增量的一半。区内 SK 海力士、捷普电子、希捷科技等 6 家企业进入了“2018 中国外贸企业 500 强”榜单，这个面积仅为 2.4 平方公里的海关特殊监管区域已成为助推无锡市外贸进出口增长的主引擎。

2002 年 12 月，无锡出口加工区获批；2012 年 4 月，升级为无锡高新区综合保税区。经历十余年的发展，园区已经聚集了众多跨国公司，重点发展以进出口为主的高端制造、保税物流、服务贸易三大产业，高端制造集中于半导体、通信设备、电子元件及光电等领域，保税物流集中于制造业的分拨配送，服务贸易集中于跨国公司贸易销售业务。近年来，综合保税区坚持以改革创新为引领，加大重点项目引进，注重精细化服务，为地区外向型经济的高质量发展持续提供高增长动力。

一、以改革创新促外贸活力

作为海关特殊监管区域，业务的改革创新始终是促进园区持续快速发展的活力源泉。2018 年，综合保税区在无锡海关等部门支持下，大力推动增值税一般纳税人资格试点、全球维修检测业务试点、非报关货物分类监管三项重大改革试点，以业务创新来推动园区功能的新突破，为企业开拓新市场、延伸新业务、创出新机遇。

一是增值税一般纳税人资格试点成功开展。作为国家促进外贸回稳向好的一项重大改革政策，该项试点的落地开展是综合保税区发展中具有里程碑意义的大事。自年初起，综合保税区会同海关、税务、财政等部门全力推进，服务 SK 海力士、捷普电子、康奈可等 5 家企业开展试点切换，为企业进一步打开国内市场，实现内销成本降低、内销通关便利等一系列优势，使企业进一步提升了竞争实力，提振了持续投资信心。

二是全球维修检测业务试点实现新突破。售后维修服务是加工贸易产业链中的一个重要环节，争取全球维修试点也是企业拓展延伸业务的现实需求。综合保税区联合相关部门共同积极对上争取，最终获得了商务部、海关总署的关注与支持，区内的捷普电子近期已成为商务部重启全球维修审批后仅有的全国两家获批单位之一。公司凭借此项资质已争取到一项年产 3 亿美元的通信设备订单，保持了企业长期稳定健康发展。

三是非报关货物分类监管顺利试点。该试点进一步提高区内国产物资进出效率，极大提升区内企业物流的灵活性与便利性。在无锡海关支持下，区内共有 9 家制造与物流企业开展非报关货物分类监管改革试点，其中佳利达物流利用该政策立即承接了某跨国公司物流中心项目，一年内运作的分类监管进出库货值就达到15.6亿元。无锡综合保税区全年试点业务量在省内遥遥领先，其经验也为海关总署的创新改革方案提供了案例。

二、以项目引领添发展动力

园区发展，需要以项目为引领。综合保税区由于有其政策的特殊性与局限性，又受区内土地资源紧缺的制约，因此在项目选择上更注重“精挑选、求质效”，力争通过高端化、多元化的招商来推进园区的转型升级与持续发展。

2018年，在加工制造业方面，区内先后启动了SK海力士二工厂、村田新工厂和法液空三期项目。在生产性服务业方面，引入唯科科技、半导体备件中心、柯美华东区分拨中心等产业链延伸服务项目。在贸易销售产业方面，实现了海力士中国区销售公司、尼平河中国销售总部等项目的入驻。这些新项目包含半导体、高端电子、保税物流、销售总部等多个领域，且投资体量大、效益好，能有效支撑起园区未来的高速度、高质量发展。

在重点项目建设上，2018年区内先后有11个项目启动建设，当年固定资产投入达到了146亿元。为确保各个重点项目按时按序高质量推进，综合保税区围绕项目建设的方方面面，协调人手，奔走一线，提供好全方位全过程的精细服务。截至年底，SK海力士二工厂完成主体厂房及机电装修；村田新厂完成购地审批，11月启动建设；菲尼萨三期、新聚思厂房实现竣工投用；威峰、亨沃、液空等项目下半年陆续开启建设，整个园区呈现出一片繁忙紧张、热火朝天的景象。

三、以精细服务为企业助力

精细化服务是企业扎根发展的基石。无锡高新区综合保税区注重建设“三个一流”的园区服务体系，以创一流服务、建一流环境、聚一流企业为目标，不断从细微处完善整体营商环境，将园区服务不断提升到更高水平。

创一流服务，组建跨部门联合服务团队，全流程做好对接协调。无论在改革创新、项目招引、建设服务中，都能见到综合保税区服务团队的身影。在增值税一般纳税人资格试点企业切换筹备过程中，综合保税区联合海关、税务等部门，针对企业不同的业务模式一一推出定制化的解决方案；在村田新项目推进过程中，从意向对接到选址直至购地，招商团队仅用了半年时间就扫清一切问题，完成项目的落地开工；在液空的建设协调中，由于项目时间紧，任务重，服务团队几乎全程参与企业工作筹备，确保按时启动建设。

建一流环境，以注重细节、解决问题、对标先进的工作要求营造一流园区环境。为缓解园区行车堵的压力，综合保税区启动了新的行政卡口建设，实现进出分流；为解决区内停车难的问题，与企业共商对策，共管共治，更有企业自建起全高新区制造企业第一家公司自用停车楼及第一家自用地下停车库。为提升区内环境，综合保税区还组建起城市管理工作站，推行园区环境共管、城市管理志愿者服务等新模式，着力营造出环境优、体验好的园区新面貌。

聚一流企业，在服务企业发展成长的同时，也积极鼓励跨国公司履行社会责任，创造社会价值。SK海力士公司成立了独立法人的公益基金会，每年投入81.2万美元开展公益活动。村田电子2017年荣获“全国文明单位”称号，也建立慈善基金，每年拿出100多万元投入慈善事业。历年来，区内企业分别获得过“全国模范职工之家”“全国工人先锋号”等十余次国家、省级荣誉称号，企业党建、工会工作成为全市标杆。

新年伊始，综合保税区又迎来了国务院新出台的《关于促进综合保税区高水平开放高质量发展的若干意见》（国发〔2019〕3号）的政策春风，面对发展中的新机遇，无锡高新区综合保税区还将不断加快功能改革与服务创新，在推动地方高水平开放与高质量发展工作中，继续乘风破浪、奋勇前行。

（作者：郁江，无锡高新区综合保税区管理局副局长）

记双流园区转型升级之路

成都高新综合保税区双流园区是全国第一家以扩区名义获批的综合保税区。2010年11月，四川省政府向国务院申请成都高新综合保税区扩区，设立双流园区。2012年1月4日，国务院正式批准设立双流园区，总规划面积4平方公里，于7月3日通过验收，7月25日正式封关运行。2018年，园区实现进出口647.8亿元。

一、忆激情燃烧的岁月

2010年年底，因两个世界500强企业选址落户，从此，双流作为一个不靠海、不沿边的内陆区县开启了综合保税区探索、建设与发展之旅。企业需要什么，园区就研究什么，即便对综合保税区一无所知，但并不影响我们建设外向型经济重要承载平台的干事创业热忱。当两个重点企业确定投资意向后，我们迅速从全县各部门抽调成员组成筹备工作组，开启了综合保税区边规划建设、边申报的“双流模式”。从2011年1月开始启动建设，经过10个月夜以继日的施工，海关大楼、卡口、监管仓库、场站、巡逻通道、保税仓库、标准厂房和企业生产厂房全面建成，建筑总体量超过35万平方米，新建道路近30公里。到11月底，园区具备验收条件。2012年1月4日获得国务院设区批复，3月22日通过预验收，到7月3日，在国务院联合验收小组现场验收会议上，当验收组宣布验收合格的那一刻，不知加了多少班、熬了多少夜的我们终于忍不住，流下了激动的泪水。从启动建设到具备验收条件仅耗时10个月，从获得国务院批文到通过正式验收并封关运行仅用时7个月，这是双流园区交的第一份答卷。

二、欣喜后的迷茫

随着园区的封关运行，区内企业正式量产。一辆辆货车出入园区企业，企业生产流水线24小时不间断忙碌。海关为满足企业24小时出货需求，实行“7×24小时”预约加班制，并结合双流空港和综合保税区的优势，率先实施“区港联动”便捷通关模式，为企业货物快进快出“保驾护航”。报关大厅人来人往，场站等待查验的车辆摆放有序，企业生产如火如荼。自2012年7月投运至年底，园区实现产值103亿元、进出口额13.3亿美元；2013年，实现产值312亿元、进出口额40.3亿美元；2014年，实现产值390亿元、进出口额63.4亿美元。看着数据的不断攀升，我们欣喜之余，也对未来透露着迷茫。仅靠两家龙头企业和单一的产业如何支撑综合保税区未来的发展？随着国际经济形势的变化，2015年，龙头企业订单数量大幅度下滑，园区产业结构单一、抗风险能力弱、核心竞争力不强、产业链纵深不够等问题充分暴露出来，园区发展遇到了瓶颈。在招商引资方面，由于综合保税区功能特殊，适合入区企业数量有限，而此时全国各地综合保税区正如雨后春笋般冒出来，必然导致招商引资竞争加强，项目招引困难。从地方政府来说，综合保税区即“无税区”，对地方政府的财政贡献极其微弱，但园区的建设、日常运行、信息系统维护等均需投入大量的财政资金。曾一度，我们都在质疑，综合保税区到底能给我们地方经济和产业发展带来什么？我们如何交出满意的答卷？迷茫之时，我们意识到，转型、突破是我们唯一的出路。

三、转型升级后的重生

面对发展中的瓶颈和问题，在深入调研和论证分析后，我们决定充分利用成都双流国际机场作为全国第四大航空枢纽的“航空”资源优势，以“航空”为突破口寻求综合保税区产业转型升级之路，探索从以货物贸易为主的、单一的加工制造经济向“货服并举、双轮驱动”的大开放经济转变。总投资9亿元、占地约13.33万平方米的四川国际航空发动机维修有限公司保税维修基地项目于2015年9月正式动工，并于2017年年底建成投运。该保税维修基地的成功突破，带动部分航空发动机、航空部附件及航空关联产品维修企业纷纷来园洽谈，拟入驻园区开展保税维修业务。

在产业转型取得突破的同时，国家系列利好政策纷至沓来。2016年1月成都获批跨境电子商务综合试验区，双流园区开启了跨境电商保税进口业务；2017年3月，国家发展改革委、民航局正式批复支持成都临空经济示范区建设；2017年4月，中国（四川）自由贸易试验区正式挂牌启动，双流园区是四川自贸试验区内唯一的海关特殊监管区域。同时，国家税务总局给予双流园区增值税一般纳税人试点政策。在综合保税区、自贸试验区、跨境电子商务综合试验区、临空经济示范区等多重政策机遇的叠加优势下，双流园区像注入了新鲜血液般，获得了重生和新的突破。保税加工制造产业得到进一步丰富和完善，新引进并投产5G芯片研发与制造项目，紫光存储器制造基地项目开工建设。保税维修产业方面，四川国际保税维修基地项目带动园区保税维修产业快速发展，电子信息产业企业也形成了“研发、制造、维修”完整产业链。跨境贸易产业方面，重点发展B2B2C跨境电子商务保税备货进出口业务，着力完善跨境电商生态体系，打造成都跨境电商示范区。此外，积极推动中国（四川）—东盟自由贸易合作中心，推动四川省第一个模拟机航空保税租赁项目落地。

四、2019，蓄势待发再创佳绩

新年伊始，党中央、国务院便给综合保税区送来了大礼包。2019年1月12日，国务院印发《关于促进综合保税区高水平开放高质量发展的若干意见》（国发〔2019〕3号），明确提出要将综合保税区建设成为新时代全面深化改革开放的新高地。1月25日，海关总署召开促进综合保税区高水平开放高质量发展电视电话会议，就文件进行解读和宣传。面对党中央、国务院关于推动形成全面开放新格局的决策部署，综合保税区又迎来了转型升级、高质量发展之机。虽然面临着国内外严峻、复杂的经济环境，存在各种不确定性因素，但躁动的心无法掩饰，十足的干劲蓄势待发。2019年，我们将坚持以自贸试验区建设为指引，以国发〔2019〕3号文为抓手，以改革创新和转型升级为突破口，推动双流园区高水平高质量发展。2019，力争再创佳绩！

（作者：刘韵芳，成都高新综合保税区双流园区管委会）

2018，在坚定中走过

——记长沙黄花综合保税区起步之年

2018年是改革开放40周年，是“十三五”规划承上启下的关键一年，也是国际国内环境深刻变化的一年。2018年是长沙黄花综合保税区封关运行后第一个完整的年度，是具有特殊意义的起步之年。

一、速度与激情

长沙黄花综合保税区是湖南省目前5个综合保税区中获批最晚的园区，也是申报最曲折的园区。申报时正值国家要求加快海关特殊监管区域整合优化时期，因此对综合保税区的审批非常慎重。在经过六部委专家联合实地调研之后，终于认可长沙设立综合保税区的必要性和可行性，并在2016年5月获国务院批复。由于为适应新的规划要求重新调整的申报选址是未开发区域，要在一年内建成验收，难度极大。长沙县作为建设主体，硬是在9个月时间内完成一期0.77平方公里的建设和验收，刷新了全国海关特殊监管区域建设验收的纪录。获批后短短一年半时间内，一个临空型综合保税区运营起来，至2017年年底，已经建成办公、仓库、厂房约20万平方米，累计洽谈项目近百个，当年实现进出口额7.69亿美元。

二、开局与破局

相比建设验收的要求，项目招商和运营服务才是真正体现综合保税区的发展水平。由于国家综合保税区政策的限制，完全适应综合保税区的项目越来越少，申报时意向入区的企业大部分没有进来。园区只能从头开始，加大招商力度，组建加工贸易、跨境电商、口岸及一般贸易、供应链金融4个重点招商工作小组，建立驻深招商点；不断学习、考察、推介、洽谈，一年来，走出去招商考察累计达70多批次，考察对接重点项目140多个，建立客商资源库近400家。黄花综合保税区采用PPP模式引进央企开发建设，有效解决了建设融资和简化手续的问题。园区在招商的同时重点着手优化园区运营管理和营商环境，优化运营公司职能，提高运营水平；成立帮代办服务中心，用“跑一次、零收费”的原则一站式解决企业注册的问题；成立落地保障工作组，全力缩短项目从签约到开通投产的时间。至2018年年末，园区注册企业已达200多家，共实现进出口额26.83亿美元，其中海关统计网内企业实现进出口额22.03亿美元，跃居湖南省海关特殊监管区域第1位，全国综合保税区第17位。

三、特色与创新

内陆的综合保税区由于没有沿海的综合保税区优越的产业基础和口岸优势，同时由于主体的数量和项目业态都相对贫乏，在形成特色产业方面难度更大。黄花综合保税区以海关总署发布的《综合保税区适合入区项目指引》为指引，经过一年的摸索，逐步形成以电子芯片SMT技术为主的加工贸易产业、以全货机航线和指定口岸为依托的进口海鲜水果贸易产业、服务长沙各大园区大型企业的进口汽车零部件和电子产品的保税物流、进口医药医疗器械产业、跨境电商产业、供应链金融、航空维修等几大产业发展方向。依托综合保税区与国际机场无缝对接的优势，借鉴郑州、重庆经验，会同机场、海关等部门共同研究创新“区港一体化”的高效通关监管方式。依托综合保税区与临空经济示范区的产业互动，探索跨境研发、培训、医疗咨询等服务贸易方向。将海关特殊监管区域的政策功能与自贸试验区政策的复制和创新、新业态的培育有机地结合起来。

四、压力与定力

进一步扩大开放是大势所趋，作为内陆省份的湖南省，开放型经济一直是发展的短板。近年来湖南实施开放崛起战略，高度重视开放型经济发展，各地市、各园区都卯足劲发展，考核和竞争压力很大。竞争压力下，如何确保项目招商质量？如何确保进出口业务的合规性？园区向海关、外管、税务等部门反复请教，并邀请专家来区指导、宣讲，不断优化项目质量。我们确定了原则：已引进的低质量加工贸易整改，整改不行就退出；不规范的贸易企业叫停或劝出；请海关部门把关项目，高风险的项目不引进；项目引进时确保无环保、安全问题。2018年，累计清退不规范企业50多家，暂停、整改不规范项目3个。将2019年确定为优化项目质量年和优化园区运营服务年，继续保持定力，朝着高水平开放高质量发展的方向努力。

五、通道与产业

湖南不靠海、不沿边，走向世界靠蓝天。2018年4月，湖南省出台《促进开放型经济发展的若干政策措施》，全力助推开放型经济的发展，其中以较大的力度支持国际货运航线的突破。长沙黄花综合保税区率先引进海鲜贸易企业作为运营主体开通了长沙—越南胡志明、孟加拉达卡及长沙—美国芝加哥—加拿大哈利法克斯的全货机航线，初步打通了长沙通往东南亚、北美的航线通道，并正在准备开通至欧洲、澳大利亚的航线，为湖南对外贸易、跨境电商产业的发展打下基础。至2018年年末，长沙黄花机场国际邮货吞吐量为2.76万吨，同比增长126.2%；黄花综合保税区全货机航线货运量1.07万吨，占长沙黄花机场国际货运总量的40%，占机场全年增长量的71%；航线运输货物进出口货值约3.68亿美元。航线运营主体缴纳税收8 442万。与此同时，学习和参考兄弟省份好的做法，对产业该如何培育、通道该如何建立、政府该如何支持，持续进行优化和探索。

2018，已成序章。随着国务院印发《关于促进综合保税区高水平开放高质量发展的若干意见》（国发〔2019〕3号），给综合保税区的发展指明了方向，也提振了信心。综合保税区的建设者们，唯有抓住国家全面开放新格局的历史机遇，以自贸试验区创新政策和国发〔2019〕3号文为抓手，以高水平开放高质量发展为目标，立足自身实际情况，切实做好新旧动能转换、聚集优势产业，将综合保税区建设成为新时代全面深化改革开放的新高地，方能实现综合保税区的价值。

（作者：宋圣　长沙黄花综合保税区口岸事务局副局长、高级工程师、经济师）

努力开创内陆综合保税区发展新模式

长春兴隆综合保税区具有很多新设综合保税区的典型特征。笔者从兴隆综合保税区的筹建起一直扎根一线，思考筹谋综合保税区的发展。

2019年，正好是长春兴隆综合保税区启动海关特殊监管区域申建工作的第10年。2009年3月，省市政府决定申报综合保税区，2011年12月获得国务院正式批准，成为全国第19个综合保税区，2013年10月封关验收，2014年3月园区正式封关运营。在2019年新春之际，笔者应邀对长春兴隆综合保税区的发展进行回顾，更是对内陆海关特殊监管区域发展的阶段性总结，以供大家了解和分享。

一、申报回顾篇

长春是一个外贸发展比较特殊的城市，年进出口额在140亿~150亿美元，进口远大于出口，进口占比在80%以上，主要集中在汽车零部件产业，外贸依存度远低于全国平均水平。2008年，国家批准吉林省实施长吉图开发开放战略，省市通过调研考察，决定申报综合保税区，借此打造全省对外开放新平台。当时，无论省市外贸部门还是海关职能处室，都不看好长春能够获批，因为当时全国才批准10个左右综合保税区。

通过调研，市委、市政府明确依托长春经济技术开发区进行申报和建设，给予筹建工作高度重视。省市组织专门设立的各部门参加的公关组，对口协调国家部委。通过积极努力，终于在不到两年的时间里获批，成为长吉图开发开放新的平台。园区一期1.53平方公里于2013年10月通过验收，2014年3月正式封关运营。

长春兴隆综合保税区的获批，使吉林省海关特殊监管区域增加到2家，推动了长春海关以及省、各地市州对特殊区域建设的重视，引领和带动了新时期吉林省外贸环境和开放创新的发展，给吉林发展外贸带来了新的期望。

二、创新发展篇

综合保税区获批后如何发展，产业如何定位，如何吸引项目落地，是摆在我们面前重要课题。为此，经开区组织了产业规划工作组，借鉴其他地区经验，深入分析海关特殊监管区域功能，结合吉林省自身产业特点，确定了“2+2”产业定位，即发展特色资源产品加工、高端制造业加工，发展以保税分拨为主的国际物流、以跨境电商为主的国际贸易。同时，提出“产业作支撑，物流为先导，贸易来激活”的发展思路。从综合保税区2014~2019年的发展道路来看，我们有困惑、有失败、有辛酸，更有成功后的喜悦。园区封关运行后，围绕加工贸易企业招商非常困难，想尽各种办法，到深圳专项招商、到南方定点对接。

2015年以后，我们深入思考自身发展，结合跨境电商发展的实际，提出了主动融入国家战略，走创新发展的道路。之后，借助综合保税区的平台，具备了与国家自贸战略、“一带一路”倡议、“互联网+”对接的机会，培养了一批专业外贸人才。可以说，我们之所以取得一点成就，主要是走创新发展之路。

一是2014年以阿里巴巴菜鸟项目洽谈为契机，推动综合保税区建立了全省跨境电商通关服务平台。推动长春批准为跨境电商出口试点城市、国家级跨境电商综合试验区，部署海关总署跨境电商通关系统，开通长春至俄罗斯运输包机和长春至北京等城市卡车航班。推动顺丰等电商物流企业入驻，累计实现跨境电商出口15亿元。规划建立全省跨境电商产业园区，保税备货模式、直邮模式、一般出口等业务模式完备，线下展示交易中心稳定营业，国际快件中心建设完成，双创孵化平台即将投入使用。

二是积极开通“长满欧”国际班列，实现了吉林省与国家“一带一路”倡议的对接，有力地促进内陆港的建设。班列开行三年以来，基本实现了稳定运行，推动了综合保税区国家级临时铁路口岸的获批及长春兴隆国际陆港的建设。围绕国际陆港综合保税区建设了20万平方米的铁路场站，以及国际多式联运中心，使内陆铁路口岸功能基本完备。

三是特色口岸功能陆续获批，为综合保税区业务全面发展奠定基础。目前，已经获批和运行了进口肉类指定口岸、冰鲜水产品口岸、进口整车口岸，批准筹建进境水生产品口岸、药品口岸，正在申报进口板材口岸、水果口岸等。围绕特色口岸正在研究如何充分利用相应功能，推动项目落地，促进产业发展，探索走一条内陆地区海关特殊监管区域产业发展的新路。从园区产业发展的实践来看，保税加工作为全国海关特殊监管区域发展的基础，在长春发展非常困难，原因在于物流成本较高，产业配套能力不足，外贸出口基础薄弱。因此，围绕特色口岸，挖掘保税加工、保税物流新模式是园区这几年力推的主要思路。

四是大力发展汽车零部件保税寄售业务。以长春大陆汽车电子公司为龙头，以中外运空运物流发展公司为载体，创立进口汽车电子零部件保税寄售业务模式，实现了一个用1 000平方米实现年进出口额4亿元的业绩的集约型案例。在此基础上，正陆续吸引其他汽车零部件企业入区开展业务，降低企业综合运营成本。目前，法雷奥汽车转向器公司、马瑞利汽车车灯公司等纷纷入区，开展保税物流保税寄售、分类仓储等业务。

长春兴隆综合保税区从无到有，从小到大，与国内其他综合保税区还无法相比，业务类型、园区规模都还处在发展阶段。根据相关数据统计，2019年园区进出口额实现10亿元，从2017年的10.4亿、2016年的11.9等几年运行数据来看，基本在10亿元水平规模。但从现有产业发展情况看，保税物流和保税加工的基础作用正在加强，发展基础已经筑牢，亟待发力。跨境电商、特色口岸等新兴业态还没有真正发挥主力军作用，而这恰恰是我们真正需要为园区助力的地方。从口岸功能上看，2018年园区口岸统计业务额达到75亿元，陆港口岸业务额为35亿元，综合统计口岸业务达到110亿元，口岸功能得到发挥，服务地方外贸的能力进一步提升。

三、未来展望篇

进入2019年，在我们努力开创内陆综合保税区创新发展新路的时候，长春兴隆综合保税区迎来了新的发展机遇和良好的内外环境。首先，国务院出台关于综合保税区高质量高水平发展的新政，提出的五大中心为我们指明了方向，21条措施的落地对促进国内和国外两个市场、两种资源的融合更具可操作性，也给园区招商引资和产业发展拓宽了思路。其次，经开区管委会作为综合保税区建设的管理运行主体，确定了“综合保税区发展要从基础设施建设全面转向产业落位”，提出“打好 2019 年综合保税区攻坚战”的总要求，全面促进“项目集聚、口岸提升、平台提质、业务做大、配套完善”。管委会针对目前产业项目不足的问题，提出加强保税加工和国际贸易类项目招商工作，并配备两个招商部门专项招商。为保障园区业务快速发展，集聚力量和资源，成立了综合保税区口岸经济局，专门负责综合保税区业务发展和招商工作。省商务厅也全力支持综合保税区建设，在口岸建设、平台运营、招商引资、外贸提升上出台了许多措施和办法。今天的长春兴隆综合保税区正处于历史最好的发展时期，迎来了最佳发展契机。

机遇往往和挑战并存。2019 年，长春兴隆综合保税区要有大量工作去做，平台功能完善、招商项目落位、现有业务提升、谋划未来发展方向，均需要我们付出汗水和智慧。2019 年，要做强传统保税加工和保税物流，做大特色创新业务，谋划保税研发检测中心。做强保税物流业务，要在大陆汽车电子保税物流分拨中心的基础上，陆续吸引汽车零部件企业入驻。发挥进口肉类、整车口岸、跨境电商功能优势，吸引冷链加工、汽车检测和整备库跨境电商等企业入驻，做大创新业务的规模；谋划建设保税研发检测中心，把这一中心作为今后一段时间园区的工作特色，争取增值税一般纳税人资格、委内加工、“四自一简”等业务迅速落地。长春是一个科技的城市，有研发底蕴和实力的城市，研发优势非常明显。围绕研发、检测开展业务具有比较优势，设立保税研发检测中心是综合保税区践行五大中心建设的务实举措，具有非常好的前景。下一步，围绕中心建设我们要进一步规划设计，找好着力点。

千里之行，始于足下。今天的长春兴隆综合保税区承载着更多吉林省、长春市对外开放的使命，在 2019 年我们一定要从眼前做起，从细微做起，从一个一个小目标做起，不断为我们为之努力奋斗的事业增光添彩，更为内陆海关特殊监管区域的发展闯出一条崭新的发展之路。

（作者：于海军　长春兴隆综合保税区口岸经济局局长兼长春经济技术开发区项目服务一局局长）